Hamburger Kindheit
in schwerer Zeit

Kindheitserinnerungen
Band 3
Herausgegeben vom Verein für Hamburgische Geschichte

Norbert Michaelis

HAMBURGER KINDHEIT IN SCHWERER ZEIT

Die 1930er Jahre, Bombenkrieg, Kinderlandverschickung und Nachkriegsjahre

Mit einem Vorwort von Loki Schmidt

Bearbeitet von Renate Hauschild-Thiessen

EDITION TEMMEN

Bibliografische Information Der Deutschen Bibliothek

Die Deutsche Bibliothek verzeichnet diese Publikation in der
Deutschen Nationalbibliografie; detaillierte bibliografische Daten sind im Inter-
net über http://dnb.ddb.de abrufbar.

Gefördert von der Helmut und Loki Schmidt-Stiftung

1. Auflage 2010

© EDITION TEMMEN
Hohenlohestraße 21
28209 Bremen
Tel. 0421-34 84 3-0
Fax 0421-34 80 94
info@edition-temmen.de
www.edition-temmen.de

Gesamtherstellung: EDITION TEMMEN
ISBN 978-3-8378-2009-1

Inhalt

Vorwort von Loki Schmidt

Die Lebensgeschichte meines damals kleinen Nachbarjungen Norbert Michaelis hat mich sehr gefangen genommen. Ich denke, dass heute viele Menschen der Nachkriegsgeneration, sowohl jüngere als auch ältere, diesen geschilderten Lebenslauf als fremd und unbegreiflich empfinden, weil ihnen jegliche Erfahrungen der damaligen Zeit fehlen.

Für mich war besonders interessant, meine eigene Familie, die Familie Glaser, durch die Augen eines Jungen aus der Nachbarschaft zu lesen. »Die Familie Glaser hat nie geflaggt.« Das war in der Zeit des Nationalsozialismus eine schlimme Sache. Trotzdem bestand zu den meisten Nachbarn ein gutes Verhältnis, so dass man sich gegenseitig half.

Am meisten beeindruckt hat mich die detaillierte Schilderung der Kinderlandverschickung von Norbert Michaelis. Ich selbst war als junge Lehrerin 1940/41 mit 23 Mädchen in der Kinderlandverschickung. Ich habe aber ganz andere Erfahrungen gemacht, wohl weil es in den ersten Jahren weder stramme Lagerführer noch irgendwelche Eingriffe oder Einflüsse durch die Partei gab. Ich habe meine Mädchen von morgens bis abends betreut, unterrichtet und mit ihnen gespielt. Wie anders hat Norbert Michaelis diese Zeit erleben müssen.

Gerüchteweise hörte ich nach dem Krieg, dass einige Lehrkräfte bei Kriegsende ohne ihre Schulkinder nach Hause gefahren seien. Das schien mir ein unmögliches Verhalten. Norbert Michaelis schildert aber nun ausführlich seine Wanderung durch Deutschland, als kleiner Junge ohne irgendeine Betreuung. Genauso unvorstellbar ist heute sein weiterer Weg, als er nach Hamburg zurückkam.

Norbert Michaelis' Lebensgeschichte ist eine erschütternde, wichtige Zeitgeschichte und eine Mahnung, dass so etwas nicht wieder geschehen darf.

Loki Schmidt

Norbert Michaelis (1931 – 2000)
Einige Informationen zu seinem Leben

Norbert Michaelis wurde am 7. April 1931 geboren. Was er als Kind und Jugendlicher erlebt hat, haben Tausende von Hamburgern auch erlebt: die dreißiger Jahre mit der beginnenden Ausgrenzung der Juden, den Bombenkrieg, die Kinderlandverschickung und die Not der Nachkriegszeit.

Norbert Michaelis wuchs im Stadtteil Horn auf. Er hatte noch drei ältere Geschwister: Curt (*1922), Ruth (*1923) und Lotti (*1927). Der Vater war Beamter im mittleren Dienst, die Mutter Hausfrau. Die Familie wohnte in der Snitgerreihe, im sogenannten Kinderreichenblock, einem großen Gebäudekomplex, den die Baugenossenschaft Horner Weg e.G.m.b.H. errichtet hatte. Im selben Haus Snitgerreihe 44 wohnte auch die Familie Glaser, die Familie von Loki Schmidt, der späteren Ehefrau von Altbundeskanzler Helmut Schmidt. Norbert Michaelis besuchte die Volksschule Morahtstraße und anschließend bis zum Abitur 1951 die Kirchenpauer-Schule. Er war Mitglied im Knabenchor St. Michaelis.

Erschütternd verlief die Entwicklung in seinem Elternhaus. Der Vater starb nach langem qualvollen Leiden am 17. Juli 1933, als Norbert zwei Jahre alt war. Die Mutter, die schon früh Anzeichen einer Geisteskrankheit zeigte, musste 1942 in eine Nervenheilanstalt eingewiesen werden. Das Zuhause für den jetzt elfjährigen Norbert Michaelis war fortan, bis zum Abitur, das Kinderheim Horner Weg. Es stand unter der Leitung von Martha Schaschke, der zeitlebens seine Dankbarkeit galt.

Ein Studium der Germanistik, das Norbert Michaelis nach dem Abitur als Werkstudent begann, brach er ab. Er arbeitete als Sachbearbeiter für die GFM/Gesellschaft für Marktforschung mbH in Hamburg. 1970 wechselte er zur Handelskammer. Dort blieb er 25 Jahre, bis zu seiner Pensionierung im April 1996. Er beriet Industrieunternehmen, wenn sie Kredite für Erweiterungs- oder Erneuerungsvorhaben oder auch für Forschungs- und Entwicklungsarbeiten benötigten.

Er heiratete und wurde Vater von zwei Töchtern.

Nach seiner Pensionierung begann Norbert Michaelis mit der Niederschrift seiner Kindheits- und Jugenderinnerungen. Er erzählt nicht nur, er reflektiert das Vergangene als kritischer Zeitgenosse, der versucht, aus der Vergangenheit bleibende Erfahrungen für die Zukunft zu gewinnen.

Dass seine Erinnerungen, die ursprünglich nur für die Familie und einen engen Freundes- und Bekanntenkreis bestimmt waren, jetzt veröffentlicht werden können, ist seiner Witwe Heidi Michaelis zu verdanken. Im ersten Teil wurden bei Berichten über entferntere Familienmitglieder einige Kürzungen vorgenommen. Kapitelüberschriften wurden eingefügt, desgleichen auch einige Bilder. Ein Register am Schluss liefert, soweit sie ermittelbar waren, Daten über die vorkommenden Personen.

Renate Hauschild-Thiessen

Erster Teil: Von 1931 bis 1943 in Horn

Eltern, Verwandte und Geschwister

Eigentlich wollten es meine Eltern mit der Geburt ihres vierten Kindes genug sein lassen. Als dieses vierte Kind aber, meine Schwester Waltrude, schon nach zwei Jahren starb, fanden sie sich bereit, ein weiteres Kind in die Welt zu setzen, obgleich sie dafür eigentlich schon längst zu alt waren. Sie glaubten dadurch den Tod der geliebten Tochter leichter verwinden zu können. So habe ich denn als dieses weitere Kind meiner Eltern doch noch die Möglichkeit erhalten, mich in dieser Welt umzusehen und irgendwann nach einer langwierigen Phase recht mühsamer Orientierung anzufangen, nicht nur für mich selbst, sondern auch für andere zu leben, ein Wandel, der mir keineswegs schlecht bekommen ist. Es spricht einiges dafür, dass die Welt auch weiter existiert hätte, wenn ich nicht geboren wäre, denn mein Beitrag dazu, dass diese Welt weiter bestehen kann, hat sich sehr in Grenzen gehalten, und daran wird sich auch in Zukunft nichts mehr ändern. Für einige Menschen hat mein Leben aber doch Bedeutung erlangt, wie diese Menschen diese Bedeutung auch selbst einschätzen mögen. Für sie will ich die Geschichte meiner Kindheit und Jugend erzählen, die wegen der besonderen familiären Verhältnisse, in denen ich aufgewachsen bin, aber auch wegen der wirren Zeitumstände, die damals bestanden haben, ungewöhnlich verlaufen sind. Es könnte sein, dass die eine oder andere Unebenheit an mir daraus verständlicher wird.

Dass mein Vater mit fast fünfundsechzig Jahren noch einmal ein Kind gezeugt hatte, machte ihn besonders stolz, und das umso mehr, als dieses Kind ein Junge war. Wir sollten ihm diese Eitelkeit verzeihen. Er verhielt sich damit nur so, wie sich fast alle Männer seiner Generation in einer solchen Situation verhalten hätten. Das dürfte inzwischen anders geworden sein. Ich zumindest kann von mir sagen, dass ich immer ein stolzer Vater zweier Töchter war und auch heute noch bin. Nie sehnte ich mich danach, einen Sohn zu haben. Gelegentlich machte es mir sogar Spaß, mit der Behauptung zu kokettieren, ich stände als Vater von zwei Töchtern immer aufseiten der Frauen. Das war vielleicht ein bisschen übertrieben. Meine frauenfreundliche Grundeinstellung konnte jedoch niemand leugnen. Bei dieser Gelegenheit will ich auch gern bekennen, dass Frauen meine Entwicklung in jungen Jahren sehr viel mehr als Männer geprägt haben. Ohne ihre selbstlose Fürsorge wäre bei mir vieles anders, und das heißt weniger günstig verlaufen.

So wie es seiner Gemütsverfassung damals entsprach, wählte mir mein Vater einen Namen aus, der nicht gerade Zurückhaltung oder Bescheidenheit zu erkennen gibt. Vielleicht wirkt dieser Name sogar betont männlich. Norbert kommt aus dem Althochdeutschen und heißt Nordglanz. Irgendwo las ich einmal, dass die weitere Bedeutung dieses Namens »strahlender Krieger« sei. Die Quelle konnte ich später nicht mehr wiederfinden, so sehr ich mich auch darum bemüht habe.

Wenn der »strahlende Krieger« zutrifft, habe ich diesem Namen auf jeden Fall keine Ehre gemacht, erfreulicherweise, wie wir heute sagen würden. Allerdings hatte ich auch gar keine Gelegenheit, mich als Krieger zu erproben, denn als der Zweite Weltkrieg zu Ende ging, war ich gerade vierzehn Jahre alt. Dieses Alter reichte selbst in der Hitlerzeit nicht für den Wehrdienst, und als nach dem Krieg die Bundeswehr eingerichtet wurde, fing man mit den Achtzehnjährigen wieder an und ließ die älteren Jahrgänge unberücksichtigt. Ich aber erreichte im Geburtsjahr der Bundeswehr bereits das vierundzwanzigste Lebensjahr, sodass ich mich auch nach dem Krieg nie gezwungen sah, eine Soldatenuniform anzuziehen. Damit stand ich zu keiner Zeit vor der Frage, ob es nicht vielleicht richtiger wäre, anstatt Wehrdienst Zivildienst zu leisten. Für mich wäre diese Alternative eine schwierige Entscheidung gewesen, denn es gibt für beide Möglichkeiten gewichtige Gründe.

Fast mein ganzes Leben über hatte ich zwei Rufnamen, und so ist es auch heute noch. Von meiner Mutter und meinen Geschwistern und von den Menschen ihres Umfeldes sowie auch von den Mitschülern in der Volksschule und von den Kindergärtnerinnen und Kindern im Kinderheim Horner Weg wurde ich mit Norbert angesprochen, so wie es in meiner Geburtsurkunde steht. Die Mitschüler und die meisten Lehrer in der Kirchenpauer-Schule sowie die Menschen, die mich über Kirchenpauer-Mitschüler kennengelernt haben, zogen es vor, eine Kurzform meines Zunamens zu verwenden und mich Michel zu rufen. Sie sind in der Regel auch später dabei geblieben – so auch Heidi, meine Frau. Viele von ihnen wohl auch deshalb, weil sie meinen angestammten Vornamen, ohne seine eigentliche Bedeutung zu kennen, rein vom Klang her als für mich zu hart empfanden. An den deutschen Michel dachten sie bei meinem zweiten Namen – wie ich hoffe – wohl nicht.

Möglicherweise repräsentieren beide Namen aber auch wirklich zwei Seiten meiner Natur, die miteinander in Einklang zu bringen ich oftmals Schwierigkeiten hatte.

Ich glaube, dass ich mich schon von Kind an in zwei eher entgegengesetzte Richtungen fortentwickelt habe. Zeitweilig fühlte ich mich in herkömmlichem Sinne männlichen Tugenden verpflichtet, dann aber richtete ich mich mehr auf Werte aus, die mir in besonderer Weise Sensibilität und Einfühlungsvermögen, nach traditioneller Vorstellung also eher unmännliches Verhalten abverlangten.

Während einiger Jahre musste ich beide Seiten nebeneinanderher aktivieren. So schleppte ich als Werkstudent in den fünfziger Jahren tagsüber in einer Wilhelmsburger Firma bis zur Erschöpfung Eisenträger und saß abends im literaturwissenschaftlichen Seminar und las Rilke. Es liegt auf der Hand, dass dieses Hin und Her zwischen zwei Extremen zu inneren Konflikten führen musste. Was sich dabei nicht zusammenfügte, waren weniger die verschiedenen Gegenstandsbereiche, mit denen ich damals zu tun hatte, als vielmehr die Kommilitonen aus Othmarschen und Volksdorf mit den Arbeiterkollegen aus Wilhelmsburg, Billstedt und Rothenburgsort. Mit diesen beiden so gar nicht zusammenpassenden Menschengruppen und ihren so unterschiedlichen Problemen und Lebensweisen nebeneinanderher zu tun zu haben, musste mich schon ein bisschen verwirren. Wenn ich mein Germanistikstudium nicht ordnungsgemäß zu Ende geführt habe, trug auch diese gespaltene Blickrichtung dazu bei, aber dieser Umstand war dafür nur einer unter mehreren Gründen.

*

Wer waren meine Eltern und aus welchen Familien stammten sie? Das sind Fragen, die ich nur unzureichend beantworten kann. Vieles liegt im Dunkeln.

Was ich über meine Eltern und ihre Familien weiß, habe ich größtenteils von meiner Mutter, einiges aber auch von meinen drei älteren Geschwistern erfahren. Meine Mutter liebte es, sich zu erinnern, und manche Episode aus der Familiengeschichte hörte ich viele Male von ihr.

Als weitere Quelle für unsere Vorgeschichte dienten mir die Ergebnisse der »Ahnenforschung«, die mein Bruder Curt als Dreizehnjähriger im Jahre 1935 in Gang gesetzt und in den folgenden Jahren weiter fortgeführt hat. Hierzu hatten damals Zeitungen, Behörden und Schulen immer wieder aufgefordert, damit die Menschen nachweisen konnten, dass sie von »arischer Abstammung« waren. Mitte der dreißiger Jahre geschah das noch freiwillig, später wurde das zu einer Pflichtübung. Man konnte sich dafür dann extra einen Ahnenpass ausstellen lassen.

Curt ist bei der Erforschung der Familiengeschichte recht erfolgreich gewesen, auch wenn er seine Arbeit nicht vollständig zu Ende führen konnte. Seine Nachfragen bei Standesämtern und Kirchenverwaltungen brachten manches zum Vorschein, was wir bis dahin gar nicht oder nur ungenau wussten. Vielleicht ist es nicht unbedingt schön, dass ausgerechnet diese für den Ariernachweis angestellten Recherchen für mehr Klarheit gesorgt haben, und doch müssen wir froh darüber sein, denn sonst wüssten wir heute eben noch weniger über unsere Vorfahren, als wir es jetzt tun.

Da mein Vater schon zwei Jahre nach meiner Geburt starb, habe ich an ihn keine wirkliche Erinnerung. Allerdings tauchen durchaus Bilder auf, wenn ich an ihn denke. Es sind dies Bilder, die bei Erzählungen meiner Mutter von meinem Vater entstanden sind und die immer wiederkehren, fast so, als wären sie unmittelbare Erinnerungen. Sie zeigen einen Mann, der schon recht betagt und von Krankheit gezeichnet ist. Insbesondere diese letzte Phase seines Lebens, die meine Mutter nie loslassen wollte, regte sie zu Erzählungen an. Ich blieb immer neugierig, wenn es etwas von meinem Vater zu hören oder auch zu lesen gab, und hätte gern mehr von ihm erfahren.

Die Vorfahren meines Vaters lebten in Sachsen. Zumindest seit Mitte des 18. Jahrhunderts besaß die Familie Michaelis im Zerbst (Anhalt) eine Huf- und Waffenschmiede. Wie lange sie diese Schmiede unterhielt, wissen wir nicht.

War mein Urgroßvater, Friedrich Michaelis, der letzte Huf- und Waffenschmiedemeister in der Familiengeschichte? Sein Sohn, mein Großvater also, führte die Schmiede auf jeden Fall nicht weiter, vielleicht einer seiner Brüder. Er selbst, für den die Vornamen Ludwig Friedrich Wilhelm in den Kirchenverzeichnissen angegeben waren, studierte Medizin und wurde später Militärarzt bei der fünften Schwadron des Reiterregiments Kronprinz in Großenhain. In dieser Stadt hat er auch zusammen mit seiner Frau und seinen fünf Kindern gewohnt, nicht weit also von seinem Geburtsort entfernt.

Mein Großvater ist relativ früh gestorben. Wie meine Mutter zu erzählen wusste, wurde er bei einem schweren Unwetter zu einem Verletzten gerufen, einem Einbrecher, der mit seinem

Komplizen in einen Streit geraten war. Dabei wurde wohl auch ein Messer gezückt. Der Herr Doktor erfüllte seine ärztliche Pflicht, zog sich aber bei seinem nächtlichen Einsatz in strömendem Regen eine schwere Lungenentzündung zu, die er nicht auskurieren konnte. Er starb nur wenige Wochen danach.

Der früh verstorbene Medikus hinterließ fünf Kinder – drei Söhne und zwei Töchter. Es lässt sich denken, dass seine Ehefrau, Anna Therese Michaelis, meine Großmutter also, einige Mühe hatte, mit den Kindern allein zurechtzukommen. Sie war eine geborene Kade und Tochter des Schneidermeisters Carl Friedrich Gottlob Kade und der Johanna Christina Eleonora Kade, deren Mädchenname Ehrlich lautete – ein schöner, aber wohl auch verpflichtender Name.

Über die beiden älteren Brüder meines Vaters weiß ich so gut wie nichts und kenne nicht einmal ihre Vornamen. Nur über einen ihrer Nachkommen habe ich etwas erfahren, was mir bedeutsam erscheint.

Dieser Mann hieß Fritz und versuchte sich lange Jahre als Volksschullehrer. Als er nach dem Krieg seine Schüler in der DDR im marxistischen Geist unterrichten sollte, ging ihm dieses Verlangen so sehr gegen die Überzeugung, dass er den Lehrerberuf schließlich aufgab. Er verdiente danach sein Brot als Arbeiter in einem Salzbergwerk.

Tante Rosa, die eine der beiden Schwestern meines Vaters, schrieb mir nach dem Krieg einmal aus einem Altersheim im Harz, dass mein Vetter Fritz sich über einen Brief von mir, der ich damals selbst Lehrer werden wollte, freuen würde. Heute bedaure ich, mit diesem offenbar sehr charakterfesten Verwandten keinen Kontakt aufgenommen zu haben. Es hätte mir gut angestanden, doch war ich 1952 zu sehr mit mir selbst beschäftigt, als dass ich dazu bereit gewesen sein könnte.

Die zweite Schwester meines Vaters, Tante Jenny, blieb zeitlebens unverheiratet und hat in Magdeburg bis Ende des Krieges ein Waffengeschäft unterhalten. Als ich 1943 in Schellerhau in einem KLV-Lager lebte, erhielt ich ein paarmal Post von ihr und ich schrieb ihr auch zurück. Der Kontakt war aber nur von kurzer Dauer. Sie starb, ohne dass ich sie wie auch ihre Schwester, Tante Rosa, je gesehen hätte, bald nach dem Krieg.

*

Wie sah der berufliche Werdegang meines Vaters aus? Anscheinend hatte er nach dem Einjährigen zunächst Architekt werden wollen. Wieweit er damit kam, habe ich nicht herausfinden können. Nach dem frühen Tod meines Großvaters reichte das Geld dafür nicht, dass die Söhne ihre Ausbildung fortsetzen konnten. Alle drei mussten das, was sie zu lernen angefangen hatten, abbrechen, also auch mein Vater.

Was sollte er tun? Einige Jahre zog er durch die deutschen Lande, wie das viele junge Männer zu seiner Zeit zu tun pflegten. Von diesem Wanderleben wusste er viel zu berichten, aber diese Schilderungen sind heute vergessen. Nur eine ebenso originelle wie unheimliche Geschichte ist mir aus den Erzählungen meiner Mutter in Erinnerung geblieben.

Mein Vater übernachtete einmal zusammen mit einem anderen Wanderer, den er kurz vorher unterwegs getroffen hatte, in einem noch warmen Brennofen einer Ziegelei. Er lag unmittelbar neben diesem Mann und schlief in dieser Nacht, ermüdet von seinem langen Marsch, aber – wie wir annehmen können – mit sich und der Welt im Reinen, den Schlaf der Gerechten. Das dürfte bei dem Schlafkumpanen neben ihm ein wenig anders gewesen sein. Über den musste mein Vater nämlich am nächsten Tag in der Zeitung lesen, dass er im Mordverdacht stehe und überall gesucht werde. Da war der unheimliche Gefährte jedoch bereits wieder verschwunden. Er hatte sich längst allein auf den Weg gemacht. Wie sich denken lässt, erinnerte sich mein Vater später mit wenig angenehmen Gefühlen an diese ungewöhnliche Geschichte.

Ob mein Vater noch eine andere Ausbildung begann und abschloss, kann heute niemand mehr zuverlässig sagen. Wahrscheinlich hat er sich bei allen Tätigkeiten, mit denen er sein Geld im Verlauf seines Lebens verdiente, lediglich anlernen lassen. Zunächst arbeitete er wohl als Buchhändler, dann als Buchhalter und war später bei verschiedenen Behörden, beim Arbeitsamt, beim Finanzamt und bei der Jugendbehörde, in mittlerer Position mit allen möglichen Büroarbeiten beschäftigt, zuletzt am Großen Burstah im Hindenburghaus. Es war dasselbe Gebäude, in dem 1942/43 meine Schwester Lotti ihre erste echte Arbeitsstelle als Sekretärin eingenommen hatte. Auch mir wurde dieses Gebäude später vertraut. Während meiner fünfundzwanzigjährigen Dienstzeit in der Handelskammer Hamburg lief ich fast täglich daran vorbei und stellte mir gelegentlich vor, wie mein Vater in den zwanziger und noch Anfang der dreißiger Jahre dort ein- und ausgegangen sein mochte.

Im Jahre 1892 gelangte mein Vater als Siebenundzwanzigjähriger nach Hamburg, wenig später, nachdem in der Hansestadt die Cholera ausgebrochen war. Meine Mutter erzählte immer gern und mit einem gewissen Stolz, dass ihn die schlimme Epidemie überhaupt nicht abgeschreckt hätte. Er soll darüber nur gelacht haben. In Hamburg zog ihn der besondere liberale Geist an, der in dieser Stadt vorherrschte, ihn, der sich selbst als Freigeist fühlte und sich schon früh veranlasst gesehen hatte, aus der Kirche auszutreten. Wahrscheinlich gehörte er in späteren Jahren in seiner Wahlheimat einer Freimaurerloge oder ähnlichen Organisation an. Er fühlte sich auf jeden Fall vom ersten Tag an in der Hansestadt wohl und wurde dort endgültig sesshaft.

Noch vor dem Ersten Weltkrieg lernte mein Vater in dem nahe gelegenen Altona die Böges, die Familie meiner Mutter, kennen. Es hieß, es hätte ihn besonders angezogen, dass in dieser Familie viel musiziert wurde, obgleich er selbst eher unmusikalisch gewesen sein dürfte – zumindest konnte er nicht richtig singen. Zum Entsetzen meiner Mutter versuchte er später hin und wieder, mich in den Schlaf zu singen. Nur mühsam gelang es ihr, ihn davon abzuhalten, denn er selbst bemerkte die Misstöne nicht, die seine Stimme dabei von sich gab. Seine Liebe zur Musik war jedoch nicht zu bestreiten. Er konnte sogar selbst ein bisschen Klavier spielen. Das ging trotz seines verirrten Gehörs, denn er brauchte ja nur auf die Tasten zu drücken, wie es die Noten vorgaben, und musste nicht mit Hilfe des eigenen Gehörs die Töne selbst finden.

*

Über die Familie meiner Mutter weiß ich eher noch weniger als über die meines Vaters. Was ich über sie erfahren habe, gibt nur ein unklares Bild mit wenig Hintergrund ab. Immerhin einige Konturen sind zu erkennen: Die Böges stammten wohl aus Mecklenburg und siedelten Mitte des neunzehnten Jahrhunderts nach Altona über, das bis 1937 als eigenständige Stadt noch zu Schleswig-Holstein gehörte.

Der Großvater meiner Mutter, Carl Adolph Böge, übte den Beruf des Musikers aus. Es hieß, dass er hervorragend Cello spielen konnte, sich aber hin und wieder auch als Dirigent versuchte. Sein Sohn, der Vater meiner Mutter also, Gustav Ernst Carl Böge, folgte dem Beispiel seines Vaters und wurde ebenfalls Musiker. Er spielte hauptsächlich Klavier, nahm aber wie sein Vater gelegentlich auch den Dirigentenstab in die Hand. Bisweilen erprobte er sich als Komponist und schrieb einige Märsche und Lieder.

Beide, der Großvater und der Vater meiner Mutter, verdienten ihr Geld mit Unterhaltungsmusik. Einer von ihnen soll im Uhlenhorster Fährhaus gelegentlich das Tanz- und Unterhaltungsorchester geleitet haben. Zu Hause aber wurden auch Beethoven, Schubert und Wagner gespielt.

Auch die Mutter meiner Mutter, Frieda Marie Mathilde Böge, lebte vor ihrer Heirat in Altona. So viel ist aus den Unterlagen zu ersehen, die uns erhalten geblieben sind. Sie war eine geborene Struck und Tochter des Schneiders Carl Friedrich Johann Struck und der Mathilde Cathrina Struck, deren Mädchenname Borack lautete.

Ich hörte meiner Mutter immer gern zu, wenn sie mit heimlicher Bewunderung von ihrem Vater erzählte, von seiner Vorliebe für lange Spaziergänge durch den Regen und von seiner scheinbar geistigen Abwesenheit, wenn er komponierte und dabei unverwandt in die Luft schaute.

Sie muss ihm sehr ähnlich gewesen sein, hatte wie er schwarze Haare und dunkelbraune, fast schwarze Augen und eine sehr gerade Nase. Auch seine Musikalität hatte sie von ihm geerbt. Nach der Schule besuchte sie ein Konservatorium und lernte dort recht gut Klavier zu spielen. Ihr Bruder Hans ergriff einen bürgerlichen Beruf. Er wurde Uhrmacher und wanderte schon in jungen Jahren nach Holland aus. Der zweite Bruder mit dem Namen Carl verstarb sehr früh.

Besonders aufmerksam hörte ich meiner Mutter zu, wenn sie vom Ersten Weltkrieg erzählte, von der großen wirtschaftlichen Not, die sich im Verlauf der Kriegsjahre mehr und mehr ausbreitete und die sie selbst miterlebt hatte. In ihrer Familie gab es in der schlimmsten Zeit pro Tag für jede Person nur fünf Scheiben Brot ohne Butter und Aufschnitt zu essen, hörte ich sie immer wieder berichten. Um etwas mehr Geschmack im Mund zu haben, streute man sich ein bisschen Salz aufs Brot. Dazu wurde dann Steckrübenkaffee getrunken. Der Nahrungsmangel dürfte zu der Zeit noch schlimmer als am Ende des Zweiten Weltkrieges und in den ersten Jahren danach gewesen sein, als die Menschen ebenfalls ständig mit Hungergefühlen herumlaufen mussten.

Wenn meine Mutter von diesen Kriegserlebnissen erzählte, wirkte sie sehr ernst. Aber das lag nicht nur an den unschönen

Alltagsgeschehnissen, von denen sie gerade berichtete, sondern mehr noch daran, dass ihr damaliger Verlobter nicht aus dem Krieg zurückkehrt war. Gelegentlich deutete sie an, dass dieses Ereignis sie damals in eine schwere Krise gestürzt hatte. Wer dieser Verlobte war, wie er hieß, wo er herkam, welchen Beruf er hatte – all das weiß heute keiner von uns mehr zu sagen.

*

Mein Vater nahm am Ersten Weltkrieg nicht als Soldat teil, denn dafür war er schon zu alt. Bei Kriegsbeginn zählte er bereits neunundvierzig Jahre. Er hat aber als freiwilliger Helfer zur Unterstützung der Truppe in Belgien im Dienste des Kaisers gestanden. Über diese Tätigkeit wurde ihm sogar ein Zeugnis ausgestellt, das umso gewichtiger erscheint, als es das einzige Zeugnis ist, das wir von ihm besitzen.

Es geht davon ein besonderer Reiz aus, der in der verblüffenden Formulierungskunst des Herrn Majors und Kommandanten liegt, der dieses Zeugnis ausstellte. Die Sprache wirkt darin – wie es sich für Militärs gehört – ein wenig gestelzt, und die Satzkonstruktion erscheint an einer Stelle verbogen. Möglicherweise fehlt ein Wort im Text. Freunde der Komik und Menschen, denen alles Militärische grundsätzlich suspekt erscheint, dürften in jedem Fall ihren Spaß an diesem Elaborat haben.

Z e u g n i s

Herr Curt Michaelis, geb. 18.11.65 zu Grossenhain i./S., ist am 17.11.17 als freiwilliger Helfer bei der kaiserlichen Kommandantur Namur eingetreten.

Herr Michaelis wurde bei der Quartierabteilung der Kommandantur mit allgemeinen schriftlichen Arbeiten und der Abfertigung der Zivilbevölkerung betraut. Herr M. hat die ihm übertragenen Arbeiten zur vollsten Zufriedenheit seiner Vorgesetzten erledigt und war seine Führung in als auch außer Dienst stets eine vorzügliche, die ihm die Achtung seiner Vorgesetzten und Mitarbeiter eintrug.

Sein Austritt erfolgt infolge der eingetretenen veränderten Verhältnisse durch Übernahme durch die Ertappe.

Namur, den 26. Oktober 1918 Laegeler
Major und Kommandant

*

Eine besondere Anziehungskraft übte zunächst die Mutter meiner Mutter, also meine Großmutter, auf meinen Vater aus. Sie war wenig jünger als er und hätte zumindest vom Alter her gut zu ihm gepasst. Da sie jedoch bereits einen Ehemann hatte, machte es für ihn keinen Sinn, um sie zu werben. Aber sie hatte noch eine unverheiratete Schwester, und so hat er sich denn mit ihr zu trösten versucht und diese Frau geheiratet. Diese Verbindung stand jedoch unter einem ungünstigen Stern, denn die Ehefrau – sie hieß mit ihrem Vornamen Martha – erkrankte bald nach der Heirat und konnte das Bett immer weniger verlassen.

Noch während des Ersten Weltkrieges starb der Vater meiner Mutter, mein anderer Großvater also. Die Witwe heiratete sehr schnell wieder, und zwar wiederum einen Musiker. Dieser Mann stellte sich jedoch sehr bald als Trinker heraus und verlor, wenn er betrunken war, völlig die Kontrolle über sich. Hatte er Geld in der Tasche, vertrank er es sofort und befand sich daher in ständiger Geldnot. Um wieder Geld in die Hand zu kommen, verkaufte er irgendwann das Klavier seiner Stieftochter, und sie verlor damit das, womit sie zu der Zeit ihr Leben am liebsten ausfüllte. Schließlich warf der Stiefvater sie in seiner Haltlosigkeit sogar aus dem Haus.

Ihr Onkel und seine Frau hatten das Unheil wohl kommen sehen und ihrer Nichte schon vorher geraten, dass sie zu ihnen ziehen sollte. Dem folgte sie erst, nachdem die Misere bereits eingetreten war. Ihr Onkel schenkte ihr ein neues Klavier, und so konnte sie bald auch wieder Klavierunterricht erteilen.

Es blieb nicht bei der väterlichen Zuwendung. Der Onkel warb um die Gunst seiner Nichte Elsa, also der Tochter der Frau, die er ursprünglich geliebt hatte, und sie gab nach einigem Zögern ihren Widerstand auf. Was sich dann in der Wohnung unseres späteren Vaters abspielte, wie die schwerkranke Martha, also seine erste Ehefrau, die Liebschaft zwischen ihrem Ehemann und ihrer Nichte aufnahm, wissen wir nicht, und es ist vielleicht auch gut so. Hier haben unsere Eltern sicherlich auch Schuld auf sich geladen, aber wir kennen die Umstände nur ungenau, unter denen das geschehen ist. Darüber zu urteilen, steht uns Nachfahren nicht zu.

So viel lässt sich feststellen: Meine Geschwister Curt und Ruth wurden schon geboren, als die erste Frau meines Vaters noch lebte. Beide empfanden diesen Umstand in jungen Jahren als einen Makel, wie so etwas zu der Zeit ja auch allgemein erschienen ist, und litten still darunter. Bereits Ende 1923 starb die erste Frau unseres Vaters, der dann nur wenig später, noch in demselben Jahr, seine Nichte, also unsere Mutter heiratete.

Mein Vater, der 1865 geboren wurde, war siebenundzwanzig Jahre älter als meine Mutter und genauso alt wie sein Schwiegervater, der bereits im Ersten Weltkrieg verstorben war. Diese Generationsverschiebung hat in den verwandtschaftlichen Beziehungen einiges durcheinandergebracht. Wir vier Michaelis-Kinder hatten z.B. zwei Cousinen in Hamburg, die mehr als zwanzig Jahre älter waren als wir und deshalb von uns nicht einfach mit dem Vornamen, sondern mit Tante Hilde und Tante Lotte angesprochen wurden.

Für mich selbst hat sich aus dieser Generationsverschiebung die höchst originelle Konstruktion ergeben, dass ich, den Regeln der Logik folgend, Grund habe, mich als meinen eigenen Onkel zu betrachten:

Da mein Vater ursprünglich der Onkel meiner Mutter war, ist es nur recht und billig, wenn ich ihn nicht nur als meinen Vater betrachte, sondern zugleich auch als meinen Großonkel, und daraus ergibt sich dann zwangsläufig, dass ich nicht nur sein Sohn, sondern ebenso auch sein Großneffe bin. In meiner Eigenschaft als Sohn meines Vaters bin ich aber naturgemäß auch der Onkel seines Großneffen und der bin ich ja – wie ich hoffentlich überzeugend dargelegt habe – wiederum selbst. Das bedeutet: Ich bin tatsächlich mein eigener Onkel!

Irgendwelche Auswirkungen auf meine psychische Verfassung dürfte diese sonderbare Personenzweiheit in mir wohl nicht gehabt haben. Die Selbstgespräche, die ich gelegentlich führe, sind zumindest keine Gespräche zwischen dem Onkel und seinem Neffen. Auch dass ich mich von meinen Nichten und Neffen nicht Onkel nennen lassen mag, hat damit nichts zu tun.

Trotz des großen Altersunterschiedes, der zwischen meinen Eltern bestand, lebten sie zufrieden zusammen. Meist äußerte sich meine Mutter sehr positiv und mit großem Respekt über meinen Vater. Wenn sie von ihm erzählte, nannte sie ihn nicht ihren Mann oder Ehemann, sondern ihren Gatten.

Was ihr an ihm gefiel, war seine Eigenwilligkeit, mit der er sich in der Gesellschaft bewegte. Er konnte ihr, der sehr kleinen, nur wenig mehr als 1,50 Zentimeter großen und zudem sehr zarten Frau, die nicht immer in der Wirklichkeit lebte und eine große Neigung zum Träumen hatte, einen festen Halt geben. Er war bestimmt kein dummer Mann und zeigte sich zudem meist gutwillig und verständnisvoll. Im Umgang mit den Kindern war er viel nachsichtiger als meine Mutter, vielleicht sogar zu nachsichtig.

»Lass doch die Kinder«, pflegte er gelegentlich meiner Mutter beschwichtigend entgegenzuhalten, der seine Nachsicht gar nicht immer gefallen wollte. Andererseits wähnte mein Vater sich glücklich darüber, eine so junge und wohl auch hübsche Frau zu haben. Gern saß er dabei, wenn sie Klavier spielte, und ließ sich selbst von ihr geduldig im Klavierspiel unterrichten, auch wenn ihm diese Übungen viel Mühe bereiteten, denn seine Finger waren inzwischen schon recht steif geworden.

Meine Mutter sah meinem Vater auch eine Schwäche nach, die bei vielen Menschen zu großen Problemen führt. Er pflegte hin und wieder Bier oder auch Wein zu trinken, und das mehr, als er eigentlich vertragen konnte. Er verlor dabei nicht die Fasson, denn primitiv konnte man ihn nicht nennen. Aber es kam vor, dass ihm in solchen Situationen im Gehirn etwas durcheinanderging.

1922 wurde Curt, 1923 Ruth und 1924 Lotti geboren. 1927 kam noch Waltrude hinzu. Es war in wenigen Jahren eine große Familie entstanden, die über viele Jahre in einem Mietshaus in Barmbek lebte. Wenn ich die Erzählungen meiner Mutter richtig deute, war das Familienleben harmonisch. Beide Eltern kamen aus einem gutbürgerlichen Zuhause. Sie konnten vielleicht den gewohnten Standard nicht halten, aber es ging ihnen in den wirtschaftlich schwierigen zwanziger Jahren sicherlich nicht schlecht.

Immer wieder hat meine Mutter von den gemeinsamen Spaziergängen erzählt, die die Familie unternahm. Oft wurde dabei eingekehrt und Kuchen gegessen. Bei den Spaziergängen ging dann Curt meist neben unserem Vater und fragte ihm ein Loch in den Kopf. »Ich bin wieder ganz hohl!«, stöhnte unser Vater manchmal nach dem Spaziergang. Ruth verharrte an der Seite ihrer Mutter und ließ ihre Hand während des ganzen Spazierganges nicht los. Lotti aber, die Kleinste unter den dreien, stolzierte einige Schritte voran. Ihr Hang zur Selbständigkeit hat sich schon frühzeitig gezeigt.

Bei einem solchen Spaziergang fragte unsere Mutter unseren Vater einmal, wie er denn wohl die Zukunft der Kinder sähe. Seine Antwort lässt vermuten, dass er gut beobachten konnte und kein schlechter Menschenkenner war. Mit seinen Voraussagen ist er nahe an die Wirklichkeit herangekommen.

»Curt«, so meinte er, »der lässt sich einmal die Butter vom Brot nehmen.«

Ohne meinem Bruder wehtun zu wollen – er verhielt sich später tatsächlich manchmal so, wie es unser Vater vorausgesagt hatte. Allerdings ist dabei auch festzustellen, dass er immer mehr als andere Menschen bemüht war, anständig zu leben. Strikt hielt er an den moralischen Grundsätzen fest, denen er sich in jungen Jahren verpflichtet hatte. Opportunismus, Missgunst oder gar Habgier blieben ihm sein ganzes Leben über verhasst. Er konnte nicht einsehen, dass die Menschen, mit denen er zu tun hatte, sich nicht ebenso verhielten wie er selbst, und diese Fehleinschätzung gereichte ihm gelegentlich zum Nachteil.

Über Ruth sagte unser Vater: »Die schlängelt sich so durch« und auch diese Aussage kommt nahe an die Wahrheit heran. Ruth ist sehr gutwillig und geht Streit gern aus dem Weg. Erst vor kurzem erzählte sie mir, sie habe ihren beiden Ehemännern oft recht gegeben, auch wenn sie im Unrecht gewesen seien, einfach um Ruhe zu haben, und sie sei damit gut gefahren. Ich war erschrocken, als ich das hörte. Als ich das wenig später meiner Tochter Ricarda erzählte, meinte sie:

»Wieso? Das ist doch allgemein so! Sich so zu verhalten, sehen sich doch die meisten Ehefrauen genötigt.«

Über Lotti schließlich urteilte unser Vater dagegen ohne jede Sorge: »Die geht sicher ihren Weg.« So war's dann später auch, und diese Feststellung bedarf keines weiteren Kommentars.

Die ersten Jahre in Horn

Die Wohnung in Barmbek wurde bald für die Familie zu klein und wies auch sonst vielerlei Unzulänglichkeiten auf. Aber es war auch damals nicht so leicht, eine größere und ebenfalls bezahlbare Wohnung zu finden. Nach dem Tod von Waltrude Ende 1928 hatte die Familie ein bisschen mehr Platz, aber die Wohnung blieb trotzdem unzureichend. Kurz vor meiner Geburt bot sich die Möglichkeit zu einem Wohnungswechsel. Die Familie zog in den Stadtteil Horn, der im Osten von Hamburg lag und in dem es zu dieser Zeit noch ein bisschen ländlich aussah.

Kinderreichenblock
Ecke Horner Weg/Rhiemsweg. Baujahr 1930.
Der Architekt war Erich Schmarje (1892-1961)

Die Lage der Snitgerreihe. Nach dem Falk-Plan von 1945

Die neue Wohnung gehörte zu einem neuen großen Gebäudekomplex, den eine Baugenossenschaft für kinderreiche Familien errichtet hatte und der offiziell »Kinderreichenblock« genannt wurde, ein furchtbares Wort, mit dem ich schon als Kind Schwierigkeiten hatte, wenn ich es schreiben sollte.

Die Wohnung befand sich in der Snitgerreihe 44 und lag insofern besonders günstig, als man von der Straßenseite aus nicht auf andere Gebäude, sondern über ein weites Gelände mit Schrebergärten und vielen Bäumen sehen konnte. Vor den Schrebergärten erstreckte sich noch eine große Wiese, ein willkommener Spielplatz für Kinder. Heute sieht es dort ganz anders aus. Schrebergärten und Wiese sind verschwunden. Es stehen auch da jetzt Wohnhäuser und ebenfalls eine Schule.

Die Wohnung, die unsere Eltern damals in Horn mieteten, lag im zweiten Stockwerk und umfasste drei Zimmer, eine Wohnküche mit einer Kochnische, eine Speisekammer, ein großes Badezimmer, eine Toilette, eine Besenkammer und einen langen Korridor, von dem bis auf die Speisekammer alle Räume abgingen. Zur Wohnung gehörte außerdem ein Balkon, auf den man von der Wohnküche aus gelangen konnte. Er lag zu einem großen Hof hin, der vollständig mit Rasen bedeckt war. Dahinter befand sich ein Spielplatz mit einer sehr großen Sandkiste.

Gemessen an den Wohnverhältnissen, wie sie damals allgemein bestanden haben, konnte die Familie mit dieser recht geräumigen und modern ausgestatteten Wohnung wohl sehr zufrieden sein.

*

In der neuen Wohnung in der Snitgerreihe 44 wurde ich am 7. April 1931 geboren. Meine Mutter, die ja im Gebären bereits sehr erfahren war, ließ sich nicht in eine Klinik einweisen. Der Arzt kam zwar zu spät, aber die Hebamme war zur Stelle. Die Geburt verlief völlig unproblematisch. Ich soll am späten Nachmittag dieses Tages erstmalig meine nicht geringe Stimmkraft unter Beweis gestellt haben. Ich will neidlos anerkennen, dass Lotti das noch besser gekonnt haben soll, wie meine Mutter einmal meinte. Eigentlich hatten meine Eltern mich an einem der beiden vorangegangenen Ostertage erwartet. Als eine Art Osterei zur Welt zu kommen, hat mir aber anscheinend missfallen.

Meine ersten beiden Lebensjahre waren die letzten unseres Vaters, und in dieser Zeit hat zunehmend seine Krankheit die Familie beschäftigt. Neben der Zuckerkrankheit machte ihm mehr und mehr ein Karzinom im Zwölffingerdarm zu schaffen, das allerdings erst relativ spät als Krebserkrankung erkannt wurde. Als die Ärzte endlich die richtige Diagnose stellten, war es für eine Operation bereits zu spät. Unser Vater musste immer häufiger das Bett hüten. In diese Zeit fällt eine kleine Episode, die unsere Mutter gelegentlich erzählte und die die damaligen Zeitumstände besonders beleuchtet.

Anfang 1933, kurz nachdem die Nazis die Macht in Deutschland übernommen hatten, marschierte ein Trupp SA-Männer die Snitgerreihe entlang. Dieser Trupp machte tatsächlich vor unserem Haus Halt. Unser kranker Vater, der in einem Zimmer zur Straße hin in seinem Bett lag, bekam das mit und witterte sofort Gefahr. Er wusste, was das Kommando »Abteilung halt« bedeuten konnte. Zu dieser Zeit geschah es häufig, dass SA-Männer an Wohnungstüren klingelten und – wenn dann geöffnet wurde – einfach in die Wohnungen eindrangen, Schränke und Kommoden nach Waffen und Schriftgut, das nicht in ihrem Sinne war, durchsuchten.

Unser Vater, der sich geistig keine Fesseln anlegen lassen mochte und politisch den Liberalen nahestand, besaß sicherlich Bücher, die den Nazis nicht unbedingt gefallen würden. Aber dieser Umstand machte ihn weniger besorgt.

Was ihn ängstigte, war, dass er tatsächlich eine Waffe im Hause hatte, einen besonders geformten Dolch, den er irgendwann einmal erstanden hatte und als Wertgegenstand betrachtete. Er fürchtete in dieser Situation, dass die SA-Männer jetzt zu uns in die Wohnung kommen und an dem Besitz dieses Mordinstrumentes Anstoß nehmen würden. Vor Schreck rief er unserer Mutter zu: »Der Dolch!«

Auch sie erkannte sofort die Gefahr. Sie zögerte nicht lange und holte – resolut, wie sie manchmal tatsächlich sein konnte – das Ding sofort aus dem Schrank und warf es kurz entschlossen in den Müllschlucker, der in der Küche an der Wand angebracht war. Das stellte sich jedoch schnell als unnötig heraus. Die SA-Männer kamen nicht zu uns, sondern drangen in eine Nachbarwohnung ein.

Welche Wohnung sie damals heimsuchten, liegt im Dunkeln. Ich meinte bis vor kurzem, dass es die Wohnung der Familie Glaser gewesen sein müsste. Aber Hannelore Schmidt, die Ehefrau des Bundeskanzlers Helmut Schmidt, die als älteste Tochter der Eheleute Glaser damals ebenfalls in der Snitgerreihe 44 aufwuchs, schrieb in ihren Erinnerungen, dass ihre Wohnung niemals durchsucht worden sei. Also muss es eine andere gewesen sein. Diese Frage zu klären, ist heute auch nicht mehr wichtig. Es konnte damals jeden treffen.

Die Krankheit unseres Vaters verschlimmerte sich in der folgenden Zeit immer mehr. Er konnte kaum noch etwas essen, denn die Speisen, die der Arzt dem Krebskranken erlauben konnte, musste er dem Zuckerkranken untersagen. Unser Vater magerte ständig weiter ab und wurde zusehends schwächer. Am schlimmsten aber waren die Schmerzen, gegen die es außer Morphium kein Mittel mehr gab, das Linderung bewirkte. Unser Vater fand jedoch selbst eine Methode, sich zumindest zeitweilig von den Schmerzen zu befreien. Was er da vollführte, war aber nichts anderes als eine Verzweiflungstat. Er pflegte sich manchmal in die Badewanne zu legen und sie einfach mit eiskaltem Wasser volllaufen zu lassen.

Die Kühle hatte eine betäubende Wirkung und befreite ihn tatsächlich von den Schmerzen, hätte aber leicht auch eine schwere Erkältung, vielleicht sogar eine Lungenentzündung nach sich ziehen können. Unsere Mutter versuchte daher, unseren Vater an den Kaltbädern zu hindern. Doch nicht immer gelang ihr das. Manchmal wachte sie nachts auf und hörte das Wasser laufen. Ihr schwerkranker Ehemann hatte sich dann doch wieder in die Badewanne gelegt. Es machte ihr viel Mühe, ihn wieder ins Bett zu bekommen. Einmal ist er ihr dabei sogar weggerutscht.

Am 17. Juli 1933 wurde er dann von den qualvollen Schmerzen erlöst. Kurz vorher sorgte er sich darüber, was nach seinem Tod mit der Familie geschehen und welche Probleme daraus erwachsen würden. Wenige Minuten bevor er starb, hörte meine Mutter ihn noch leise sagen:

»Diese kleine Frau und die Kinder sind auch noch so klein!«

Tatsächlich war unsere Mutter mit der Situation, in der sie sich jetzt als Witwe mit vier Kindern befand, überfordert. Das sollte sich nach und nach herausstellen. In Wahrheit verkraftete sie den Tod ihres Ehemannes nie. Es liegt nahe anzunehmen, dass die schwierige Situation, in der sie sich damals befand, ihre später entstandene Geisteskrankheit mit verursachte. Davon soll später die Rede sein.

Nach dem Tod ihres Ehemannes war unsere Mutter gern für sich allein und brachte mich deshalb, der ich von allen vier Kindern noch am meisten Betreuung brauchte, ins Kindertagesheim. So machte ich 1933 zum ersten Mal Bekanntschaft mit dem Haus, das für mich später einmal eine große Bedeutung erlangen und für viele Jahre mein Zuhause werden sollte, nämlich mit dem Kinderheim Horner Weg. Allerdings blieb ich das erste Mal nur kurz dort, nur für ein Vierteljahr, denn ich wurde das Opfer einer schweren Misshandlung, wie ich das, was damals mit mir passiere, wohl bewertet haben muss.

Ein anderer Junge erdreistete sich nämlich, mir in die Haare zu reißen. Ich war nicht gewillt, diese schwere Untat einfach hinzunehmen. Ich verließ eiligst und zunächst unbemerkt das unwirtliche Haus. Wie ich es schaffte, meinen Mantel anzuziehen, wusste niemand hinterher zu berichten. Möglicherweise hat mir irgendjemand dabei geholfen. Auf jeden Fall setzte ich mich unverzüglich in Marsch. Mein Verschwinden wurde allerdings schnell von den Kinderbetreuerinnen des Heimes bemerkt, und sie hatten keine Mühe, mich einzuholen, denn die Richtung, in die ich losgezogen war, hatte gestimmt, und ich war auch erst etwa fünfhundert Meter weit gelaufen. Allerdings hatte es bereits begonnen dunkel zu werden, und so war es nur gut, dass man mich so schnell gefunden hatte. Der Versuch, mich zur Umkehr zu bewegen, scheiterte jedoch. Der Gang zu Mama war nicht mehr aufzuhalten. So kam ich vorzeitig zu Hause in Begleitung mehrerer Betreuerinnen an.

Am nächsten Tag muss ich wohl gemeint haben, dass mir die Rückkehr ins Tagesheim nicht mehr zuzumuten sei. Ich weigerte mich auf jeden Fall, dorthin aufzubrechen, und meine Mutter sah sich gezwungen, meinen Unwillen zu respektieren. So blieb ich dann fortan in den nächsten Jahren auch tagsüber zu Hause.

Ich glaube, ich habe mich in dieser Zeit in der unmittelbaren Nähe meiner Mutter sehr wohl gefühlt und bin als Nachzügler vielleicht sogar so etwas wie ein verwöhntes Kind gewesen. Ob sich daraus für mich Nachteiliges ergeben hat, mögen die Menschen beurteilen, die mich gut kennen.

Ich hielt mich meist dort auf, wo sich gerade auch meine Mutter befand, und das war in der Küche. Wurde ich gefragt, wo ich denn wohne, pflegte ich daher auch folgerichtig zu sagen: »Bei Mama in der Küche.«

Meine Geschwister konnten allerdings für mich kaum Spielgefährten sein, weil sie wie auch die meisten Nachbarskinder dafür schon zu alt waren. Sie hatten verständlicherweise anderes im Sinn, als sich mit ihrem kleinen Bruder zu beschäftigen.

Früh hat allerdings meine Schwester Lotti – sie ist sechseinhalb Jahre älter als ich – ein Gefühl der Fürsorge für mich entwickelt, das mir später sehr zugutekommen sollte. Ich meine, sie ist mir nicht nur im Alter am nächsten, sondern ich habe mit ihr vielleicht auch mehr charakterliche Gemeinsamkeiten als mit Curt und Ruth, und zwar wohl ebenso im guten wie im schlechten Sinne. Beide haben wir das Streben, Ziele mit großer Energie zu verfolgen und nicht nachzulassen, wenn Schwierigkeiten entstehen. Was so nicht geht, muss anders gehen, aber gehen muss es! Das ist eine Devise, die für uns nicht immer, aber sehr oft gegolten hat.

Allerdings sagt man uns auch nach, dass wir beide gern recht behalten und in bestimmten Situationen allzu beharrlich unsere Meinung vertreten, und das scheint wiederum – so wenigstens habe ich das aufgenommen – nicht unbedingt Bewunderung auszulösen.

*

Wer heute vor dem Mietshaus in der Snitgerreihe 44 steht, wird feststellen, dass es dort nicht wie seinerzeit sechs, sondern acht Wohnungen gibt. Als das 1943 ausgebrannte Haus in den fünfziger Jahren wieder aufgebaut wurde, setzte man auf das zweite noch ein drittes Stockwerk. Sonst aber wirkt alles unverändert, weil die Fassade und die Grundmauern stehen geblieben waren und also nicht neu errichtet werden mussten. Es ist jedoch anders als früher auffallend ruhig dort, denn in den Wohnungen leben heute weit weniger Menschen als früher.

Damals gab es in der Snitgerreihe und in dem gesamten umliegenden Wohnblock ein reges Leben, und zwar nicht nur in den Wohnungen, sondern auch auf den Straßen. Der Kontakt unter den Bewohnern war überaus eng. Man pflegte viel Anteil am Leben des anderen zu nehmen. Das lag vor allem daran, dass es so viele Kinder gab. Familien mit vier, fünf und sechs Kindern waren dort häufig und vereinzelt auch mit sieben und sogar acht Kindern anzutreffen, und wo Kinder sind, finden die Menschen überall schnell zueinander. Aber das dürfte es nicht allein gewesen sein. Heute bleibt man gern für sich, auch wenn man oftmals darunter leidet. Die Gemeinschaftsfreude hat auf jeden Fall in den vergangenen Jahrzehnten in unserer Gesellschaft stark nachgelassen.

Es waren durchweg biedere, bescheiden lebende Kleinbürger – Arbeiter, Handwerker, kleine und mittlere Angestellte und auch Beamte –, die dort in der Snitgerreihe 44 und in den Nachbarhäusern sowie in dem gesamten Kinderreichenblock wohnten. Die Enge, in der sie lebten, ihre Sorgen und Probleme, die ja auch die unsrigen waren, habe ich nie vergessen. Meine politische Einstellung, und vor allem die Vorstellung, dass es ungerecht in der Gesellschaft zugeht und dass es darauf ankäme, die materiellen Güter besser zu verteilen, als es tatsächlich geschieht, haben ihre Wurzel sicherlich in diesen Erfahrungen.

Wir, die Familie Michaelis, wohnten in der Snitgerreihe 44 im zweiten Stockwerk auf der linken Seite und auf der rechten Seite daneben das schon ältere Ehepaar Groth. Ihre beiden

Söhne waren bereits erwachsen und selten in Horn anzutreffen. Vater Groth, wie er von uns genannt wurde, war mir besonders wohlgesonnen. Er brachte mir gelegentlich eine große Birne aus seinem Schrebergarten mit, die er sorgsam für mich ausgesucht hatte. Einmal im Jahr durfte ich dann sogar mit ihm dort hingehen und mich an seinen Stachelbeerbüschen vergnügen. Das blieb nicht ohne Nachwirkungen, denn Stachelbeeren sind mir bis heute die liebsten Früchte geblieben.

Der einfältige, aber überaus gutwillige Herr Groth nannte mich immer Neubert – ein Name, der ihm wohl mehr als Norbert vertraut war – und fragte mich geradezu regelmäßig, wenn er mich sah: »Wie geht's die Schwestern?« Er fragte dies auch, als ich ihn nach dem Krieg in der Nähe seines Schrebergartens noch einmal wiedersah. Er war inzwischen ein recht alter Mann geworden und hatte Mühe, seine Knie beim Gehen durchzudrücken. Ich habe diesem stets freundlichen und gutwilligen Mann so etwas wie ein Denkmal in mir gesetzt.

Unmittelbar unter uns, also in der ersten Etage auf der linken Seite, ging die Familie Hahn ein und aus. Herr Hahn, ein recht großer und etwas beleibter Mann, war Zollinspektor von Beruf und trug an seinem grünen Uniformrock stets das EK I, das Eiserne Kreuz erster Klasse, das er im Ersten Weltkrieg erworben hatte. Diese Kriegsauszeichnung flößte zu der Zeit vielen Menschen hohen Respekt ein. Auch auf mich machte der Orden auf seiner Brusttasche großen Eindruck.

Herr Hahn gehörte der NSDAP an wie fast alle Beamten, dürfte aber wohl ohne eigentliche Ambitionen dabei gewesen sein. Böses hat er sicherlich nicht getan.

Seine Ehefrau hatte ebenfalls eine stattliche Statur. Sie konnte ungewöhnlich kräftig lachen. Wenn es unter uns in der ersten Etage etwas zu lachen gab, bekamen auch wir das notgedrungen mit. Leider erfuhren wir nie, warum gerade gelacht wurde, und diese Ungewissheit blieb dann in der Tat unbefriedigend.

Die Eheleute Hahn hatten fünf Kinder – vier Töchter und einen Sohn. Sie verhielten sich mir gegenüber sehr freundlich, und ich freute mich, wenn ich sie sah. Was mir allerdings gar nicht gefiel, war, dass Renate, eben die jüngste Tochter, sehr viel schneller wuchs als ich und mich bald erheblich überragte. Die Hahns waren betont christlich eingestellt und hatten sich der Freikirchlichen Evangelischen Gemeinde am Holstenwall angeschlossen. Dorthin zog die ganze Familie an jedem Sonntagmorgen, Eltern wie Kinder in Sonntagskleidung. Die Hahns beteten regelmäßig vor und nach den Mahlzeiten und hatten für jede Lebenssituation einen Bibelspruch parat. Aber es wäre unrecht, ihnen Frömmelei vorzuhalten. Sie haben sicherlich ehrlich versucht, christlich zu leben.

Neben den Hahns, auf der rechten Seite der ersten Etage, lebte Herr Kruse mit seiner alten Mutter. Mit Herrn Kruse war irgendetwas Besonderes. So musste es mir zumindest erscheinen. Es hieß immer, er sei sehr weiblich, was ich überhaupt nicht verstand. Meine Mutter konnte das sehen, wenn er seine Hand aus dem Fenster streckte, um das Staubtuch auszuschütteln. Ich konnte das allerdings nicht sehen. Auch hatte mir meine Mutter aufgetragen, dass ich nicht in seine Wohnung gehen sollte. Ich tat es trotzdem, wenn es sich ergab. Getan hat mir Herr Kruse natürlich nie etwas.

Er verhielt sich mir gegenüber meist freundlich. Gelegentlich pflegte er sich allerdings über mich zu ärgern, wenn ich mir wieder einmal nicht die Füße abgetreten hatte. Dann lief er, laut meckernd, mit Handfeger und Schaufel die Treppe auf und ab und beseitigte schnell den Schmutz, den ich hinterlassen hatte. Gebessert habe ich mich in dieser Hinsicht nie.

Für einige Zeit war Herr Kruse irgendwann verschwunden. Wegen homosexuellen Verhaltens musste er – so wurde damals ja verfahren – für etwa zwei Jahre ins Gefängnis. Möglicherweise gereichte ihm seine Anomalie aber sogar zum Vorteil, denn Wehr- und damit auch Kriegsdienst zu leisten, hatte man ihm nicht abverlangt, und solcher »Männlichkeitsbeweis« wäre ihm wohl kaum gut bekommen.

Merkwürdigerweise hing ausgerechnet bei Kruses an den NS-Feiertagen eine überdimensionale Hakenkreuzfahne aus dem Fenster, nicht an einer Fahnenstange befestigt, sondern unmittelbar am Fenstersims die Hauswand herunter. Diese Fahne muss wohl ein Relikt von dem verstorbenen Vater gewesen sein, denn Herr Kruse jr. selbst und auch seine alte Mutter hatten mit den Nazis bestimmt nichts im Sinn.

Im Parterre auf der linken Seite wohnte die Familie Hörnig, an die ich weniger gute Erinnerungen habe. Der glatzköpfige Vater Hörnig verdiente sein Geld als kaufmännischer Angestellter bei einer Mineralölgesellschaft. Er war ein wenig sympathischer Mann, der oft widerliche Späße machte.

»Du kommst in die Wurst«, sagte er gelegentlich zu mir und hatte wohl die Vorstellung, damit witzig sein.

Seine Frau wirkte wie unterjocht und hatte große Mühe, ihre vier streitbaren Söhne und die einzige Tochter zusammenzuhalten. Auch die Hörnigs gaben sich wie die Hahns fromm. Zumindest wurde bei ihnen viel gebetet. Ihr Verhalten untereinander ließ jedoch Zweifel an ihrer christlichen Gesinnung aufkommen. Es kam in der Familie oft zu heftigen Auseinandersetzungen, und es wurde viel geschimpft und geschrien.

Was bei den Hörnigs besonders auffiel, war die unterschiedliche Begabung der Kinder. Der älteste Sohn besuchte die Hilfsschule, der zweite scheiterte erst im Abitur, der dritte schaffte mit Mühe die Volksschule und der jüngste schloss tatsächlich mit dem Reifezeugnis ab. Die Tochter – sie lag mit mir im Alter gleichauf – erreichte die mittlere Reife.

Als ausgesprochener Rabauke präsentierte sich der zweitälteste Sohn, Peter, der oft über die Stränge schlug. Er musste sich immer besonders hervortun, wurde zunächst Jungvolk- und später HJ-Führer, bekam aber auch dabei oft Streit mit den Gefährten. Nach dem Krieg wurde er Tiefbauingenieur, dann

Unternehmer und machte prompt Pleite. Zeitweilig saß er wegen eines Sexualdelikts im Gefängnis. Als seine Ehe zerbrach, beschaffte ihm Curt ein Zimmer bei Nachbarn und unterstützte ihn auf vielerlei Weise, was dieser dann aber schamlos ausnutzte. Das Letzte, was ich von Peter Hörnig hörte, war, dass er bei den Grünen versuchte, Karriere zu machen. Er ist wohl auch dabei auf der Strecke geblieben.

Neben Hörnigs, also auf der rechten Parterreseite unseres Hauses, lebte die Familie Glaser, bei der sich vieles anders ausmachte als bei den meisten Familien. Vater Glaser hatte so gar nichts von dem, was mir zu der Zeit als besonders männlich und nachahmenswert erscheinen konnte. Wenn er, der Elektriker, am Nachmittag mit dem Fahrrad von der Arbeit nach Hause kam, hob er beim Absteigen das Bein nicht elegant über den Sattel, wie ich das irgendwann nach langen Fehlversuchen gelernt hatte, sondern vorn über die Querstange zwischen Lenker und Sattel.

Herr Glaser war eher ein stiller Mann, der hin und wieder ein bisschen zu malen pflegte. Auf dem Flur der Wohnung hing ein Selbstporträt von ihm, vor dem ich ein paar Mal verwundert stehen blieb, weil es nicht naturgetreu, sondern in grüner Farbe gemalt war. So etwas gab es sonst nie zu sehen. Nach dem Krieg kam mir dieses Bild wieder in den Sinn, als ich zum ersten Mal eine Ausstellung in der Hamburger Kunsthalle mit Bildern expressionistischer Maler besuchte.

Auch die Kinder in dieser Familie – drei Töchter und ein Sohn – offenbarten künstlerische Neigungen. Bei den Glasers wurde aber nicht nur gemalt, geschnitzt und gewebt, sondern auch musiziert. Wenn man im Treppenhaus an ihrer Haustür vorbeiging, konnte man manchmal hören, dass Flöte oder Geige gespielt wurde.

Mutter Glaser war im Gegensatz zu ihrem Mann eher beredt und galt als kluge Frau. Sie zeigte sich meist freundlich, oft aber auch eigenwillig. Sie hatte ihren eigenen Kopf und machte gelegentlich Äußerungen, bei denen die Nachbarn die Augenbrauen hochzogen, wie ich das ein paar Mal im Luftschutzkeller beobachtet hatte.

Als ich fünf oder sechs Jahre alt war, gab es zwischen Frau Glaser und mir eine kleine, an sich unbedeutende Begebenheit, die mir aber dennoch in nachhaltiger Erinnerung geblieben ist. Ich tat an einem Vormittag das, was damals ein beliebtes Spiel fast aller Jungen war. Ich spielte, ein Soldat zu sein und schoss mit einem imaginären Gewehr in der Gegend herum, und zwar unmittelbar vor der rechten Parterrewohnung unseres Hauses. Plötzlich trat Frau Glaser ans offene Fenster und fragte mich:
»Was tust du denn da?«
»Ich schieß die Feinde tot«, antwortete ich.
»Ich finde es aber besser, wenn die Menschen leben«, meinte sie daraufhin und verschwand wieder in ihrer Wohnung.

Irgendwie leuchtete mir das schon ein, was Frau Glaser gesagt hatte, aber ich fühlte mich dennoch in meinem Spiel gestört und schoss also weiter mit meinem imaginären Gewehr auf die imaginären Feinde.

Die Glasers waren keine Christen, und sie pflegten dies auch deutlich herauszukehren. Zum Beispiel wurden die Kinder nicht konfirmiert. Das fiel besonders in diesem Hause auf, in dem relativ viele Kirchgänger wohnten. Andererseits erwiesen sich gerade die Glasers als besonders menschenfreundlich. Sie zeigten sich gern hilfsbereit, wenn Menschen in Schwierigkeiten gerieten, und damit beschämten sie gelegentlich die Nachbarn, die häufig Bibelsprüche im Munde führten.

Die Glasers machten überhaupt kein Hehl daraus, dass sie von Hitler nichts hielten. Nie hing bei ihnen eine Hakenkreuzfahne aus dem Fenster, wie es die Menschen damals an NS-Feiertagen üblicherweise taten, und schon allein damit verhielten sie sich recht kühn. Wenn ich mich richtig erinnere, gehörten die Kinder auch nicht der HJ bzw. dem BDM an. Dazu wurde fast jeder im Alter zwischen zehn und achtzehn Jahren irgendwann einmal aufgefordert. Wer sich dem entzog, bekam leicht Schwierigkeiten. Wohl ab 1940 war die Mitgliedschaft in einer NS-Jugendorganisation sogar Pflicht.

Die älteste Tochter, Hannelore Glaser, verlobte sich am Anfang des Krieges mit Helmut Schmidt. Anders als meine Schwester Lotti kann ich selbst mich nicht erinnern, den späteren Bundeskanzler mit den damals noch schwarzen Haaren in Horn gesehen zu haben. Ich weiß aber, dass über ihn gesprochen wurde. Es hieß, dass er im Gegensatz zu den Glasers überzeugter Christ sei, was man in der Nachbarschaft für sehr bemerkenswert hielt. Es wurde wiederholt darüber gesprochen, und dies sogar auch unter Kindern. Daraus hat sich dann eine kleine Anekdote ergeben.

Ein Spielgefährte von mir wollte wohl sagen, dass der Verlobte von Hannelore Glaser religiös sei. Da er aber das Wort religiös noch nicht kannte, behalf er sich mit einer in der Nähe liegenden Vokabel und sagte zu mir:

»Der ist heilig!«

Nun, ein Heiliger ist Helmut Schmidt ja nicht gerade geworden, aber immerhin doch ein hervorragender Bundeskanzler. Sein finanzwirtschaftlicher Sachverstand, seine Rhetorik und sein Durchsetzungsvermögen haben mich immer tief beeindruckt.

Einen besonderen Kontakt hatten meine Mutter und wir vier Geschwister zu der Familie Beyer, die zwei Häuser weiter – Snitgerreihe 40 – wohnte. Frau Beyer gehörte damals zu den wenigen Frauen, die einen Beruf ausübten. Deshalb brauchte sie für ihre Tochter Marion, die etwa zwei Jahre jünger war als ich, eine Betreuerin. Hierzu fand sich meine Mutter bereit, und so kam denn Herr Beyer jeden Morgen die Treppe herauf und brachte seine Tochter zu uns. Mir gefiel das, denn nun hatte ich auch eine jüngere Schwester, für die ich so etwas wie Fürsorge empfinden konnte. Marion nahm das gern an. Sie folgte mir auf Schritt und Tritt, und wir spielten viel miteinander. Wenn es regnete und die anderen Kinder sich in die Treppenhäuser flüchteten, blieben wir immer noch draußen im Freien und bauten uns aus Brettern und Zweigen eine Höhle.

Eines Morgens hörte ich, wie Herr Beyer zu meiner Mutter sagte: »Ich halte nichts von Hitler. Der fängt irgendwann Krieg an.«

Ich stand unmittelbar daneben, konnte die Bedeutung dieser Äußerung natürlich nicht ermessen, merkte aber, dass meine Mutter verwundert dreinschaute.

Der Feinmechaniker Henry Beyer hatte bis 1933 der SPD angehört. Er hielt seiner Partei auch nach ihrem Verbot die Treue. In seiner Gesinnung ließ er sich durch nichts erschüttern und machte oft kritische Bemerkungen über Hitler. Er tat das auch bei einem Gespräch mit einem Nachbarn, dem recht kugeligen Herrn Hörcher, als beide ein wenig Alkohol getrunken hatten. Der Mann war zwar ein überzeugter Nationalsozialist, blieb aber anständig und dachte nicht daran, seinen hitlerfeindlichen Gesprächspartner zu verraten. Nach dem Krieg konnte sich Herr Beyer erkenntlich zeigen, indem er den ehemaligen Nachbarn entlastete, als der dann wegen seiner früheren NS-Gesinnung in Bedrängnis geriet.

In besonderer Erinnerung ist mir noch Frau Bartholomäus, eine Nachbarin aus unserem Nebenhaus, aus der Snitgerreihe 42, geblieben. Ihr Mann fuhr als Schiffsoffizier auf einem Handelsschiff zur See und wurde deshalb in der Snitgerreihe nur selten gesehen. Wenn er aber nach Hause kam, zog die Ehefrau stolz mit ihm die Straße entlang. Er bewegte einen ansehnlichen Bauch vor sich her. Trotzdem neigte sich sein Oberkörper beim Gehen immer leicht nach vorn. Hatte er ein paar Tage Urlaub, trug er meist einen braunen Zivilanzug, an dessen Jackett er einen Orden befestigt hatte.

Mit diesem Orden wurden damals Handelsmariner ausgezeichnet, die mit ihrem Schiff wiederholt verminte Meergebiete passiert hatten. Es passte eigentlich gar nicht zu diesem eher gemütvoll wirkenden Mann, einen militärischen Orden zu tragen, und schon gar nicht an seinem Straßenanzug. Aber so war das damals eben. Viele Zivilisten fühlten sich dazu aufgerufen, sich einen soldatischen Anstrich zu geben. Wer als Mann gelten wollte, musste das vielleicht tun.

Wenn sich ihr Ehemann auf See befand, wusste Frau Bartholomäus wohl nicht so recht, was sie mit ihrem Leben anfangen sollte. Sie schlief lange in den Tag hinein. Mittags erschien sie oft im Schlafanzug an ihrem Parterrefenster und fing mit irgendjemand, der gerade vorbeikam, ein Gespräch an. Einige Kinder erzählten, dass sie sie auch barbusig am Fenster gesehen hätten.

Gelegentlich pflegte Frau Bartholomäus auch mit jungen Soldaten aus der Nachbarschaft zu flirten, und sie galt daher als leichtlebig. Wahrscheinlich hat man ihr damit unrecht getan, denn wenn Männer zudringlich wurden, konnte sie auch schnell ungehalten werden.

Bei uns Kindern war Frau Bartholomäus deshalb besonders beliebt, weil sie uns sehr großzügig »Trinkgelder« in die Hand drückte, wenn wir für sie einkauften. Dabei kam es uns sehr gelegen, dass sie nicht vernünftig planen konnte. Sie schickte uns oft fünf- bis sechsmal an einem Nachmittag zum Einkaufen und für jeden Einkauf erhielten wir wenigstens fünf, oft sogar zehn Pfennig Trinkgeld. Das war ungewöhnlich viel. An einem Nachmittag verdiente ich einmal bei ihr insgesamt fünfunddreißig Pfennige. Jedes Mal, wenn ich gerade vom Einkaufen zurückkehrte, fiel Frau Bartholomäus noch etwas anderes ein, das sie benötigte, und ich musste bzw. durfte noch ein weiteres Mal losziehen.

Fünf oder zehn Pfennig bekam ich gelegentlich auch von Herrn Allmann, einem Nachbarn aus dem Snitgerstieg, zugesteckt, einer Straße, die auf die Snitgerreihe zuführte, wenn er nachmittags von der Arbeit heimkam. Dies machte er, ohne dass ich etwas für ihn getan hätte. Er war ein früherer Kollege meines Vaters und fühlte sich deshalb wohl zu besonderer Freundlichkeit aufgerufen. Er blieb dann einen Augenblick stehen und ließ sich eingehend von mir über meinen Schulbesuch berichten. Frau Allmann war die Schwester von Frau Glaser. Es hieß, beide Familien pflegten aber keine engen Kontakte, und dabei dürfte wohl auch die kritische Einstellung der Glasers zu Hitler eine Rolle gespielt haben, die die Allmanns nicht teilten.

*

Die Jahre, die meine Mutter und wir vier Kinder in der Snitgerreihe verbrachten, lebten wir in Armut. Wir waren tatsächlich das, was man arme Leute nennt, denn meine Mutter erhielt nach dem Tod meines Vaters nur eine kleine Rente. Das geringe Witweneinkommen war darin begründet, dass mein Vater lange Zeit bei einer Reichsbehörde und später bei einer Hamburger Behörde gearbeitet hatte. Für die Bemessung des Rentenanspruchs konnten damals anders als heute die Dienstjahre bei beiden Behörden nicht zusammengerechnet werden. Es zählten nur die Jahre, die mein Vater beim Hamburger Staat verbracht hatte, und das waren so viele nicht.

Außer der Witwenrente erhielt meine Mutter für uns noch Kindergeld, aber trotzdem reichte es vorn und hinten nicht. Wir kannten es nicht anders, als dass immer nur das Billigste eingekauft werden musste. So gut wie nie aßen wir zu Hause gute Butter, wie man damals sagte, sondern fast immer Margarine, und zwar die billigste, die es gab.

»Ihr esst ja Wagenschmiere«, sagte Herr Wrigg, der Milchmann, einmal zu mir, und das hörte ich gar nicht gern.

Fleisch kam nur selten auf den Tisch, zu Kartoffeln und Gemüse wurde meist eine Frikadelle oder eine Bratwurst gegessen.

Am Sonntag wurden häufig Kartoffelpuffer gebacken, und an der Vorbereitung dafür beteiligte sich die ganze Familie.

Für fünf Personen erforderte diese Mahlzeit auch eine Menge Arbeit: Vor allem das Schälen und das Reiben der Kartoffeln nahm viel Zeit in Anspruch, doch wir waren immer mit Eifer dabei. Die kross gebratenen Kartoffelpuffer aßen wir ohne Zucker oder Apfelmus. Für uns war das eine großartige Mahlzeit, geradezu ein Festessen.

Die einfache Kost hat uns sicherlich nicht geschadet. Schwerer wog es schon, wenn Kleidungsstücke oder Schuhe eingekauft werden mussten und das Geld dafür fehlte. »Das geht noch«, hieß es immer wieder, und das auch dann noch, als es schon lange nicht mehr ging. Unsere oft unzureichende Bekleidung wurde natürlich auch von anderen bemerkt, und wir bekamen es gelegentlich mit, wenn Nachbarn oder auch Lehrer darüber sprachen. Dann haben wir gemerkt, dass wir schlechter als unsere Spielgefährten und Schulkameraden dastanden, und uns auch ein bisschen geschämt.

Als Curt bereits das Gymnasium besuchte, fuhr er mit einem Fahrrad zur Schule, das er sich selbst zusammengebastelt hatte. Aber er besaß keinen Mantel und keine warme Jacke und saß auch im Winter einfach im Pullover darauf. An Handschuhe war ohnehin nicht zu denken. Er musste die Kälte einfach ertragen und gewöhnte sich daran.

Besonders in den ersten Jahren nach dem Tod unseres Vaters brachte unsere Mutter wiederholt Bücher, aber auch das Familiensilber ins Pfandhaus, um damit die Familienkasse aufzubessern. Sicherlich hatte sie dabei die Absicht, die Pfandgegenstände irgendwann wieder auszulösen. Doch das stellte sich als trügerische Erwartung heraus. Es passierte nie. Goethe, Schiller und Lessing sowie auch das Familiensilber kehrten nie mehr zu uns zurück.

Den Tod ihres Ehemannes wollte oder konnte unsere Mutter nicht so recht wahrhaben, und sie glaubte sogar, dass er sich auf verschiedene Weise bemerkbar machen würde. Irgendwelche Geräusche in der Wohnung bewertete sie als verschlüsselte

Äußerungen von ihm. Wenn zum Beispiel die Gasuhr, die sich in einem Verschlag über der Besenkammer befand, laut hörbar tickte, merkte sie sofort auf. Am Sonntagmorgen, wenn wir alle länger als sonst und meist bei offen stehenden Zimmertüren in unseren Betten lagen, hörten wir angestrengt auf das Ticken der Gasuhr und unsere Mutter erklärte uns, welche Botschaft uns unser Vater gerade übermittelt hätte. Als Fünf- oder Sechsjähriger glaubte ich ihren Äußerungen noch voll und ganz. Bei meinen älteren Geschwistern dürften sich zu dieser Zeit schon Zweifel eingestellt haben, aber es waren eben auch nur Zweifel. Was konnten sie auch sonst tun als letztendlich dem zu vertrauen, was ihre Mutter behauptet hatte.

Die mysteriöse Deutung von Geräuschen mögen wohl die ersten Anzeichen der Geisteskrankheit unserer Mutter gewesen sein, die sich in der Folgezeit immer mehr bemerkbar machten. Dazu gehörte auch, dass sie oft laute und lang andauernde Selbstgespräche führte. Dies geschah meist am Vormittag, wenn ich mich mit ihr allein in der Wohnküche aufhielt. Dabei stand sie dann entweder am Gasherd und wärmte sich die Hände über der offenen Flamme oder mit dem Rücken zur Heizung vor dem Balkon, die Hände hinter sich an den Heizungsrippen reibend. Anscheinend fror sie leicht. Einmal führte sie ihr Selbstgespräch besonders laut. Ich hatte den Eindruck, dass sie mit jemandem schimpfte. Das irritierte mich wohl, und ich fragte sie:

»Was redest du denn da?« Diese Frage schien ihr zu missfallen. Sie fühlte sich gestört und sagte ein bisschen verlegen dreinschauend:

»Du musst mich jetzt nicht unterbrechen!«

Es fiel auf, dass sich meine Mutter immer weiter zurückzog und nur noch selten mit den Nachbarn sprach. Wenn sie »Guten Tag« sagte, geschah das in einem Ton, der abweisend wirkte und niemand dazu ermunterte, ein Gespräch mit ihr zu beginnen. In größeren Abständen kam Tante Hilde, die entfernte

Verwandte aus der väterlichen Linie und spätere Patentante von mir, mit ihrer Tochter Renate zu Besuch. Die zeigte sich sehr verwundert über das, was meine Mutter Seltsames zu erzählen wusste, konnte das aber nicht richtig bewerten. Sie lächelte dann nur oder schüttelte den Kopf.

Bei den Besuchen von Tante Hilde und Renate musste ich regelmäßig vom Bäcker Punschschnitten einkaufen, damit wir etwas anbieten konnten. Die waren wohl der billigste Kuchen, den es überhaupt gab. Ich sah das trotzdem als etwas Besonderes an.

In der Schule Morahtstraße

Im April 1938, wenige Tage vor meinem siebten Geburtstag, wurde ich eingeschult. Meine Mutter hatte wegen meiner relativ geringen Körpergröße damit noch ein Jahr gewartet, eine wahrscheinlich sinnvolle Entscheidung. Tatsächlich gehörte ich zunächst zu den mittelgroßen Schülern in meiner Klasse. Allerdings änderte sich das von Jahr zu Jahr. Am Ende meiner Schulzeit war ich dann doch der Kleinste.

Meine geringe Größe hat mir mein ganzes späteres Leben über wenig Probleme bereitet. Ich gewöhnte mich mehr und mehr daran, dass mich zumindest die Männer meiner Umgebung überragten, und bemerkte das nur, wenn ich besonders darauf hingewiesen wurde. Immerhin kann ich von mir sagen, mit 169,5 Zentimetern der Größte in der Familie geworden zu sein. Es blieb immer mein Stolz, mir den halben Zentimeter bis 170 Zentimeter nicht noch dazuzumogeln.

Die Schule Morahtstraße

Blick in einen Klassenraum

Die Schule in der Morahtstraße in Hamburg-Horn, die ich von 1938 bis 1942 besuchte, war eine reine Jungenschule. Koedukation gab es zu der Zeit kaum in Hamburg, zumindest nicht an staatlichen Schulen. Allerdings waren die Mädchen nicht weit von uns Jungen entfernt. Im anderen Trakt des Schulgebäudes befand sich eine Mädchenschule, nur durch Glastüren auf den vier Stockwerken von der Jungenschule getrennt.

Wir konnten zu den Mädchen hinüberschielen. Später wurde für Mädchen und Jungen sogar ein gemeinsamer Schulhof eingerichtet, auf dem die Schülerinnen und die Schüler in den Pausen zusammentrafen. Dabei wurde aber respektvoll Abstand gewahrt. Es bildeten sich meist nur Mädchen- und Jungengruppen, und das hielten wohl auch die Lehrer für wünschenswert. Vielleicht hätte ja wohl doch etwas passieren können, wenn

Mädchen und Jungen miteinander ins Gespräch kommen. So muss man damals wohl gedacht haben.

In der ersten Klasse zählten wir vierzig Schüler – damals die übliche Schülerzahl in den unteren Klassen. Wir saßen jeweils zu zweit auf einer Bank, die mehr darstellte als das, was man üblicherweise eine Bank nennt. Sie bestand aus einer abgeschrägten Schreibplatte mit einem Fach darunter für den Schulranzen und einer damit verbundenen Sitzvorrichtung für zwei Schüler dahinter. Die Bänke waren in drei Reihen eng hintereinander aufgestellt. Das Lehrerpult ruhte auf einem Podest, das fast den gesamten Vorderraum ausfüllte. Darauf standen die Lehrer auch, wenn sie uns etwas erzählten oder etwas an die Tafel schrieben.

Den Raum zwischen dem Podest und dem Fenster füllte ein Schrank aus, in dem Bücher und Lehrmaterial verwahrt wurden. Zum Fenster hin blieb jedoch noch eine Lücke frei. Darin lehnte für alle Schüler sichtbar der Rohrstock an der Wand, von uns Rätsche genannt, mit dem die Lehrer uns gelegentlich schlugen. Wenn sie das vorhatten, mussten wir uns bücken, und dann holten sie weit aus, oft zwei- oder dreimal hintereinander. Meist begnügten sich unsere Lehrer jedoch damit, uns Ohrfeigen zu erteilen oder mit dem Lineal auf die Finger zu schlagen.

Oft versuchten sie auch, uns mit anderen Maßnahmen zu disziplinieren. Dazu gehörten ebenso schriftliche Strafarbeiten wie auch das sogenannte Nachsitzen. Bei weniger schwerwiegenden Verstößen wurden Schüler in die Ecke des Klassenraums oder vor die Tür geschickt. War zufällig auch ein Kollege mit einem Schüler aus einer anderen Klasse so verfahren, pflegten beide Delinquenten auf dem Flur miteinander herumzukaspern, oder sie nutzten die Gelegenheit, sich gegenseitig zu bespritzen, denn auf den Gängen hatte man kleine Trinkbrunnen installiert, aus denen Wasser sprudelte. Das lud natürlich zum Missbrauch ein.

Heute geht es in der Schule anders zu. Die Lehrer haben nur noch wenig Möglichkeiten, den Schülern ihren Willen aufzuzwingen. Oft wird darüber geklagt, dass es sehr schwierig geworden sei, die Schüler zu konzentrierter Mitarbeit anzuhalten. Ob dabei aber wieder mehr Strenge für Abhilfe sorgen sollte, muss Zweifel erregen. Meine Tochter Maja, die künftige Lehrerin oder Schulpädagogin, sieht das Heil in wesentlich verbesserten Lernbedingungen. Das erscheint umso mehr begründet, als schließlich die Arbeitsbedingungen in der Berufswelt ja auch ständig verbessert wurden. Wer einige Jahrzehnte Arbeitswelt übersieht, weiß, dass die Formel »Humanisierung des Arbeitslebens« keineswegs eine leere Floskel darstellt. Es hat in dieser Hinsicht tatsächlich beachtliche Fortschritte gegeben. Warum nicht also auch in den Schulen und in den Universitäten?

Ein bisschen aufgeregt war ich schon an meinem ersten Schultag, denn ich hatte von meinen Geschwistern nicht nur Erfreuliches über die Schule gehört. Aber es geschah an diesem Tag nichts Böses. Herr Schwieger, mein erster Klassenlehrer also, begann ohne große Vorrede gleich mit dem Unterricht. Er malte eine Kuh an die Wandtafel und schrieb in Druckbuchstaben mu – mu darunter. Dann sollten auch wir Schüler eine Kuh auf unsere Tafel malen, aber mir wollte das nicht so richtig gelingen. Das würde heute kaum anders sein. Ein zeichnerisches oder malerisches Talent habe ich auch später nie an mir feststellen können.

Nach dem Unterricht an diesem ersten Schultag warteten die Eltern mit den Ostertüten vor der Schultür. Ich entdeckte meine Mutter gleich in der ersten Reihe und war stolz, als ich meine Ostertüte in Empfang nehmen konnte. Sie war genauso groß wie die der Mitschüler und genauso wie die der Mitschüler bis oben an den Rand mit Süßigkeiten gefüllt.

Der Unterricht bereitete mir in den ersten Jahren keinerlei Schwierigkeiten. Ich lernte leicht. Weniger gut war es allerdings mit meiner Schrift bestellt, weil ich auch als Linkshänder mit der rechten Hand schreiben musste. Wenn ich spontan den Schreiber in die linke Hand nahm, erteilten die Lehrer mir mit dem Lineal einen Schlag darauf.

Ein Klassenfoto.
Norbert Michaelis steht in der letzten Reihe,
er ist der Zweite von rechts

Ich glaube schon, dass wir in den ersten Schuljahren mehr als die heutigen Kinder lernen mussten. In den untersten drei Klassen hatten wir allein zwei Druck- und zwei Schreibschriften zu bewältigen. Das Einmaleins wurde stramm exerziert, oft im Wettbewerb. Stellte der Lehrer eine Aufgabe, musste die Antwort wie aus der Pistole geschossen kommen. Auch mit der Grammatik mussten wir uns bereits quälen. Wir mussten einige Wortarten angeben und die Haupt- und Fürwörter deklinieren können. Anders als heute wurden die Leistungen gleich vom dritten Tag an bewertet, und dies mit strengem Maßstab. Es gab Schüler, die schon an ihrem dritten Schultag ihre erste Sechs bekamen und die nächste folgte schon am vierten oder fünften. Es ist erfreulich, dass diese unsinnige Schulpraxis, die bei vielen Schülern sicherlich großen Schaden anrichtete, nun wirklich der Vergangenheit angehört.

Ein Klassenfoto.
Norbert Michaelis sitzt am rechten Rand,
er ist das dritte Kind von oben

Zu den Mitschülern, die von vornherein große Probleme mit dem Unterricht hatten und regelmäßig schlechte Zensuren erhielten, gehörte auch Wolfgang Schmidt, ein Junge, zu dem ich später ein besondere Beziehung finden sollte. Er nahm die Fünfen und Sechsen aber relativ gelassen hin und schien kaum darunter zu leiden. Meist lachte er sogar darüber. Seine Einstellung zur Schule blieb jedoch während seiner ganzen Schulzeit über negativ.

Bald nach meiner Einschulung wurde ich in der Martins-kirche in Hamburg-Horn an demselben Tag, an dem Ruth konfirmiert wurde, von Pastor Dubbels im Anschluss an den Gottesdienst getauft. Unser Vater war ja früh aus der Kirche ausgetreten und hatte gemeint, wir, seine Kinder, sollten später selbst entscheiden, ob wir der Kirche angehören wollten. Auch in dieser Frage ist unsere Mutter ihrem Ehemann gefolgt. Sie selbst hätte das wohl gern früher getan. Bald nach dem Tode unseres Vaters fragte sie meine drei Geschwister, ob sie getauft werden wollten. Natürlich wollten sie alle drei, und so wurde der Taufakt dann auch wenig später vollzogen. Mit mir, der ich zu diesem Zeitpunkt ja erst zwei Jahre zählte, ließ sich meine Mutter noch ein paar Jahre Zeit.

Ich ließ die Taufe, die im Anschluss an den Gottesdienst im Gemeindehaus vollzogen wurde, mit gemischten Gefühlen über mich ergehen. Sicherlich fühlte ich dabei ein bisschen Stolz. Die allzu emphatisch vorgetragene Predigt des noch sehr jungen Kirchenmannes missdeutete ich aber völlig. Ich glaubte, er schimpfte mich aus. Was er sagte, konnte ich kaum verstehen. Er erzählte etwas von dem Apostel Paulus und den Römern, und seine Predigt war wohl auch eher für die Erwachsenen bestimmt. Ich registrierte eigentlich nur die besondere Lautstärke, mit der seine Worte an mein Ohr drangen. Das war mir nicht geheuer. Ich überlegte ernsthaft, was ich verbrochen haben könnte. Als ich nach der Taufe zu Hause mein Unbehagen über Pastor Dubbels Predigt äußerte, erregte ich damit viel Heiterkeit.

Pastor Dubbels war ein noch sehr junger Mann damals, dessen Gesicht wie das eines Vierjährigen aussah. In seinem Gesicht konnte man keine Falte entdecken, und auch sein Blick wirkte unbefangen wie der eines Kindes. Er gab sich äußerst penibel und fürchtete immer, er könnte sich schmutzig machen. Wollte er sich setzen, pflegte er erst einmal die Sitzfläche des Stuhls sorgfältig zu mustern.

Als Problem erwies es sich, dass er denkbar unmusikalisch war, ohne das allerdings selbst zu merken. Er sang immer aus

Leibeskräften mit, wenn im Gottesdienst gesungen wurde, aber so falsch, wie er nur falsch singen konnte. Irgendwann musste ihm das wohl jemand gesagt haben. Zumindest verzichtete er von einem bestimmten Zeitpunkt an auf seine musikalische Mitwirkung. Er sang dann auch nicht mehr die Glaubensformeln in der Liturgie, sondern zog es vor, sie einfach nur zu sprechen.

Die Martinskirche in Horn

Der junge Gottesmann zeigte sich in allem unreif und wurde nur von wenigen ernst genommen. Zu denen, die ihn schon damals ernst nahmen, gehörte Ruth, die ihm sogar besonders zugetan zu sein schien. Ich glaube, sie hatte sich in ihn verliebt.

Nach dem Kriege aber genoss Pastor Dubbels hohen Respekt bei allen Christen und Nichtchristen und dafür gab es einen besonderen Grund. Als Soldat war der Mann, der sich der christlichen Lehre verschrieben hatte, in russische Kriegsgefangenschaft geraten und musste mehrere Jahre in Sibirien verbringen. Als er nach Deutschland zurückgeschickt werden sollte, verzichtete er zunächst auf die Rückkehr und ließ all seinen Kameraden den Vortritt. Er blieb so lange in Gefangenschaft, bis alle anderen Soldaten in seinem Lager vor ihm ihre Entlassungspapiere erhalten hatten. Dieses selbstlose Verhalten hatte ihm keiner zugetraut. Nach Hamburg zurückgekehrt, wurde ihm die erste Pfarrstelle in der Horner Martinskirche übertragen, die inzwischen frei geworden war. Er behielt diese Position, allgemein hoch angesehen, bis zu seiner Pensionierung.

Die Schule Morahtstraße besuchte damals auch ein Schüler, der heute in Hamburg als Begründer und Vorsitzender des Förderkreises Nikolaikirche einen wohlklingenden Namen hat: Ivar Buterfas. In seiner Biografie »Sunny Goi« schildert dieser Mann, wie er 1938 als Erstklässler vom Leiter der Schule völlig unvorbereitet nach Hause geschickt wurde, nur weil er Jude war. Als sich die Schüler aller Klassen auf dem Schulhof versammelt hätten, sei der Schulleiter die Treppe heruntergeeilt und hätte ihm laut zugerufen, als Jude dürfe er an dem geplanten Ausflug seiner Klasse nicht teilnehmen und er bräuchte auch am nächsten Tag nicht mehr wieder in die Schule zu kommen.

Ich gehörte damals der Parallelklasse an und muss dabei gewesen sein, als das geschah, und ich glaube auch, dass ich mich daran erinnern kann. Wenn es das gewesen ist, was mir bei der Lektüre der Buterfas-Biografie vor Augen tritt, führte sich damals nicht der Schulleiter, Herr Grapendorf, sondern sein Stellvertreter als Rausschmeißer auf. Es war Herr Schwieger, eben mein Klassenlehrer, der die Schule eine Zeit lang vertretungsweise zu leiten hatte, weil Herr Grapendorf wegen einer Erkrankung das Bett hüten musste.

Herr Schwieger – so meine Erinnerung – kam laut sprechend die Treppe herunter, als alle Schüler auf dem Schulhof klassenweise in Zweierreihen auf den Beginn der Morgenfeier warteten, und steuerte direkt auf einen Jungen zu, der zu der Klasse gehörte, deren Schüler Rucksäcke und Brotbeutel mit sich führten, weil sie anschließend einen Ausflug ins Grüne machen wollten. Der sonst so freundliche Herr Schwieger wirkte an diesem Tage sehr erregt. Was er genau sagte, verstand ich nicht. Ich weiß nur, dass ein schon älterer Schüler, der in meiner Nähe stand, laut rief:

»Da vorn ist ein Jude!«

Danach mussten sich die Schüler aller Klassen vor der Fahne an der Schulmauer für die Morgenfeier versammeln. Herr Schwieger hielt eine kurze Ansprache und danach wurden wie bei besonderen Anlässen üblich »Deutschland, Deutschland über alles« und »Die Fahne hoch«, also die beiden Nationalhymnen, gesungen. Dabei standen wir dann die ganze Zeit mit zum Hitlergruß erhobenem Arm da.

Ähnliches sollte sich noch einmal in unserer Schule zutragen. War es ein oder waren es zwei Jahre später? Meine Klasse hatte Unterricht und wir Schüler saßen wie üblich in unseren Bänken. Wir waren dabei, etwas niederzuschreiben, als wir plötzlich vom Flur her lautes, verzweifelt klingendes Geschrei hörten. Wir hoben die Köpfe.

»Ach«, sagte Herr Lüth, der uns in dieser Stunde unterrichtete, »das ist ein jüdischer Mitschüler. Der kann natürlich nicht bei uns bleiben. Der muss jetzt aus der Schule entfernt werden.«

Wie habe ich selbst darauf reagiert? Hatte ich das Gefühl, dass hier Unrecht geschieht? Wohl nicht, zumindest kann ich mich daran nicht erinnern. Juden galten als minderwertige und böse Menschen. So wurde es uns immer wieder suggeriert, und wir nahmen das einfach so auf, ohne darüber nachzudenken.

Die Familie Buterfas lebte ebenfalls im Kinderreichenblock im Stadtteil Horn. Jeder wusste, dass die Eltern und Kinder Juden waren, oder glaubte, es zu wissen. Es stimmte nur teilweise. Herr Buterfas war tatsächlich Jude, seine Frau aber arisch, wie man damals Nichtjuden ausdrücklich zu nennen pflegte, und die Kinder waren eben Halbjuden.

Als Frau Buterfas einmal, von der Straßenbahn kommend, die Snitgerreihe auf der Spielplatzseite entlangging, befanden sich viele Leute, Erwachsene und Kinder, auf der Straße. Fast alle standen auf der Hauswandseite wie auch ich selbst. Plötzlich sagte irgendjemand in meiner Nähe laut und dabei auf Frau Buterfas zeigend:

»Das ist eine Jüdin!«

Alle Erwachsenen und Kinder starrten sie an. Es muss so etwas wie ein Spießrutenlaufen für diese Frau gewesen sein. Sie sah nicht nach links und nicht nach rechts. Sie blickte nur vor sich hin, so als hätte sie Scheuklappen vor den Augen. Ich hatte auch dabei nicht das Gefühl, dass in dem Augenblick Unrecht geschah. Dennoch ist mir diese kleine Begebenheit in wacher Erinnerung geblieben wie andere Begebenheiten auch, bei denen Menschen geschmäht, benachteiligt oder geängstigt wurden.

Der Familie Buterfas ist viel Schlimmes widerfahren. Um dem allgemeinen Judenhass zu entgehen, ließen die Eltern die Kinder von Pastor Dubbels christlich taufen. Diese Aktion erwies sich schnell als hoffnungsloses Unterfangen. Natürlich half die Taufe nichts. Die Familie blieb weiterhin ausgegrenzt und wurde schmählich behandelt. Herr Buterfas wurde irgendwann von der Gestapo abgeholt und in ein KZ gebracht. Er hat das Martyrium aber überlebt. Seine Frau konnte zusammen mit den Kindern zeitweilig in Polen untertauchen. Später musste sie jedoch wieder nach Hamburg zurückkehren. Es gelang ihr, sich und ihre Kinder bis zum Ende des Krieges versteckt zu halten.

1938 wurde ich Zeuge eines Geschehnisses, das ich damals einfach nur wahrnahm und erst lange nach dem Krieg richtig deuten konnte. Ich hatte nur einen kurzen Weg zur Schule Morahtstraße, musste die Snitgerreihe zu Ende laufen und dann weiter nach rechts den Rhiemsweg entlanggehen. Der führte unmittelbar zu dem Schultrakt, der am Horner Weg lag und in dem die Mädchen unterrichtet wurden. Von dort aus brauchte ich nur noch um die Ecke zu gehen, um in die Morathstraße zu gelangen.

Manchmal kam es vor, dass ich zu spät aus dem Haus ging und mich sehr beeilen musste, um noch vor dem Lehrer im Klassenraum zu sein. Mit dem Ranzen auf dem Rücken machte mir das Laufen aber gar keinen Spaß, und ich ließ es einfach drauf ankommen, auch wenn eine Bestrafung drohte.

An solchen Tagen fiel mir auf dem Rhiemsweg einige Male ein großer Mann mit einem ungewöhnlichen Bart auf – links und rechts die Wangen herunter und ein bisschen auch am Kinn. Dieser Mann ging auf der anderen Straßenseite, die an Schrebergärten entlangführte, in der mir entgegengesetzten Richtung und befand sich wohl auf dem Weg zur Straßenbahn. Der Mann mit dem Bart blieb jedoch schon nach wenigen Metern stehen, drehte sich um und winkte mit beiden Armen lachend schräg über die Straße zu einem Fenster im ersten Stockwerk hinauf. Dort erkannte ich eine Frau, die ein ganz anderes Gesicht machte. Sie sah eher ängstlich aus, und einmal weinte sie auch. Dabei hielt sie ihren einen Arm um die Beine eines Jungen herum, der im Nachthemd auf der Fensterbank stand. Der große Mann ging einige Meter weiter, um sich dann erneut umzudrehen und der Frau und dem Jungen wiederum lachend zuzuwinken.

Wohl drei- oder viermal muss ich das auf meinem morgendlichen Gang zur Schule beobachtet haben. Der große, bärtige Mann auf der anderen Straßenseite war Herr Schlomer, einer der wenigen Juden, die damals noch in Horn lebten. Heute ist mir selbstverständlich klar, warum er sich auf dem Weg zur Straßenbahn mehrmals umdrehte. Natürlich wollte er seine Frau beruhigen, die fürchten musste, dass ihr Mann nicht mehr heimkommen würde.

Dem Jungen auf der Fensterbank neben seiner Mutter begegnete ich später im Kinderheim Horner Weg wieder. Er hieß Karl-Heinz und war zwei Jahre jünger als ich. Auch sein Vater wurde wie Herr Buterfas irgendwann von der Gestapo abgeholt und in ein KZ gebracht, aber auch er hat überlebt.

Vor wenigen Jahren traf ich Karl-Heinz Schlomer nach langer Zeit einmal wieder. Er bediente mich als Verkäufer in einem Lederwarengeschäft in der Mönckebergstraße. Wir hatten keine Mühe, uns wiederzuerkennen, waren wir doch im Verlauf der Jahrzehnte immer mal kurz zusammengetroffen, ohne dabei allerdings richtig ins Gespräch gekommen zu sein. Er erzählte mir jetzt, dass sein Vater schon lange tot sei, er aber immer noch bei seiner Mutter am Rhiemsweg wohne. Seine Mutter und er hätten lediglich die Straßenseite gewechselt, wären aber bis zu dem Zeitpunkt in derselben Straße wohnen geblieben.

Wie hatte das geschehen können? Hatte Frau Schlomer ihren Sohn nicht losgelassen, oder hatte er sich an seiner Mutter festgehalten? Als ich Karl-Heinz bei dem Wiedersehen in dem Lederwarengeschäft vorsichtig auf die NS-Verfolgung ansprechen wollte, blockte er das ab. Er mochte nicht darüber sprechen.

Noch an einen anderen Juden, den Textileinzelhändler Jacobsen, kann ich mich erinnern, der sein kleines Geschäft am Horner Weg gegenüber dem Kinderreichenblock eingerichtet hatte und mit den Kunden immer viele Späße machte. Ich freute mich, wenn ich zu ihm gehen konnte, weil es bei ihm meistens etwas zu lachen gab. Eines Tages blieb sein Geschäft jedoch geschlossen und wurde auch später nicht mehr geöffnet. Die Vorhänge blieben zugeschoben.

»Herr Jacobsen ist Jude«, hieß es nur und keiner fragte, wo er abgeblieben sei.

Juden, so hörte ich es viele Male, sind geldgierig und in jüdischen Geschäften ist alles viel teurer. Wenn wir vor einem Schaufenster standen, in dem die Preise auf den Schildern an den Waren relativ hoch erschienen, pflegte auch meine Mutter zu sagen:

»Das ist sicherlich ein Jude!«

Auch sie fiel auf die Propaganda der Nazis herein, und da wir wenig Geld zur Verfügung hatten, war sie wohl umso empfänglicher für derartige Parolen.

Was müssen jüdische Menschen damals gelitten haben, und zwar nicht nur die, die im Konzentrationslager misshandelt wurden, sondern auch all die, die sich noch halbwegs frei bewegen konnten. Was mussten sie an Schmähungen, Benachteiligungen und Bedrohungen ertragen, und das alles durch zwölf Jahre hindurch!

Die ersten Kriegsjahre

Am 1. September 1939 kroch ich wie üblich etwa um ein halb acht Uhr aus dem Bett. Meine Geschwister hatten das Haus schon verlassen und waren bereits auf dem Wege zur Schule. Meine Mutter saß wie so oft am Schreibtisch im Wohnzimmer. Sie wirkte aber heute besonders ernst und blickte auch nicht auf, als ich an sie herantrat. Aus dem Radio hörte ich Marschmusik. Irgendetwas schien an diesem Morgen anders zu sein als sonst.

»Der Krieg hat angefangen«, sagte meine Mutter endlich und wiederholte das, was der Nachrichtensprecher kurz vorher als Kriegsgrund verkündet hatte. Sie hatte sicherlich keinerlei Zweifel an der Richtigkeit dieser Mitteilung. Wie sollte sie auch? Musste das nicht stimmen, was offiziell verkündet wurde? Die Polen hätten zu schießen angefangen und die deutschen Soldaten schließlich zurückgeschossen, hatte es geheißen. Ich nahm das so hin. Was diese Meldung wirklich bedeutete, konnte ich nicht einmal ahnen. Ich machte mich wie sonst fertig und ging zur Schule.

Die Eingangstür zu unserer Schule in der Morathstraße blieb an diesem Morgen verschlossen. Ich rüttelte daran, aber vergeblich. Da bemerkte ich, dass viele Jungen auf die Mauer zum Schulhof geklettert waren, und ich folgte ihrem Beispiel. Auf dem Platz, auf dem wir Schüler üblicherweise unsere Pausen verbrachten, sah ich an diesem Morgen viele Männer in Zivilkleidung stehen, denen grüne Uniformjacken und graue Uniformhosen sowie rohlederfarbene Knobelbecher von Soldaten der Infanterie ausgehändigt wurden. Die Soldaten schätzten nur grob mit den Augen ab, ob die Bekleidungsstücke und Stiefel passten. Einige Feldwebel und Unteroffiziere liefen dabei aufgeregt auf dem Schulhof herum und riefen irgendwelche Kommandos.

Die Männer in Zivilkleidung waren Reservisten, die man in den frühen Morgenstunden aus den Betten geholt und mit einem Stellungsbefehl zu unserer Schule beordert hatte. Wo mochten unsere Lehrer sein? Ich konnte keinen einzigen von ihnen entdecken. Sie sind wohl gleich wieder nach Hause gegangen, als sie sahen, dass unsere Schule als Hilfskaserne dienen musste.

Ich schaute mir das sonderbare Treiben auf dem Schulhof eine Zeit lang an, kletterte aber bald wieder von der Mauer herunter und machte mich auf den Heimweg. Auf den Straßen sah ich überall Menschen in Gruppen zusammenstehen, vor allem Männer. Einige trugen Uniformen, Soldaten-, Partei- und SA-Uniformen. Sie redeten zum Teil sehr laut und erregt miteinander. Die meisten wirkten eher besorgt als erfreut. Einige meinten allerdings:

»Den Polen werden wir es schon zeigen!«

Am nächsten Tag ging alles den normalen Gang. Die Schultür war wieder geöffnet, und die Lehrer konnten uns unterrichten. Ich meine, sie waren sehr ernst gestimmt. Am 3. September erfuhr ich von meiner Mutter, dass uns jetzt England und Frankreich den Krieg erklärt hätten. Das schien sie sehr betroffen zu machen, und sie hatte ja auch Grund dazu, hatte sie doch den Ersten Weltkrieg in allzu schmerzlicher Erinnerung. Ahnte sie vielleicht das große Unheil, das dann später tatsächlich kommen sollte?

In den nächsten Tagen und Wochen wichen die Besorgnisse der Menschen mehr und mehr, die man in den ersten Septembertagen noch spüren konnte. Die militärischen Erfolge der deutschen Wehrmacht, über die im Rundfunk immer wieder ausführlich und pathetisch berichtet wurde, versetzten sie in Siegesgewissheit und machten sie sorglos. Verstärkt wurde die allgemeine Zuversicht auch dadurch, dass sich Hitler und Stalin verbündet hatten und deshalb ein Rückschlag so gut wie ausgeschlossen erschien. Wenn über das Geschehen an der Front berichtet wurde, sprach man nicht vom Krieg gegen Polen, sondern immer nur vom Polenfeldzug, und das Wort Feldzug suggerierte, dass es eigentlich nur vorwärtsgehen konnte. Tatsächlich waren die Kämpfe in Polen bereits vier Wochen nach ihrem Beginn mit der Kapitulation von Warschau zu Ende.

Allerdings mussten sich die Menschen jetzt darauf einstellen, dass es zu Fliegerangriffen auf die Städte und damit auch auf Hamburg kommen konnte. Überall wurden in den Häusern Luftschutzkeller eingerichtet, in die sich die Bewohner begeben sollten, wenn die Alarmsirenen aufheulten. Bei uns im Haus wurden dafür zwei Kellerräume leer geräumt und mit alten Möbeln ausgestattet. Zunächst schichtete man vor den Fenstern dieser Kellerräume einen Erdwall zum Schutz gegen Granatsplitter auf, der jedoch bald wieder entfernt wurde. Die Fenster wurden danach einfach zugemauert.

Aus den Wohnungen durfte jetzt kein Lichtschein mehr nach draußen dringen, damit sich die feindlichen Flugzeuge daran nicht orientieren konnten. Es mussten daher überall Verdunkelungsrollos, meist aus festem schwarzen Papier, angebracht werden. Überall in Hamburg, besonders in der Nähe von Bahnhöfen, entstanden zu dieser Zeit mehr und mehr auch Tief- und Hochbunker aus dickem Beton, die größeren Schutz bieten konnten als die Luftschutzkeller unter den Parterrewohnungen in den Häusern.

Anfang Dezember 1939 erkrankte ich zum ersten Mal in meinem Leben und hatte wohl das, was man eine schwere Grippe nennt. Was es wirklich war, wurde nie ganz geklärt. Ich hatte über viele Tage hohes Fieber und meine Mutter sorgte sich, ob ich diese Krankheit überstehen würde. Erschwert wurde der Heilungsprozess dadurch, dass ich die Pillen, die mir der Arzt verschrieben hatte, immer wieder ausspuckte. Die schmeckten so fürchterlich bitter, dass ich sie nicht herunterschlucken mochte. Da halfen auch keine Ohrfeigen.

Ausgerechnet in diesen Wochen gab es zum ersten Mal Fliegeralarm in Hamburg, und die Menschen strömten aufgeregt in die Luftschutzkeller. Ich aber konnte oder wollte nicht aufstehen. Ich lag in einem der vorderen Zimmer unserer Wohnung, in dem wir noch gar kein Rollo angebracht hatten. Als meine Mutter aber trotzdem einfach das Licht anmachte, brüllten einige Männer von der Straße her:

»Licht aus! Licht aus!«

Das ging eine ganze Zeit so, denn meine Mutter ließ sich von dem lauten Rufen nicht beeindrucken. Das Licht in meinem Zimmer blieb angeschaltet. Zu dieser Zeit wurde uns das noch verziehen. Später wurden gegen solche Verstöße harte Strafen verhängt.

Der erste Fliegerangriff verlief völlig harmlos. Es wurde keine einzige Bombe abgeworfen, und schon nach etwa einer Stunde ertönte das Entwarnungssignal, ein lang anhaltendes gleichmäßiges Heulen. Niemand ahnte, dass solche Fliegerangriffe die Menschen später einmal in Angst und Schrecken versetzen würden.

Nach drei Wochen war ich wieder gesund und wurde sehr gefeiert. Meine Mutter hatte tatsächlich die schlimmsten Befürchtungen gehabt und fühlte sich nun erleichtert. Eigentlich wollte sie mir aus Freude über meine Genesung meinen Lieblingswunsch erfüllen: Ich sollte einen Tretroller bekommen, der mir immer besonders begehrenswert erschienen war, wenn andere Jungs damit auf der Straße stolz an mir vorbeirasten. Sie rang lange mit sich, entschied sich am Ende aber doch für ein paar neue Stiefel, die ich dringend brauchte. Ich zeigte mich auch damit zufrieden.

Vom Frühjahr 1940 an bekamen wir mehr zu spüren, dass wir im Krieg lebten. Die Sirenen heulten jetzt häufiger auf, und zwar vor allem nachts. Wir, meine Mutter und ihre vier Kinder, blieben aber meist in den Betten oder zumindest in der Wohnung. Noch passierte auch nichts. Die englischen Flugzeuge hatten vielleicht andere Ziele als Hamburg und überflogen nur unsere Stadt. Sie wurden von deutschen Fliegerabwehreinheiten, der sogenannten Flak, beschossen, die man inzwischen überall auf freien Plätzen und zum Teil auch auf den Dächern mit ihren Geschützen postiert hatte. Gleichzeitig wurde der nächtliche Himmel mit Scheinwerfern abgesucht. Das gab ein gespenstisches Bild ab, wenn von verschiedenen Seiten die Scheinwerferkegel bis an den Himmel ragten und die Flak mit Leuchtspurmunition, von lautem Getöse begleitet, die Dunkelheit immer wieder aufhellte. Fasziniert standen Curt und ich manchmal am Fenster und sahen diesem illustren Schauspiel zu, das an das erinnerte, was regelmäßig Silvester passierte. Das Getöse von den Flakgranaten hörte sich allerdings sehr viel lauter an als die Geräusche, die von den Silvesterraketen ausgingen.

Auch auf dem Dach des Kinderreichenblocks wurde ein Flakgeschütz postiert. Es stand auf einem Podest, von einer Balustrade aus Holz umgeben. Wir konnten diese Luftabwehrstation am Tage von unserem Wohnzimmer aus sehen. Wurde von dort aus geschossen, empfanden wir das als besonders aufregend, auch wenn wir dabei gar nicht zusahen, sondern lediglich das Schießen dieses Geschützes hören konnten.

»Das sind unsere!«, hieß es dann bedeutungsschwer.

Nach nächtlichen Fliegerangriffen hatten wir Schüler manchmal schulfrei. Wir konnten dann am folgenden Morgen Granatsplitter suchen, die weit verstreut überall auf dem Boden herumlagen. Das waren für uns so etwas wie Trophäen, auch wenn die Splitter nicht von den englischen Bomben, sondern von den deutschen Granaten stammten. Je größer die Splitter, umso höher wurde auch ihr Wert veranschlagt. Besonders hoch geschätzt wurden die Bodenstücke der Granaten. Wer so ein Bodenstück von einer Granate gefunden hatte, fühlte sich hoch beglückt und gab es so schnell nicht wieder aus der Hand. Gelegentlich wurden die Granatsplitter auch als Tauschobjekte verwendet. Man konnte vielerlei dafür bekommen: Bilder aus Zigarettenschachteln, Spielzeugsoldaten und Bonbons. Die Granatsplitter waren besonders zahlreich auf der Autobahn zu finden, die ja nicht weit von uns in Richtung Lübeck ihren Anfang nahm. Dorthin zogen wir oft in kleinen Gruppen. Bei der heutigen Verkehrsdichte möchte man so etwas kaum glauben. Damals war das möglich. Minutenlang sahen und hörten wir kein Auto, und wenn ein Fahrzeug dann doch irgendwann auftauchte, konnten wir schnell ausweichen. Wir gingen, mit den Augen die Fahrbahn absuchend, oft eine halbe Stunde erst in die eine und dann in die andere Richtung und kehrten schließlich stolz mit unserer Beute heim.

Im April 1940 fielen die deutschen Truppen in Dänemark ein, landeten in Norwegen und traten bald darauf ihren Vormarsch durch Holland und Belgien nach Frankreich an. Täglich gab es mit Fanfarenklängen eingeleitete Sondermeldungen im Rundfunk zu hören, in denen die siegreichen Aktionen der deutschen Truppen aufmunternd laut verkündet wurden. Die Menschen ließen sich davon mitreißen, vielleicht so wie heute, wenn die deutsche Fußballnationalmannschaft bei der Welt- oder Europameisterschaft Siege über Siege erzielt. Auch in der Schule wurden die Erfolge der deutschen Soldaten fast täglich gewürdigt.

*

Die Kriegsereignisse fesselten auch mich, und natürlich wollte ich unbedingt einmal Offizier werden und das Eiserne Kreuz an meiner Uniform tragen. Aber es gab in mir auch immer noch eine andere Seite, die dem militärischen Streben eigentlich ganz entgegenstand. Ich hatte eine sehr hohe und kräftige Sopranstimme und hatte nie Mühe, bei mehrstimmigen Gesängen meine Stimme zu halten. Das Singen machte mir Freude. Oft wurde ich in der Schule bei Veranstaltungen zum Vorsingen ausgewählt. Einer meiner Lehrer, Herr Gottschalk, der ein bisschen Geige spielte und sich immer fürchterlich aufregen konnte, wenn jemand falsch sang, empfahl meiner Mutter, mich beim Knabenchor der Michaelis-Kirche anzumelden. So geschah es denn auch. Der Organist und Kantor an der Michaelis-Kirche, Herr Friedrich Brinkmann, zeigte sich schnell bereit, mich in seinem Knabenchor aufzunehmen, nachdem ich ihm vorgesungen hatte, und so fuhr ich dann zweimal in der Woche mit der Straßenbahn zur Chorprobe in die Altstadt, am Sonntag außerdem zum Gottesdienst, morgens und manchmal auch abends. Für die Teilnahme an den Proben und am Gottesdienst erhielt ich jeweils fünfzig Pfennig, später sogar zehn Pfennig mehr. So verdiente ich mir selbst regelmäßig ein Taschengeld, das ich gut gebrauchen konnte. Davon musste ich auch die Fahrkosten bestreiten. Das waren zehn Pfennig für die Hin- und zehn Pfennige für die Rückfahrt. Manchmal mogelte ich, indem ich mich auf dem Perron hinter anderen Fahrgästen versteckte und das Fahrgeld für mich behielt. Das ging nur am Spätnachmittag, wenn viele Leute, von der Arbeit kommend, dicht gedrängt in der Straßenbahn stehen mussten. Der Schaffner bemerkte mich dann nicht.

Um das Fahrgeld zu sparen, legte ich hin und wieder den Weg von der Michaelis-Kirche bis zur Snitgerreihe zu Fuß zurück. Ich musste dann stramm eine Stunde laufen, aber damit hatte ich damals keine Schwierigkeiten.

Auf dem Weg von der Straßenbahnhaltestelle Großneumarkt zur Michaelis-Kirche schlich ich manchmal, vorsichtig nach allen Seiten Ausschau haltend, durch das alte Hamburger Gängeviertel. Es hieß, die dort in Armut lebenden Bewohner würden fremden Passanten hin und wieder Blumentöpfe auf den Kopf werfen. Diese Behauptung machte mich neugierig, und es lockte mich, das zu erproben. Passiert ist mir aber nie etwas. Ich gewann auch nicht den Eindruck, dass sich die Menschen dort von anderen unterschieden, und war sogar ein wenig enttäuscht darüber.

Es war ein schönes Erlebnis, im Gottesdienst neben der großen Universalorgel in der Michaelis-Kirche zu stehen und bei dem Chorgesang mitzuwirken. Vorher und nachher saßen wir kleineren Jungs auf dem Fußboden neben der Orgel. Ich schaute dann immer fasziniert zu, wenn Herr Brinkmann auf den Pedalen herumtrampelte. Es hieß, die Universalorgel sei die zweitgrößte auf der Welt, und das hat mich natürlich sehr beeindruckt. Ein wenig hat es mich aber doch auch geärgert, dass sie eben doch nicht die größte sein sollte. Die befand sich – so wurde erzählt – im Passauer Dom.

Die große Orgel in der Michaelis-Kirche hatte fünf Manuale und war sicherlich nicht leicht zu spielen. Herr Brinkmann war jedoch ein brillanter Organist, der dieses Instrument virtuos beherrschte. Besonders beglückt fühlte ich mich, wenn er die Orgel laut erdröhnen ließ. Dann durchfuhr mich ein wunderbarer Schauer.

Während der Pastor predigte, hörten wir Jungs meistens nicht zu. Wir zogen uns währenddessen in den Sopran- oder Alt-Raum hinter den Orgelpfeifen zurück. In diesen Räumen lagen viele Bücher herum, in die wir uns dann während der Predigt vertiefen konnten. Von einigen dieser Bücher hieß es, dass sie eigentlich verboten seien, aber keiner fühlte sich aufgerufen, sie aus der Kirche zu entfernen. Das waren vor allem Werke von Erich Kästner. Ich las damals »Der 35. Mai« von ihm und hatte damit viel Spaß. Es war nur schade, dass es draußen nicht auch wie in dem Buch Fahrbahnen für Fußgänger gab. Ich hätte damit immer einfacher zurück nach Horn gelangen können.

Manchmal ging meine Mutter am Sonntag mit zum Gottesdienst. Sie saß dann meistens unten in der Kirche, nicht weit von der Kanzel entfernt, während ich mit den anderen Knaben auf der Westempore neben der großen Orgel stand. Zu einem Abendgottesdienst kamen wir einmal zu spät, und weil es

Herrn Brinkmann stets missfiel, wenn jemand nicht pünktlich erschien, ging ich nicht nach oben zur großen Orgel, sondern blieb bei meiner Mutter. Wir setzten uns so hin, dass wir den Pastor auf der Kanzel gut sehen konnten.

Es war ein ungewöhnlicher Gottesdienst, den ich an diesem Tage zufällig miterlebte. Die Predigt hielt Pastor Bode. Ihm hörte ich gern zu, weil er eine ungewöhnlich sonore Stimme hatte. Die wirkte einerseits sehr männlich, andererseits aber auch sehr beruhigend. An diesem Tag zeigte sich der Gottesmann besonders ernst gestimmt. Bei seiner Predigt schien es mir ein paar Mal so, als ob seine Stimme ein bisschen zitterte. Von dem, was er sagte, verstand ich nur wenig. Es war ja auch ein Gottesdienst für Erwachsene. Mit einem Mal beugte sich meine Mutter zu mir herunter und flüsterte:

»Das ist ja alles gegen Hitler!«

Wieso, weshalb? Ich konnte mir darauf keinen Reim machen. Ich hatte nur das Gefühl, die Menschen saßen bei diesem Gottesdienst mit größerer Anteilnahme als sonst in der Kirche. Es fiel mir auch auf, dass einzelne Leute während der Liturgie stehen blieben.

Man kann sicherlich sagen: Kritische Äußerungen über Hitler waren häufiger zu hören, als man dies heute wahrhaben will. Dem Pastor Bode ist damals nichts passiert und vielen anderen Menschen, die gelegentlich aus ihrem Herzen keine Mördergrube machten, ebenfalls nicht. Oft scheuten sich die Leute, ihre kritischen Mitbürger anzuzeigen, auch wenn sie deren regimefeindlichen Äußerungen missbilligten. Die Regeln des Anstands behielten für sie ihre Gültigkeit. Allerdings war das auch immer ein wenig Glückssache.

Im Frühsommer 1940 sah ich von der Straßenbahn aus auf der Fahrt zur Chorprobe zum ersten Mal, was Bomben anrichten konnten. Eine Sprengbombe hatte einen Gebäudetrakt der Deutschen Bank am Adolphsplatz völlig zerstört, und unweit davon hatten mehrere Brandbomben das Dach des Kaufhauses

Köster am Großen Burstah durchschlagen und alles, was brennen konnte, in Flammen aufgehen lassen. Viele Leute fuhren extra dorthin, um sich die Zerstörungen anzuschauen. Ich selbst erschrak im ersten Augenblick sehr, als ich die Trümmer sah. Bislang hatte ich mir von Bombeneinschlägen keine rechte Vorstellung gemacht.

Was ich an diesem Tag wahrgenommen hatte, verdrängte ich jedoch schnell wieder. Bei Fliegerangriffen blieb ich mit meiner Mutter und meinen Geschwistern nachts meistens in unserer Wohnung, auch wenn in der Folgezeit in Hamburg jetzt häufiger Bomben niedergingen. Noch geschah das immer sehr weit von uns entfernt, und ich wollte einfach nicht glauben, dass auch unser Haus einmal getroffen werden könnte.

*

1940 wurde für Hitler das Jahr der größten militärischen Erfolge. Nirgendwo wurden die deutschen Truppen aufgehalten, nicht in Dänemark und Norwegen, nicht in Holland, Belgien und auch nicht in Frankreich. Hinzu kamen die Erfolge der deutschen U-Boote vor allem im Atlantik. Immer wieder gab es Sondermeldungen im Rundfunk, eingeleitet von Fanfarenklängen und Trommelwirbeln, in denen die Siege der deutschen Soldaten verkündet wurden.

Die Menschen ließen sich durchweg von solchen Meldungen im Rundfunk mitreißen. In den Kinos wurden außerdem Filmberichte über die erfolgreichen Operationen der deutschen Truppen gezeigt, an denen sie sich berauschen konnten, und viele taten das auch. In diesen Kinoveranstaltungen wurden keine Spielfilme vorgeführt, sondern eben nur diese Filmberichte von den Kriegsschauplätzen, natürlich von Marschmusik und jubelnden Kommentaren begleitet.

Von großer propagandistischer Wirkung war auch die Verleihung der hohen Kriegsauszeichnungen, deren Zahl immer größer wurde. Wer ein Ritterkreuz verliehen bekommen hatte, wurde allgemein hoch verehrt. Im Verlauf des Krieges führte Hitler immer noch höhere Auszeichnungen ein. Auf das Ritterkreuz folgte das Ritterkreuz mit Eichenlaub und darauf das Ritterkreuz mit Eichenlaub und Schwertern, als Nächstes das Ritterkreuz mit Eichenlaub, Schwertern und Brillanten. Am Ende des Krieges stiftete Hitler schließlich auch noch das Ritterkreuz mit goldenem Eichenlaub, Schwertern und Brillanten, das zu verleihen er nur noch ein einziges Mal Gelegenheit haben sollte.

Wer das Ritterkreuz oder eine noch höhere Auszeichnung am Halsband trug, musste immer zuerst gegrüßt werden, auch von Soldaten und Offizieren, die einen höheren Rang hatten. Für die jungen Soldaten stellte die besondere Wirkung der Orden in der Öffentlichkeit einen großen Anreiz dar. Viele von ihnen gingen auf der Jagd nach den Auszeichnungen in den Tod.

Zu diesen jungen Männern zählte wohl auch Berthold Allmann, der Sohn des früheren Kollegen meines Vaters und Neffe der Eheleute Glaser. Er hatte sich freiwillig zur Luftwaffe gemeldet und wurde 1940 als Bordschütze in einem Aufklärungsflugzeug eingesetzt. Bei einem Feindflug traf ihn dann ein gegnerischer Bordschütze am Kopf. Er starb bereits auf dem Heimflug. Es wurde erzählt, wie Heidi, die Schwester Bertholds, ihrem Vater die Todesnachricht auf der Straße überbracht hätte, als er von der Arbeit heimkam. Beide seien weinend ins Haus gegangen.

Berthold Allmann war einer der ersten Soldaten aus unserer Horner Umgebung, die Opfer des Krieges wurden, und sein Tod fand allgemein große Anteilnahme. Umso mehr Befremden löste die Äußerung von Frau Glaser über ihren Neffen aus, mit der sie auf Bertholds Draufgängertum anspielte:

»Eigentlich ist er ja selbst schuld an seinem Tod.«

Das Kopfschütteln der Nachbarn über diese Äußerung war aber wohl nur vordergründig. Viele Mütter spürten schon, dass Frau Glaser eigentlich recht hatte.

Über längere Zeit lief damals jeweils am Sonntagnachmittag die Rundfunksendung »Wunschkonzert«, in der viele bekannte Schauspieler und Sänger auftraten. Moderiert wurde sie von dem Schauspieler Heinz Goedeke. In dieser Sendung wurde auch verkündet, wem der Führer eine hohe Auszeichnung verliehen hatte, und ebenso, welcher Soldat Vater von Zwillingen, Drillingen und Vierlingen geworden war. Das »Wunschkonzert« erfreute sich großer Beliebtheit, und die Nazis erreichten auch damit sicherlich eine besondere propagandistische Wirkung für ihr Regime und für den Krieg. Während die Sendung lief, hingen die Menschen an ihren Lautsprechern und die Straßen schienen wie leergefegt zu sein. Noch im Ohr ist mir aus dem »Wunschkonzert« das von Heinz Rühmann gesungene, auf Churchill anspielende Lied: »In England wohnt ein kleiner Mann, der weiter nichts als lügen kann«.

Die Verantwortlichen für die Schulen hegten bei den großen militärischen Erfolgen der deutschen Wehrmacht die trügerische Erwartung, dass der Krieg nicht mehr lange dauern würde. Sie entschlossen sich daher, den Unterricht eine Zeit lang auszusetzen, um uns Schülern die Strapazen zu ersparen, nach nächtlichen Fliegerangriffen gleich am frühen Morgen wieder in den Klassenräumen sitzen zu müssen. Natürlich verhielten wir uns nach den Schlafunterbrechungen am folgenden Tag weniger aufmerksam und quälten uns ein wenig, wenn wir dem Unterricht folgen sollten. Nach einigen Monaten war der Krieg jedoch immer noch nicht zu Ende, und wir mussten dann doch wieder in die Schule gehen. Jetzt gab es sogar noch mehr nächtliche Fliegerangriffe als vorher und damit auch noch mehr Schlafunterbrechungen. Manchmal heulten die Sirenen zwei- oder dreimal in der Nacht.

Die monatelange Aussetzung des Unterrichts hatte zur Folge, dass wir künftig nicht mehr zu Ostern, sondern erst im Spätsommer versetzt wurden. Das wurde erst wieder korrigiert, als nach dem militärischen Zusammenbruch im Frühjahr 1945 die

Schulen nochmals über längere Zeit geschlossen blieben und der Unterricht damit insgesamt etwa ein ganzes Jahr lang ausgefallen war.

*

Als ich im April 1941 das zehnte Lebensjahr erreicht hatte, konnte ich endlich Hitlerjunge werden. Darauf hatte ich schon lange gewartet. Ich wollte auch eine Uniform tragen und in einer Kolonne singend durch die Straßen marschieren, wie es so viele andere bereits taten. So etwas konnte ich fast täglich sehen. Bei dem damals nur geringen Autoverkehr störten die Hitlerjungen, wenn sie in Dreierreihen die Straßen entlangmarschierten, nur wenig.

Als ich zum ersten Mal vom HJ-Dienst heimkehrte, erlebte ich allerdings eine kleine Enttäuschung. Ich war stolz auf meine Uniform, auf mein Braunhemd mit dem schwarzen Schlips und dem dunkelbraunen Lederknoten drum herum sowie auf das Koppel, das ich um die schwarze Manchesterhose gezogen hatte und auf dessen Schloss ein Adler mit Hakenkreuz zu sehen war und die Worte »Blut und Ehre« standen.

Als ich unsere Haustür erreichte, stieg gerade Herr Glaser von seinem Rad ab. Ich steuerte unmittelbar auf ihn zu, und dies sicherlich mit der Erwartung, er würde etwas Anerkennendes sagen. Das aber tat er nicht. Was er genau sagte, weiß ich nicht mehr. Vielleicht war es so etwas wie: »Du auch?« Es war auf jeden Fall eine missbilligende Äußerung und es entging mir nicht: Eine Freude hatte ich ihm mit meiner Uniform nicht gemacht.

Ich kann nicht leugnen, dass ich durchweg gern zum HJ-Dienst und den HJ-Veranstaltungen ging. Was dort geschah, schien das zu befördern, was ich wollte, nämlich bald ein Mann zu werden. Dabei spielte bestimmt auch eine Rolle, dass ich keinen Vater hatte. Ich war eigentlich immer auf der Suche nach männlichen Vorbildern und dafür boten sich mir auch die HJ-Führer an.

Es war irgendwie schön, dabei zu sein, wenn wir mit unserem Jungzug mit etwa vierzig, mit unserem Fähnlein mit etwa einhundertundzwanzig oder mit unserem Jungstamm mit vielleicht fünfhundert Jungen durch die Straßen marschierten, bei besonderen Veranstaltungen mit einem Fahnenträger voran, gefolgt von dem laut schmetternden Fanfarenzug. Das Zusammengehörigkeitsgefühl wurde durch das gemeinsame Singen von Nazi- und Soldatenliedern, mit denen wir zugleich auf das Regime eingeschworen wurden, noch verstärkt. Ein Lied, das wir oft sangen, lautete:

Wir folgen der schwarzen Fahne
Mit dem heiligen Zeichen darin.
Wir wollen nicht wanken noch weichen.
Das ist ja der Sieg und der Sinn.
Es wächst ein neues Geschlecht heran.
Die Idee Adolf Hitlers marschiert,
Und Jungvolk voran, Jungvolk marschiert,
Von der schwarzen Fahne geführt.

Die schwarze Fahne mit einer großen weißen S-Rune in der Mitte gab es tatsächlich. Jedes Fähnlein hatte eine solche Fahne. Sie wurde immer stolz von einem größeren Jungen der Gruppe vorangetragen und dabei oft mit beiden Händen über dem Kopf gehalten.

Wenn wir so durch die Straßen zogen, geschah es manchmal, dass einzelne Bürger im Straßenanzug auf dem Fußweg stehen blieben und die Hand zum Hitlergruß ausstreckten. Es kam aber auch vor, dass wir als Rabauken beschimpft wurden. Solche Unmutsbekundungen wurden dann einfach hingenommen. Leute, die so etwas von sich gaben, erschienen uns als altmodische Menschen, die die Zeichen der Zeit noch nicht erkannt hatten.

In kleineren oder größeren Einheiten trafen wir uns zu Sportübungen und -wettkämpfen und zu Geländespielen, die nichts weiter als vormilitärische Übungen waren, sowie zu Heimabenden, auf denen wir ideologisch geschult wurden. Darüber hinaus machten wir auch Ausfahrten mit Übernachtungen im Zelt und gemeinsamem Singen am Lagerfeuer. »Flamme empor!« So hieß das Lied, das dabei meist in feierlich-getragenem Ton am offenen Feuer gesungen wurde.

Die HJ-Führer mit ihren grünen, grünschwarzen, grünweißen und weißen Schnüren an ihren Uniformen waren meist Gymnasiasten bzw. Oberrealschüler aus den höheren Klassen. Sie waren in der Regel sehr sportlich veranlagt und hatten eine laute Stimme, mit der sie ihre Kommandos für alle gut vernehmlich verbreiten konnten. Natürlich wollte auch ich einmal ein HJ-Führer werden. Zunächst aber musste ich nach einem Jahr die Pimpfenprobe ablegen. Das heißt, ich musste bestimmte sportliche Leistungen erbringen, hatte den Lebenslauf Hitlers herzusagen und musste den Pimpfenspruch auswendig vortragen können. Der lautete:

Pimpfe sind hart, schweigsam und treu, Pimpfe sind Kameraden, des Pimpfen Höchstes ist die Ehre!

Diesen Spruch konnte ich nicht voll verstehen, denn ich wusste mit dem Wort Ehre nichts anzufangen. Oft war von »Orden und Ehrenzeichen« die Rede, von denen es damals ja unheimlich viele gab, und ich hatte auch schon gehört, dass man einer Frau die Ehre rauben konnte. Aber was das bedeuten sollte, wusste ich schon gar nicht. Ich wendete den Begriff hin und her, aber es nützte nichts, die Ehre wollte sich mir einfach nicht erschließen, und wenn ich andere danach fragte, bekam ich keine Antwort, die mir weiterhalf.

Ich habe hin und wieder darüber nachgedacht, ob der HJ-Dienst für mich tatsächlich erzieherische Wirkungen gehabt hat. Ich muss diese Frage wohl bejahen, auch wenn man so etwas heute nicht so gern zugeben möchte. Bestimmte Männlichkeitsvorstellungen, an denen ich mich lange Zeit zu orientieren pflegte, gehen sicherlich auf die Hitlerjugend zurück. Dazu gehörte mein Streben, mir Gefühle wie Wehmut und Trauer nicht anmerken zu lassen, aber auch meine Bereitschaft, besondere Härten zu ertragen, wie es dann später manchmal notwendig werden sollte. Aber natürlich blieben andere erzieherische Einflüsse von stärkerer und nachhaltigerer Wirkung.

*

Im Sommer 1941 begann der Krieg auf dem Balkan und ebenso gegen Russland. Offiziell hieß es, dass Hitler einem Angriff der feindlichen Armeen zuvorgekommen sei, und die meisten Menschen glaubten dieser Behauptung wie selbstverständlich. Zunächst schien der Kriegsverlauf so weiterzugehen wie bisher. Die deutschen Armeen überrannten die Balkanländer schnell und drangen immer weiter nach Russland ein. Im Rundfunk waren Sondermeldungen über Sondermeldungen zu hören, in denen die Erfolge der deutschen Truppen mit markigen Sprüchen verkündet wurden. Anschließend wurde dann das Marschlied gesungen, das Herms Niel speziell für den Vormarsch in Russland komponiert hatte. Den Refrain in den drei Strophen dieses Liedes habe ich noch heute im Ohr:

Von Finnland bis zum Schwarzen Meer –
Vorwärts, vorwärts,
Vorwärts nach Osten, du stürmend' Heer.
Freiheit das Ziel,
Sieg das Panier,
Führer befiehl,
Wir folgen dir!

Hitler ernannte den Komponisten dieses Liedes, der ein simpler Unterhaltungsmusiker war und eine besondere Vorliebe für lautes Trommelgetöse hatte, zum Professor. Das löste vielfach Verwunderung aus, auch bei meiner Mutter, die ja von Musik einiges verstand und diese Ernennung nicht für angemessen hielt. Im Volksmund wurde der besonders geehrte, trommelfreudige Unterhaltungsmusiker dann »Professor Bumbum« genannt. Mit seinem Lied aber wurden die Menschen fast täglich neu aufgeputscht. War es nicht schön, zu den Siegern zu gehören?

Ich erinnere mich, wie ein Nachbar in der Snitgerreihe nach einer Sondermeldung im Rundfunk auf seinen Balkon im dritten Stock trat, die Hand zum Hitlergruß erhob und das, was er eben gerade im Rundfunk gehört hatte, laut herunterbrüllte:

»Wieder wurden 53 russische Panzer vernichtet ...«

Dies Beispiel zeigt deutlich, wie blödsinnig siegestrunken sich einige Menschen damals gebärdeten.

Fliegerangriffe gab es jetzt fast in jeder Nacht, und nun sah man in Hamburg auch immer häufiger zerstörte oder ausgebrannte Häuser. Irgendwann hielt es Lotti nicht mehr in ihrem Bett aus, als die Sirenen heulten und die Flak zu schießen begann. Sie eilte zu unserer Mutter, die im Wohnzimmer auf der Couch schlief, und forderte sie auf, nun endlich auch selbst in den Luftschutzkeller zu gehen. Die aber dachte nicht daran, und auch Curt und Ruth zeigten keine Neigung aufzustehen. Lotti ließ jedoch nicht locker und sagte schließlich zu unserer Mutter:

»Dann lass wenigstens Norbert mit in den Keller gehen!«

»Na gut«, sagte unsere Mutter eher unwillig, und so stand ich dann auf, zog mich an und ging mit Lotti nach unten. Seitdem war ich häufiger im Keller zu finden und bekam mit, was dort bei schwachem Lampenlicht geredet wurde.

Manchmal waren dort erste vorsichtige Zweifel zu hören, ob denn das mit dem Vormarsch in Russland immer so weitergehen würde. Wenn man die Landkarte vor Augen hatte, musste einem schon klar werden, dass dieses riesige Land unmöglich so überrannt und besetzt gehalten werden konnte wie Polen oder Frankreich.

»Unsere Männer müssen doch irgendwann zusammenbrechen«, hörte ich Frau Hahn einmal besorgt im Luftschutzkeller sagen, deren Sohn Günter inzwischen ebenfalls in einer Soldatenuniform herumlief. Herr Hörnig, der Luftschutzwart, warf der Nachbarin nach ihrer zweifelnden Äußerung vorwurfsvolle Blicke zu. So etwas durfte man nicht denken und schon gar nicht sagen, und eine Diskussion konnte daher auch gar nicht aufkommen.

Als wir, Lotti und ich, uns einige Zeit später einmal wieder auf dem Weg in den Luftschutzkeller befanden, hörten wir plötzlich einen fürchterlichen Krach. Das Haus schien zu wackeln und an verschiedenen Stellen bröckelte durch die Erschütterung Putz von Decken und Wänden. Was war passiert? Eine Brandbombe hatte in unserem Haus das Dach durchschlagen, war auf dem obersten Treppenhausabsatz aufgeprallt und hatte sich dort entzündet. Lotti befand sich in dem Augenblick nur eine Etage und ich zwei Etagen tiefer. Natürlich entstand große Aufregung unter den Bewohnern.

Im Treppenhaus gab es zumindest an der Stelle, wo die Bombe heruntergefallen war, nichts, was brennen konnte. Die Treppe selbst war aus Stein, das Treppengeländer aus Metall und zwischen dem Brandherd und unserer hölzernen Wohnungstür lagen noch mehrere Meter. Es bestand daher kaum Gefahr, dass sich der Brand ausbreiten konnte. Außerdem war unsere Mutter sofort zur Stelle, als die Bombe das Dach durchschlagen hatte, und goss kurz entschlossen einen Eimer Wasser, der für solche Situationen überall im Treppenhaus bereitstand, über die auflodernden Flammen. Sie trug dabei nur ein weißes Nachthemd, aber das störte in diesem Augenblick weder sie noch sonst jemanden. Sie selbst blieb bei dieser Aktion völlig ruhig. Angst schien sie überhaupt nicht zu kennen. Ohne mit einer Nachbarin oder einem Nachbarn ein Wort gewechselt zu haben, legte sie sich gleich wieder ins Bett, als ob nichts Besonderes geschehen wäre.

Ich selbst begriff in der allgemeinen Aufregung zunächst gar nicht, was wirklich passiert war. Das erfuhr ich erst später, als alle Nachbarn bereits wieder im Luftschutzkeller saßen und sich vom Schreck erholten.

Auch in beiden Nachbarhäusern durchschlugen in dieser Nacht Brandbomben das Dach, richteten aber auch dort kaum Schaden an. Dennoch hielt die Aufregung unter den Bewohnern in den nächsten Tagen an. Es war gut gegangen, aber allen wurde plötzlich bewusst, dass ein Bombentreffer in Zukunft auch mal schlimmes Unheil anrichten könnte. Im Luftschutzkeller saßen die Leute vertrauter zusammen, als sie es vorher getan hatten. Die drohenden Gefahren, die jeder jetzt vor Augen hatte, schmiedeten sie enger zusammen. Eine Nachbarin verteilte einmal Brote mit Quark und Marmelade an die Mitbewohner des Hauses. Das war großzügig, denn Lebensmittel hatten damals einen hohen Wert. Sie konnten ja nur noch in zugeteilten Mengen auf Lebensmittelkarten eingekauft werden, und die Zuteilungen blieben schmal begrenzt.

*

Unsere Mutter verhielt sich in der Folgezeit noch sonderbarer als vorher schon, und das wurde für uns Kinder zu einer seelischen Belastung. Oft machte sie ehrenrührige und beleidigende Äußerungen, die Nachbarn und auch andere Leute betrafen, aber völlig unbegründet waren. So behauptete sie zum Beispiel, dass ihr einige Männer nachstellten und mit ihr ins Bett gehen wollten. Damit meinte sie vor allem die Lehrer von Ruth in der Schule Griesstraße, wo sie einige Zeit mittags Essen austeilte und wir, sie selbst und auch ich, dafür kostenfrei mitessen durften. Solche Unterstellungen empfanden auch wir Kinder als peinlich.

Erotische Vorstellungen haben bei unserer Mutter damals sicherlich eine gewichtige Rolle gespielt und ihren Wahn mitbestimmt. Erotik war für sie aber etwas, was eigentlich nicht sein durfte, zumindest nicht außerhalb der Ehe. In dieser Hinsicht witterte sie überall Gefahren. Das hatten schon einige Jahre vorher Ruth und Curt zu spüren bekommen. Noch vor Beginn des Krieges hatte unsere Mutter behauptet, dass meine beiden älteren Geschwister ein Liebesverhältnis miteinander hätten. Sie streute im Flur sogar Mehl auf den Fußboden, um am nächsten Morgen überprüfen zu können, ob Curt nachts zu Ruth ins Zimmer gegangen sei. Manchmal schloss sie Ruth einfach ein oder forderte Lotti auf, bei ihr im Zimmer zu schlafen und sie zu überwachen. Insbesondere Ruth haben diese Unterstellungen, gegen die sie sich ja überhaupt nicht wehren konnte, schlimm verletzt, sie, die zu der Zeit noch gar nicht richtig wusste, was eigentlich ein Liebesverhältnis war. Noch heute fängt Ruth an zu weinen, wenn sie daran zurückdenkt.

Wie konnte es anders sein: Das Verhältnis zwischen meinen drei älteren Geschwistern und ihrer Mutter erwies sich mittlerweile als stark gestört. Ich selbst war als sehr viel jüngeres Kind weniger davon betroffen. Natürlich merkten Curt, Ruth und Lotti, dass etwas mit ihrer Mutter nicht stimmte. Aber sie konnten als Jugendliche ihre geistige Verwirrung nicht richtig deuten. Sie wussten schon gar nicht, was Halluzinationen und Wahnvorstellungen waren, und zeigten sich daher einfach hilflos.

Tatsächlich versicherte unsere Mutter, dass sie hellsehen und die Zukunft voraussehen könnte. Sicherlich regten sich dagegen immer wieder Zweifel. Andererseits trat manches von dem, was sie prophezeite, dann auch wirklich ein. Solche positiven Erfahrungen ließen ihre Voraussagen und Behauptungen eben nicht von vornherein unglaubwürdig erscheinen. Der Wahn unserer Mutter äußerte sich vor allem darin, dass sie sich als auserwählte

Heilsbringerin verstand. Sie handelte, wie sie meinte, im Auftrage Gottes und stand auch unter seinem Schutz. Ihre Heilsbotschaft wollte sie in einem Buch verkünden, an dem sie täglich arbeitete. Curt musste dafür eine als Buchillustration gedachte Leiter zeichnen, die von der Erde bis in den Himmel reichte. Er tat das auch, vielleicht sogar unwillig, aber er machte es eben, weil ihn seine Mutter dazu anhielt, und die besaß für uns Kinder nach wie vor Autorität. Auch schrieb unsere Mutter ständig Briefe, die sie »An die Gutgewillten« adressierte. Nichts weiter als diese sonderbare Anschrift stand auf dem Umschlag. Wir mussten diese Briefe unfrankiert in den Briefkasten werfen, mal Curt, mal Ruth, mal Lotti und mal ich. Sie wurden regelmäßig einige Tage später vom Postboten zurückgebracht, und wir mussten Strafporto zahlen, was anstandslos geschah. Unsere Mutter hatte die Vorstellung, dass diese Briefe tatsächlich gelesen und die angestrebte Wirkung erzielen würden. Merkwürdigerweise ging das über mehrere Jahre so, ohne dass vonseiten der Post irgendetwas dagegen unternommen wurde. Welche Gedanken unsere Mutter in diesen Briefen niederschrieb, vermag ich nicht zu sagen. Ich habe sie als Neun-, Zehn- und Elfjähriger nie gelesen. Curt tat das wohl und meinte kürzlich, dass das vielleicht gar nicht so dumm gewesen sei, was darin gestanden hätte.

Das eigenartige Verhalten unserer Mutter hatte dazu geführt, dass sich die Familie immer mehr isolierte und keine Kontakte zu vertrauten Menschen unterhielt, und das bedeutete, es gab auch niemanden, mit dem meine drei älteren Geschwister über das eigenartige Verhalten unserer Mutter hätten reden können. Andererseits war unsere Mutter auch keineswegs völlig verwirrt. Weitgehend blieb ihr Bezug zur Realität erhalten, und gerade das erschwerte es natürlich, ihre oft absurden Vorstellungen sowie ihr merkwürdiges Tun als krankhaft zu erkennen.

Das fremdartige Gebaren unserer Mutter schaffte schließlich auch Unfrieden zwischen uns Geschwistern, und es war nun oft gar nicht mehr schön zu Hause. Es gab viel Streit, und unsere Mutter wurde uns gegenüber zunehmend aggressiver. Es kam vor, dass sie uns nicht nur mit der Hand schlug, sondern gelegentlich auch zum Besenstiel griff. Andererseits reagierte sie in vielen Situationen normal und konnte dann auch wieder ein starkes mütterliches Fürsorgegefühl zeigen.

Die Verhältnisse bei uns zu Hause wurden unerträglich, und meine Geschwister waren deshalb froh, als sie 1941/42 das Haus nacheinander verlassen konnten.

Welche Entwicklung haben sie in dieser Zeit genommen? Curt besuchte zunächst sechs Jahre die Volksschule, danach vier Jahre den Oberbau, und dann drei Jahre ein Aufbaugymnasium. Dort zeigte er sich sehr wissensdurstig, vor allem in den Fächern Mathematik und Physik. In diesen Fächern überraschte er seine Lehrer gelegentlich mit Kenntnissen, die Schüler üblicherweise nicht zu erbringen imstande sind. Sein besonderes Interesse galt außerdem der Technik, insbesondere der Radiotechnik. Er fing irgendwann an, selbst Radiogeräte zu basteln. Auch für unsere Familie baute er ein Radiogerät, das allerdings oft nicht funktionierte, weil er gerade mal wieder ein elektrisches Teil für eine Neukonstruktion herausgenommen hatte.

An der Hitlerjugend war Curt überhaupt nicht interessiert und blieb dem Dienst meist fern, wohl weniger aus politischen Gründen, sondern weil er für so etwas einfach keine Antenne hatte. Marschieren, Geländespiele, Sportwettkämpfe – für derartige Übungen konnte er keinen Ehrgeiz entwickeln. 1941 bestand er an der Richard-Wagner-Schule mühelos und mit guten Zensuren das Abitur.

Unsere Mutter ließ sich von Curts ungewöhnlichem Wissen und seiner Denkkraft sehr beeindrucken und hatte die Vorstellung, dass er einmal etwas Großes wird. Welchen Beruf er einmal anstreben würde, war noch nicht aktuell, denn zunächst musste er ein halbes Jahr beim Arbeitsdienst verbringen und sollte anschließend zum Militär eingezogen werden. Nachdem er 1941 das Haus verlassen hatte, ließ er nur noch selten etwas von sich hören.

Ruth und Lotti erhielten keine Gelegenheit, ein Gymnasium zu besuchen. Sie durchliefen zunächst alle Klassen der Volksschule im Rhiemsweg bzw. in der Griesstraße und gingen dann noch zwei Jahre in die höhere Handelsschule in der Schlankreye. Beide schlossen dort mit der mittleren Reife ab. So hatte es auch unser Vater vorgegeben: Die Jungs machen Abitur, die Mädchen mittlere Reife.

Heute möchte man über eine solche Einstellung den Kopf schütteln, aber man muss natürlich sehen, dass der alte Herr so dachte, wie es der damaligen Norm entsprach. Noch heute gibt es ja viele Männer, die meinen, dass das Leben von Frauen durch Kinder, Küche und Kirche bestimmt zu sein hätte. Bei einem Mann wie unserem Vater, der im Jahre 1900 bereits fünfunddreißig Jahre alt war, konnte das eigentlich nicht verwundern.

Ruth wollte 1939 nach Beendigung ihrer Schulzeit zunächst Krankenschwester werden, machte auch ein Praktikum zur Vorbereitung für eine solche Ausbildung im Süden von Hamburg, wurde danach aber zunächst für ein halbes Jahr zum Arbeitsdienst eingezogen. Danach trat sie eine Stelle als Lehrschwester in einem konfessionellen Krankenhaus an. Während dieser Zeit kam sie auch ein- oder zweimal in der Woche wieder nach Hause. Ich sehe sie noch heute, wie sie in ihrer schwarzen Schwesterntracht, von der Straßenbahn kommend, den Weg über die Wiese unserem Haus zustrebte. Der Schwesternberuf machte ihr jedoch keine Freude. Sie brach diese Ausbildung nach einem Jahr ab.

Nach dem Ende ihrer Schulzeit absolvierte Lotti ihr Pflichtjahr, das man am Anfang des Krieges als sozialen Hilfsdienst für Mädchen im Alter von fünfzehn bis zwanzig Jahren eingeführt hatte, überwiegend bei der Familie Schmidt im Rhiemsweg, fünf Gehminuten von unserer Wohnung entfernt. Dort gab es viel zu tun, denn die Eheleute Schmidt hatten sechs Kinder – Sonja,

Toska, Wolfgang, Klaus, Günter und Peter. Diese Familie sollte später zunächst für Lotti, dann auch für Ruth und kurze Zeit auch für mich zu einem Ersatzzuhause werden.

Ich selbst hatte zu den Kindern Wolfgang und Toska zeitweilig eine freundschaftliche Beziehung. Solange die Familie noch in Horn wohnte, sah ich Wolfgang jeden Tag in der Schule. Mehr interessierte mich zu der Zeit allerdings seine Schwester Toska. Sie war meine erste, allerdings vorpupertäre Liebe. Unsere Liebesspiele beschränkten sich im Wesentlichen darauf, dass Toska nach dem Schulbesuch hinter der Anschlagsäule im Rhiemsweg auf mich wartete, um mir die Mütze vom Kopf zu reißen, und ich mir das mit heimlicher Freude gefallen ließ. Anderes fiel Toska nicht ein und mir eigentlich noch weniger, aber ich mochte dieses Mädchen nun einmal, und ich freute mich immer, wenn ich es sah.

Vater Schmidt hatte als Berufssoldat den Rang eines Stabsfeldwebels bei der Infanterie erreicht. Nach achtzehnjähriger Dienstzeit erhielt er, wie es die militärischen Regeln vorsahen, die Gelegenheit, Pächter einer Kasernenkantine zu werden, eine für ihn gute Chance, den Lebensstandard seiner Familie spürbar zu erhöhen. Im Sommer 1941 erfüllte sich sein langjähriges Streben. Er konnte die Kantine in der Estorff-Kaserne in Tonndorf übernehmen.

Lotti, die als Pflichtjahrmädchen zu den Schmidts eine enge Beziehung gewonnen hatte, ließ sich überreden, nach Beendigung ihrer Schulzeit mit in die Kaserne zu ziehen und ihre berufliche Tätigkeit in dem Kantinenbetrieb zu beginnen. Sie nahm bei den Schmidts sehr bald so etwas wie eine Vertrauensstellung ein. Ruth folgte ihr wenig später dorthin, nachdem sie ihre Schwesternausbildung abgebrochen hatte. Auch sie arbeitete in der Kantine, schenkte Bier aus und verkaufte Zigaretten, kümmerte sich aber vor allem um die Kinder. Dafür hatte sie ein besonderes Talent. Wo sie sich auch immer aufhielt, schien sie Kinder einfach anzuziehen. Ich habe noch heute ein Bild vor Augen, bei dem Ruth wie eine Glucke voranmarschierte und mehrere Kinder aus der Tonndorfer Umgebung im Gänsemarsch hinter ihr herliefen.

*

Ruth hatte also zuerst, dann Curt und schließlich Lotti das Haus verlassen. Ab Herbst 1941 lebte ich nur noch allein mit meiner Mutter in unserer Horner Wohnung. Die neue Situation brachte es mit sich, dass sie sich jetzt noch weiter aus der Wirklichkeit entfernte. Im Haushalt tat sie nur das Allernotwendigste und irgendwann auch das nicht einmal mehr. Meist saß sie am Schreibtisch und schrieb Briefe, oder sie arbeitete an ihrem Buch. Ich blieb mir weitgehend selbst überlassen.

Nachdem meine Geschwister unsere Wohnung verlassen hatten, wurde es für mich schwierig, mit meiner Mutter zusammenzuleben. Zu Hause konnte ich kaum noch Freude empfinden. In dieser Zeit hatte ich aber mit dem Knabenchor in der Michaelis-Kirche wunderbare musikalische Erlebnisse. Wir bereiteten zwei große Konzerte vor: die Johannes-Passion von Johann Sebastian Bach und den Messias von Georg Friedrich Händel. Wir Chorknaben mussten zu vielen Sonderproben in das Gemeindehaus oder in die Michaelis-Kirche kommen. Ich war mit Begeisterung dabei. Im zweiten Sopran sang ein Klaus Beckedorf mit, der später ein bekannter Cellist wurde. Er konnte schon damals sicher vom Blatt singen.

Mit dabei war auch Horst Baumgart, ein Junge, der später als mein HJ-Führer im KLV-Lager eine unrühmliche Rolle spielen sollte. Als Chorsänger hielt er sich eher zurück und fiel eigentlich nur dadurch auf, dass er sein zu kurzes linkes Bein ein bisschen nachzog, obgleich er sich sehr bemühte, sich diese Behinderung nicht anmerken zu lassen.

Außer dem Knabenchor leitete Herr Brinkmann auch einen großen A-cappella-Chor mit sehr kräftigen Frauen- und Männerstimmen, die bei den öffentlichen Aufführungen die tragenden Säulen darstellten. Auch das Philharmonische Staatsorchester und namhafte Gesangsolisten wirkten mit, einmal ebenfalls Frau Brinkmann, die Ehefrau unseres Dirigenten, als Sopranistin.

Natürlich waren wir Knaben vor den Aufführungen aufgeregt. Einige von uns mussten vor Beginn des Konzertes Plätze für die Presse besetzt halten, und wir verfolgten sehr genau, wann die Journalisten ihre Plätze einnahmen und die Platzhalter dann zu uns zurückkommen konnten.

Herr Brinkmann, ein großer Mann mit dunklem lockigem Haar, war ein hervorragender und angesehener Kirchenmusiker, aber wohl auch ein sehr eitler Mensch. Wir konnten es ihm anmerken, dass er es genoss, wenn er, von den Konzertbesuchern mit Blicken verfolgt, gemächlich im Frack auf das Dirigentenpult zuschritt und die kleine Treppe hinaufstieg. Er ließ sich auffallend viel Zeit dabei. Wahrscheinlich litt er darunter, dass in Kirchen damals Beifallskundgebungen unerwünscht waren. Vor Beginn des Konzertes pflegte er uns noch einmal lange anzusehen, bis wir alle unsere Augen voll konzentriert auf ihn gerichtet hatten. Er hatte wirklich stark suggestive Kräfte. Wie gebannt sahen wir während der Aufführung alle auf den Dirigentenstab.

Ich selbst war stolz, mit dabei zu sein. Es war wunderschön, wenn beide Chöre zusammen sangen. Ihre Stimmkraft war gewaltig. Besonders viel Spaß machte mir das dramatische »Kreuziget ihn« in der Johannes-Passion und das emphatische »Halleluja« im Messias. Da ich zu den kleinsten Knaben gehörte, hatte ich meinen Platz in der ersten Reihe unmittelbar vor den Orchestermusikern und konnte das Geschehen gut beobachten. Die Chöre standen bei den Konzerten anders als bei den Gottesdiensten in der Michaelis-Kirche nicht vor der großen, sondern vor der kleinen Orgel auf der Nordempore, so wie das auch heute bei großen Konzerten üblich ist.

Wir Knaben fühlten uns gehoben, wenn wir uns nach den Aufführungen am folgenden Tag in den Zeitungen abgebildet wiederfanden. Wir trugen alle ein weißes Hemd mit einem schwarzen Schlips und gaben so ein geschlossenes Bild ab. Die Zeitungsberichte über unsere Konzerte wurden bei der nächsten Probe vorgelesen, und sie waren fast immer voll des Lobes. Nach der Messias-Aufführung wurde Herr Brinkmann zum Kirchenmusikdirektor ernannt, und wir freuten uns mit ihm. Er war zu der Zeit der einzige Kantor in Hamburg, der diesen Titel führen durfte. Einer von uns Chorknaben meinte, er sei sogar Reichskirchenmusikdirektor geworden, aber bei dieser Annahme dürfte wohl der Wunsch der Vater des Gedankens gewesen sein. Einen für das ganze Reich zuständigen Kirchenmusikdirektor hat es erfreulicherweise nicht gegeben. Schlimm genug, dass sich damals ein Pastor von Hitler tatsächlich zum Reichsbischof ernennen ließ.

Es erschien mir damals wie von Gott gewollt, dass die Konzerte, an denen ich auf der Nordempore mitwirkte, wie auch die zahlreichen Gottesdienste, bei denen ich als Chorsänger vor der großen Orgel stand, nie von Fliegerangriffen unterbrochen wurden. Die Vorstellung von einem die Welt lenkenden und in die Welt eingreifenden Gott, die mir damals auch von meiner Mutter suggeriert worden war, habe ich inzwischen allerdings aufgegeben.

Wenn ich noch heute eine Vorliebe für Kirchen- und Barockmusik habe, geht das sicherlich auf die schönen Erlebnisse im Knabenchor zurück. Meine Mutter spielte zu Hause meist Beethoven, Wagner, Schubert und Schumann auf dem Klavier, und ich hörte ihr auch gern zu. Doch setzte ihr Klavierspiel weniger Maßstäbe in mir.

Umso mehr habe ich immer bedauert, dass es mir nie vergönnt war, ein Musikinstrument zu lernen. Ich hätte sicherlich Spaß daran gehabt, Klavier oder auch Cello zu spielen. Musik ist für mich noch schöner als Literatur, über die ich mir durch mein Germanistikstudium auch viele theoretische Kenntnisse aneignen konnte. Bei der Musik habe ich mich dagegen nie zu theoretischen Betrachtungen aufgerufen gefühlt. Ich überlasse mich einfach den Klängen, die an mein Ohr dringen, und allein das vermag mich voll zu beglücken.

*

Zu Beginn des dritten Schuljahres, im Herbst 1941 also, wurde Herr Grapendorf, der Leiter der Schule Morathstraße, mein Klassenlehrer, nachdem man den jüngeren Herrn Schwieger wie auch einige seiner Kollegen zum Militär eingezogen hatte. Noch bewältigte ich die Schule ohne Probleme. Ich hatte nie Mühe, dem Unterricht zu folgen, blieb immer ein interessierter Schüler und erreichte gute und sehr gute Noten. Es störte mich auch nicht, dass wir im neuen Schuljahr siebzig Schüler in einer Klasse zählten, nachdem sich die Schule wegen des Mangels an Lehrkräften gezwungen gesehen hatte, meine Klasse mit der Parallelklasse zusammenzulegen.

Fünfunddreißig Zweierbänke standen seitdem in einem Klassenraum. Die Enge empfanden wir wohl zunächst als lästig, gewöhnten uns aber schnell an diese Unzulänglichkeit. Der Unterricht funktionierte trotzdem recht gut. Herr Grapendorf besaß ein besonderes Geschick darin, mit dieser großen Schülerzahl umzugehen. Ich kann mich nicht erinnern, dass er mit uns Disziplinschwierigkeiten hatte.

Gegen Ende 1941 war der Krieg nicht mehr ausschließlich von Erfolgsmeldungen bestimmt. Der Vormarsch der deutschen Truppen in Russland wurde mit dem Wintereinbruch gestoppt, und es musste erstmalig sogar ein Rückzug auf breiter Front zugegeben werden. Man ließ zwar verlauten, dass das planmäßig geschehen sei. Aber so ganz überzeugend wirkte diese Erklärung nicht.

Sondermeldungen über Geschehnisse auf den Kriegsschauplätzen wurden im Rundfunk kaum noch verkündet, und die Menschen spürten allmählich, dass sich etwas verändert hatte. Allmählich wuchs auch die Zahl der Männer, die an der Ostfront ihr Leben lassen mussten. Gerade im Kinderreichenblock in Hamburg-Horn war das zu merken. Immer häufiger traf ich jetzt auf Ehefrauen und Mütter, die schwarze Kleidung trugen.

Gelegentlich unterhielt sich meine Mutter mit Frau Groth, unserer Nachbarin auf der zweiten Etage im Treppenhaus, zu der sie offenbar noch ein wenig Zutrauen besaß. Dabei wirkte sie ganz normal. Die beiden Frauen sprachen über ihre Söhne, die beide jetzt Soldat spielen mussten, und natürlich waren sie besorgt.

»Es ist so, als ob einem etwas aus dem Leibe gerissen wurde«, sagte meine Mutter einmal.

Ich versuchte mir das »aus dem Leibe reißen« wirklich vorzustellen, und dabei war mir unbehaglich zumute. Mit Metaphern hatte ich als Kind immer Probleme. Oft gelang es mir nicht, von dem Bild, das die Sprache in mir erzeugt hatte, wieder loszukommen. Es störte mich dann eher, als dass es mir dadurch leichter wurde zu verstehen, was gemeint war. Die Übertragung der Bedeutungen wollte mir dabei nur schwer gelingen.

Zu dieser Zeit wurde mein Bruder Curt als Rekrut in der Kaserne gedrillt und war noch keiner unmittelbaren Gefahr ausgesetzt. Herbert Groth aber, der Sohn unserer Nachbarin, kämpfte bereits an der Ostfront und fiel dort noch in demselben Jahr. Die schlimmen Befürchtungen seiner Mutter hatten sich tatsächlich erfüllt. Ich selbst hatte Herbert Groth in seiner Uniform oft bewundert. Er war ein großer und schlanker Mann gewesen und hatte auf mich sehr männlich gewirkt. Einmal hatte er mir sein Seitengewehr gezeigt und mich aufgefordert, mit den Fingern über die Klinge zu streichen. Jetzt aber war er tot.

Der Winter 1941/42 war besonders hart. Viele Soldaten in Russland erlitten Erfrierungen und kamen verstümmelt zurück.

Man hatte ihnen Finger, Hände, Zehen oder Füße abnehmen müssen. Wer den Winter in Russland überstanden hatte, bekam die sogenannte Ostmedaille verliehen, die im Volksmund Gefrierfleischorden genannt wurde. Dieser Orden war keine Auszeichnung für soldatische Tapferkeit, die besonders stolz machen konnte, sondern nur noch ein äußeres Zeichen dafür, dass jemand notgedrungen große Härten ertragen hatte. In diesem Winter wurde auch ein politischer Witz erzählt, der erkennen ließ, dass man im Volk anfing, sich um den Ausgang des Krieges Sorgen zu machen:

»Was ist der Unterschied zwischen Hitler und der Sonne?« Die Antwort lautete:»Die Sonne geht im Westen unter, Hitler im Osten.«

Es waren zu der Zeit viele politische Witze im Umlauf. Auch daran kann deutlich werden, dass es durchaus kritisch denkende Menschen gab, die sich gelegentlich nicht scheuten, ihre Vorbehalte gegenüber Hitler in irgendeiner Form kundzugeben. Die politischen Witze wurden allgemein verbreitet, und ich habe nie gehört, dass jemand deshalb angezeigt wurde.

In solchen Witzen wurde Goebbels manchmal als Lügner gebrandmarkt, wie in der ihm unterstellten Äußerung:»Wenn die Engländer sagen, ich habe einen Klumpfuß, so ist das Lüge, eine wahre Lüge!«

Jeder konnte ja gelegentlich in der Wochenschau sehen, dass der Reichspropagandaminister das eine Bein nachzog, auch wenn er sich bemühte, seine Behinderung zu verbergen. Seine Propagandareden wirkten rhetorisch zwar ungemein gewandt, und wenn er mit seiner klaren Stimme und oft in beschwörendem Ton sprach, waren viele Menschen fasziniert. Aber seine Aussagen erregten oft Zweifel. Allzu häufig hatten sich seine Ankündigungen nicht erfüllt, und so wurde auch diesem Mann mehr und mehr Skepsis entgegengebracht.

Hermann Göring, der eitle Reichsmarschall und Oberbefehlshaber der Luftwaffe, hatte sich schon zu Beginn des Krieges lächerlich gemacht, als er großsprecherisch verkündet hatte:»Ich will Meyer heißen, wenn nur ein feindliches Flugzeug die deutschen Grenzen überfliegt!« Er wurde deshalb offen Hermann Meyer genannt und besaß nur noch wenig Autorität im Volk.

Im Frühjahr 1942 kam es meiner Mutter plötzlich in den Sinn, Curt aus der Kaserne nach Hause zu holen, weil sie meinte, dass es ihm als Soldat nicht gut ginge und er misshandelt werde. An einem Sonntagmorgen packte sie Curts Sonntagsanzug, ein Oberhemd, eine Garnitur Unterwäsche und ein paar Strümpfe sowie ein paar Schuhe in unseren einzigen Koffer und machte sich auf den Weg nach Bremen, wo Curt noch immer als Rekrut ausgebildet wurde. Sie verbot mir streng, die Wohnung an diesem Tag zu verlassen, weil sie fürchtete, dass irgendjemand dort eindringen und ihre Aufzeichnungen stehlen könnte. Ich sah ihr aus dem Fenster nach, als sie, den Koffer mühsam tragend, zur Straßenbahn ging. Dann versuchte ich, mich zu beschäftigen.

Aber es fiel mir schwer, mit mir etwas anzufangen. Ich hatte inzwischen starke Zweifel bekommen, ob das, was meine Mutter alles behauptete, auch wirklich stimmte, doch machte mir ihre Unterstellung, unsere Wohnung werde überwacht und es gebe Leute, die ihre beschriebenen Blätter stehlen wollten, trotzdem ein bisschen Angst. Ich fing allmählich an, Gespenster zu sehen. Aus diesem Grunde hielt ich mich auch nur ungern in unserer Wohnung auf – so also auch an diesem Tag. Zwei oder drei Stunden mag ich nach dem Fortgang meiner Mutter noch dort geblieben sein, dann aber lief ich die Treppe hinunter und suchte auf der Straße nach Spielgefährten. Ich nahm mir vor, gegen Abend, noch vor der Heimkehr meiner Mutter, wieder in die Wohnung zurückzukehren.

Der Tag ging schnell herum. Ich erwartete meine Mutter erst um sieben Uhr zurück, plötzlich stand sie aber schon gegen sechs Uhr neben mir auf dem Spielplatz, natürlich allein. Es war ihr selbstverständlich nicht gelungen, Curt zurückzuholen. Sie hatte in der Kaserne tatsächlich mit einem Offizier gesprochen, der aber dürfte wohl nur bemüht gewesen sein, sie schnell zur Rückkehr nach Hamburg zu bewegen. Hatte dieser Mann bemerkt, dass sie an einer Psychose litt? Er muss behutsam mit ihr umgegangen sein und hatte wohl den richtigen Ton getroffen. Meine Mutter erzählte später, von ihrem Gesprächspartner sehr angetan gewesen zu sein. Curt selbst hatte sie gar nicht zu Gesicht bekommen und sich auch ohne Weiteres damit abgefunden.

Auf der Straße redete meine Mutter noch ganz ruhig zu mir. Als wir dann aber die Tür zu unserer Wohnung hinter uns geschlossen hatten, brach der Zorn aus ihr heraus, und dies umso mehr, als ich ihr auch noch erzählen musste, dass ich mittags bei Herrn Kruse gewesen sei und er mir etwas zu essen gemacht habe. Schließlich musste ich alle Zimmer mit ihr absuchen. Sie leuchtete mit einer Taschenlampe unter sämtliche Betten und behauptete fest und steif:

»Es ist bestimmt jemand in der Wohnung gewesen!«

Am nächsten Tag kaufte sie einen Riegel und ein Fahrradschloß, um die Tür noch fester verschließen zu können, wenn sie fortging.

Ihre Wahnvorstellungen sollten noch absurder werden. Mit einem Mal meinte sie, die Leute könnten mit einem Fernglas durch die Gardinen hindurch in unsere Zimmer schauen, insbesondere auch auf ihren Schreibtisch. Um das zu verhindern, verhängte sie alle Fenster mit Zeitungspapier, so dass es auch tagsüber in der Wohnung nie mehr richtig hell wurde. Sie glaubte ebenso, dass es Horchgeräte gäbe, mit denen unsere Wohnung abgehört werden könnte. Deshalb wollte sie mir auch nicht mehr sagen, in welchen Briefkasten ich ihre Briefe werfen sollte.

Sie schrieb ihre Anweisungen an mich fortan auf eine Schiefertafel, und hierzu gingen wir extra in die Toilette.

Daran, dass tatsächlich jemand die Briefkästen durchstöbern würde, glaubte ich nicht mehr, denn einmal hatte ich aus reiner Bequemlichkeit die Weisung meiner Mutter missachtet und einen Brief, den sie wie immer »An die Gutgewillten« gerichtet hatte, eben doch dort eingesteckt, wo ich es gerade nicht tun sollte. Später meinte sie aber, dass man genau diesen Briefkasten durchsucht und den Brief eben Gott sei Dank nicht gefunden hätte. So sei alles gut gegangen.

Seitdem misstraute ich fast all ihren Äußerungen, behielt das aber für mich. Allerdings wusste ich auch niemanden, dem ich mich hätte anvertrauen können.

Der Alltag ging trotzdem seinen üblichen Gang weiter. Ich besuchte die Schule, machte nachmittags meine Schularbeiten und verbrachte die Zeit danach meistens auf der Straße. Zweimal in der Woche fuhr ich in die Altstadt zur Chorprobe und meistens auch am Sonntagmorgen zum Gottesdienst. Dorthin zu gehen blieb weiter schön für mich.

Hin und wieder verschaffte ich mir Ablenkung, indem ich mir eine Kinokarte kaufte. Es gab in Hamburg damals eine sehr viel größere Anzahl von Filmtheatern als heute, und Filmbesuche stellten für alle Menschen in dieser Zeit, die so von Sorgen erfüllt war, eine willkommene Abwechslung dar. Viele Filme, die damals gezeigt wurden, standen direkt oder indirekt im Dienst der NS-Propaganda, ohne dass die Menschen das merkten. Die meisten Filmschauspieler ließen sich dafür auch willig einspannen, auch wenn viele von ihnen nach dem Krieg etwas anderes behaupteten.

Ein solcher Propagandafilm hatte den Titel »Feinde«. Der zeigte, wie »Volksdeutsche« in Polen kurz vor Ausbruch des Krieges verfolgt und misshandelt wurden. Eine Gruppe von ihnen entschloss sich zur Flucht nach Deutschland. Sie musste einen gefährlichen Marsch durch ein Moorgebiet zurücklegen, durch das es nur einen einzigen Weg gab. Von dem Filmstar Willy Birgel angeführt, schaffte es diese Gruppe und wurde von einer deutschen Militäreinheit schließlich an der Grenze aufgegriffen. Erleichtert konnte sie jetzt die Reise ins Deutsche Reich antreten. Der Film »Heimkehr« hatte einen ähnlichen Inhalt. Die Polen wurden darin als besonders grausam gegenüber den »Volksdeutschen« gezeigt, sehr viel grausamer als in dem Film »Feinde«. »Heimkehr« war im hohen Maße dazu angetan, den Hass gegen die Polen und alle Gegner im Krieg gegen Deutschland zu schüren. Tatsächlich waren die Verhältnisse in diesem Film aber vertauscht. So wie die Polen darin mit den Deutschen umgingen, gingen zu der Zeit in Wahrheit gerade die Deutschen mit den Polen um. Paula Wessely, die bekannte österreichische Schauspielerin, die in diesem bösartigen Film die Hauptrolle spielte, hat wenigstens nach dem Krieg erklärt, dass sie sich für ihre Mitwirkung schäme.

Ich sah diesen Film als Hitlerjunge im Rahmen einer HJ-Veranstaltung. Unser Jungstamm – an diesem Tag vielleicht vierhundert Jungen – marschierte an einem Sonntagmorgen singend zu dem Filmtheater DELI in Hamburg-Horn. Natürlich trugen wir alle unsere Uniformen, und die Fahnenträger gingen wie immer bei besonderen Veranstaltungen voran.

Wir blieben die einzigen Besucher in dem Kino an diesem Morgen. Mehr wären auch gar nicht in den Saal hineingegangen. Als der aufregende Film zu Ende ging und der Vorhang zugezogen wurde, brüllte unser Stammführer das Kommando:
»Achtung!«

Wir sprangen auf, wie der Befehl es verlangte, und schrien, den Blick starr nach vorn gerichtet, wie mit einer Stimme:
»Heil Hitler!«

Dann sangen wir das Lied, das Baldur von Schirach als Reichsjugendführer geschrieben und als HJ-Hymne eingeführt hatte:

Vorwärts, vorwärts – schmettern die hellen Fanfaren.
Vorwärts, vorwärts – Jugend kennt keine Gefahren.
Ist das Ziel auch noch so groß,
Jugend zwingt es doch.
Unsere Fahne flattert uns voran.
In die Zukunft zieh'n wir Mann für Mann.
Wir marschieren für Hitler durch Nacht und durch Not
Mit der Fahne der Jugend für Freiheit und Brot.

Veranstaltungen dieser Art wurden oft durchgeführt. Damit wurde erreicht, dass wir Jungen uns immer stärker an das NS-Regime gebunden fühlten. Hitler hatte mittlerweile eine geradezu gottähnliche Statur erlangt, und es dürfte auch so gewesen sein, dass bei NS-Feiern religiöse Gefühle wachgerufen wurden.

Die Schauspieler, die an Filmen wie »Feinde« und »Heimkehr«, aber auch an Filmen mitwirkten, mit denen nicht unmittelbar propagandistische Zwecke verfolgt wurden, denen aber zumindest in der Regel regimefreundliche bzw. -verherrlichende Wochenschauen und Vorfilme vorangingen, leisteten einen wichtigen Beitrag dazu, dass die Menschen eine positive Einstellung zu ihrer Regierung einnahmen, denn der einzelne Bürger identifizierte sich gern mit den liebenswerten Leinwandkünstlern, die eben zu dem zu stehen schienen, was von Hitler gewollt und getan wurde. Ohne dass sie sich dessen vielleicht selbst bewusst waren, stimmten viele Filmschauspieler die Menschen in Deutschland durch ihre Mitwirkung an Filmen wie auch an öffentlichen Veranstaltungen wie z.B. das »Wunschkonzert« immer wieder auf das NS-Regime ein und stabilisierten es damit. Ob sie eine andere Möglichkeit hatten, ist eine Frage, die nur schwer zu beantworten ist.

Hin und wieder machte sich aber auch das gesunde Volksempfinden mit humoristischen Wortschöpfungen Luft, die kritische Distanz zu dem institutionalisierten Künstlerverhalten erkennen ließen. So wurde der Sänger Wilhelm Strienz, der mit seinem Schmalzbariton voll Wehmut das Lied »Heimat, deine Sterne« sang, das wegen der millionenfachen Trennung der an der Front stehenden Väter und Söhne von ihren Familien in der Heimat auf große Resonanz stieß, »Reichswehmutsänger« genannt, und Christina Söderbaum, die in zumindest zwei Filmen –»Die goldene Stadt« und »Kolberg« – am Ende der Filmhandlung ins Wasser ging und damit so etwas wie Opferwilligkeit bewirkte oder bewirken sollte, »Reichswasserleiche« tituliert.

Das Jahr 1942

Im Frühjahr 1942, am Ende des vierten Schuljahres, machte ich dann die Prüfung fürs Gymnasium oder – wie es damals hieß – für die Oberrealschule. Hierzu musste ich vierzehn Tage jeden Morgen in die Caspar-Voght-Schule gehen, die etwa zwei Kilometer von unserer Wohnung entfernt lag. Diese Schule war eigentlich eine Mädchenoberschule. Über dem Eingang stand auch in großen Lettern OBER-SCHULE FÜR MÄDCHEN, was uns Jungs, als wir später regelmäßig da hinein zum Unterricht gingen, ein wenig ärgerte.

Die Oberschule für Mädchen in der Caspar-Voght-Straße.
Hier hatte die Kirchenpauer-Schule Gastrecht

In diesem Gebäude hatte unsere Schule, die Kirchenpauer-Schule, lediglich Gastrecht. Ihr eigentliches Schulgebäude am Hammer Steindamm diente ab 1940 als Hilfslazarett und stand nach dem Kriege noch viele Jahre einer Berufsschule zur Verfügung. So habe ich denn originellerweise acht Jahre der Kirchen-pauer-Schule als Schüler angehört, ohne auch nur eine einzige Stunde in ihrem angestammten Gebäude unterrichtet worden zu sein.

Die Aufnahmeprüfung, die mir eigentlich keine Schwierig-keiten bereitete, wurde sowohl von Volkschul- als auch von Gymnasiallehrern durchgeführt. Besonderen Spaß hatte ich an den Denksportaufgaben, die ich in der Regel richtig gelöst ha-ben dürfte. Allerdings machte ich in den Diktaten bedenklich viele orthographische Fehler und wurde deshalb auch nicht von der mündlichen Prüfung befreit.

Natürlich war ich ein bisschen stolz, als ich hörte, dass ich die Prüfung bestanden hätte. Meine Mutter schien das aber nur wenig zu interessieren. Sie war in diesen Wochen stark von ih-rem Wahn beherrscht und hat sich auch an den Prüfungstagen kaum um mich gekümmert.

Einige Tage danach begegnete ich Hannelore Glaser, als sie gerade aus dem Haus trat. Ich hatte sie lange nicht gesehen, weil sie vorher längere Zeit mit ihrer Klasse in einem KLV-Lager zuge-bracht hatte. Sie war ja inzwischen Lehrerin geworden. Ich mei-ne, sie trug einen grünen Lodenmantel und braune Schuhe mit leicht erhöhtem Absatz. Sie hatte von meiner bestandenen Prü-fung gehört und ließ sich nun detailliert von mir erzählen, wel-che Prüfungsaufgaben gestellt wurden. Für mich ergab sich da-bei ein Problem: Ich hatte sie als Nachbarskind natürlich immer geduzt und Loki zu ihr gesagt. Jetzt aber war sie mit einem Mal Lehrerin, und nun hatte ich das Gefühl, dass ich sie nicht mehr wie bisher ansprechen durfte. Ich fühlte mich zumindest unsi-cher. Es gelang mir, eine direkte Anrede zu vermeiden.

*

Ende Juli 1942 wurde Hamburg in zwei Nächten hinterei-nander von englischen Flugzeugen schwer angegriffen. Besonders erwischte es dabei den Stadtteil Horn. Als die Alarmsirenen aufheulten, stiegen wir, meine Mutter und ich, aus unseren Betten und kleideten uns an, gingen aber nicht in den Luftschutzkeller. Meine Mutter tat das nicht ein einziges Mal, solange sie in der Snitgerreihe lebte, wahrscheinlich weil sie die Begegnung mit den Nachbarn scheute. Inzwischen wollte sie auch nicht mehr, dass ich bei Fliegerangriffen die Wohnung verließ, wie ich es zeitweilig getan hatte. Immerhin stand sie seit einigen Monaten aber wenigstens auch selbst auf, was sie lange Zeit nicht für notwendig gehalten hatte. Wir beide stellten uns bei diesen Angriffen unmittelbar neben die Haustür, ohne das Licht anzuschalten.

In der ersten Nacht schoss die Flak mehr als je zuvor. Es war ein fürchterliches Getöse. Auch das Heulen von Bomben konnten wir deutlich hören. Das war ein Geräusch, das wir mittlerweile gut kannten. Aber so häufig und so laut wie dieses Mal hatten wir das noch nie erlebt. Die Einschläge der Bomben konnten nicht weit von uns entfernt sein, denn die Erschütterungen, die davon ausgingen, spürten wir intensiver als sonst.

Meine Mutter hatte die Tür fest verschlossen. Selbst wenn ich gewollt hätte – es gab für mich keine Möglichkeit, die Wohnung zu verlassen. Immer mehr Bomben schlugen irgendwo in der näheren und weiteren Umgebung ein. Natürlich hatte ich Angst, aber geweint habe ich wohl nicht. Dazu war ich zu angespannt. Ich hielt mich ein wenig an meiner Mutter fest, die im Gegensatz zu mir ganz ruhig blieb und völlig unbesorgt zu sein schien.

Plötzlich machte sie sich von mir los und verschwand im Wohnzimmer, dessen Tür offen stand. Sie tat etwas völlig Überraschendes. Sie setzte sich im Dunkeln ans Klavier und fing an zu spielen. Ich hörte den Choral »Großer Gott wir loben dich!« Dann stand sie mit einem Mal wieder neben mir und sagte fast flüsternd, gerade so, als hätte sie das Getöse draußen nicht stören dürfen:

»Ich hab' nur ganz leise gespielt.«

Danach wurde es draußen plötzlich still. Die Flak schoss nicht mehr, und es schienen auch keine Bomben mehr zu fallen. Da hörten wir mit einem Mal Schritte im Treppenhaus. Es kam jemand eilig die Stufen herauf. Es war Herr Hörnig, der für das Haus verantwortliche Luftschutzwart. Als er die zweite Etage erreicht hatte, klopfte er gegen unsere Tür und rief energisch: »Frau Michaelis, Sie müssen in den Keller kommen!« und nach einer kurzen Pause fuhr er fort: »Wenn Sie das selbst nicht wollen, lassen Sie doch wenigstens Norbert nach unten gehen!« Wir blieben hinter der Tür stehen und sagten kein Wort. Noch einen Augenblick blieb alles ruhig. Doch dann begann die Flak wieder zu schießen. Dabei verließ Herrn Hörnig wohl der Mut. So schnell wie er die Treppe heraufgekommen war, lief er sie jetzt wieder hinunter. Es hatte tatsächlich nur eine kurze Feuerpause gegeben, und der Fliegerangriff dauerte noch eine Zeit lang an. Die Schüsse schienen sich aber mehr und mehr von uns zu entfernen. Dann endlich heulten die Sirenen auf: Es was das Entwarnungssignal. Wir konnten uns wieder ausziehen und ins Bett legen.

Am nächsten Morgen hatte meine Mutter nichts dagegen, dass ich die Wohnung verließ. Da ich Sommerferien hatte, brauchte ich nicht in die Schule zu gehen. Ich rannte die Treppe hinunter auf die Straße und musste nicht weit laufen, um zu sehen, was sich in der letzten Nacht zugetragen hatte. Auf den Kinderreichenblock waren zwar keine Bomben gefallen, aber nicht weit davon entfernt, gleich neben meiner bisherigen Schule in der Morahtstraße, hatte es schlimme Zerstörungen gegeben. Die Straßen in der Umgebung wurden teilweise von Polizisten abgesperrt, aber die Ruinen, die der letzte Fliegerangriff hinterlassen hatte, konnte ich trotzdem überall sehen.

Bei einem Haus hatte eine Sprengbombe nur die Fassade weggerissen. Ich konnte jetzt unmittelbar in die Wohnungen hineinschauen. Das sah merkwürdig aus: Die Möbel standen offen da. Auf einem Tisch entdeckte ich eine Kaffeekanne.

Plötzlich fuhr mein Stammführer auf dem Fahrrad in seiner HJ-Uniform mit der weißen Kordel, die Schulter herunterhängend, an mir vorbei. Er durfte das abgesperrte Gebiet passieren, in dem Soldaten und Polizeihilfskräfte inzwischen mit Aufräumungsarbeiten begonnen hatten. An zahlreichen Stellen in den Stadtteilen Horn und Hamm waren Bomben niedergegangen und hatten viele Häuser zerstört, aber die schreckliche Nacht war vorüber, und ich war erst einmal froh, die angsterfüllten Stunden überstanden zu haben.

Schon in der nächsten Nacht holte uns erneut Sirenengeheul aus den Betten. Dieser Fliegerangriff sollte ebenso schlimm verlaufen wie der vorige. Wieder stand ich mit meiner Mutter unmittelbar hinter der abgeschlossenen Haustür und wartete, dass die Gefahr vorüberging. Ich stellte mir in dieser Nacht vor, was wohl passieren würde, wenn jetzt eine Bombe auf unser Haus fiele. Diese Bombe, meinte ich, würde wohl wieder an derselben Stelle wie die Brandbombe vor einem Jahr niedergehen, nämlich auf dem obersten Treppenabsatz im Treppenhaus. Diese unsinnige Vorstellung beruhigte mich einen Augenblick, denn vor einem Jahr war auch nichts Schlimmes passiert.

Dann aber hörte ich plötzlich ein ungewöhnlich lautes Getöse, die Wände schienen zu wackeln, die Türen zitterten und Fensterscheiben klirrten. Ich hatte jetzt doch das Gefühl, unmittelbar in Gefahr zu sein. Meine Mutter sagte jedoch ganz leise: »Du brauchst keine Angst zu haben; ich weiß, dass uns nichts passiert!«

Die Angst in mir wollte jedoch nicht weichen. Was mich noch mehr verunsicherte, war, dass die Flak plötzlich wieder aufhörte zu schießen und es keine Gegenwehr mehr zu geben schien. Was war geschehen?

Auf der Horner Rennbahn, vielleicht drei Kilometer von unserem Haus entfernt, war eine Luftmine heruntergefallen. Sie hatte einen gewaltigen Luftdruck bewirkt. Zahlreiche Lauben seien dabei in den Schrebergärten auf einmal wie Kartenhäuser umgestürzt, wurde am nächsten Tag erzählt. Anscheinend hatte die Luftmine auch die Flaksoldaten erschreckt und sie veranlasst, eine Zeit lang in Deckung zu gehen.

Aber auch dieser fürchterliche Fliegerangriff ging irgendwann vorüber, und ich konnte mich wieder erleichtert in mein Bett legen. So schlimm wie in dieser und der vorigen Nacht sollte es auch nicht noch einmal kommen, solange ich noch in der Snitgerreihe wohnte. Merkwürdigerweise ließ mich meine Mutter nach den beiden schlimmen Fliegerangriffen doch wieder in den Luftschutzkeller.

Mit ihr stellten sich jetzt andere Probleme ein. Immer häufiger beschimpfte sie laut unsere Nachbarn und schlug dabei mit einem Bügel gegen die Heizung. Die Verärgerung der Nachbarn darüber richtete sich daraufhin aber nicht nur gegen meine Mutter, sondern wohl auch gegen mich. Zumindest schien fast keiner mehr bereit zu sein, mit mir zu sprechen.

Den Kindern aus der Nachbarschaft hatten die Eltern wahrscheinlich verboten, mit mir zu spielen. Der Einzige, der mir weiter zugewandt blieb, war Herr Beyer, wenngleich auch er ein bisschen verändert wirkte. Er zeigte sich mir gegenüber aber immer noch freundlich und fragte mich gelegentlich im Vorbeigehen etwas, wenn ich auf der Straße herumschlenderte. Auch seine Tochter Marion redete noch mit mir, wenn sie mich sah. Allerdings geschah das nur äußerst selten, denn meine Mutter hatte es schon lange vorher aufgegeben, sie tagsüber zu betreuen.

*

Nach den Sommerferien begann der Unterricht in der Kirchenpauer-Schule. Ich hatte zunächst Mühe, mich daran zu gewöhnen, dass wir dort jetzt im Wechsel mit den Mädchen aus der Oberschule Caspar-Vogt-Straße Vormittags- und Nachmittagsunterricht erteilt bekamen. Es war überhaupt vieles anders als bisher. Die Lehrer hielten sich in der Oberschule gegenüber uns Schülern mehr zurück als ihre Kollegen in der Volksschule. Viele hatten einen Doktortitel und ließen sich auch mit Herr Doktor ansprechen. Auch das schaffte Distanz.

Der Schulleiter, Dr. Nagel, schaute meist finster drein. Ich glaube, ich habe ihn nie richtig lachen sehen. Er war ein recht großer und breitschultriger Mann, der seine hohe Stirn oft in Falten zog. Auf mich wirkte er wenig sympathisch. Dazu trugen wohl auch die Schmisse bei, die sein Gesicht verunzierten. Gelegentlich erschien er in SA-Uniform in der Schule und hatte offensichtlich das Streben, die Schule streng nationalsozialistisch auszurichten. Die meisten Lehrer folgten ihm dabei, doch einige hielten sich auffällig zurück.

Dr. Nagel erteilte meiner Klasse zu Beginn des fünften Schuljahres Mathematikunterricht. Dabei exerzierte er mit uns gern Kopfrechnen, und das meist im Wettbewerb. Mit strenger Miene stand er vorn und schien sich nur zu freuen, wenn ein Schüler eine falsche Antwort gegeben hatte.

Als Schulleiter ließ er bei besonderen Anlässen alle Klassen auf dem Schulhof antreten, und dann ging es wie auf dem Kasernenhof zu. Dr. Käselau, der gelegentlich als sein Vertreter fungierte, weil der offiziell dazu bestellte Herr Jessen für das militärische Gebaren auf dem Schulhof keine Neigung zeigte, kommandierte dann:

»Kirchenpauer stillgestanden! Augen gerade aus! Ich melde dem Schulleiter: 423 Schüler sind auf dem Schulhof angetreten!«

»Heil Hitler, Kirchenpauer!«, rief darauf Dr. Nagel, und die Veranstaltung nahm mit Ansprachen und Gesängen ihren Fortgang.

Mein Klassenlehrer war jetzt Herr Brüning, der einzige Zeichenlehrer in der Schule. Er unterrichtete uns auch in einigen anderen Fächern, für die er nicht unmittelbar vorgebildet war. Bei uns jüngeren Schülern konnte er das noch.

Er gehörte zu den wenigen Lehrern, die kein Parteiabzeichen am Revers trugen, und ließ gelegentlich durch zweideutige Bemerkungen erkennen, dass ihm der Nationalsozialismus nicht behagte. Bei NS-Feiern in der Aula oder auf dem Schulhof wirkte er auffallend unbeteiligt. Auch kam ihm der Hitlergruß nur schwer über die Lippen. Meist streckte er den Arm nur halb aus und hob ihn auch nur halb hoch. Er sagte dann auch nicht »Heil Hitler!«, wie er es eigentlich hätten tun müssen, sondern nur einfach »Moin!«

Auch unser Englischlehrer, Herr Hestermann, der in seiner Erscheinung ein wenig an Winston Churchill erinnerte, machte manchmal Bemerkungen, die uns verwunderten und eine kritische Einstellung gegenüber Hitler verrieten.

Das war bei unserem Erdkundelehrer, Dr. Loy, ganz anders. Der erzählte uns gleich in der ersten Stunde, was wir Hitler alles zu verdanken hätten, und doch landete ausgerechnet dieser Mann einige Monate später im KZ. Was war passiert?

Dr. Loy hatte in den Sommerferien einem früheren Schulkameraden gegenüber geäußert, dass er an Hitlers Integrität zweifelte, und das mit unverblümt drastischen Worten getan: »Ich glaube, Hitler ist ein Verbrecher!«

Diese Einsicht hatte er erst spät gewonnen. Er war davon ausgegangen, sich einem Mann ohne Weiteres anvertrauen zu können, mit dem er selbst zusammen die Schulbank gedrückt hatte. Der aber zeigte ihn sofort bei der Gestapo an, und da Dr. Loy seine Anschuldigungen gegen Hitler auch nicht bestritt, sondern glattweg zugab, wurde er verhaftet. Er hat das zweijährige KZ-Martyrium, das ihm daraufhin auferlegt wurde, überlebt, kehrte nach dem Krieg aber – aus welchen Gründen auch immer – nicht mehr an unsere Schule zurück.

Besonders gern erinnere ich mich an unseren Biologielehrer, Herrn Dr. Studt. Der hatte im Ersten Weltkrieg eine schwere

Kopfverletzung erlitten, und die Ärzte hatten ihm die offene Schädeldecke mit einer Silberplatte verschlossen. Um die lädierte Stelle auf seinem Kopf zu verdecken, trug er darüber einen schwarzen, an einem Band befestigten Stoffschutz, der wie eine Augenklappe aussah. Durch die Kopfverletzung war auch seine Stimme beeinträchtigt. Er sprach so, als wenn man sich die Nase zuhält, und das wirkte ein bisschen komisch. Gelegentlich ließen sich Schüler dazu verleiten, die betont nasal klingende Stimme zu imitieren. Schüler können ja manchmal grausam sein. Dr. Studt fühlte sich dann sehr verletzt und reagierte böse, wenn er das mitbekam:

»Wer meine Sprache nachmacht, ist mein Feind!«, pflegte er dann voll Zorn zu sagen.

Eigentlich war Dr. Studt ein sehr gemütvoller Mann. In seinen Unterrichtsstunden hatte niemand Angst. Wusste ein Schüler nicht richtig zu antworten, sagte er manchmal voller Verständnis:

»De Mensch is och keen Lexikon«, womit er ja zweifellos Recht hatte.

Als verbohrter Nazi entpuppte sich unser Musiklehrer, Herr Resch, mit dem ich später zwei Jahre in der Kinderlandverschickung verbringen sollte. Sein Spitzname lautete Molli. Der war eindeutig von der Tonartbezeichnung Moll abgeleitet und ein Hinweis darauf, dass er eher traurig als fröhlich wirkte. Er selbst bildete sich allerdings ein, Molli käme von der schönen Mona Lisa auf dem berühmten Gemälde von Leonardo da Vinci, über das er sich einmal so überaus begeistert geäußert hatte. Er glaubte das auch noch, als wir später seine Frau Duri tauften, die in der Tat ein wenig freundlicher wirkte als er.

Mollis Unterricht war stark vom nationalsozialistischen Geist oder Ungeist bestimmt. Gleich mit dem ersten Lied, das wir bei ihm lernten, versuchte er uns zu einer soldatischen Einstellung zu erziehen. Es war das Vaterlandslied von Ernst Moritz Arndt, das er während der Befreiungskriege geschrieben hatte:

Der Gott, der Eisen wachsen ließ,
Der wollte keine Knechte.
So gab er Säbel, Schwert und Spieß,
Dem Mann in seine Rechte.
Drum gab er ihm den kühnen Mut,
Den Zorn der freien Rede,
Dass er bestände bis aufs Blut,
Bis in den Tod die Fehde.

So wollen wir, was Gott gewollt,
Mit rechter Treue halten
Und nimmer im Tyrannensold
Die Menschenschädel spalten.
Doch wer für Tand und Schande ficht,
Den hauen wir zu Scherben,
Der soll im deutschen Lande nicht
Mit deutschen Männern erben.

O Deutschland heil'ges Vaterland
O deutsche Lieb und Treue!
Du hohes Land! Du schönes Land!
Dir schwören wir aufs neue:
Dem Buben und dem Knecht die Acht!
Der füttre Krähn und Raben!
So ziehn wir aus zur Hermannsschlacht
Und wollen Rache haben.

Ich ging zunächst gern in die Oberrealschule und konnte auch mit meinen Leistungen zufrieden sein. Zunächst saß ich in unserem Klassenraum neben Helmut Christiansen, der auch in der Snitgerreihe wohnte und wie ich selbst seinen Vater früh verloren hatte. Er war ein sehr sportlicher und kräftiger Junge. Deshalb wurde er auch sehr bald für den Besuch der nationalpolitischen Erziehungsanstalt – NAPOLA genannt – ausgewählt, die man im Plöner Schloss eingerichtet hatte. Dort brachte er dann drei Jahre bis zum Ende des Krieges zu. Später kehrte er wieder in die Kirchenpauer-Schule zurück, besuchte dann aber meine Parallelklasse.

*

Zu Hause blieb die Situation unverändert. Meine Mutter beschimpfte weiter unsere Nachbarn und lebte völlig isoliert. Manchmal ging sie noch einkaufen, wenn wir Lebensmittel brauchten, pflegte aber meist mich zu schicken. Wir aßen fast nur noch Brot, nur ganz selten kochte meine Mutter eine Suppe. Das Zeitungspapier an den Fenstern hatte sie nicht wieder entfernt, und das bedeutete, ich musste das Licht einschalten, wenn ich Schularbeiten machen wollte. Natürlich störte mich die Dunkelheit auch am Tag. Aber was sollte ich tun. Ich war elf Jahre alt und nicht in der Lage, etwas zu ändern oder jemanden um Hilfe zu bitten. Dann aber geschah etwas, was schon längst hätte geschehen müssen und was mich aus meiner unheilvollen Situation befreien sollte.

Als ich mich am Abend des 10. Oktober 1942 im Rhiemsweg aufhielt – dort wurden die Kinder nicht von mir ferngehalten –, stand plötzlich Lotti neben mir. Ich hatte sie lange nicht mehr gesehen. Wie Ruth hatte sie keine Lust mehr verspürt, nach Hause zu kommen.

»Du darfst das, was ich dir jetzt anvertraue, nicht Mama erzählen«, sagte sie mit ernstem Gesicht zu mir. »Du weißt, sie ist schwer krank. Sie wird morgen abgeholt und in ein Krankenhaus gebracht. Zunächst wird ein Polizist bei euch klingeln und dann später ein Krankenwagen vorfahren, der Mama dann in die Klinik bringen soll. Es ist alles vorbereitet. Du wirst danach zu Frau Vennekohl gebracht. Da hole ich dich dann ab und nehme dich anschließend mit in die Estorff-Kaserne. Dort wirst du dann eine Zeit lang wohnen. Toska und Wolfgang wissen Bescheid, und sie freuen sich schon auf dich!«

Irgendwann – so erzählte mir Lotti weiter – hätten sich die Nachbarinnen Frau Hahn, Frau Vennekohl und Frau Glaser zusammengesetzt und seien zu der Überzeugung gelangt, dass es so mit unserer Mutter nicht weitergehen könne. Schließlich hätten sie sich an sie, an meine Schwester, gewandt. Gemeinsam hätte man beschlossen, zunächst einmal einen Arzt zu konsultieren.

Mir fiel dabei ein, dass tatsächlich ein Arzt vor wenigen Wochen bei meiner Mutter aufgetaucht war und sich lange mit ihr unterhalten hatte. Mich selbst hatte erst vor wenigen Tagen ein Mann auf der Straße von einem Auto aus angesprochen und von mir vieles wissen wollen. Von dem hatte es auch geheißen, dass er ein Arzt sei.

Ich glaube, ich empfand das als Erleichterung, was mir Lotti angekündigt hatte. Auf jeden Fall nahm ich es ohne jeden Widerspruch hin und versprach, nichts zu verraten.

»Bis morgen dann«, sagte Lotti, und wir gingen auseinander.

Ein bisschen sonderbar war mir schon zumute, als ich abends bei meiner Mutter im Wohnzimmer saß. Ich legte mich bald ins Bett. In die Schule brauchte ich am folgenden Tag nicht zu gehen, denn es waren mittlerweile Herbstferien. Nach dem Frühstück lief ich gleich auf die Straße. Ich blieb völlig allein dort. Wo waren die anderen Kinder? Als irgendwann Renate Hahn aus dem Haus trat, lehnte sich ihre Mutter gleich aus dem Fenster, gab ihrer Tochter ein Zeichen und das Mädchen verschwand sofort wieder.

Um elf Uhr sollte der Polizist kommen, hatte Lotti gesagt, und so geschah es denn auch. Der Polizist, der mich ja nicht kannte, ging in seiner Uniform und dem Tschako auf dem Kopf an mir vorbei ins Treppenhaus. Ich wartete noch ein paar Minuten und stiefelte hinterher. Als ich klingelte, öffnete mir meine Mutter wie gewöhnlich. Sie ahnte offenbar nichts. Der Polizist saß auf dem Schreibtischstuhl und betrachtete das Foto von Curt, das vor ihm in einem Wechselrahmen stand. Meine Mutter, die sich immer um meinen Bruder besonders gesorgt hatte, erzählte dem Mann in der Uniform, dass ihr Sohn beim Militär misshandelt werde. Der Polizist meinte, Curt sähe tatsächlich nicht gut aus, und behauptete, man wollte der Sache jetzt endlich nachgehen. Er saß da ziemlich lange und wusste schließlich gar nichts mehr zu sagen. Er schaute nur stumm auf das Foto. Ich hockte neben meiner Mutter auf dem Sofa und wartete. Ich hatte keine Vorstellung, wie es weitergehen sollte. Aufgeregt war ich aber nicht. Da hörten wir mit einem Mal laute Schritte auf der Treppe. Dann klingelte es. Ich ging an die Tür. Zwei Männer in grauen Anzügen und dem Rote-Kreuz-Zeichen auf den Kragenspiegeln warteten nicht erst, sondern traten gleich über die Schwelle. Jetzt begriff meine Mutter plötzlich, was ihr bevorstand.

»Wollen Sie mich abholen?«, fragte sie.

»Ja«, sagte einer der Männer. »Ziehen Sie sich einen Mantel an. Wenn Sie sich weigern, müssen wir Gewalt anwenden.«

Meine Mutter zog tatsächlich sofort ihren Mantel an und ging wortlos und ohne Widerstand mit hinaus, ohne mich noch einmal anzusehen. Während sie die Wohnung verließ, betrat noch ein zweiter Polizist unsere Wohnung. Er war sehr viel jünger als der andere.

»Ich bringe dich zu Frau Vennekohl«, sagte er freundlich zu mir, schloss die Tür hinter sich zu und ging mit mir die Treppe hinunter.

Die liebenswerte Nachbarin wohnte im Nebenhaus, auf derselben Etage wie Frau Bartholomäus. Ich hatte sie immer gern gemocht und deswegen hatte man sie ausgewählt, mich in Obhut zu nehmen.

Sie öffnete gleich die Tür, als wir, der Polizist und ich, dort ankamen. Ich hatte das ganze Geschehen über mich ergehen lassen, ohne dass ich wohl etwas Besonderes gefühlt hätte. Nun aber war es damit vorbei. Ich fühlte mich einfach unglücklich. Es dauerte aber nicht lange, dann klingelte es an der Tür und Lotti kam in die Wohnung. Auch sie hatte jetzt Mühe, ihre Wehmut zu beherrschen.

Es sei an dieser Stelle angemerkt, dass Lotti damals etwas anpackte und in Gang setzte, womit sie als noch nicht einmal Achtzehnjährige eigentlich überfordert gewesen ist. Sie hat es getan, weil es einfach getan werden musste und sich sonst niemand anschickte, es zu tun. Ich zolle ihr dafür hohen Respekt und bin ihr dankbar für das, was sie in diesen Tagen und in der Folgezeit als große Schwester für mich auf sich genommen hat.

Etwa bis Ende des Jahres lebte ich bei der Familie Schmidt in der Estorff-Kaserne, wie auch meine beiden Schwestern. Bis auf die große Tochter Sonja schliefen alle Kinder dort in einem Zimmer. Irgendwie ließ es sich einrichten, dass ich noch dazukam. Ich glaube, zumindest zeitweilig lagen wir, Wolfgang und ich, zu zweit in einem Bett, aber das machte uns nichts aus.

Natürlich freute ich mich auch, in der Nähe von Toska zu sein. Oft gingen wir morgens gemeinsam zum Bahnhof Wandsbek-Ost und fuhren mit dem Vorortzug bis zum Hasselbrookbahnhof. Dort trennten sich unsere Wege. Toska musste noch einmal umsteigen, um zur Mittelschule in Wandsbek zu kommen, während ich von dort aus zur Kirchenpauer-Schule zu Fuß gehen konnte. Allerdings merkte ich, dass Toska jetzt auch schon auf größere Jungen schaute. Ich glaube, ich wurde dabei richtig eifersüchtig.

Wolfgang wurde in diesen Wochen zu einem richtigen Freund für mich. Er besuchte jetzt die Volksschule in Tonndorf und hatte daran ebenso wenig Spaß wie früher in Horn, aber das spielte für uns keine Rolle, denn ich interessierte mich nicht für seine und er sich nicht für meine Schule. Wir trieben uns täglich in der Kaserne herum, auf dem Truppenübungsplatz, wenn die Soldaten Schießübungen machten, in der Turnhalle bei den Sportübungen der Rekruten, auf dem Kasernenhof während des

Exerzierens der Infanteristen oder in der Hauptwache am Eingangstor zur Kaserne. Überall gab es etwas zu sehen und merkwürdigerweise störte sich kein Offizier oder Unteroffizier an unserer Gegenwart. Wir schienen wie selbstverständlich dazuzugehören.

*

In der Kaserne lebten jedoch nicht nur deutsche Soldaten, sondern auch russische. Es waren Kriegsgefangene, die dort bestimmte Arbeiten verrichten mussten, wie zum Beispiel das Leeren von Mülltonnen. Sie bekamen wenig zu essen und wirkten sehr abgemagert. Es war verboten, mit ihnen zu sprechen oder ihnen gar etwas zuzustecken. Wolfgang beobachtete aber, wie ein deutscher Oberleutnant sich in ihrer Nähe schnell eine Zigarette anzündete, um sie schon nach zwei Zügen auf den Boden zu werfen. Einer der russischen Kriegsgefangenen stürzte sich dann sofort auf die Kippe. Es war typisch für Wolfgang, dass er so etwas bemerkte. Mich musste er erst darauf hinweisen.

Dieses Spiel zwischen dem deutschen Oberleutnant und den russischen Kriegsgefangenen wiederholte sich fast täglich. Wir fanden das gut. Auch uns taten die Russen leid, und es war natürlich Wolfgang, der die Initiative dafür ergriff, dass auch wir jetzt den Gefangenen einen Gefallen taten.

«Komm mit», sagte Wolfgang irgendwann zu mir und deutete auf etwas, was er unter seinem Pullover versteckt hielt. Es war ein Kanten Brot, den er sich heimlich aus der Küche der Kantine geholt hatte. Wir stellten uns hinter die Mülltonnen und warteten, bis die Gefangenen sich dort zu schaffen machten. Als es so weit war, steckte Wolfgang einem Russen hastig das Brot zu. Der schob es sofort unter seine Jacke. Wir freuten uns über den gelungenen Coup. Von nun an machten wir das häufiger. Irgendwann wurde in der Küche aber bemerkt, dass immer wieder Brot verschwand. Auf Wolfgang und mich kam niemand, aber wir fühlten uns verunsichert und setzten unsere unerlaubte Hilfsaktion dann nicht mehr fort.

Wolfgang beobachtete und entdeckte vieles, was ich selbst gar nicht mitbekam. Besonders, was Erwachsene heimlich taten, schien ihn zu interessieren. So wusste er auch, wer wen hinter einer Mauer oder in einem Keller geküsst hatte. Auch so etwas geschah manchmal in der Kaserne. Die Mädchen, die in der Küche, Kantine oder auf der Lazarettstation irgendwelche Arbeiten verrichteten, wurden von den Soldaten natürlich begehrt, und es kam so manches heimliche Stelldichein zustande.

Als ich an einem Nachmittag von der Schule zurückkehrte, wartete Wolfgang schon auf mich. Ich merkte seinem Blick an, dass er etwas Besonderes im Schilde führte.

»Ich muss dir nach dem Essen etwas zeigen«, sagte er fast triumphierend.

Natürlich war ich gespannt. Als ich gegessen hatte und nach draußen ging, stand mein Freund schon ungeduldig vor der Tür. »Komm mit!«, forderte er mich auf und eilte voran.

Wir liefen gleich wieder in das zweistöckige Kantinengebäude hinein, aber jetzt durch den Mitteleingang, durch den die Soldaten üblicherweise in den Speiseraum gelangten. Wolfgang stiefelte voran und stieg alle Treppen hoch bis zum Dachboden. Hier angekommen, kletterte er eine Leiter hoch, immer dicht von mir gefolgt und dann liefen wir auf einem Balken entlang bis zu einer Stelle, wo wir uns auf ein Brett setzen konnten, das dort angenagelt war. Ich sah Wolfgang erwartungsvoll an.

»Was soll das?«, fragte ich.

Er tastete mit seiner Hand einen Balken über uns ab. Dann hielt er mit einem Mal einen dick gefüllten Briefumschlag in der Hand.

»Hier«, sagte er, und sein Gesicht verriet, dass sich etwas Ungewöhnliches darin befinden musste. Ich öffnete den Umschlag und entdeckte viele Fotos. Sie führten mir etwas völlig Fremdes vor Augen. So etwas hatte ich noch nie gesehen: Es waren Pornos. Bis dahin hatte ich überhaupt keine Vorstellung von dem, was geschah, wenn sich Frauen und Männer liebten oder das taten, was man miteinander schlafen nannte. Dass sie gerade dann nicht schliefen, wenn sie zusammen schliefen, war mir schon irgendwie klar, aber was dann passierte und warum darüber immer gekichert wurde, wusste ich eben nicht. Ich sah mir die Bilder nacheinander an. Ich hatte ja noch nie eine nackte Frau gesehen und war deshalb auch ein bisschen neugierig. Alles andere aber fand ich eigentlich nur komisch.

Wolfgang war wohl enttäuscht über meine Reaktion. Er tat die Fotos wieder in den Umschlag und legte ihn auf den Balken über uns.

»Woher hast du die Bilder?«, fragte ich ihn.

»Die habe ich meinem Vater aus der Tasche geklaut«, antwortete Wolfgang voller Freude.

Sein Vater, der Stabsfeldwebel Schmidt, fand nie heraus, dass sein Sohn ihm die Pornos entwendet hatte. Er hielt seine eher leichtlebige Ehefrau für die Übeltäterin und maulte deshalb eine Zeit lang mit ihr. Sie hätte vermutlich selbst Spaß an den aufreizenden Bildern gehabt. Als Herr Schmidt jedoch seine Frau irgendwann darauf ansprach, wies sie völlig zu Recht jede Schuld von sich. Geglaubt hat er ihr wohl nie. Wolfgang hielt es für ratsam, die Sexfotos nicht zurückzugeben. Vielleicht liegen sie noch heute auf dem Dachbodenbalken.

Merkwürdigerweise dachte ich fast nie an meine Mutter, und dennoch hat mich das, was geschehen war, sehr verändert. Ich hatte ein bisschen das Gefühl, in der Luft zu hängen. Bei den Schmidts waren alle Menschen freundlich zu mir. Ich gehörte einerseits schon zu ihnen, andererseits aber auch wiederum nicht, und das merkte ich durchaus. Man folgte in meiner neuen Umgebung anderen Lebensvorstellungen, als ich sie bislang gewohnt war.

Meine Mutter war religiös und von strengen moralischen Prinzipien geleitet. Bei den Schmidts gab es dagegen einen starken Hang zur Leichtlebigkeit und Oberflächlichkeit. Vieles, was mich jetzt umgab oder was ich mitbekam, wollte mir nicht gefallen.

Von meinen Geschwistern merkte ich wenig. Curt stand mittlerweile als Soldat an der Front und war ohnehin nicht erreichbar. Er hatte auch schon lange nicht mehr geschrieben. Ruth und Lotti hielten sich zwar in der Nähe auf. Ich sah sie aber nur selten. Sie hatten ihre Arbeit zu tun und glaubten mich wohl gut versorgt.

Lotti hatte meinen Aufenthalt in der Kaserne ohnehin nur als Übergangslösung gedacht. Sie wollte in Hamburg eine Stellung als kaufmännische Angestellte oder Sekretärin annehmen, unsere große Wohnung in der Snitgerreihe gegen eine kleinere tauschen und dann mit mir zusammen darin leben. Aber bis es so weit war, sollte noch ein bisschen Zeit vergehen.

In diesen Wochen habe ich wohl angefangen, am Tage zu träumen, eine Unart, die mich damals und später immer wieder von dem ablenkte, was ich eigentlich tun wollte oder sollte. Ich verlor auch jedes Interesse an der Schule und meine Leistungen wurden schlecht. Ich schrieb nicht mehr Zweien und Dreien, sondern Vieren, Fünfen und Sechsen. Im Englischunterricht konnte ich kaum noch folgen, weil ich nie mehr Vokabeln und grammatische Regeln gebüffelt hatte und auch im Unterricht kaum noch zuhörte.

Erschwerend kam noch etwas anderes hinzu. In der Snitgerreihe wohnten unmittelbar neben der Familie Beyer Verwandte von meinem Schulleiter in der Kirchenpauer-Schule. Als die ihm von der sonderbaren Krankheit meiner Mutter erzählten, schlug diese Mitteilung gegen mich aus. Sohn einer geisteskranken Mutter zu sein und dann eine Oberrealschule besuchen zu wollen, das konnte ihm, dem überzeugten Nationalsozialisten, nicht gefallen. Er missbilligte offensichtlich meinen Besuch an seiner Schule und ließ mich das auch deutlich fühlen. Das musste mir den Unterricht noch mehr verleiden. Seine Lehrerkollegen konnte Dr. Nagel allerdings nur teilweise gegen mich aufbringen; einige haben mich sogar auffallend gestützt.

*

Irgendwann war es dann so weit. Meine Zeit in der Estorff-Kaserne ging zu Ende, und ich kehrte nach Horn zurück. Lotti hatte unsere Wohnung in der zweiten mit der von Herrn Kruse in der ersten Etage getauscht, der nach dem Tod seiner Mutter mit einem Mal Lust verspürte zu heiraten. Er brauchte jetzt eine größere Wohnung, denn seine Frau hatte ein Kind mit in die Ehe gebracht und für drei Personen reichten die Räume in der bisherigen Wohnung nicht mehr aus. So lebte ich dann seit Ende 1942 mit Lotti wieder in der Snitgerreihe 44, aber nun eben im ersten Stockwerk und auf der rechten Seite.

Lotti fand eine Anstellung als Sekretärin bei der Firma Rockstrohen und Wooge am Großen Burstah, vermittelt von der Nachbarin Christa Hahn, die selbst in dieser Firma arbeitete. Damit ich mir tagsüber nicht selbst überlassen blieb, meldete sie mich bald nach Weihnachten im Kinderheim Horner Weg als Tageskind an, wo ich zehn Jahre früher schon einmal eine kurze Zeit zugebracht hatte.

Nach dem Unterricht ging ich regelmäßig ins Heim, aß dort zu Mittag und machte anschließend Schularbeiten oder nutzte die Gelegenheit zu irgendwelchen Spielen. Dieses Mal fühlte ich mich in diesem Haus wohler als zehn Jahre vorher. Es herrschte eine angenehme Atmosphäre dort. Die einzelnen Kindergruppen, in denen bestimmte Altersstufen zusammengefasst waren, wurden durchweg von jungen Kindergärtnerinnen geführt, die eine stark idealistische Einstellung zu ihrer beruflichen Aufgabe hatten.

Als ich in den ersten Monaten 1943 die Nachmittage im Kinderheim Horner Weg verbrachte, fiel mir ein blonder Junge auf, der sich bei allem, was er tat, wild gebärdete und sehr eigenwillig verhielt. Er war etwa fünf Jahre jünger als ich. Ich erinnere genau, dass dieser Junge einmal den Zorn der Kindergärtnerin Annemarie Liebnau erregte und sie daher seinen Kopf zwischen ihre Beine klemmte, um dann viele Mal mit der flachen Hand auf seinen Hintern zu schlagen. Als sie ihn endlich losließ, saß er vor ihr auf dem Fußboden, den Kopf nach unten haltend. Er verweilte eine ganze Zeit in dieser Stellung. Dann aber hob er plötzlich seinen Kopf, sah seine Peinigerin Annemarie Liebnau eine kurze Zeit böse an und streckte ihr schließlich seine Zunge heraus. Es war, als wollte er die Zunge gar nicht mehr zurücknehmen. Keine Träne konnte ich auf seinen Wangen entdecken. Dieser Junge war Alexander Kretzschmar. Mit ihm jobbte ich in den fünfziger Jahren bei der BAT und bei der Bundespost und unternahm auch sonst viel gemeinsam. Er wurde mir damals zu einem echten Freund, der er bis heute geblieben ist.

Das Kinderheim am Horner Weg, Baujahr 1930.
Architekt war Erich Schmarje (1892–1961), die Plastik ist ein
Werk des Bildhauers Herbert Mhe (1891–1952)

So wie sich Alexander damals gegenüber Annemarie Liebnau im Kinderheim verhalten hatte, tat er es vielleicht sein ganzes Leben über. Wenn ihm irgendjemand Böses wollte, blieb er unerschrocken und zum Widerstand bereit. Er ertrug es auch schwer, wenn anderen Menschen Ungerechtigkeiten widerfuhren. Der bürgerlichen Gesellschaft stand er stets voll Misstrauen und oft auch mit Verachtung gegenüber. Ihr glaubte er wohl am besten entgehen zu können, indem er Anfang der sechziger Jahre nach Berlin übersiedelte, wo sich die Welt anders als in dem chromblitzenden Hamburg entwickelte.

Alexander zeigte sich schon als Kind und Jugendlicher hoch sensibel gegenüber sinnlichen Reizen und offenbarte sich früh als großer Ästhet. Hässliches konnte ihn geradezu beleidigen, und das ist bis heute so geblieben. Verhasst blieb ihm aber alle Scheinästhetik, wie sie in der bürgerlichen Welt überall anzutreffen ist. Glatte Fassaden und oberflächlicher Glanz vermochten ihn nie zu erfreuen. So etwas pflegte ihn nur abzustoßen.

Seine Kindheit verlief nicht sehr glücklich. Sein Bruder Gernot wurde 1938 Opfer eines Verkehrsunfalls, den ich selbst in unmittelbarer Nähe miterlebte. Der achtjährige Junge, der erst kurze Zeit vorher ebenso wie ich die Schule Morahtstraße verlassen hatte, wurde von einem Personenwagen angefahren, als er lesenderweise, wie später behauptet wurde, den Horner Weg überquerte. Ich schreckte hoch, als ich plötzlich ein lautes, dumpf klingendes Geräusch und dann das Quietschen von Bremsen hörte. Was weiter geschah, kann ich nur schwach erinnern. Ich weiß nur noch, dass der Fahrer des Personenfahrzeuges den angefahrenen Jungen von der Straße aufhob und ihn in die Wäscherei am Horner Weg gegenüber unserer Schule trug.

Alexanders Eltern ließen sich bald nach dem tödlichen Unfall ihres ersten Sohnes scheiden. Die Mutter musste Dagmar, die ältere Tochter, und den zweiten Sohn, Alexander, allein durchbringen, und das tat sie mit großer Energie, aber wohl auch mit allzu strenger Entschiedenheit. Das belastete das Verhältnis zu ihren Kindern. Beide bahnten sich später ihren Weg weitgehend selbst, und es gelang ihnen, einen festen Platz in dieser Welt zu finden. Dagmar wanderte nach Schweden aus und gründete dort eine Familie. Alexander heiratete in Berlin, zeugte zwei Kinder und wurde in seiner Wahlheimat ein erfolgreicher Architekt und Städteplaner.

Martha Schaschke,
die Leiterin des Kinderheims Horner Weg

Geleitet wurde das Kindertagesheim Horner Weg von der Jugendleiterin Martha Schaschke, einer recht großen Frau mit auffallend großen blauen Augen. Wir Kinder nannten sie Tante Martha. Mit Tante und dem jeweiligen Vornamen wurden auch die einzelnen Kindergärtnerinnen angesprochen, also mit Tante Annemarie, Tante Magda und mit Tante Ulla. Frau Schaschke besaß große Autorität ebenso bei ihren Mitarbeiterinnen wie auch bei uns Kindern. Wenn sich alle Kinder und Kindergärtnerinnen in der Halle, im Saal oder auf dem Hof zu Veranstaltungen versammelten, konnte sie ohne Mühe die Aufmerksamkeit aller Anwesenden auf sich ziehen. Hierbei half ihr ihre besondere Körpergröße, aber ebenso ihre laute und dennoch freundlich klingende Stimme. Auch konnte sie sich so ausdrücken, dass sie von allen verstanden wurde, von den großen wie den kleinen Kindern, von den Jugendlichen und von den Eltern. Ohne Frage verfügte sie über eine besondere Suggestivität.

Ihre pädagogischen Vorbilder waren Pestalozzi und Fröbel, allerdings präsentierte sie sich in der Hitlerzeit als überzeugte Nationalsozialistin, und ihre Erziehung war zwischen 1933 und 1945 vom NS-Geist oder besser -Ungeist mitbestimmt. Nicht zu leugnen ist, dass sie in der Hitlerzeit die Kinder dazu anhielt, den Führer zu verehren und in seinem Sinne zu handeln. Bei Veranstaltungen pflegte sie ihn überschwänglich zu rühmen.

Vielleicht ist Frau Schaschke sogar auch seinen Vorstellungen von der auserwählten germanischen Rasse gefolgt. Allerdings war sie nicht bereit, die Judenverfolgung mitzumachen. Tatsächlich versuchte sie, jüdische Kinder zu schützen. Zwar vertrat sie, wie es die NS-Ideologie verlangte, die Auffassung, dass Juden schwache Menschen seien, aber sie hatte eben auch die Vorstellung, dass schwachen Menschen geholfen werden müsse. Diese Ethik war in ihr tief verankert, und sie ließ sich auch in der Hitlerzeit davon leiten. Alexander Kretzschmar war dabei, als sie die arischen Kinder dazu aufforderte, den jüdischen Kindern beizustehen, eben weil sie die Schwächeren seien. Das war nun ganz bestimmt nicht im Sinne der Nazis.

Frau Schaschke erzählte später, dass sie gelegentlich von NS-Parteileuten gefragt wurde, ob es nicht auch jüdische Kinder im Heim gäbe:

»Ich habe dann immer den Kopf geschüttelt, obgleich einige jüdische Kinder bei uns lebten.«

Ich selbst weiß aus eigener Erfahrung, dass ihr jüdische Kinder nach dem Krieg herzlich zugetan waren.

Wenn Frau Schaschke in der NS-Zeit Hitler verherrlichte, so tat sie damit nicht mehr und nicht weniger als das, was die meisten Lehrer und fast alle Schulleiter damals taten. Das spricht sie nicht von Schuld frei, aber es macht deutlich, dass bei der Beurteilung ihres Fehlverhaltens eben doch Zurückhaltung geboten ist.

Linde Glaser, die Schwester von Hannelore bzw. Loki Glaser, war in der NS-Zeit im Kinderheim Horner Weg als Kindergärtnerin angestellt und hatte mit Frau Schaschke einige Probleme, vor allem wohl gerade deshalb, weil ihr deren Hitlerhörigkeit nicht behagte. Sie versuchte sogar, die Kinder gegen Hitler zu beeinflussen und machte ihn lächerlich, indem sie behauptete, der Führer werfe sich manchmal auf den Fußboden und beiße in den Teppich. Das entsprach dem Gerücht, dass Hitler Epileptiker sei. Alexander Kretzschmar, der damals gerade sieben Jahre alt war, erzählte weiter, was er Sonderbares gehört hatte, ohne natürlich zu ahnen, dass er damit Linde Glaser in Schwierigkeiten bringen könnte.

Wer diese Geschichte der Gestapo übermittelte, blieb unklar. Linde Glaser musste sich auf jeden Fall einem Verhör unterziehen, an dem auch Frau Schaschke teilnahm.

Natürlich musste auch Alexander Rede und Antwort stehen. Aber für den damals Siebenjährigen war der Vorgang nach seiner Befragung erledigt.

Vor etwa drei Jahren kam ihm der Vorgang wieder in Erinnerung und nun plagte ihn das Gefühl, er könnte als Kind mit dem Weitererzählen der Geschichte von dem in den Teppich beißenden Hitler Unheil angerichtet haben. Er fürchtete, dass seine Offenherzigkeit damals für die hitlerfeindliche Kindergärtnerin schlecht ausgegangen sein könnte. Wer aber war diese Kindergärtnerin? Da er ihren Namen nicht mehr wusste, rief er mich an und erzählte mir die ganze Geschichte, die ich bis dahin nicht kannte. Mir war sofort klar, dass die gesuchte Person nur Linde Glaser, meine frühere Nachbarin aus der Snitgerreihe, gewesen sein konnte, und dann fiel es Alexander wie Schuppen von den Augen. Natürlich war sie es. Ihr Name war auch ihm jetzt wieder gegenwärtig.

Um in dieser Angelegenheit Klarheit zu gewinnen, wandte er sich in einem Brief an ihre Schwester, an Loki Schmidt. Sie konnte ihn mit ihrer Antwort schnell beruhigen. Ihrer Schwester war damals glücklicherweise nichts passiert. Man muss wirklich glücklicherweise sagen, denn natürlich hätte das ganz anders ausgehen können. Ich halte es für möglich, dass Frau Schaschke selbst dazu beitrug, dass Schlimmeres abgewendet wurde. So zu handeln entsprach auf jeden Fall ihrem Naturell. Geriet jemand in Bedrängnis, pflegte sie sich für ihn nachdrücklich einzusetzen, auch dann, wenn sie das nicht billigte, was diesen Menschen in Bedrängnis gebracht hatte.

Ich selbst verdanke Frau Schaschke viel. Ohne sie wäre mein Leben bestimmt sehr viel anders verlaufen. Dies rührt allerdings aus der Zeit nach dem Krieg her, als ich zum dritten Mal in dem Kinderheim Horner Weg leben und für mehrere Jahre mein Zuhause finden sollte. Nach dem Kriege hat Frau Schaschke dort Hervorragendes geleistet, und dies noch über etwa zwei Jahrzehnte. Davon soll später die Rede sein.

Zweiter Teil: In der Kinderlandverschickung

Ab Mai 1943 in Schellerhau im Erzgebirge

In der Schule sah es im Frühjahr 1943 weiter schlecht für mich aus. Ich hatte in mehreren Fächern den Anschluss verloren, und ich spürte weiter die Ablehnung des Direktors der Kirchenpauer-Schule, aber auch einzelner Lehrer. Ich war nahe daran zu resignieren und immer froh, wenn der Unterricht ausfiel. Das geschah wegen der vielen Fliegerangriffe am Tage und in der Nacht erfreulicherweise recht häufig.

Blick auf Schellerhau im Erzgebirge

Die anhaltende Gefährdung der Menschen in Hamburg durch Bombenabwürfe und die zahlreichen Bombeneinschläge gerade in der Umgebung der Kirchenpauer-Schule ließen bei den Verantwortlichen den Plan reifen, zumindest die unteren Klassen in ein KLV-Lager zu schicken, wie das andere Schulen bereits getan hatten.

Die Abkürzung KLV stand für Kinderlandverschickung, ein zweifellos scheußliches Wort, das aber damals in aller Munde war. Es bedeutete, dass Kinder aus gefährdeten Großstädten in ländliche Gebiete verschickt wurden, in denen Fliegerangriffe kaum befürchtet werden mussten. Dafür wählte man Regionen aus, die von Hamburg und den westdeutschen Städten weiter entfernt lagen wie Bayern, Sachsen und auch West- und Ostpreußen, später auch Ungarn und die Tschechoslowakei. Die Kinder aus den gefährdeten Großstädten lebten dann ein Jahr lang bei Pflegeeltern oder in sogenannten KLV-Lagern, wenn eine oder mehrere Klassen einer Schule verschickt wurden. Hatten die Kinder eine Zeit lang in sächsischen oder bayrischen Familien zugebracht, konnten sie nach ihrer Rückkehr meist gar nicht mehr Hochdeutsch sprechen. Sie redeten dann geradezu perfekt in sächsischer oder bayrischer Mundart, und es dauerte einige Wochen, bis sie sich wieder umgestellt hatten. Oft wurden sie bis dahin von den anderen Kindern verhöhnt.

Auch die Schulleitung der Kirchenpauer-Schule entschloss sich im Frühjahr 1943, zwei fünfte Klassen sowie eine sechste und eine siebte Klasse in eine Region zu verschicken, die nicht von Bombenabwürfen bedroht erschien. Hierfür wurde der Kurort Schellerhau im Erzgebirge bestimmt. In diesem Straßendorf konnten die vier Klassen in vier verschiedenen Schulungsheimen bzw. Fremdenhöfen untergebracht werden, die nicht allzu weit voneinander entfernt lagen. Die räumliche Nähe war notwendig, damit die vier Klassenlehrer, die jeweils auch als Lagerleiter fungierten, zu Fuß schnell in die anderen Lager gelangen konnten, um dort ihren Fachunterricht zu erteilen.

Ich gehörte einer der beiden fünften Klassen an, die für diese Verschickungsaktion ausgewählt wurden. Ich freute mich auf den bevorstehenden Ortswechsel. Noch nie hatte ich eine große Reise gemacht, und nun sollte es gleich für längere Zeit ins Mittelgebirge gehen. Mit einem Mal machte mir sogar die Schule wieder ein bisschen Spaß, wenngleich ich den versäumten Unterrichtsstoff noch immer nicht wieder aufgeholt hatte. Es hätte dafür fremder Hilfe bedurft. An Nachhilfeunterricht war aber natürlich nicht zu denken. Wer hätte das bezahlen sollen? Also musste alles so weiterlaufen.

Die vier Klassen wurden nicht nur von ihren Klassenlehrern begleitet, sondern außerdem von HJ- oder JD-Führern. Das waren Schüler aus den höheren Klassen, die sich dafür freiwillig melden konnten. Sie wurden Lagermannschaftsführer genannt und durften eine grünweiße Schnur an ihrer Uniform tragen. Das erhöhte sicher die Bereitschaft, sich für die KLV zur Verfügung zu stellen, denn die grünweiße Schnur war eigentlich nur für Fähnleinführer – meist achtzehn- oder neunzehnjährige Jünglinge – bestimmt, die normalerweise eine Einheit von mehr als einhundert Jungen befehligten. Wir Kirchenpauer-Schüler stellten im KLV-Lager also nicht nur eine Klassengemeinschaft dar, sondern auch eine Jungvolkeinheit.

Als Jungvolkjungen wurden wir auch auf dem Schulhof in der Caspar-Vogt-Straße verabschiedet. Alle vier Klassen, die verschickt werden sollten, mussten in Dreierreihen antreten, jeweils rechts daneben standen die gerade ernannten Lagermannschaftsführer. Dann erschien Fritz Schött, ein HJ-Stammführer, den man gerade mit der Führung eines sogenannten Bannes, einer vielleicht zweitausend Jungvolkjungen umfassenden Einheit, beauftragt hatte.

Fritz Schött war eigentlich Volksschullehrer. Am Anfang des Krieges hatte man ihn zum Wehrdienst einberufen, und er hatte es als Frontsoldat zum Oberleutnant gebracht. Nach einer schweren Verwundung in Russland war er vom Frontdienst in die Heimat zurückgekehrt, hatte seinen Dienst bei der Wehrmacht quittiert und sich danach für eine HJ-Karriere entschieden. Uns Hitlerjungen flößte er großen Respekt ein, hatte er doch selbst bereits als Offizier an der Front gestanden. Er konnte uns daher umso mehr Vorbild sein, denn fast jeder Junge wollte damals Soldat und nach Möglichkeit auch Offizier werden.

Fritz Schött schritt die Front der vier angetretenen Klassen bzw. Lagermannschaften auf dem Schulhof mit ernstem Blick ab und hielt danach eine kurze Ansprache. Wir fühlten uns so, als wären wir selbst Soldaten.

Am 26. Mai 1943 war es so weit. Unsere Klasse traf sich morgens um acht Uhr am Bahnhof Altona. Von da aus sollte es zunächst nach Dresden gehen. Wir waren nur eine kleine Gruppe, die an diesem Tag nach Schellerhau aufbrach, denn aus meiner Klasse hatten sich nur vierzehn von etwa fünfunddreißig Schülern bereit gefunden mitzufahren. Aber das störte uns nicht. Als Lagerleiter fuhr Herr Brüning mit, also unser bisheriger Klassenlehrer, und als Lagermannschaftsführer gesellte sich Hans Hofsommer dazu, ein Schüler aus der neunten Klasse, der schon recht männlich aussah.

Wir hatten uns alle an diesem Tag unsere Uniformen angezogen. Lotti brachte mich zum Zug, wie das bei den Mitschülern die Mutter oder der Vater taten. Natürlich waren wir sehr aufgekratzt und konnten die Zeit kaum abwarten, bis es losgehen sollte. Endlich war es so weit. Der Zug setzte sich in Bewegung und verließ die Stadt, die zwei Monate später ein Inferno erleben sollte. Die Reise nach Schellerhau ersparte es uns, die schlimmen Fliegerangriffe im Juli 1943 mitzuerleben.

Die Fahrt in Richtung Dresden verlief ziemlich langweilig. Erst am späten Nachmittag erreichten wir diese Stadt und waren froh, als wir den Zug verlassen konnten. Ich selbst ärgerte mich ein wenig, weil der Hauptbahnhof in Dresden sehr viel größer als der Hamburger Hauptbahnhof war. Für Jungen ist so etwas nun einmal bedeutsam.

Von Dresden ging es zunächst weiter nach Hainsberg und dann mit der gemütlichen Kleinbahn nach Kipsdorf.»Blumen pflücken während der Fahrt verboten«, frotzelten wir damals schon.

Von Kipsdorf aus mussten wir dann zu Fuß weitergehen. Etwa vier Kilometer liefen wir bergauf, bis endlich Schellerhau in Sicht kam, achthundert Meter hoch, in einem lang gestreckten Tal gelegen. Hier sollten wir fast ein ganzes Jahr verbringen. Wir wurden im Fremdenhof Rehn untergebracht und bewohnten in diesem Haus die Gästezimmer zu zweit oder dritt in der zweiten Etage. Die waren sehr einfach eingerichtet. Wir hatten kein fließend Wasser darin, aber daran gewöhnten wir uns schnell. Zum Waschen stand uns eine Waschschüssel und für das Einfüllen des Wassers ein Krug zur Verfügung, der wenigstens einmal am Tag nachgefüllt werden musste. Für den Unterricht und sonstige gemeinschaftliche Aktivitäten nutzten wir den Gastraum im Parterre, der von uns Tagesraum genannt wurde.

SCHELLERHAU i/ERZGEB. – 803

Rechts im Bild das Haus Rehn

Viel Spaß machten uns zumindest am Anfang die Sprüche, die wir an den Wänden der Toiletten lesen konnten, wie z.B. dieser: »So drücke hier mit aller Kraft für die notleidende Landwirtschaft.«

Vor dem »Gebirgshof«

Beköstigt wurden wir nicht im Fremdenhof Rehn, sondern im nahe gelegenen Gebirgshof, in dem unsere Parallelklasse Quartier bezogen hatte. Es war üblich, dass wir uns vor den Mahlzeiten vor unserem Lager in Dreierreihen aufstellten und dann zum Nachbarlager marschierten. Wir waren ja nicht nur eine Schulklasse, sondern eben auch eine HJ-Einheit und mussten die meisten Wege marschierend zurücklegen. Befehlen und gehorchen – das war die Devise, nach der sich unser Leben weitgehend abspielte.

Hans Hofsommer, unser Lagermannschaftsführer, verfuhr sehr streng danach. Wenn er morgens vor dem Frühstück die Zimmer inspizierte, musste der Stubenführer »Achtung« rufen. Dieser Befehl bedeutete, dass wir strammzustehen hatten. Oft ergab seine Inspektion, dass nicht alles seinen Vorstellungen entsprach. Wenn z.B. an einer Zahnbürste noch Zahnpasta klebte, wurde das beanstandet. Solche Ordnungswidrigkeit konnte bereits eine Bestrafung nach sich ziehen. Hierzu fand sich Hans Hofsommer gern bereit. Bestraft wurden manchmal nur einzelne, oft aber auch alle Jungs zusammen. Oft hieß es dann: »Wir machen Maskerade!« Das bedeutete, dass wir innerhalb kurzer Zeit unsere Kleidung mehrmals wechseln mussten.

»In zwei Minuten in Turnzeug auf dem Hof antreten!«, befahl unser Lagermannschaftsführer. Hatten wir uns umgezogen, hieß es:

»In zwei Minuten in Zivil!« Kehrten wir in Zivilkleidung zurück, lautete der nächste Befehl:

»In zwei Minuten im Schlafanzug!«

So ging es dann vielleicht eine Viertelstunde lang. Manchmal hieß es auch wie bei den Rekruten auf dem Kasernenhof:

»Alle an den Wald – Marsch, Marsch! – Stehen bleiben! – Hinlegen! – Auf! – Hinlegen! – Auf!« usf.

Solche Übungen konnten uns nur wenig ärgern. Schließlich befanden wir uns in einem Alter, in dem wir ohnehin Spaß daran hatten, zu laufen bzw. uns schnell zu bewegen.

Natürlich gingen von den Strafmaßnahmen auch keine echten erzieherischen Wirkungen aus. Es fand sich immer wieder Zahnpasta an den Zahnbürsten. Den Unsinn mit den Strafaktionen sah dann irgendwann auch Hans Hofsommer ein. Zumindest verlor er mehr und mehr die Lust an solchen Übungen, und wir durften dann auch häufiger zivile Kleidung tragen. Der Alltag im Lager wurde danach tatsächlich angenehmer für uns. Allerdings blieb der Tagesablauf im KLV-Lager weiter streng geregelt. Hans Hofsommer überlegte sich für jeden Tag neu, wie wir unsere Zeit verbringen sollten. So war es ja auch von den höheren HJ-Instanzen vorgegeben. Für jeden Tag stellte Hans Hofsommer einen Dienstplan auf, der von ihm handschriftlich auf einem vorgefertigten Formular ausgefüllt und ans Schwarze Brett vor dem Tagesraum geheftet wurde. Der lautete etwa so:

7.00 Uhr	Wecken
7.30 Uhr	Kaffeetrinken
8.00–12.30 Uhr	Unterricht
13.00 Uhr	Mittagessen
13.30–14.00 Uhr	Mittagspause
14.00–15.00 Uhr	Schularbeiten
15.00 Uhr	Kaffeetrinken
15.15–18.00 Uhr	Sport, Geländespiel, Baden oder Freizeit
18.30 Uhr	Abendbrot
19.00 Uhr	Briefe schreiben, Putz- und Flickstunde oder Spiele

Für uns Jungs aus der Großstadt war es ein schönes Erlebnis, von Bergen und Wäldern umgeben zu sein. Hier konnten wir uns wunderbar austoben. Oft durchstreiften wir die Wälder, stiegen auf die Berge und versuchten, uns zu vergewissern, in welcher Richtung jetzt wohl Hamburg läge, wenn wir oben angekommen waren. Das heißt aber nicht, dass wir Heimweh hatten. Über Briefe und Päckchen blieben wir mit Hamburg verbunden, und das genügte uns.

Im fünf Kilometer entfernten Altenberg gab es sogar so etwas wie eine Badeanstalt. Dort konnten wir uns in einem großen Baggersee im Wasser tummeln, aber auch die Schwimmübungen fortsetzen, die wir im Turnunterricht in unserer Hamburger Schule begonnen hatten. Anders als heute konnten Elf- und Zwölfjährige damals meist noch nicht schwimmen.

Gleich hinter Altenberg lag Zinnwald unmittelbar an der früheren deutsch-tschechischen Grenze, die nicht mehr existierte, seit Hitler die Tschechoslowakei besetzt und zum »deutschen Protektorat« erklärt hatte. Wir fanden daher auch keine Grenzschranken mehr vor.

Es wurde gemunkelt, dass die Tschechen mit ihrem neuen Status gar nicht einverstanden wären. Es wurde auch erzählt, sie wendeten sich ab, wenn deutsche Soldaten oder auch Hitlerjungen in ihren Uniformen durch ihre Straßen marschierten.

Auch wenn das ehemals tschechische Gebiet mittlerweile zu Deutschland gehörte, hatte ich trotzdem zum ersten Mal das Gefühl, im Ausland zu sein, als wir die ehemalige Grenze passierten, und das wirkte auf mich wie eine neue Errungenschaft.

Im Fremdenhaus Rehn waren wir jetzt nur noch eine sehr kleine Klasse. Wie sich schnell herausstellte, sollte die geringe Schülerzahl ebenso Vor- wie Nachteile haben. Natürlich war es schön, dass wir mit den Lehrern jetzt besser vertraut wurden. Sie gebärdeten sich weniger streng als vorher. Andererseits konnte es nicht ausbleiben, dass wir im Unterricht mehr als bisher unter Kontrolle standen und daher zwangsläufig konzentrierter mitarbeiten mussten. Das war uns oftmals auch lästig.

Herr Brüning, ein eher kleiner Mann mit etwas gewellten Haaren, unterrichtete uns außer im Zeichnen auch in den Fächern Mathematik, Deutsch und Religion. Wir merkten aber wie vorher in Hamburg schon, dass sein eigentliches Metier nur der Zeichenunterricht darstellte. Er musste uns jetzt die Bruchrech-

Beim Unterricht im Freien ...

... und bei den Schularbeiten

nung beibringen und uns mit der deutschen Grammatik vertraut machen. Das sollte ihm manchmal Mühe bereiten. Einmal blieb ich in einer Frage uneins mit ihm. Er versuchte uns Schülern im Deutschunterricht den Unterschied zwischen transitiven und intransitiven Verben klarzumachen, und als er meinte, dass wir den Unterschied nun verstanden hätten, forderte er uns auf, einige transitive Verben zu nennen, also Verben, die ein persönliches Passiv bilden können und ein Akkusativobjekt nach sich ziehen. Ich meldete mich und sagte:
»Kochen.«
Das Beispiel veranlasste ihn jedoch zu lautem Lachen. Für ihn war kochen ein intransitives Verb. Er meinte, man könne nicht sagen: »Ich werde gekocht« und meine Klassenkameraden fanden das auch.

Ich wehrte mich jedoch und sagte:
»Wenn jemand von Kannibalen gefangen gehalten wird, muss der doch sagen können: ›Ich werde morgen gekocht‹ und der Kannibale müsste ebenso sagen können: ›ich koche dich‹.«

Mein Argument verunsicherte Herrn Brüning ein wenig, aber er zeigte sich nicht bereit, seinen Irrtum einzugestehen. Ich bestehe aber darauf: Ich hatte Recht!

Unser Englisch- und Erdkundelehrer, Dr. Käselau, hatte unter den Fachlehrern den weitesten Weg zurückzulegen, wenn er zum Unterricht zu uns ins Haus kam. Er musste etwa zwei Kilometer zurückzulegen. Da bestand immer die Chance, dass er unterwegs aufgehalten wurde und zu spät erschien.

Wie viele seiner Kollegen hatte es der recht große Mann mit dem Adolf-Hitler-Bart unter der Nase im Ersten Weltkrieg zum Leutnant gebracht und wohl nur schlecht verkraftet, dass dieser Krieg verloren gegangen war. Stolz trug er an Feiertagen sein EK I an seiner Lagerleiteruniform und stets das NS-Partei- oder Blockleiterabzeichen am Revers seiner Zivilanzüge. Er hatte einer schlagenden Verbindung angehört, und sein Gesicht zierten daher auch mehrere Schmisse. Die Narben wirkten natürlich hässlich, besonders die eine, die sich auffällig von der Unterlippe zum Kinn herunter abzeichnete. Für ihn aber waren das Ehrenmale.

Im Umgang mit uns zeigte sich Dr. Käselau meist autoritär, konnte aber auch freundliche Züge offenbaren und verständnisvoll sein, wenn jemand Probleme hatte. Sein Spitzname lautete Schloggi, worüber er selbst gelegentlich schmunzeln konnte. Ich selbst brauchte mich über ihn nicht zu beklagen. Er war mir wohlgesonnen und nannte mich Franziskus, weil ich ihn an einen Verwandten erinnerte, der Franz hieß.

Zu seiner strengen Grundeinstellung passte es, dass er häufig Schüler schlug. Es gab kaum eine Unterrichtsstunde, in der er nicht wenigstens einen von uns ohrfeigte.

»Hände an die Hosennaht!«, befahl er dann, damit er besser treffen konnte, und wir gehorchten ihm. Auch ich wurde gelegentlich von ihm nach vorn zitiert.

Herr Resch, der nicht nur von uns Schülern, sondern auch von seinen Kollegen gelegentlich Molli genannt wurde, war ganz bestimmt der pädagogisch unfähigste Lehrer, den ich in meiner langen Schulzeit erlebt habe. Wir kannten ihn ja bereits als Musiklehrer in Hamburg, jetzt aber unterrichtete er uns außerdem im Fach Geschichte, und wir hatten daher häufiger mit ihm zu tun als vorher.

Molli, ein mittelgroßer Mann mit einem kleinen Bärtchen unter der Nase, war als Musiklehrer natürlich hochgradig musikalisch. Er spielte recht gut Klavier und Cello, verstand es aber überhaupt nicht, uns Schüler für Musik zu interessieren. Er hatte etwas verstiegen Komisches an sich, das ihn immer lächerlich erscheinen ließ. Wenn wir gemeinsam sangen, machten sich einige Schüler oft einen Spaß daraus, bewusst falsch zu singen, und obgleich er das merkte, konnte er nichts dagegen ausrichten. Er war in solchen Situationen absolut hilflos. Kein anderer Lehrer wurde so viel geärgert wie er. Für manche Stunden wurden extra Späße vorbereitet.

So installierte Joachim Ungelenk, unser ewiger Klassenprimus, den Empfänger seines Morsegerätes einmal in der Pause hinter dem Radio-Lautsprecher, der hoch oben in einer Ecke in unserem Tagesraum auf einem kleinen Bord stand. Das dazugehörige Radiogerät befand sich aber im Küchenraum unserer Wirtin im ersten Stock. Von seinem Platz aus konnte Joachim Ungelenk per Knopfdruck ein lautes Summen erzeugen, bei dem der Eindruck entstehen musste, dass es aus dem Lautsprecher an der Wand kam. So geschah es denn auch, bald nachdem der Unterricht begonnen hatte.

Natürlich störte Molli das anhaltende Geräusch. Wir behaupteten aber, dass wir den Lautsprecher von uns aus gar nicht abstellen könnten. Dies könnte eben nur unsere Wirtin, die Frau Rehn, von ihrer Küche aus. Die ausfindig zu machen, wollte aber einfach nicht klappen. Der Mitschüler, der sich zum Schein bemüht hatte, sie aufzusuchen, kehrte einige Minuten später ohne Erfolg in unseren Tagesraum zurück. Sie sei wohl nicht im Haus, behauptete er mit bedauernder Miene. Molli fiel auf unseren plumpen Schwindel herein, und es blieb ihm daher nichts anderes übrig, als gegen das arg störende Summgeräusch bis zum Ende der Unterrichtsstunde anzureden.

Auch hinter vorgehaltener Hand gaben wir manchmal Geräusche von uns. Bei solchen Späßen übermannte Molli dann der Zorn, und der glatzköpfige und leicht schielende Mann schlug wild um sich. Er bemühte sich, männlich und soldatisch zu erscheinen, was zu dem Musiker, der er ja war, überhaupt nicht passte. Das trug umso mehr dazu bei, dass er lächerlich wirkte. Er konnte so nur als Karikatur erscheinen. Aus dem Ersten Weltkrieg war auch er als Leutnant zurückgekehrt, und wie vielen seiner Kollegen war ihm das ein bisschen zu Kopf gestiegen. Offizier geworden zu sein, stellte für viele mehr dar, als ein Studium erfolgreich abgeschlossen zu haben.

Dabei hatte Molli diesen militärischen Rang erst ganz am Schluss des Krieges erreicht, und zwar erst – wie er uns selbst bekannte –, als nach dem Tod so vieler Offiziere niemand sonst mehr in seiner Umgebung zu einer militärischen Karriere bereit gewesen wäre.

Seine unsoldatische Veranlagung wurde auch durch ein Missgeschick offensichtlich, das ihm widerfuhr, als er zum ersten Mal vor seiner angetretenen Kompanie auf dem Pferd saß und nun eigentlich seine ganze Autorität zeigen wollte. Das ging voll und ganz daneben. Im Reiten völlig unerfahren, gab er dem Pferd versehentlich die Sporen. Was das bewirkte, lässt sich leicht vorstellen: Ross und Reiter stoben vor der lachenden Kompanie davon.

Die herrliche Komik dieser Situation, die Molli vielleicht sogar hätte liebenswert erscheinen lassen können, sollte ihm gar nicht aufgehen. Er selbst bewertete seinen unfreiwilligen Galopp vor den Augen seiner Soldaten nur als eine ärgerliche Panne.

Wahrscheinlich hatte ihn seine soldatische Vergangenheit zu einem verbohrten Nazi gemacht. Er vertraute Hitler blind und fühlte sich dazu aufgerufen, die Ideen des Führers auch in seinem Unterricht zu propagieren. Dazu sollte ihm das Fach Geschichte besonders Gelegenheit bieten. Eigentlich war er gar kein Geschichtslehrer. Er hatte sich auf autodidaktischem Wege einige Geschichtskenntnisse angeeignet, die ihn in die Lage versetzten, zumindest in den Unterklassen auch in diesem Fach Unterricht zu erteilen. Dieser Unterricht war wesentlich darauf gerichtet, unser Nationalbewusstsein zu stärken. Seine politische Verbohrtheit sollte später noch in grotesker Weise zu Tage treten.

Schließlich kam auch Dr. Reimnitz zu uns ins Haus Rehn. Er unterrichtete uns lediglich in dem Fach Biologie, kreuzte daher nur selten bei uns auf. In mir hat er keinen sonderlichen Eindruck hinterlassen. Das Einzige, was ich von ihm behalten habe, ist seine abfällige Bemerkung über den Geschmack von Stockfischen. Die schmeckten eigentlich überhaupt nicht und würden nur stinken, meinte er. Das sei so wie Pappe auf Klo. So etwas blieb natürlich im Gedächtnis.

In den ersten beiden Monaten merkten wir in Schellerhau nur noch wenig vom Krieg. Dann geschah etwas, was uns wieder stärker die Wirklichkeit vor Augen führte. Ende Juli wurde Hamburg Opfer schlimmster Fliegerangriffe, mehrmals in der Nacht, einmal aber auch am Tage. Sie sollten für die Bewohner der Stadt zu einem Inferno werden. Offiziell wurde von Terrorangriffen gesprochen, und das war so verkehrt nicht.

Ob wir Jungs wirklich froh darüber waren, nicht dabei gewesen zu sein, weiß ich nicht mehr. Sensations- und Abenteuerlust, aber wohl auch ein Mangel an Phantasie mögen vielleicht bewirkt haben, dass der eine oder andere von uns die Abwesenheit bei dem grauenvollen Geschehen bedauerte.

Natürlich waren wir jetzt um unsere Eltern und Geschwister besorgt. Hatten sie überlebt? Waren sie vielleicht verletzt? Betroffen waren ja gerade die Stadtteile, aus denen wir kamen: Horn, Hamm, Eilbek und Wandsbek. Es dauerte einige Tage, bis die ersten Nachrichten von den Eltern und Verwandten per Telefon oder Brief eingingen. Nach und nach erfuhren wir dann, dass unsere Wohnungen fast alle zerstört, Eltern und Geschwister aber alle unversehrt geblieben waren. Dass meine Patentante Hilde mit ihrem Mann und ihrer Tochter im Keller ihrer Wohnung im Wandsbeker Stieg umgekommen war, erfuhr ich erst sehr viel später.

Lotti schrieb mir damals einen Brief, in dem sie mir das furchtbare Geschehen während der Fliegerangriffe schilderte. »Ich lebe noch!« begann ihre erste Zeile. Sie hatte die Bombardierung des Kinderreichenblocks selbst nicht miterlebt. Ahnungsvoll hatte sie sich einen Tag vorher dazu entschlossen, zu den Schmidts in die Kaserne zu fahren, die tatsächlich von den Zerstörungen verschont bleiben sollte.

Ihr Brief ließ erkennen, wie sehr die Angriffe sie und die Mitmenschen erschüttert hatten. Viele wurden durch das Bombardement auf Hamburg stark verändert. Frohsinn und Lebensmut waren bei ihnen spürbar geschwächt und blieben es noch über lange Zeit. Der Krieg verlief nun doch ganz anders, als es zu Beginn erschienen war. Die Frauen und die Kinder gerieten vor allem in den größeren Städten ebenso wie die Männer an der Front in Gefahr, ihr Leben zu verlieren, auch wenn das offiziell heruntergespielt wurde. An den Fronten sah es für die Deutschen überall nicht mehr gut aus. Seit der Kapitulation der 6. Armee in Stalingrad im Februar 1943 war es an der Ostfront kaum noch vorwärtsgegangen. Jetzt war in den Nachrichten oft zu hören, dass die Front gehalten werden konnte oder nur wenig zurückgenommen werden musste, und schon solche Feststellungen wurden als Erfolg gemeldet. Die mit Fanfarenklängen eingeleiteten Sondermeldungen blieben mittlerweile gänzlich aus.

An keiner Front gab es noch vorwärtsstürmende deutsche Einheiten. Auch die deutschen Truppen in Nordafrika, die lange Zeit unter dem hochberühmten Generalfeldmarschall Rommel große militärische Erfolge erzielt hatten, waren mit einem Mal zu Verlierern geworden. Die meisten Soldaten von ihnen gerieten in Gefangenschaft, darunter auch viele aus der Hamburger Estorff-Kaserne. Einige konnten sich noch nach Italien absetzen. Es dauerte jedoch nicht lange, bis die Amerikaner und Engländer in Sizilien landeten und die Deutschen auch dort zurückdrängten.

Als ich irgendwann im Sommer 1943 nach Altenberg gelangte, sah ich zufällig, wie dort gerade deutsche verwundete Soldaten in ein Lazarett gebracht wurden. Sie kamen unmittelbar von der Front in Sizilien, und man hatte sie mit dem Flugzeug nach Deutschland geflogen. Sie wirkten arg mitgenommen. Ihre Uniformen sahen zerrissen aus, und ihre Verbände waren blutverschmiert, die Haare seit vielen Wochen nicht geschnitten und zum Teil verlaust, wie es hieß. In diesem Augenblick hatte ich zum ersten Mal das Gefühl, dass der Krieg vielleicht doch verloren gehen könnte. Auf dem Rückweg kam ich an einem Gefangenenlager mit russischen Soldaten vorbei. Am Stacheldrahtzaun stand ein deutscher Feldwebel in der schwarzen Uniform der Panzertruppe mit mehreren Orden auf der Brust und unterhielt sich mit den russischen Gefangenen. Ich konnte hören, dass sie gebrochen Deutsch sprachen. Worüber geredet wurde, bekam ich kaum mit. Ich hatte aber den Eindruck, dass der Feldwebel den Gefangenen Mut machen wollte. Vielleicht gab dieser erfahrene Soldat ihnen zu verstehen, dass Rußland vielleicht doch den Krieg gewinnen könnte.

Niemand ahnte damals, dass eben im Erzgebirge keine zwei Jahre später die letzten Kämpfe im Zweiten Weltkrieg stattfinden würden. Tatsächlich wurden Anfang Mai 1945 mehrere SS-Einheiten dort zusammengezogen, die auch am 8. und 9. Mai immer noch weiterkämpfen wollten.

Herr Brüning, der das KLV-Lager kurz vor den Angriffen auf Hamburg aus persönlichen Gründen verlassen und in seine Heimatstadt zurückgekehrt war, tauchte nach der Zerstörung seines Hauses überraschend in Schellerhau wieder auf, er selbst ebenso wie seine Frau sichtlich erschüttert. Das bekamen wir dann sehr bald in einem Diktat zu spüren, das er aus dem Stegreif formulierte. Es wurde ein sehr schwieriger, drei Seiten umfassender Text, bei dem ich 38 Fehler machte. Es begann mit einem Satz, der erkennen ließ, in welch finsterer Stimmung sich der Autor noch immer befand:

»Nach grauenvoller Nacht dämmert in fahlem Halbdunkel der Morgen.«

Die Kriegsereignisse ließen einige Eltern vorsichtig werden. Sie holten teilweise ihre Söhne überraschend aus den KLV-Lagern ab, fuhren mit ihnen zurück nach Hamburg oder dorthin, wohin sie ihren Wohnsitz nach der Zerstörung ihrer Wohnung verlegt hatten. Auch aus unserer Klasse verabschiedeten sich nach und nach einige Schüler, und es entstand ein wenig Unruhe bei uns. Bald aber normalisierte sich das Leben wieder. Im weiteren Verlauf des Sommers verbrachten wir fünf Tage im Elbsandsteingebirge und hatten Gelegenheit, die Elbe weit entfernt von Hamburg, flankiert von hohen Felswänden, zu erleben. Die Bilder, die ich damals in mich aufnahm, stehen mir noch heute vor Augen. Auch mitten im Krieg war dieses Gebiet eine touristische Attraktion geblieben.

Als wir nach Schellerhau zurückkehrten, erfuhr ich das, was ich eigentlich schon lange vorher gewusst hatte. Ich sollte nicht in die sechste Klasse versetzt werden. Ich hatte meine Leistungen zwar inzwischen wieder verbessern können, aber die vielen Fünfen und Sechsen, die ich vor allem im ersten Halbjahr geschrieben hatte, konnte ich damit nicht wettmachen. Ich nahm das einfach so hin.

Irgendwie hatte ich das Gefühl, dass ich von Schuld frei sei. Das letzte gemeinsame Jahr mit meiner Mutter, in dem ich mich recht hilflos und allein gefühlt hatte, war vorüber, und das allein zählte.

Eigentlich hätte das Sitzenbleiben für mich schwerwiegende Konsequenzen haben müssen, denn in Schellerhau gab es im nächsten Schuljahr keine fünfte Klasse mehr, und das hieß, ich hätte nach Hamburg zurückkehren müssen. Das ließ sich aber in der jetzigen Kriegssituation nicht realisieren. Wo hätte ich wohnen sollen? Unsere Wohnung in der Snitgerreihe war zerstört, und Lotti lebte wieder bei den Schmidts. Ich aber hätte in der Kaserne nicht über längere Zeit bleiben können.

Tatsächlich wurde meine Rückkehr nach Hamburg von den Lehrern auch gar nicht ins Auge gefasst. Mir wurde gesagt, ich solle erst einmal in Schellerhau bleiben und am Unterricht in der sechsten Klasse teilnehmen. Eventuell – so wurde mir bedeutet – würde sich später eine andere Lösung ergeben. Es blieb also vorerst alles beim Alten, gerade so, als ob ich versetzt worden wäre. Mir war das natürlich Recht, wenngleich ich mich vor einer Veränderung – wie sie auch immer ausgefallen wäre – überhaupt nicht fürchtete.

Auch meine Klassenkameraden freuten sich über mein Verbleiben in Schellerhau, waren wir doch inzwischen eng miteinander vertraut geworden.

In diesen Tagen erfuhren wir, dass Dr. Nagel, unser Direktor an der Kirchenpauer-Schule, überraschend verstorben sei. Es hieß, er habe sich wohl bei den Löscharbeiten in unserer Schule zu sehr strapaziert. Als eigentlicher Retter der Schule, in der es im obersten Stockwerk unter dem Dach gefährlich gebrannt hatte, galt nach dem Krieg aber nicht Dr. Nagel, sondern Herr Seidler, unser Hausmeister. Vielleicht wurde dem früheren Schulleiter damit unrecht getan. Lehrer und Schüler verhielten sich so, als hätte es diesen Mann, der oft in der Uniform eines SA-Mannes in die Schule gekommen war, nicht gegeben. Ich selbst habe allerdings keinen besonderen Grund, dafür einzutreten, dass ihm nachträglich Gerechtigkeit widerfährt.

Während des Sommers wurden wir oft dazu angehalten, den Bauern in der Landwirtschaft zu helfen, insbesondere bei der Heuernte, und das machte uns Stadtjungen Spaß. Die Bauern hatten es im Erzgebirge schwer. Sie besaßen nur kleine Höfe, und sie hatten große Mühe, ihre Existenz bei dem wenig ergiebigen Boden zu behaupten. Pferde anzuschaffen und zu unterhalten, war für sie zu teuer. Sie mussten Ochsen und teilweise sogar Milchkühe vor den Pflug spannen. Es waren bescheidene, gottergeben lebende Menschen, die dort ihre Bauernhöfe unterhielten. Unsere Hilfe bei der Ernte nahmen sie dankbar an.

Ich selbst bekam von einem Bauern einmal den Auftrag, einen Ochsen von der Weide in den Stall zurückbringen. Das ist mir nur sehr mühsam gelungen, denn der Ochse schien mich überhaupt nicht ernst zu nehmen. Wenn ich an der Leine zog, um ihn in eine bestimmte Richtung zu leiten, zog der in die andere Richtung und hatte dabei eine Wiese im Blick, die ihn mehr zu locken schien. Ich war völlig hilflos. Ich zog und zog, aber der Ochse machte keine Anstalten, sich meinem Willen zu unterwerfen. Schließlich hob er seinen Schwanz und offenbarte sogar noch, was er in sich hatte. Irgendwann ist es mir aber doch noch gelungen, ihn zur Heimkehr zu bewegen. Von meinen Schwierigkeiten erzählte ich aber lieber nichts, als ich den Hof erreichte. »Wo warst du denn solange?«, fragte der Bauer. Ich antwortete nicht. Mein Respekt vor Ochsen – aber wirklich nur vor echten – ist seitdem grenzenlos.

Ich schlief zusammen mit Jörg Schneider, der Mecki genannt wurde, und Hans Horn in einem Zimmer. Mecki war ein bescheidener, sehr anständiger Junge und allgemein beliebt. Im Umgang mit dem etwas bulligen und hinterhältigen Hans Horn, Sohn eines Beamten des Sicherheitsdienstes, hatte er es aber schwer. Er wurde oft von ihm gehänselt und verhielt sich dann absolut hilflos. Auch ich als Stubenführer konnte dagegen kaum etwas machen. Mein bester Freund war noch immer Hans Grönmeyer, mit dem ich ja schon die Volksschule zusammen besucht hatte. Irgendwie klappte es aber nicht, dass wir in Schellerhau gemeinsam in einem Zimmer wohnen konnten.

Wir waren seinerzeit in vielem sicherlich selbständiger, als man das heute von Jungen im Alter von elf oder zwölf Jahren sagen kann. In der sexuellen Aufklärung waren wir aber im Vergleich mit denen, die heute aufwachsen, weit zurück. Als wir drei – Mecki, Hans Horn und ich – irgendwann in der Mittagspause in unseren Betten lagen, überlegten wir, wo denn eigentlich die Babys aus dem Mutterleib herauskämen. Wir hatten darüber bisher nie Konkretes erfahren. Solche Dinge waren tabu. Es traute sich auch kaum jemand von uns, Erwachsene danach zu fragen. Geschah dies doch einmal, gerieten die Gefragten in arge Not. Sie redeten sich meist irgendwie heraus. Oft bekamen wir dann zu hören:

»Das verstehst du noch nicht!« oder »Dazu bist du noch zu klein!«

Hans Horn glaubte allerdings die Frage, die uns gerade beschäftigte, beantworten zu können. Er hatte einer Frau einmal in den Busenausschnitt gesehen und dabei ein tiefes, offensichtlich finsteres Loch entdeckt. Es sei klar, meinte er, aus diesem Loch würde die Hebamme die Babys holen. Mecki und ich ließen uns davon überzeugen. Als ich das wenig später weitererzählte, wurde ich kräftig ausgelacht. Wie das wirklich geschieht, erfuhr ich leider auch dabei nicht.

Wie gefährlich ein strenges HJ-Regiment sein konnte, zeigte sich im Sommer 1943 in dem KLV-Lager, das Dr. Käselau leitete. Dort stand ein Schüler im Verdacht, einem anderen die Turnschuhe gestohlen zu haben. Ob sich das wirklich so verhielt, wurde nie aufgeklärt. Die Untat wurde als Kameradendiebstahl gebrandmarkt und galt damit als besonders schwerwiegend. Der vermeintliche Dieb wurde strikt von der Gemeinschaft ausgeschlossen und längere Zeit isoliert gehalten. Als ein sogenannter Kameradschaftsabend mit Spielen und lustigen Gesängen sowie einer Kuchenschlacht anberaumt wurde, bat der beschuldigte Schüler darum, doch wenigstens dabeisitzen zu dürfen. Er wollte ja gar nicht mitmachen, sondern nur zusehen und zuhören, aber auch das wurde ihm verwehrt. Der siebzehnjährige Lagermannschaftsführer hielt es für angebracht, den angeblichen Dieb weiter mit Missachtung zu strafen. Dr. Käselau zeigte sich zunächst unentschlossen und wollte die Strafaktion nicht so recht mittragen, beugte sich aber schließlich doch dem Willen seines Lagermannschaftsführers.

Am nächsten Tag machte ein Schüler eine furchtbare Entdeckung. Der beschuldigte Junge hing an einem Baum. Er hatte sich aufgehängt, während seine Kameraden feierten. Einige Tage später wurde er auf dem Friedhof in Schellerhau beerdigt. Dr. Käselau bekam hinterher einige Schwierigkeiten mit der Kriminalpolizei und der Schulbehörde, aber sein Fehlverhalten wurde ihm nicht weiter angelastet. Schließlich lebten wir in der Hitlerzeit, und da wurden Strenge und Härte gegenüber Schülern grundsätzlich bejaht.

Günter Timm, einer unserer Mitschüler, war der Sohn eines SS-Offiziers und sein Bruder war HJ-Bannführer, hatte also einen recht hohen HJ-Rang. Seine Eltern hatten ihn streng nationalsozialistisch erzogen. Wenn er seinen Eltern einen Brief schrieb, schloss er ihn nicht mit der üblichen Grußformel »Herzliche Grüße«, sondern mit »Ich grüße Euch mit dem deutschen Gruß Heil Hitler«. Natürlich wollte auch er einmal SS-Mann werden. Dafür schien er allerdings wenig geeignet zu sein, denn er hatte kaum sportliche Talente und litt an einem Leistenbruch, auf den er immer verwies, wenn uns irgendwelche körperlichen Anstrengungen beim Sport, beim Marschieren oder Geländespielen bevorstanden, und zeigte grundsätzlich wenig Neigung, sich an solchen Übungen zu beteiligen.

Was vor allem aber seinen eigenen Vorstellungen von einem strammen Hitlerjungen und einem schneidigen SS-Mann in ferner Zukunft entgegenstand, war sein schlimmer Sprachfehler. Er stotterte sehr stark und bemühte sich krampfhaft, dagegen anzukämpfen. Besonders das A als Anlaut gesprochen machte ihm erheblich zu schaffen. Daraus ergab sich einmal eine groteske Episode.

Es war üblich, dass morgens vor dem Abmarsch zum Frühstück die Hakenkreuzfahne gehisst wurde. Dabei musste dann irgendein Schüler die Tagesparole sagen. Oft wurde dafür der Name einer geschichtlichen Persönlichkeit verwendet, wie Friedrich der Große oder Otto von Bismarck. Dazu gehörte dann auch, dass einiges aus der Biographie der jeweiligen Persönlichkeit vorgetragen wurde.

Einmal durfte auch Günter Timm die Tagesparole sprechen. Hans Hofsommer wusste natürlich, dass das problematisch sein würde, aber er ließ es zu, weil sich kein anderer Junge gemeldet hatte. Der Sohn des SS-Offiziers fühlte sich dazu sogar besonders berufen, weil er mehr als jeder anderer von uns über Kenntnisse verfügte, die die nationalsozialistische Bewegung und ihre Hauptvertreter betrafen.

Angetreten zum Appell

Als es dann so weit war, stand Günter Timm mit ernstem und entschlossenem Blick neben der Fahnenstange. Er hob den Arm zum Hitlergruß und hub an, seinen Text herzusagen. Da er ein bisschen aufgeregt war, machte sich sein Sprachfehler an diesem Morgen besonders bemerkbar. Sein Vortrag hörte sich dann – den großen Führer eher verhöhnend als bejubelnd – etwa so an: TTTagespppparole AAAAdolf Hitler. Dder Führer wurde aaaam zwanzigsten AAApril AAAchtzehn-hundert-neun-und-aaaachtzig in Braunau aaaam Inn geboren ...

Weiter kam er nicht, denn ein Mitschüler hatte die Fahne bereits bis an die Spitze der Fahnenstange hochgezogen. Hans

Hofsommer nahm das zum Anlass, den Vorgang mit dem Befehl »Augen geradeaus« zu beenden.

Was aus dem armen Günter Timm geworden ist, weiß ich nicht. Sein Vater wurde Ende 1943 nach Graudenz versetzt. Der Sohn folgte ihm dahin, eben bevor die Stadt vor den anrückenden Russen geschlossen wurde. Ich habe nie wieder etwas von ihm gehört.

*

Auch die Schule nutzte jede Gelegenheit, uns zu soldatischer Haltung zu erziehen. So erschien unerwartet im Herbst 1943 bei uns ein Lehrer aus der Kirchenpauer-Schule, der zur Zeit als Offizier Militärdienst leistete, um uns von den heldenhaften Kämpfen deutscher Truppen an der Ostfront zu erzählen. Alle vier Klassen der Kirchenpauer-Schule, die man nach Schellerhau verschickt hatte, kamen zum Treffpunkt anmarschiert. Natürlich trugen wir Jungs unsere Braunhemden und die schwarzen Manchesterhosen.

Auch die Lagerleiter hatten sich ihre schwarzen Lagerleiteruniformen angezogen und an diesem besonderen Tag, ihre soldatische Vergangenheit demonstrierend, ihre Orden aus dem Ersten Weltkrieg angesteckt. Einer von ihnen machte jedoch eine Ausnahme: Herr Brüning. Er erschien bei dieser Veranstaltung in Zivilkleidung und trug auch seine unsoldatisch wirkende Baskenmütze auf dem Kopf. Er blieb während des Vortrags abseits stehen und sah so aus, als dächte er an etwas anderes. Das sind Eindrücke, die sich in mir sehr tief eingeprägt haben.

Herrn Brünings Zorn auf den Nationalsozialismus entlud sich am 9. November 1943 im Anschluss an die Führerrede im Münchner Hofbräuhaus, die im Rundfunk übertragen wurde und die wir über unseren Lautsprecher im Tagesraum hören konnten.

Hitlers Auftritt wurde wie üblich mit dem Badenweiler-Marsch vorbereitet, der anscheinend besonders dazu geeignet erschien, die Teilnehmer an derartigen Veranstaltungen und die Zuhörer an den Lautsprechern auf den Führer einzustimmen und in bewundernde Verehrung zu versetzen.

Wie sonst auch begann der Führer seine Ausführungen mit der Anrede:»Volksgenossen und Volksgenossinnen!« Er schilderte zunächst die Entwicklung in Deutschland, seit er die Regierung übernommen hatte, und setzte sich dann mit der Entstehung und dem bisherigen Verlauf des Krieges auseinander. Natürlich ließ er keinen Zweifel an dem Sieg der deutschen Wehrmacht mit ihrem unerschütterlichen Kampfeswillen aufkommen, beschimpfte die Feinde Deutschlands und versuchte, sie lächerlich zu machen. Die militärischen Rückschläge bagatellisierte er. Er ging auch auf die schlimmen Zerstörungen in den deutschen Städten ein, behauptete aber, dass die zerbombten Häuser in ein oder zwei Jahren wieder aufgebaut sein würden.

Wir Jungs ließen uns natürlich von der mit gespielter Leidenschaft vorgetragenen Rede beeindrucken. Konnten wir ahnen, dass der erste Mann im Staat so unwahrhaftig sein würde, wie es sich später tatsächlich herausstellen sollte? Als Hitler seine Rede beendet hatte, brandete tosender Beifall auf, wie wir es durchs Radio hören konnten. Schließlich wurden die Nationalhymnen »Deutschland, Deutschland über alles« und »Die Fahne hoch!« gesungen!

Wir standen dabei auf, hoben den Arm zum Hitlergruß und sangen mit, wie das damals allgemein üblich war. Die Menschen wurden durch die Führerreden und die musikalische Umrahmung meist in eine chauvinistische Stimmung versetzt. So geschah es auch dieses Mal wieder.

Auch Herr Brüning stand wie wir mit erhobenem Arm da, sang aber nicht mit. Als dann die Nationalhymnen ausgeklungen waren und Hitler mit dem Petersburger Marsch verabschiedet wurde, brach es plötzlich aus ihm heraus. Mit hochrotem Kopf schrie er:

»Lasst euch nicht irre machen, das stimmt doch alles nicht! Der Wiederaufbau dauert mehr als zehn Jahre!«

Sein Zorn entfachte sich wohl auch deshalb so stark, weil er sein Haus bei den schweren Fliegerangriffen in Hamburg wenige Monate vorher verloren hatte und ihm die dreiste Behauptung Hitlers, der Wiederaufbau der zerstörten Häuser solle in ein bis zwei Jahren vonstatten gehen, daher besonders ärgern musste.

Das Geschimpfe Herrn Brünings überraschte uns völlig. Wir wussten nicht, was wir davon halten sollten. Hätte irgendjemand das weitererzählt, wäre sicherlich sofort die Gestapo gekommen, um unseren Klassenlehrer abzuholen, aber das passierte nicht. Auch Hans Hofsommer, unser Lagermannschaftsführer, dachte nicht daran, unseren Lagerleiter zu denunzieren, der ihm noch wenige Monaten vorher in Hamburg Zeichenunterricht erteilt hatte. Er lachte ein wenig über seine Äußerungen und bewertete sie als die eines Mannes, der eben altmodisch sei und manches nicht mehr verstehen könne.

So war es oft im Dritten Reich: Nationalsozialistische Gefolgschaft bedeutete nicht, dass alle bislang geltenden Regeln des Anstands außer Kraft gesetzt wurden.

Wenig später wollte Hans Hofsommer meine Ernennung zum Hordenführer bei einer höheren HJ-Verwaltungsstelle beantragen. Herr Brüning bekam dieses Ansinnen mit und sagte offen und in Gegenwart des Lagermannschaftsführers:

»Das lass man nach, das ist nichts für dich!«

Der Antrag wurde trotzdem abgeschickt. Auf meine Beförderung musste ich allerdings noch über ein Jahr warten.

Es war schon recht mutig, was Herr Brüning damals gelegentlich an kritischen Äußerungen von sich gab. Es war aber wohl nicht so, dass er uns bewusst zu Gegnern Hitlers erziehen wollte. Wenn er sich kritisch äußerte, geschah dies meist spontan aus dem Augenblick heraus. Er war eben Künstler und mehr von Gefühlen als vom Verstand bestimmt.

*

Der »Gebirgshof« im Winter

Im Winter 1943/44 fiel im Erzgebirge viel Schnee, und wir erhielten Gelegenheit, uns mit dem Skilaufen vertraut zu machen. Skier erhielten wir aus einer Sammlung, die man eigentlich für die deutschen Soldaten in Russland durchgeführt hatte. Doch das Sammelgut war nicht voll und ganz dorthin gelangt, wohin es eigentlich gelangen sollte, und das gereichte uns jetzt zum Vorteil. Wir erhielten aus der Sammlung jeder ein Paar Skier und lernten schnell, damit umzugehen. Es war einfach herrlich, uns sicher auf den Brettern bewegen zu können. Überall gab es steile Abhänge, die wir herunterfahren konnten. Außer Unterricht machten wir jetzt gar nichts anderes mehr. Jede freie Minute wurde zum Skifahren genutzt. Das ging allerdings nur, weil auch unser Lagermannschaftsführer selbst großen Spaß am Skilaufen gefunden hatte.

Beim Skilaufen

Leider mussten wir den Fremdenhof Rehn gegen Ende des Jahres räumen und in die Fichteschule umziehen, in der für uns alle nur ein gemeinsamer Schlafsaal zur Verfügung stand. Wir hatten Grund, darin eine Verschlechterung unserer Lebensverhältnisse zu sehen. Aber was machte das noch. Es war ohnehin Zeit, Abschied zu nehmen. Wir durften nur noch wenige Wochen in Schellerhau bleiben. Offiziell hieß es, die KLV-Lager im Erzgebirge sollten nun für sächsische Kinder bereitgehalten werden, weil der Krieg nun näher rückte und allmählich auch sächsische Städte in Gefahr gerieten, bombardiert zu werden.

Weihnachten 1943 feierten wir im Tagesraum unserer neuen Lagerstätte. Herr Brüning konnte sich irgendwoher eine Geige leihen und uns beim Singen der Weihnachtslieder begleiten.

In seiner kleinen Ansprache hob er hervor, dass wir uns dafür entschieden hätten, die alten Weihnachtslieder zu singen, also nicht die, mit denen Weihnachten zu einem germanischen Fest gemacht werden sollte wie »Hohe Nacht der klaren Sterne, die wie weite Brücken steh'n«.

Auch Lotti nahm an der Weihnachtsfeier teil. Sie hatte sich zu Weihnachten 1943 ein paar Tage freigenommen, um mich in Schellerhau zu besuchen.

Bald nach Weihnachten verabschiedete sich Herr Brüning von uns. Er verspürte keine Lust, das Lagerleben künftig an einem anderen Ort fortzusetzen. Er fuhr auch nicht nach Hamburg zurück, sondern siedelte nach Coburg über, weil er wohl glaubte, dort vom Krieg besser verschont zu bleiben. Davon hatte er die Nase voll. Er ließ sich in dieser Stadt in einem Gymnasium als Zeichenlehrer anstellen und blieb dort bis zum Ende des Krieges.

Auch Dr. Reimnitz wollte nicht mit uns fahren, weil die meisten Schüler seiner Klasse es vorzogen, lieber nach Hamburg zurückzukehren oder dorthin zu fahren, wo ihre Eltern inzwischen eine neue Bleibe gefunden hatten. Nur wenige Schüler seiner Klasse hatten diese Möglichkeit nicht. Sie wurden unserer Klasse zugeordnet und füllten die Abgänge, die wir zu verzeichnen hatten, teilweise wieder auf.

Die Klassen von Dr. Käselau und Herrn Resch waren mittlerweile ebenfalls stark zusammengeschrumpft und dabei, sich völlig aufzulösen. Diese beiden Lagerleiter hatten ihre Wohnungen in Hamburg verloren und wussten zunächst überhaupt nicht, wie es mit ihnen weitergehen sollte. Sie stießen später in Bayern wieder zu uns, wussten zu diesem Zeitpunkt aber noch nichts davon und natürlich auch wir nicht. Vorerst verschwanden auch sie.

Wie unsere Lehrer hatten auch unser Lagermannschaftsführer Hans Hofsommer und ebenso seine Kollegen in den Nachbarlagern keine Neigung, das Lagerleben an einem anderen Ort fortzusetzen. Er selbst meldete sich freiwillig zur SS und kehrte zunächst nach Hause zurück, um dort auf seinen Einberufungsbefehl zu warten.

Im Nachhinein muss es schon überraschen, wie viel persönliche Freiheit unsere Betreuer in dieser fortgeschrittenen Phase des Krieges noch hatten, und sie nutzten die Gelegenheit, ihren persönlichen Wünschen zu folgen. Eigentlich muss es befremden, dass sie sich um uns keine Gedanken machten und bereit zu sein schienen, uns einer ungewissen Zukunft zu überlassen.

Ende Februar war es endgültig so weit. Wir verließen Schellerhau in Richtung Bayern. Der Abschied wurde uns dadurch erleichtert, dass der Schnee nun allmählich zu schmelzen begann und es mit dem Skilaufen, das uns so sehr viel Freude gemacht hatte, in diesem Winter nun ohnehin vorüber gewesen wäre.

Im Grunde hatten auch wir, die nachgebliebenen Jungs, keine rechte Lust mehr dazu, in ein anderes Lager weiterzuziehen, denn das Leben in der Gemeinschaft hatte seine Schattenseiten, und die hatten wir immer mehr zu spüren bekommen, je länger wir im Lager lebten. Es hatte sich bei uns längst eine gewisse Verrohung bemerkbar gemacht, so wie es Hitler auch gewollt hatte. Nach seiner Vorstellung sollten wir Jungen »zäh wie Leder und hart wie Kruppstahl« sein, und diese Idee wurde in der Hitlerjugend tatsächlich auch konsequent verfolgt.

»Und wenn sich Tisch und Bänke biegen, wir werden den Fraß schon runterkriegen. Hau rein!« Das war ein Tischspruch, der manchmal vor dem Essen aufgesagt wurde, während wir um die gedeckten Tische herumstanden. Dieser Tischspruch lässt den primitiven Ungeist erkennen, der uns in der HJ und ebenso in der KLV zumindest teilweise bestimmte.

Auch wenn wir das Lagerleben leid waren – wo sollten wir hin? Unsere Wohnungen in Hamburg waren fast alle zerstört. Söhne von Eltern, die noch oder wieder ein eigenes Heim besaßen, hatten Schellerhau längst verlassen. Für uns Zurückgebliebene gab es keine Wahl. Wir mussten gen Süden ziehen und fühlten uns schon ein bisschen allein gelassen, weil alle unsere Betreuer jetzt anderen Zielen zustrebten und sich nach und nach von uns verabschiedeten.

*

Erst im Dezember 1990 sollte ich Schellerhau nach 47 Jahren wiedersehen. Ich musste damals einen Vortrag in der Industrie- und Handelskammer Dresden halten, und ein Dresdener Kollege bot mir an, mich anschließend mit seinem Trabi an meine frühere KLV-Stätte zu fahren.

Ich war verblüfft, wie wenig sich in Schellerhau in dieser Zeit verändert hatte. Schon auf der Hinfahrt durch die vielen Orte, an die ich mich gut erinnern konnte, schien es mir so, als ob die Zeit im Erzgebirge stehen geblieben wäre. Waren seit damals überhaupt neue Häuser entstanden? In Schellerhau war das Ortsbild auf jeden Fall noch von den Häusern bestimmt, die ich schon 1943 dort gesehen hatte.

Natürlich besuchte ich auch den Fremdenhof Rehn, der jetzt der Tochter der früheren Besitzer gehörte. Ihre Eltern lebten nicht mehr. Ich hatte vor Augen, wie sie, die jetzige Inhaberin, damals als vielleicht achtjähriges Mädchen vor dem Haus herumgehüpft war. Inzwischen hatte sie selbst bereits Enkelkinder. Ihre Eltern – das war nach dem Krieg nach Hamburg durchgedrungen – hatten sie nach 1945 oft in der Scheune vor den Russen versteckt und damit Erfolg gehabt: Es ist ihr nichts passiert.

Mir gegenüber zeigte sie sich überaus freundlich, als ich mich als früherer KLV-Junge vorstellte. Ich plauderte eine Stunde lang mit ihr in ihrem Wohnzimmer. Ich wusste, dass Ali, mein langjähriger Klassenkamerad und Freund in den Nachkriegsjahren, sich schon zu DDR-Zeiten einige Male dorthin aufgemacht hatte. Jetzt erfuhr ich, dass sich noch weitere Mitschüler im Fremdenhof Rehn wieder eingestellt hatten, einige sogar mehrmals, darunter auch solche, die später nicht mehr der Kirchenpauer-

Schule angehörten und die ich gänzlich aus den Augen verloren hatte. Es war eben eine erlebnisreiche und von Ängsten erfüllte Zeit, die wir 1943 im Erzgebirge verbracht hatten. Davon kommt man einfach nicht los. Auch ich hätte die vertraute Stätte gern früher schon einmal wieder aufgesucht, aber dazu immer keine rechte Möglichkeit gesehen.

Bei meinem Besuch erfuhr ich, dass sich auch Inge Böhme, unser GD-Mädel [Gesundheitsdienstmädel] aus Dresden, im Verlauf der Jahrzehnte im Fremdenhof Rehn häufig eingefunden hätte, und zwar als FDJ-Funktionärin und Betreuerin von Jugendgruppen. Sie hatte als Siebzehnjährige so ein bisschen Mütterlichkeit ausgestrahlt, und das war uns angenehm, auch wenn sicherlich niemand von uns Jungs damals bereit gewesen wäre, das zuzugeben. Es hieß, es sei ihr bei der Besetzung des Landes durch die Russen Schlimmes widerfahren. Natürlich hätte ich mich gefreut, wenn ich auch ihr wieder begegnet wäre. Aber dazu bot sich bei diesem Besuch keine Gelegenheit.

Ab Februar 1944 in Niederbayern

Wir waren also mit einem Mal ohne Betreuer, ohne Lehrer und ohne Lagermannschaftsführer, als wir unsere Reise nach Süden antraten. Es wurde uns gesagt, wir sollten nach Kreuzberg bei Schwandorf verlegt werden, aber wo dieser Ort lag, wussten wir nur ungenau. Dort sollte es ein KLV-Lager mit Schülern von der Oberschule Eilbek geben. Irgendjemand setzte uns in den Zug, und dann ging es am späten Abend erst nach Dresden und von da nach Leipzig und dann immer weiter nach Süden.

Im Zug befanden sich sehr viele Fahrgäste, aber man hatte zwei Abteile für uns allein reserviert, so dass wir alle Platz fanden. Als wir müde wurden, legten sich einige von uns auf die Bänke, andere ins Gepäcknetz. Das klappte recht gut. Hin und wieder schoben wir die Fenstervorhänge beiseite und schielten während der Fahrt nach draußen in die Dunkelheit. Bei Plauen – das konnten wir sehen – lag noch Schnee, und wir dachten zurück an unser Schellerhau. Das Skilaufen den ganzen Winter über war wirklich ein schönes Abenteuer gewesen. Ob dafür im nächsten Winter auch in Niederbayern Gelegenheit sein würde?

Am Morgen wurden wir in Schwandorf von zwei sehr großen und schlanken Männern am Bahnhof abgeholt. Der eine hatte einen grauweißen Bart und trug einen schwarzen Lagerleitermantel mit den silberfarbenen Knöpfen. Von seinen Schülern, die mit ihm zum Bahnhof gekommen waren, erfuhren wir, dass dieser Mann Herr Steinvorth sei, ein Gymnasialprofessor, der allgemein »Prof.« genannt werde. Er war der Direktor der Eilbeker Oberschule und jetzt auch der Leiter des KLV-Lagers Schwandorf, aus heutiger Sicht betrachtet eine sehr achtenswerte Schulleiterpersönlichkeit. Sein Begleiter war Herr Laudi, dessen Spitzname Laffdi lautete. Wir merkten bald, dass es ihm Freude machte, andere zum Lachen zu bringen, und er legte es wohl auch darauf an.

Kloster Kreuzberg

Kloster Reichenbach

Kreuzberg war eine Anhöhe, auf der von Wald umgeben ein Kloster stand, das jetzt als KLV-Lager diente. Es stellte sich schnell heraus, dass wir dort nicht bleiben konnten. Man sagte uns, für uns, für die Kleinen, sei kein Platz mehr in dem Kloster, und wir müssten wieder ausziehen. Schon am nächsten Tag wurden wir zu einem KLV-Lager weitergeleitet, das man in einem anderen Kloster, in Reichenbach bei Regen, eingerichtet hatte.

Dort hieß es aber, dass wir uns in diesem Haus auch nur vorübergehend aufhalten sollten, nur für ein paar Wochen. Später würden wir wieder in ein anderes Lager verlegt werden. Dabei bekamen wir das Gefühl, dass uns keiner mehr haben wollte.

Das Kloster Reichenbach war eigentlich dazu bestimmt, geisteskranke Menschen zu betreuen. Seit einiger Zeit musste es aber auch als KLV-Lager für eine Hamburger Oberrealschule dienen, die sich dort mit mehreren Klassen häuslich eingerichtet hatte. Zu dem Lager gehörten wohl mehr als zweihundert Schüler zwischen zehn und vierzehn Jahren. Für die Geisteskranken hatte man nur noch einen Trakt des Gebäudes übrig gelassen. Wir merkten nur wenig von ihnen, als wir dort einzogen.

Die Gebäude des Klosters waren so angelegt, dass sie nach innen einen geschlossenen Hof bildeten. In der Mitte des Klosterhofes hatte man eine hohe Fahnenstange aufgestellt, und an Sonntagen wurde dort die Hakenkreuzfahne gehisst und ein Appell abgehalten. Die Lagermannschaft stand dann drumherum in Dreierreihen, und der Lagerleiter, ein Latein- und Turnlehrer, ließ sich vom Lagermannschaftsführer mit Hitlergruß melden, dass die Schüler zur Morgenfeier angetreten seien. So etwas hatte in Schellerhau nicht einmal Molli gemacht, der sonst nichts ausließ, um seine Schüler auf NS-Kurs zu bringen.

In dem Kloster schliefen wir in überaus weichen Betten, die in einem großen Saal standen. Es war wunderbar, darin zu liegen oder auch zu toben. Früher hatten darin Männer gelegen, die an einer Psychose litten. Äußerst lästig war es, dass wir dort fast nie durchschlafen konnten. Das lag ganz bestimmt nicht an den wunderbaren Betten, sondern einfach daran, dass wir in dem Kloster morgens, mittags und abends eine Suppe zu essen bekamen, entweder als Hauptgericht oder als Vorspeise zum Hauptgericht. Dem waren unsere Knabenblasen nicht gewachsen. Wir mussten mehrmals nachts die Toilette aufsuchen, und das brachte besondere Probleme mit sich.

Unser Schlafsaal lag im vierten Stock und die Toilette im Parterre. Es war also ein langer Weg zurückzulegen. Der nächtliche Gang zur Toilette wurde aber noch dadurch erschwert, dass wir kein Licht anschalten durften. Es bestand ja allgemein die Pflicht, wegen der drohenden Fliegerangriffe alle Fenster zu verdunkeln. Auf den Fluren und in den Treppenhäusern konnte das aber wegen der dort sehr hohen Fenster nicht bewerkstelligt werden. Daran Rollos anzubringen, wäre zu aufwendig gewesen. Außerhalb der Schlaf-, Speise- und Aufenthaltsräume blieb es deshalb nachts stockfinster.

In dieser Situation war es wirklich nicht leicht, den Weg zur Toilette zu finden. Oft bildeten sich Karawanen aus vier oder fünf Jungs im Nachthemd oder Schlafanzug, die auf den Fluren und Treppen sich vorwärtsbewegten. »Da müsst ihr längs!« war gelegentlich zu hören, wenn wir auf dem Weg nach unten oder wieder nach oben waren.

Natürlich machten uns diese nächtlichen Wanderungen durchs Klostergebäude keinen Spaß, und es ist sicherlich nicht notwendig zu beschreiben, wie es in der Toilette aussah, die von vielleicht hundert Jungs benutzt und nachts nur spärlich beleuchtet wurde. Einige blieben deshalb einfach in ihren Betten liegen und ließen den Dingen freien Lauf. Mit einem Mal gab es eine ganze Reihe von Bettnässern unter uns, und das war natürlich auch für die anderen unangenehm.

Morgens kam regelmäßig ein sehr massig wirkender Mönch mit großen, wulstigen Lippen, den wir – warum auch immer –

Nussknacker nannten, in seiner schwarzen Kutte zu uns in den Schlafsaal und schaute unter die hellgrünen Betten. »Hier ist noch ein Beetnässer«, pflegte er oft in bitterem Ton und mit ebenso bitterer Miene zu sagen, wobei er tatsächlich Bett wie Beet aussprach. Man hatte es ihm übertragen, die Betten und den Fußboden darunter wieder zu säubern. Das widerte ihn zwar an, aber er war daran gewöhnt, gehorchen zu müssen, und so tat er denn, was man von ihm verlangte.

Im Kloster nahmen wir am Unterricht der sechsten Klasse teil. Weil der Klassenraum aber zu klein war, konnten für uns keine zusätzlichen Tische und Stühle aufgestellt werden. Wir saßen daher dicht nebeneinander auf schmalen Bänken, die man seitlich zur Tafel aufgestellt hatte. Wir durften uns im Unterricht zwar melden und wurden hin und wieder auch gefragt, hatten dabei aber das Gefühl, dass man unsere Gegenwart als lästig empfand. Sowohl die Lehrer als auch die Schüler wollten uns anscheinend schnell wieder loswerden.

Nach etwa vier Wochen war es so weit. Wir konnten unsere Sachen packen, wurden zum Bahnhof gebracht und setzten uns in den Zug, der aus Regensburg kam und nach Norden fuhr. Man hatte uns gesagt, etwa sechzig Kilometer weiter nördlich, in Nabburg in der Oberpfalz, werde ein neues Lager eingerichtet. Dort sollten wir unsere endgültige Bleibe finden.

*

Wir zählten wohl noch zwölf Schüler, die von den beiden fünften Klassen nachgeblieben waren, die im Mai 1943 die Reise nach Schellerhau angetreten hatten. Im Nabburger Lager blieben wir nicht allein, sondern wurden mit Schülern aus der sechsten Klasse von den Oberschulen Eilbek und St. Georg zusammengelegt. Einige von ihnen hatten sich bereits vor uns dort eingefunden, andere folgten wenig später nach.

Das Obertor in Nabburg

Das Rathaus am Oberen Markt

Zum Lagerleiter hatte man Herrn Meyer aus der Oberschule St. Georg bestellt, einen mit neunundvierzig Jahren zu der Zeit noch recht jungen Lehrer, wie Herr Brüning, sein Vorgänger in Schellerhau, hauptamtlich für den Zeichenunterricht zuständig. Seinen Vornamen John wandelten wir ein bisschen ab und nannten ihn schlicht und einfach Jonny. Dieser Name wurde auch von ihm selbst schmunzelnd akzeptiert.

Als weitere Lehrer erschienen bald Dr. Käselau und Herr Resch, also Schloggi und Molli, in Nabburg. Wir waren überrascht, als die beiden plötzlich bei uns aufkreuzten. Die wenigen Schüler aus ihren früheren Klassen in Schellerhau, die weiter in der KLV verweilen mussten, hatte man dem Lager Kreuzberg zugeteilt und dort brauchte man keine zusätzlichen Lehrkräfte mehr. So kam es, dass diese beiden Lehrer jetzt uns zugewiesen wurden. Später sollte auch noch der schon sechzigjährige Dr. Nissen hinzukommen, der wie Herr Meyer aus der Oberschule St. Georg stammte.

Unser KLV-Lager hatte man im Hotel zur Post eingerichtet, das sich gleich neben dem Friedhof außerhalb der Stadtmauer befand. Der Friedhof lag ein wenig erhöht, so dass wir üblicherweise nicht auf die Gräber, sondern nur auf die Friedhofsmauer und die Friedhofskapelle sehen konnten. Die Friedhofskapelle hatte einen recht hohen Turm, auf dessen Spitze sich Störche ein Nest gebaut hatten, das zu beobachten uns immer Freude machte. Die Altstadt von Nabburg lag auf einer Anhöhe, von einer Mauer umgeben. Wenn wir uns dahin auf den Weg machten, mussten wir zunächst eine kurze Strecke steil bergauf gehen und dann das reich verzierte Mähntor durchschreiten. Von der Straße aus gesehen, die, von Norden her kommend, am jenseitigen Ufer der Naab entlangverlief, bot Nabburg ein imposantes Bild. Die Altstadt machte sich aus dieser Sicht wie eine große mittelalterliche Burg aus. Hoch oben konnte man die Häuser sehen, die, dicht nebeneinander stehend, über die Stadtmauer hinausragten, am höchsten natürlich die doppelchörige Pfarrkirche mit ihrem hohen gotischen Turm.

Auf dem jenseitigen Ufer der Naab befand sich Klein-Venedig, so etwas wie ein Vorort von Nabburg, dessen Häuser nahe am Fluss und an der Landstraße entlang standen. Über den Fluss führte eine Brücke, über die sich die Straße in den Südteil Nabburgs hinein fortsetzte. Nach Süden hin hatte sich der Ort außerhalb der Stadtmauern mehr und mehr erweitert und dort lag also auch das Hotel zur Post, also unser KLV-Lager.

Nabburg war eine architektonisch reizvolle und historisch interessante Stadt. Das konnte ich als Junge zwar nicht erkennen, aber ich ging immer mit anheimelnden Gefühlen durch die engen Straßen der Altstadt. Einige schöne Eindrücke, die ich dabei gewonnen habe, sind bis heute in mir wach geblieben.

Im Hotel zur Post gab es einige kleinere Zimmer mit vielleicht vier bis fünf Einzel- und Doppelbetten im ersten Stock, aber auch einen größeren Schlafsaal mit zahlreichen dreistöckigen Betten im Parterre. Wir bezogen zunächst die kleineren Zimmer, und der Schlafsaal blieb leer. Er wurde erst später benötigt, als noch eine weitere Klasse der Oberschule Eilbek unserem Lager zugeteilt wurde, deren KLV-Lager in Ungarn wegen des dort herannahenden Krieges aufgelöst werden musste. Auch unsere Lehrer mussten sich beschränken. Ihnen stand im Lager jeweils nur ein Zimmer mit einem Waschbecken zur Verfügung. Sie mieteten aber bald für ihre nachgereisten Ehefrauen in Nabburg oder Schwandorf eine kleine Privatwohnung.

Die Mahlzeiten nahmen wir gemeinschaftlich in dem großen Gastraum des Hotels ein, der uns nach dem Frühstück auch als Unterrichtsraum diente, und in dem wir nachmittags unsere Schularbeiten machten. Abends kamen wir dort zu Spielen und Veranstaltungen zusammen.

Wir fühlten uns schnell in Nabburg heimisch und hatten nicht mehr das Gefühl, unerwünscht zu sein wie vorher in Kreuzberg und Reichenbach. Der Ort, in dem wir jetzt lebten, war ähnlich wie Schellerhau von Wäldern umgeben, durch die wir oft kleine Wanderungen machten. Besonders reizvoll war für uns die Möglichkeit, nicht weit vom Lager entfernt im Fluss an einem Wehr zu baden. An dieser Stelle war das Wasser ruhig und tief genug, dass wir auch wirklich schwimmen konnten, was wir Kirchenpauer im Erzgebirge schließlich doch noch alle gelernt hatten.

Einige Jungs wollten schon bald nach unserer Ankunft in Nabburg die Zeit nicht abwarten und entschlossen sich, schon im Monat März ins Wasser zu springen. Tetje Baron, der immer dabei war, wenn es galt, etwas Verbotenes zu tun, Hans Grönmeyer, ich selbst und ein paar andere von uns zogen an einem Sonntagmorgen heimlich zum Wehr. Die Wassertemperatur betrug nicht mehr als zehn Grad, aber darin lag für uns gerade der Reiz, einmal bei einer so niedrigen Temperatur ins Wasser zu steigen. Wir arbeiteten uns Schritt für Schritt vor, tauchten dann kurz unter und schwammen ein paar Züge. Es war wirklich eiskalt, und wir kamen uns wie Helden vor.

Für den Lagerleiter und die Lagerlehrer stellte es sich als nicht ganz leicht heraus, die aus drei Schulen zusammengekommenen Jungen unter einen Hut zu bringen. Es gab vielerlei Rivalitäten, Streitereien und gelegentlich auch Prügeleien. »Wer ist der Stärkste« ist eine Frage, die zunächst einmal beantwortet werden muss, wenn Jungs in neuen Gruppen zusammentreffen, und so war es denn auch in Nabburg. Unsere Lehrer hatten deshalb viel Ärger mit uns, gerade in den ersten Wochen.

Herr Meyer hielt es für sinnvoll, uns zur Erholung vom Lagerleben für zwei Wochen nach Hamburg zu schicken. Er versprach sich davon wohl so etwas wie Besänftigung und sollte damit auch recht behalten. Natürlich stimmte uns sein Vorhaben froh. Endlich einmal wieder nach Hamburg zurückzukehren – danach hatten wir uns schon lange gesehnt.

Die meisten Eltern der Mitschüler, die 1943 ausgebombt waren, hatten inzwischen eine neue Wohnung oder Teilwohnung gefunden, und ihre Jungen konnten dort für wenigstens zwei Wochen mit unterkriechen. Also fuhren wir Anfang April hocherfreut in unsere Heimatstadt zurück.

*

Lotti hatte dafür gesorgt, dass ich diesen Urlaub bei den Schmidts in der Estorff-Kaserne verbringen durfte, und sie holte mich auch vom Hamburger Hauptbahnhof ab. Bereits vorher bei der Fahrt mit der Eisenbahn durch Harburg, Wilhelmsburg und Veddel konnten wir sehen, welche Zerstörungen die Fliegerangriffe im Sommer 1943 angerichtet hatten. Die Innenstadt schien weniger betroffen zu sein, aber der Osten von Hamburg bot eine einzige Trümmerlandschaft dar, so weit wir sehen konnten.

Die Türme der Hamburger Hauptkirchen und des Rathauses waren alle beschädigt, standen aber noch, auch der von der Nikolaikirche, die sonst völlig zerstört war. Das Ausmaß der Verwüstungen wurde für mich bei der Fahrt mit der Straßenbahn nach Wandsbek-Ost noch sehr viel augenfälliger. Überall sah ich links und rechts von der Straße Trümmer oder teilweise stehen gebliebene Fassaden ohne Fenster und Türen. So schlimm hatte ich mir das nicht vorgestellt.

Ich freute mich, auch Ruth wiederzutreffen, die nach wie vor in der Estorff-Kaserne wohnte und in der Kantine arbeitete, und natürlich auch Toska und Wolfgang Schmidt.

Nach langer Zeit erlebte ich während dieses Hamburgaufenthaltes einmal wieder einen nächtlichen Fliegeralarm, denn in Schellerhau und auch in Nabburg waren wir davon bisher verschont geblieben. Die Familie Schmidt, die Angestellten und ich gingen in den Luftschutzkeller des Kantinengebäudes. Dieser Fliegerangriff verlief aber völlig harmlos. Für die einzige Aufregung sorgte in dieser Nacht lediglich eine Maus, die auf einem Heizungsrohr im Keller entlanglief und die anwesenden Frauen vermutlich mehr erschreckte, als es eine Bombe getan hätte.

Natürlich wollte ich wissen, wie unser Haus in Horn jetzt aussah, und ich fuhr mit Wolfgang an einem Nachmittag dorthin. Der Kinderreichenblock war bis auf das Kinderheim total ausgebrannt, aber die Fassaden standen alle noch, und auch die meisten Keller waren kaum beschädigt, überwiegend noch unbewohnt. Wir konnten die steinerne Treppe in unserem Haus bis zum zweiten Stockwerk hochgehen, nur nicht in die Wohnungen hinein, denn die existierten bis auf ein paar Grundmauern nicht mehr.

Von der Hinterwand aus kletterten wir auf unseren Balkon im ersten Stock. Dort entdeckten wir einen kleinen weißen

Schrank, der auf dem steinernen Fußboden unversehrt an der Wand stehen geblieben war. Neugierig öffnete ich die Tür und ich fand ein Paar leichte Schuhe von Lotti darin. Ob wir sie mitgenommen haben, erinnere ich nicht mehr, wahrscheinlich nicht. Es tut mir leid, wenn ich das meiner Schwester hiermit eingestehen muss. Ich nehme an, sie hat sich inzwischen ein Paar neue Schuhe gekauft.

Der Blick vom Horner Weg auf den zerstörten Kinderreichenblock

Warum war der Kinderreichenblock nahezu vollständig ausgebrannt? Es hieß später, es sei kein Wasser mehr zum Löschen vorhanden gewesen, und deshalb hätten die Bewohner die Häuser einfach brennen lassen müssen. War es wirklich so? Das Übergreifen der Flammen auf das Kinderheim Horner Weg konnte auf jeden Fall von der Heimleiterin und einigen

In den Trümmern vom Horner Stieg

anderen beherzten Personen verhindert werden. Dort hatte man also Wasser zum Löschen gehabt. Das traf auch für die angrenzenden Häuser im Rhiemsweg und Horner Weg zu, die nur wenig beschädigt wurden. Wahrscheinlich ergriffen die Menschen damals panikartig die Flucht und ließen das Feuer Feuer sein. Wer wollte es ihnen verdenken? Wir, Wolfgang und ich, liefen anschließend durch den nahe gelegenen Stadtteil Hamm. Der zeigte sich uns fast überall als reines Trümmergelände. Vor einigen zerstörten Häusern hockten ein paar Frauen und alte Männer, die jetzt die dunklen Keller bewohnten und anscheinend die Gelegenheit nutzten, sich kurze Zeit im Tageslicht aufzuhalten. Inmitten des Trümmergeländes bemerkten wir eine Gruppe von Gefangenen, die, von Soldaten mit Karabinern bewacht, damit beschäftigt waren, den Mörtel von den Steinen zu klopfen. Wir erfuhren von den Leuten auf der Straße, dass das politische Häftlinge seien, Menschen, die etwas gegen Hitler hätten. Ich sah, wie einer der Häftlinge auffällig zu uns hinüberschaute. Wir wurden aber von einem Soldaten aufgefordert weiterzugehen und konnten unsere Beobachtungen nicht fortsetzen.

Unsere Schule in der Caspar-Vogt-Straße stand noch und wies kaum Schäden auf wie fast alle Schulen. Ich wusste ja, dass der Hausmeister und wohl auch Dr. Nagel das bereits unter dem Dach brennende Gebäude aufopferungsvoll gelöscht hatten. In den meisten Schulen war man anscheinend besser als in den Wohngebäuden auf die Brände vorbereitet. Brandbomben sind auch auf die Schulen niedergegangen, aber sie wurden dort durchweg schnell und fachkundig erstickt oder gelöscht.

Einer unserer Chemielehrer an der Kirchenpauer-Schule, Dr. Daecke, hatte sogar ein besonderes chemisches Verfahren zur Bekämpfung der Flammen entwickelt, das in ganz Hamburg zum Einsatz kam. Geholfen hat es aber wohl nur in öffentlichen Gebäuden.

Es machte immer Spaß, mit Wolfgang durch die Gegend zu ziehen, und wir taten das mehrmals in diesen Tagen. Bei einem dieser Ausflüge wurden wir unterwegs von Sirenengeheul überrascht. Wir hätten eigentlich versuchen müssen, einen öffentlichen Luftschutzbunker zu finden. Doch um den zu erreichen, hätten wir richtig laufen müssen, und dazu verspürten wir keine Lust. Meinem Freund war auch deshalb nicht danach zumute, weil man ihm erst kürzlich den Blinddarm herausoperiert hatte und die Operationsnarbe noch nicht ganz verheilt war. Wolfgang tat ohnehin gern etwas Verbotenes, und zusammen mit ihm gefiel das auch mir.

Wir befanden uns in der Nähe der Autobahn nach Lübeck und entdeckten einen Sandhügel, hinter dem wir uns verstecken konnten. Von da aus beobachteten wir den Himmel, konnten auch einige englische Flugzeuge erkennen. Sie flogen aber nur vorüber, ohne dieses Mal Bomben abzuladen. Es gab schnell wieder Entwarnung, so dass wir unseren Heimweg fortsetzen konnten.

Toska verhielt sich mir gegenüber zwar freundlich, schien aber kein besonderes Interesse mehr an mir zu haben. Sie achtete mehr auf die Soldaten, die ihr, wie ich merkte, immer mal etwas zuriefen und mit ihr reden wollten. Ich verstand das überhaupt nicht. Eigentlich fand ich mich selbst recht nett und mein Gesicht ohne Bartstoppeln tatsächlich auch schöner als das der Soldaten. Sie aber hatte offensichtlich anderes im Sinn. Mir fiel außerdem auf, dass sie immer wieder Wolfgangs Blinddarmnarbe sehen wollte, wenn er, der bereits anfing, ein Mann zu werden, ins Badezimmer ging, um sich zu duschen.

Ich gewann bei diesem Besuch den Eindruck, als sei in der Kaserne einiges anders geworden. Die Rekruten wirkten zum Teil jünger, zum Teil erheblich älter als eineinhalb Jahre vorher. Tatsächlich liefen ja die achtzehn- bis vierzigjährigen Männer fast alle längst in Uniformen herum und befanden sich großenteils an der Front. Man musste also schon auf andere Jahrgänge zurückgreifen, um die Truppen aufzufrischen. Es sah so aus, als hätten die Soldaten jetzt weniger Lust zum Exerzieren als früher, vor allem die älteren. Auch die Wache am Kasernentor wurde nicht mehr so schneidig ausgewechselt, wie ich das zwei Jahre vorher oft mit blanken Augen verfolgt hatte. Immerhin bekam ich in diesen Wochen zum ersten Mal einen General zu sehen. Allerdings wurde auch dieser hohe Offizier für mich zu einer Enttäuschung. Der große Mann mit den goldfarbenen Schulterstücken schien die Wache, die man seinetwegen herausgerufen hatte, um vor ihm zu salutieren, gar nicht zu bemerken. Er ging einfach vorbei. Auch die Offiziere, die er im Schlepptau mit sich führte, wirkten dabei eher missmutig. Der inzwischen für die Deutschen nicht mehr erfolgreiche Kriegsverlauf hatte offensichtlich auch in der Estorff-Kaserne Spuren hinterlassen. Die Zeiten, in denen gejubelt und mit Begeisterung marschiert wurde, schienen auf jeden Fall auch dort vorbei zu sein.

Insgesamt sollte mich dieser Urlaub sehr zufrieden stimmen. Ich fühlte mich in diesen vierzehn Tagen wieder freier als im KLV-Lager mit dem weitgehend geregelten Tagesablauf. Lotti hatte außerdem dafür gesorgt, dass mein dreizehnter Geburtstag richtig gefeiert werden konnte. Als ich an meinem Ehrentag aufstand, fand ich sogar einen Geburtstagstisch mit Geschenken und einen Geburtstagskuchen vor. Nur wenige Tage später aber hieß es, wieder Abschied zu nehmen. Ich musste zurück nach Nabburg.

Natürlich gab es ein großes Hallo, als wir Jungs uns am Hauptbahnhof wiedertrafen. Wir fuhren am späten Nachmittag mit unserem Zug in Richtung Südosten wieder ab und hofften, dass wir auf der Rückfahrt bis zum anderen Morgen vor Fliegerangriffen verschont bleiben würden.

Es sollte anders kommen. In der Nähe von Stendal hielt der Zug gegen 22 Uhr auf freier Strecke an. Wir ahnten zunächst nichts Böses, hörten aber plötzlich, dass irgendwo in der Nähe Bomben niedergingen, wie wir das von den früheren Fliegerangriffen in Hamburg her kannten. Das Heulen der Sirenen hatten wir auf der freien Strecke gar nicht mitbekommen. Jetzt fing auch die Flak an zu schießen. Die Situation, in der wir uns befanden, war keineswegs ungefährlich. Es ergab aber keinen Sinn, dass wir den Zug verließen, denn wir wussten gar nicht, wo wir uns befanden und wo wir hätten hinlaufen sollen. Wahrscheinlich war auch gar kein Bunker in der Nähe. Wir standen ungefähr eine ganze Stunde auf dem Gleis, und es wurde immer noch geschossen. Ein bisschen unheimlich war die Situation in unserem Zug schon, aber richtig Angst hatten wir wohl nicht. Auch in dieser Nacht bewahrheitete es sich, dass man sich bei Gefahr in der Gruppe sehr viel sicherer fühlt, als wenn man allein ist. Schließlich wurde es still und der Zug setzte sich langsam wieder in Bewegung.

Nach ungefähr einhundert Metern waren wir mit einem Mal links und rechts von Bränden flankiert. Wir sahen große Feuer auf beiden Seiten der Gleise, durch die wir gewissermaßen hindurchfuhren. Mehrere Industriegebäude waren in unmittelbarer Nähe in Brand geraten und alle Fahrgäste schauten jetzt gebannt aus den Fenstern. Keiner sagte etwas. Dann war auch dieses Abenteuer vorbei. Der Zug fuhr wieder mit normaler Geschwindigkeit durch die Dunkelheit in Richtung Leipzig weiter. Dort mussten wir noch einmal umsteigen und kamen dann gegen Morgen fast pünktlich in Nabburg an. Ein bisschen müde waren wir schon, aber nichts konnte uns hier daran hindern, uns erst einmal richtig auszuschlafen. Vom Krieg waren wir an diesem Ort wieder weit entfernt.

*

Das Lagerleben spielte sich in Nabburg schnell wieder ein. Unser neuer Lagermannschaftsführer, Karl-Heinz Reichert, stammte aus der Oberschule Eilbek und gebärdete sich weniger streng, als Hans Hofsommer es in Schellerhau zumindest anfangs getan hatte. Er ließ uns relativ viel Freizeit, und wir kamen deshalb recht gut mit ihm zurecht.

Mit dem Unterricht ging es in Nabburg bald wieder munter voran. Es wurde streng gearbeitet. Da ich nicht versetzt worden war, hätte ich jetzt eigentlich in ein Nachbarlager geschickt werden müssen, in dem es eine fünfte Klasse gab. Nach einiger Zeit beschloss jedoch die Lehrerkonferenz, die Versetzung nachträglich zu verfügen, weil sich meine Leistungen wieder erheblich gebessert hatten. Tatsächlich schrieb ich längst nicht mehr Fünfen und Sechsen, sondern Zweien, Dreien und Vieren. Ich hatte wieder Anschluss an den Leistungsstand der Klasse gefunden. Dr. Käselau hatte daraufhin meine Nachversetzung initiiert, und alle seine Kollegen hatten ihn dabei unterstützt.

So kann ich denn von mir behaupten, dass ich zwar einmal sitzengeblieben bin, aber dennoch keine Klasse wiederholen musste. Diese paradoxe Feststellung passt zu jemandem, der nicht nur er selbst, sondern ebenso auch sein eigener Onkel ist. Paradoxien scheinen offenbar ein Wesensmerkmal von mir zu sein. Sie sollten mich mein ganzes Leben über begleiten.

Im Frühsommer stießen die »Ungarn« zu uns. Das waren Schüler der Eilbeker Oberschule, die ein Jahr lang in einem KLV-Lager in Ungarn verbracht hatten. Sie waren etwa zwei Jahre älter als wir, befanden sich bereits in der Pubertät und wurden deshalb meist die Großen genannt.

Als sie eines Nachts bei uns aufkreuzten und am nächsten Morgen über den Flur liefen, bemerkten sie mit besonderer Freude, dass es bei uns auch Mädchen gab. Damit meinten sie die Küchenhelferinnen, die bei uns im Lager in kurzen Röcken eilfertig herumhüpften. Aber es blieb nur bei oberflächlichen Flirts. Liebesbeziehungen zwischen Jugendlichen konnten damals so leicht nicht zustande kommen. Bei beiden Geschlechtern mussten dafür erhebliche Hemmschwellen überwunden werden, und das gelang nur selten.

Die Großen mussten im Lager zunächst mit dem Schlafsaal im Parterre vorliebnehmen. Damit waren sie überhaupt nicht einverstanden, und sie strebten von vornherein danach, uns aus den kleinen Zimmern im ersten Stockwerk zu verdrängen. Tatsächlich sollten sie ihr Ziel schon bald erreichen. Wir, die Kleinen, wurden irgendwann dazu aufgefordert, unsere Zimmer wieder zu räumen, weil wir sie angeblich nicht gut genug mit Bildern und anderem Dekor ausgestattet hätten. Statt der Großen mussten jetzt wir Kleinen mit etwa dreißig Jungs in den Metallbetten auf drei Etagen in dem riesigen Saal schlafen, der eigentlich für Veranstaltungen bestimmt war. Davon abgeteilt blieb noch eine größere Fläche, die uns neben dem Gastraum als zweiter Unterrichtsraum dienen musste.

Der Klassenlehrer der Großen hieß Dr. Denecke, allgemein Daddel genannt. Er war ein hervorragender und bei allen Schülern sehr beliebter Lehrer. Er unterrichtete hauptamtlich Mathematik und Biologie, war aber ungewöhnlich vielseitig talentiert und beschäftigte sich und uns auch mit anderen Dingen. Er konnte ein bisschen malen, spielte Flöte und Gitarre und hatte seinen besonderen Spaß daran, mit den Schülern Laienspiele einzustudieren.

Er war wohl auch Mitglied der NSDAP, beteiligte sich aber nicht an Hitlerverehrungen und wirkte solchen Praktiken sogar entgegen. Er überraschte uns damit, dass er uns als unser neuer Mathematik- und Biologielehrer nicht mit erhobenem Arm und einem kräftigen »Heil Hitler« zu Beginn der Unterrichtsstunde begrüßte, sondern mit einem schlichten »Guten Morgen, Jungs«. Was ihn besonders liebenswert machte, war, dass er uns auch am Nachmittag so zu begrüßen pflegte.

Es schien ihm nicht zu gefallen, dass wir immer nur HJ- und Kriegslieder sangen. Er holte irgendwann seine Gitarre hervor und meinte:

»Es ist eigentlich schade, dass ihr gar keine Volkslieder mehr singt!« und stimmte mit uns »Wenn alle Brünnlein fließen«, »Ein Jäger aus Kurpfalz« und andere Lieder an, von denen er meinte, dass sie nicht in Vergessenheit geraten dürften.

Dr. Käselau, mein Klassenlehrer in Nabburg, der Geograph und Neuphilologe, musste sich dazu durchringen, auch Latein zu unterrichten, weil ein Altphilologe unter den Kollegen fehlte. Das fiel ihm nicht ganz leicht, aber für das erste Lateinjahr mochten seine Kenntnisse noch gerade ausreichen. Er bemühte sich sehr, locker und freundlich zu sein. Wie vorher schon in Schellerhau war bei ihm aber Strenge vorherrschend, und er duldete vor allem keine Frechheiten. Geschah so etwas, konnte er ungewöhnlich böse werden.

Als wir einmal gegen die Regel und für ihn unerwartet in dem vom Schlafsaal abgetrennten Unterrichtsraum saßen, blieb er zu Beginn der Stunde plötzlich groß und breit, wie er war, in der Tür stehen. Es missfiel ihm offensichtlich, dass wir uns in diesem und nicht in dem anderen Unterrichtsraum aufhielten. In einem verärgert wirkenden Ton sagte er:

»Ich verstehe nicht, warum ich hier bin!«

Diese etwas sonderbare Äußerung verleitete Tetje Baron, der oft durch vorlaute, aber gelegentlich auch witzige Bemerkungen aufzufallen pflegte, zu der wohl dreisten, aber keineswegs bösartigen Antwort:

»Weil du reingelatscht bist!«

Dr. Käselau schien diese Äußerung wohl der Gipfel der Respektlosigkeit zu sein. Er forderte Tetje in energischem Ton auf, nach vorn zu kommen. Seine finstere Miene ließ ahnen, dass er dieses Mal besonders hart schlagen wollte. Entgegen seiner Gewohnheit zog Tetje, Unheil witternd, seinen Kopf instinktiv etwas zurück, als Dr. Käselau die Hand hob und zum Schlag ausholte. Deshalb traf er nicht die Wange, sondern unglücklicherweise das linke Auge, und das mit großer Heftigkeit.

Tetje gelang es nicht, die Tränen zurückzuhalten, wie es sein Ehrgefühl eigentlich verlangte. Er heulte kurz laut auf und ging weinend auf seinen Platz zurück. Ich saß nicht weit von ihm entfernt und konnte hören, wie er leise die Drohung aussprach:
»Das kriegst du wieder!«

Tetje machte diese Drohung auch bald wahr. Drei Tage später war das Klassenbuch verschwunden, das dem ordnungsliebenden Dr. Käselau wohl unersetzlich erschien.

»Das ist ein wichtiges Dokument!«, meinte er, als er verzweifelt nach dem Verbleib des Klassenbuches fahndete.

Natürlich hatte er Tetje in Verdacht, für das Verschwinden des Klassenbuches verantwortlich zu sein. Der aber schwor Stein und Bein, nicht zu wissen, wo sich das vermisste Objekt befinde. Er äußerte spitzbübisch die Vermutung, es sei vielleicht hinters Klavier gefallen, schaute sogleich auch selbst nach, stellte dann aber mit gut gespielter Enttäuschung fest, dass sich seine Vermutung leider nicht bestätigt hätte. Wie er mir später anvertraute, hatte er das Klassenbuch einfach in die Naab geworfen.

Vielleicht konnte man Tetje einen Rabauken nennen. Er fiel oft durch Ungehorsam auf und hatte immer wieder Spaß daran, Streiche auszuhecken. Lehrer waren für ihn dazu da, geärgert zu werden. Das schien ihm der eigentliche Zweck des Unterrichts zu sein. Manchmal gelang es ihm, sich dabei auch wirklich witzig zu äußern. Als uns zum Beispiel Molli einmal erzählte, dass man jetzt aus Bäumen Textilfasern und daraus dann Bekleidungen herstelle, meldete Tetje sich und sagte:
»Ich habe mir einmal an einem neuen Anzug ein Abzeichen anstecken wollen. Das ging aber überhaupt nicht. Kann es vielleicht sein, dass an dieser Stelle mal ein Knast gesessen hat?«
»Baron!«, rief Molli voller Zorn und mit grimmiger Miene. Tetje selbst konnte sich über seinen verrückten Einfall halb totlachen.

Der Name Baron schien wirklich nicht zu Tetje und seinem Verhalten zu passen, denn etwas Adliges war an ihm nicht zu entdecken. Er war ein richtiges Arbeiterkind und bekannte sich auch dazu, tat dies sogar mit auffälligem Stolz. Da der Vater nicht viel verdiente und Tetje außerdem sieben Geschwister hatte, war das Geld natürlich knapp zu Hause. Vielleicht ging sein auffällig dreistes Verhalten darauf zurück, dass er wirtschaftlich einfach schlechter gestellt war als andere. Andererseits konnte er auch ungewöhnlich gemeinschaftsfreudig und ausgesprochen hilfsbereit sein. Einmal sammelte er von sich aus Bickbeeren für ein Altersheim und bekam fast einen ganzen Eimer voll zusammen, den er dann stolz bei den alten Menschen ablieferte. Sein soziales Verhalten wurde auch von den Lehrern anerkannt, wenngleich sie mit ihm immer wieder besondere Probleme hatten. »Tetje ist nicht schlecht«, pflegte der eine oder andere von ihnen zu sagen und machte sich selbst ein bisschen Mut damit.

*

Der Krieg nahm im Frühsommer 1944 einen weniger dramatischen Verlauf, zumindest bekamen wir von bedeutsamen Geschehnissen kaum etwas mit. Dennoch regten sich in mir wieder einmal Zweifel, ob die deutschen Truppen den Endsieg, von dem geredet wurde, tatsächlich auch erreichen könnten. Solche Zweifel hatten zum Beispiel die Erzählungen der Schüler aus der Klasse von Dr. Denecke aufkommen lassen. Sie waren aus Ungarn zurückgekehrt, weil die Russen die deutschen Truppen an der Ostfront immer weiter zurückgedrängt hatten und schließlich gar nicht mehr weit von ihrem KLV-Lager entfernt gewesen waren. Inzwischen – so erzählten uns die Großen – hätten die Russen den Ort vielleicht sogar schon eingenommen, in dem sie fast ein ganzes Jahr lang gelebt hätten. Das hörte sich recht bedrohlich an. Würden die Russen vielleicht auch nach Nabburg kommen?

Bei einem Geländespiel entdeckte ich, auf dem Boden am Waldrand liegend, ein amerikanisches Flugblatt, auf dem ich lesen konnte, dass der Krieg bald zu Ende gehen und Deutschland diesen Krieg dann verloren haben würde. »Konnte das nicht vielleicht doch wahr sein?«, fragte ich mich. Es waren immer nur kurze Augenblicke, in denen mir solche Zweifel in den Sinn kamen. Sie wurden aber schnell durch die offizielle Propaganda im Rundfunk und in Zeitungen und durch die anderslautenden Äußerungen, die unsere Lehrer und HJ-Führer machten, wieder verdrängt.

Die Gefahr, in der sich Deutschland inzwischen befand, sollte uns deutlicher vor Augen treten, als die Amerikaner und Engländer am 6. Juni 1944 in der Normandie landeten. Zwar meinte Dr. Käselau zunächst noch, dass unsere Truppen die gelandeten Einheiten der Alliierten sicher schnell wieder zurückdrängen würden. Es sei dies bestimmt nur eine strategische Maßnahme gewesen, die Feinde erst einmal aufs Festland zu lassen, um ihnen dann umso besser eine empfindliche Niederlage beibringen zu können. Ein zweites Mal würden sie dann ein solches Landemanöver bestimmt nicht noch einmal unternehmen.

Es stellte sich jedoch schnell heraus, dass diese Annahme einer allzu optimistischen Einschätzung entsprach. Die deutschen Truppen wurden tatsächlich schnell und unablässig zurückgedrängt. Zudem wurden bald noch weitere Landungen der Amerikaner an der Atlantikküste und schließlich auch an der Mittelmeerküste gemeldet.

Während sich die deutschen Truppen in Frankreich unablässig weiter zurückzogen, geschah am 20. Juli 1944 das Attentat auf Hitler im Führerhauptquartier, in der Wolfsschanze. Da es missglückte, dürfte es eher dazu geführt haben, dass sich die Menschen noch mehr mit Hitler solidarisierten und seinen Aussagen sogar noch stärker als vorher zu vertrauen geneigt waren. Die meisten von ihnen kannten ja die wahren Hintergründe nicht und wussten nicht, welche Verbrechen Hitler und seine Gefolgsleute begangen hatten. Es gab keine Zeitungen, die auch nur andeutungsweise darüber berichtet hätten. Aus heutiger Sicht mag das gar nicht zu verstehen sein, aber genau die Unkenntnis über die damalige Situation führte oft dazu, dass das Verhalten der Menschen in der Hitlerzeit falsch oder zumindest sehr oberflächlich beurteilt wird.

Das Attentat wurde einheitlich im Rundfunk und in allen Zeitungen als Verbrechen dargestellt, und so wurde es in der Bevölkerung auch durchweg aufgenommen. Hitler selbst hielt kurz nach dem Anschlag auf ihn eine Ansprache aus dem Führerhauptquartier, die über den Rundfunk verbreitet wurde. Wir hörten ihn mit seiner dunklen Stimme die Worte sagen: »Deutsche Volksgenossen und Volksgenossinnen!

Ich weiß nicht, zum wievielten Male nunmehr ein Attentat auf mich geplant und zur Ausführung gekommen ist. Wenn ich heute zu Ihnen spreche, dann geschieht es aus zwei Gründen: erstens damit Sie meine Stimme hören und wissen, dass ich selbst unverletzt und gesund bin. Zweitens damit Sie aber auch das Nähere erfahren über ein Verbrechen, das in der deutschen Geschichte seinesgleichen sucht. Eine kleine Clique ehrgeiziger, gewissenloser und zugleich verbrecherischer, dummer Offiziere hat ein Komplott geschmiedet, um mich zu beseitigen ... Ich selbst bin völlig unverletzt bis auf ganz kleine Hautabschürfungen, Prellungen oder Verbrennungen. Ich fasse es als eine Bestätigung des Auftrags der Vorsehung auf, mein Lebensziel weiter zu verfolgen.«

Diese Worte verfehlten ihre Wirkung bei der deutschen Bevölkerung nicht. Sie wurden durchweg mit Erleichterung aufgenommen und konnten den Glauben an den unfehlbaren Führer noch einmal bekräftigen. Auch wir Jungs hörten ebenso betroffen wie beeindruckt zu, als Hitler diese Rede hielt.

Lotti besuchte mich bald danach in Nabburg. Es machte deshalb auch nichts, dass ich nicht wie die meisten Mitschüler in den großen Ferien noch einmal nach Hamburg fahren konnte. Wir Zurückgebliebenen sollten die Gelegenheit erhalten, stattdessen zwei Wochen im Bayerischen Wald zu verbringen. Dort gab es unterhalb des Berges Rindsledern in etwa neunhundert Meter Höhe ein Ferienheim, das zu dieser Zeit zufällig nicht ausgebucht war und uns aufnehmen konnte.

In dem Ferienheim ging es nicht ganz unmilitärisch zu. Es wurde von einem älteren Stabsfeldwebel geleitet, der uns jeden Morgen zur Flaggenparade antreten ließ und uns ein wenig das Gefühl vermittelte, wir befänden uns in einer Kaserne.

Wir unternahmen während dieser zwei Wochen ausgedehnte Wanderungen durch die Gebirgswälder, bis in das damalige Böhmen hinein. Es war herrlich, wenn wir von den Bergkämmen aus auf die umliegende Landschaft sehen konnten.

Während unseres Aufenthaltes in dem Ferienheim im Bayerischen Wald besuchte uns Professor Steinvorth aus dem KLV-Lager Schwandorf, der später unser Direktor an der Kirchenpauer-Schule werden sollte. Es war schön für uns, diese Respektsperson auch außerhalb des Schulbetriebes zu erleben, und wir hatten Gelegenheit dazu, ein bisschen vertrauter mit ihm zu werden.

Einmal zogen wir mit ihm zum Pilzesammeln in den Wald. Der große Mann mit dem grauen Bart, der schon dreiundsechzig Jahre alt war, verspürte selbst allerdings keine Neigung mehr, sich zu bücken. Er begnügte sich damit, uns auf Pfifferlinge hinzuweisen, die er auf dem Boden entdeckt hatte.

In dem Ferienheim verbrachte gleichzeitig mit uns auch eine Gruppe bayerischer Jungen ihren Urlaub. Die meisten von ihnen stammten aus Regensburg. Dieses Zusammentreffen stellte sich weder für sie noch für uns als angenehm heraus. Für die Bayern waren wir als Norddeutsche einfach Preußen, und Preußen waren für sie nun einmal Menschen, denen grundsätzlich

Misstrauen entgegengebracht werden musste. Diese Einstellung ließen sie uns deutlich spüren. Wir wiederum mokierten uns gern über ihren bayerischen Dialekt und lachten darüber, wenn ihr Jungzugführer rief:

»Naus treter zum Frühspurt!« oder »Naus treter zum Heidelbeerzupfern!«

Es bestand eine latente Feindschaft zwischen den Bayern und uns Hamburgern, und da half auch die HJ-Gemeinschaft gar nichts. Wir sollten uns auch während der ganzen zwei Wochen kaum näherkommen.

Auch in Nabburg bekamen wir manchmal Ärger mit den Einheimischen. Wenn wir singend durch die Straßen marschierten, verfolgten uns die Bayern oft mit feindlichen Blicken und die Jungen schrien hinter uns her:

»Hamburger Lumpen, hocken auf den Pumpen, hab'n ein schwarzes Käppel auf, schau'n halt wie die Teifel aus.«

Den Einheimischen missfiel sicherlich, dass wir nicht in die Kirche gingen. Dort in Niederbayern waren die Menschen natürlich streng katholisch ausgerichtet und der Pfarrer rangierte in seinem Ansehen tatsächlich noch vor dem NS-Ortsgruppenleiter.

*

Im Sommer 1944 ereignete sich etwas Schlimmes für uns. Wir hatten in den Sommermonaten wohl jede freie Minute dazu genutzt, in der Naab zu schwimmen. In dem Fluss machte uns das mehr Spaß als in einer Badeanstalt. An einem Sonntagnachmittag aber passierte es, dass Richard, der kleine Bruder unserer Wirtschaftsleiterin, der nicht zu unserer Schule gehörte, aber mit in unserem Lager wohnte, in der Naab ertrank. Er war in einen Strudel in der Nähe der schmalen Holzbrücke für Fußgänger geraten, die über den Fluss führte, und dann plötzlich untergetaucht. Die Jungs, die sich in seiner Nähe im Wasser aufhielten, tauchten noch lange nach ihm. Ihre Suche sollte jedoch vergeblich sein. Richard blieb verschwunden.

Ich kam erst später dazu und sah nur noch, als Dr. Käselau auf die Wirtschaftsleiterin zuging, die ahnungsvoll plötzlich am Ufer erschienen war, um ihr die schlimme Nachricht vom Tode ihres Bruders zu überbringen. Auf so etwas verstand er sich. Andere, die ebenfalls dafür in Frage gekommen wären, waren der Schwester des Ertrunkenen vorher ausgewichen.

Die Leiche blieb zunächst verschwunden. Etwa eine Woche später schickte unser Lagerleiter einige Schüler von uns in zwei Gruppen los, die diesseits und jenseits des Flusses nach dem toten Körper Ausschau halten sollten. Sie entdeckten die aufgeschwemmte Leiche tatsächlich einige Kilometer von Nabburg entfernt am Ufer liegend. Sie hatte sich im Schilf verfangen.

Da Richard keiner Kirche angehört hatte, bereitete die Beerdigung Schwierigkeiten. Die Bayern wollten nicht, dass er auf ihrem Friedhof zur Ruhe kommt. Hier mussten sie sich dann doch dem Beschluss der Parteiobrigkeit beugen, die für ihre ablehnende Haltung kein Verständnis zeigte. Richard wurde schließlich mit großer Anteilnahme auf dem Nabburger Friedhof gleich neben unserem Lager beerdigt. Nach dem Ortsgruppenleiter sprach Dr. Käselau als Vertreter des KLV-Lagers ein paar bewegende Worte am Sarg und legte einen Kranz nieder.

*

Der Zufall wollte es, dass drei unserer Lehrer nicht nur musikalisch waren, sondern auch Musikinstrumente spielten. Molli spielte Klavier und Cello, Herr Meyer Geige und Dr. Denecke Flöte und Gitarre. Da bot es sich an, dass diese drei Lehrer sich zusammenfanden, um Kammermusik zu machen. Manchmal gesellte sich ihnen auch noch Mollis Frau hinzu, die inzwischen als Musiklehrerin an einem Gymnasium im nahen Schwandorf fungierte und ebenso Klavier wie Flöte spielen konnte.

So war denn in unserem KLV-Lager oft anspruchsvolle Musik zu hören. Aber es wurde nicht nur Instrumentalmusik gespielt, sondern auch gesungen. Molli hatte es geschafft, einen kleinen Chor aus Schülern, Lehrern und zum Teil auswärtigen Leuten aufzubauen. Was zunächst noch fehlte, war das Publikum, aber auch das sollte sich einstellen. Das KLV-Lager lud in gewissen Abständen zu Musikabenden ein, und die Nabburger Bürger kamen in großer Zahl. Die Tische und Stühle im Speise- bzw. Unterrichtsraum wurden schnell so umgestellt, dass Zuhörerplätze für etwa hundert Personen entstanden. Sie waren fast immer besetzt.

Die Mitwirkung an diesen Veranstaltungen machte auch uns Spaß, und insbesondere mir, der ich dabei sogar zweimal als Solist auftreten durfte. Mit meiner hohen Knabenstimme sang ich – von Molli am Klavier begleitet –»Sah ein Knab' ein Röslein steh'n« und »Die Luft ist blau, das Tal ist grün«. Merkwürdigerweise hatte ich dabei überhaupt keine Hemmungen, und ich freute mich, als hinterher geklatscht wurde. Allerdings war es mir ein bisschen peinlich, wenn ich in den folgenden Tagen im Ort auf meine Gesangskünste angesprochen wurde. Einige Konzertbesucher hatten wohl gemeint, ich würde später einmal ein Caruso werden. Ich bedaure sehr, diese Menschen enttäuscht zu haben. Ich habe ihre Erwartungen leider nicht erfüllen können.

*

Im Sommer und Herbst 1944 wurden wir wie vorher in Schellerhau zur Erntehilfe herangezogen. Allerdings machte uns das nicht nur Freude. Besonders das Kartoffellesen wollte uns nicht gefallen.

»Hier ist wieder ein Schlamper g'wesen«, schimpfte einmal ein bayerischer Landrat, als er unser Kartoffelfeld inspizierte und dabei an einer Stelle zahlreiche Erdäpfel entdeckte, die wir liegen gelassen hatten. Diese Äußerung in bayerischem Dialekt machte uns viel Spaß und wurde später bei uns zu einer stehenden Rede. Sie wurde immer dann wiederholt, wenn sich irgendjemand von uns nachlässig verhalten hatte.

Neun Kilometer von Nabburg entfernt befand sich in Guteneck das große Gut des Erbherzogs von Sachsen-Coburg-Gotha, zu dem auch einige Flachsfelder gehörten. Da es an landwirtschaftlichen Kräften in dieser Zeit fehlte, bat der Adelsmann unseren Lagerleiter um Hilfe beim Flachsziehen. Der sagte zu, und so marschierten wir denn an mehreren Tagen hintereinander jeden Morgen dorthin. Auch diese Arbeit sollte uns nicht unbedingt Vergnügen bereiten. Bei strahlendem Sommerwetter mussten wir von morgens bis abends Flachshalme aus dem Boden ziehen und sie bündelweise hinter uns legen. Dabei lief der adlige Gutsherr, dessen Vater in dem nahen Coburg residierte und zu der Zeit das Amt des Präsidenten des Deutschen Roten Kreuzes bekleidete, ständig auf und ab und war manchmal vor und manchmal hinter uns zu finden. Das wollte uns gar nicht gefallen. Wir fühlten uns dabei ein wenig unfrei. Ein kleiner Zwischenfall sollte bewirken, dass dem Erbherzog sein Kontrollgebaren verleidet wurde.

An einigen Stellen stießen wir auf dem Feld zwischen den Flachshalmen manchmal auf irgendwelche Knollengewächse, die dort eigentlich nicht hingehörten, und sahen uns verleitet, diese Unkräuter mit großem Schwung hinter uns zu werfen. Das Unglück wollte es, dass der hochrangige Gutsbesitzer von so einem Wurfobjekt am Kopf getroffen wurde, als er sich zufällig gerade hinter uns befand. Natürlich reagierte er darauf mit großer Verärgerung, aber was sollte er machen? Er konnte uns nicht nachweisen, dass jemand absichtlich nach ihm geworfen hätte, und tatsächlich wurde er auch nur versehentlich getroffen.

Ich leugne allerdings nicht, dass wir uns insgeheim über den Treffer freuten. Wir waren emotional gegen diesen Mann eingestellt, obgleich er uns nichts getan hatte. Sein hoheitliches Verhalten – er ließ sich auch immer mit Hoheit anreden – war uns einfach fremd. Aber natürlich gefiel es uns, dass wir auf seinem Gut etwas zu essen bekommen sollten. Eine gute Mahlzeit vermochte uns Jungs in dieser Zeit immer zu beglücken. Während wir arbeiteten, wurde das gemeinsame Mittagessen vorbereitet. Die Angestellten auf dem Gut schleppten Tische und Stühle aus dem Schloss herbei, stellten die Tische hintereinander auf und reihten die Stühle auf beiden Seiten der so entstandenen langen Tafel aneinander. Das sah bei dem herrlichen Sonnenschein für uns sehr einladend aus, und wir freuten uns auf die kräftige Erbsensuppe, die man uns angekündigt hatte.

Als wir an der langen Tafel Platz genommen hatten, sahen wir, dass für den Erbherzog und seine Familie ein Tisch gesondert aufgestellt und sogar ein Sonnenschirm darüber gespannt wurde. Diese bevorzugte Behandlung wollte uns gar nicht gefallen, zumal wir auch noch feststellen mussten, dass unsere Gastgeber etwas Besseres als wir aufgetischt bekamen.

Die wohlriechende Speise der Adelsleute schien vor allem der zwölfjährigen Tochter des Erbherzogs zu behagen, die uns mit ihren langen flachsblonden Zöpfen während der Mahlzeit unmittelbar gegenübersaß. Wenn sie sich etwas in den Mund schob, verfolgte das mal der eine und mal der andere von uns. Dabei fielen uns ihre stark vorstehenden Zähne auf. Von Neid erfüllt, animierte der Anblick des behaglich schmausenden Mädchens einen Mitschüler dazu, sie bösartigerweise Prinzessin Raffzahn zu nennen. Dieser Titel stieß bei uns auf große Resonanz, und natürlich wurde sie ihn dann nicht mehr los.

Bei allem begründeten oder auch nicht begründeten Verdruss über die Adelsleute sei jedoch fairerweise angemerkt, dass sich der hoheitliche Gutsherr uns gegenüber am Ende des Krieges als sehr hilfreich erweisen sollte, indem er uns in schwieriger Situation eine Zeit lang Unterkunft gewährte.

*

Der Kriegsverlauf erfüllte die Menschen immer mehr mit Sorge. Die deutschen Truppen waren mittlerweile an allen Fronten auf dem Rückzug, doch auch jetzt schien noch kaum jemand richtig wahrhaben zu wollen, dass Deutschland den Krieg längst verloren hatte. Trotz aller Zweifel, die sich einstellten, vertrauten die meisten Deutschen letztendlich weiter den offiziellen Erklärungen, in denen unverändert vom Endsieg in naher Zukunft gesprochen wurde. Eigentlich hätte allen denkfähigen Menschen längst klar sein müssen, dass für einen Sieg der Deutschen zumindest zu diesem Zeitpunkt überhaupt keine Chance mehr bestand. Aber diese Klarheit hatten die meisten Menschen nicht, oder sie wollten sie vielleicht auch nicht haben, weil sie diese Klarheit einfach nicht haben durften. Sie klammerten sich lieber an Hoffnungen, die überhaupt nicht mehr begründet waren. Das galt anscheinend auch für unsere Lehrer.

Vielleicht ist Dr. Denecke ein bisschen mutiger als seine Kollegen gewesen und hat sich die Wahrheit über die schlechte militärische Lage eher als sie eingestanden. Dafür spricht, dass er bereits im Herbst 1944 mit seiner Klasse nach Hamburg zurückfuhr. Er hielt es wohl für besser, bei Kriegsende mit seinen Schülern bereits zu Hause zu sein.

Wir waren nicht böse, als uns die Großen verließen. Jetzt konnten wir wieder in die kleinen Zimmer umziehen und brauchten nicht mehr im großen Saal, in dem so viele Betten standen, zu schlafen. Außerdem hatten wir das Gefühl, von den Lehrern, dem Lagermannschaftsführer und auch dem Küchenpersonal mehr beachtet zu werden. Die Großen hatten uns ein bisschen an die Wand gedrückt.

Auch Emma, unser bayerisches GD-Mädchen, wendete sich uns mehr zu. Die Schüler aus der Klasse von Dr. Denecke, die sich ja bereits anschickten, so etwas wie Männer zu werden, hatten ihr sehr viel Aufmerksamkeit geschenkt, und natürlich war sie dafür auch empfänglich gewesen. Bei den Mahlzeiten saßen Dr. Käselau, fünf Mitschüler und ich zusammen an einem Tisch in dem großen Gastraum. Leider konnte unser Hunger oft nicht ganz gestillt werden. Der Magen knurrte, ohne dass wir etwas dagegen tun konnten. So widerwärtig jedem Einzelnen von uns missgünstiges Verhalten auch sein mochte – jeder passte auf, dass keiner mehr als die anderen zu essen bekam. Auch Dr. Käselau wurde argwöhnisch beobachtet, und das durchaus zu Recht, denn tatsächlich versuchte er manchmal ein bisschen zu mogeln. Dabei gelang es uns einmal, ihm ein Schnippchen zu schlagen.

Zum Abendessen gab es in der Regel Brot mit Butter und ein wenig Aufschnitt, alles natürlich knapp bemessen und genau abgezählt. Das galt auch für die Butter, die wir in Form recht kleiner Stücke serviert bekamen. Sie wurden vor dem Essen in der Küche mit einer Butterform fabriziert und für jeden Tisch gesondert kreisförmig auf einen Teller gelegt. Da insgesamt sieben Personen an unserem Tisch saßen, lagen auf unserem Teller also sieben Butterstücke, für jeden Esser eines. Die Butterstücke konnten natürlich nicht ganz gleich groß sein, und so war jeder darauf erpicht, möglichst das größte Stück zu erlangen.

Wie es sich nun einmal gehörte, wurde der Teller zuerst Dr. Käselau gereicht, und jeder schaute auf ihn, welches Stück Butter er sich wohl herunternehmen würde. Natürlich wusste er, was sich ziemte, und das bedeutete, dass er das Stück zu nehmen hatte, das unmittelbar vor ihm lag. Er bemühte sich auch, diese Regel zu respektieren. Hin und wieder versuchte er aber, das Privileg, als Erster den Butterteller gereicht zu bekommen, zum eigenen Vorteil zu nutzen. Er sagte dann: »Wir wollen doch einmal sehen, wie die Butter eingeteilt wurde« und drehte den Teller dabei so, dass das größte Butterstück dann auch wirklich vor ihm lag.

Das ärgerte uns, und wir schafften es, ihm das unkorrekte Verhalten zu vermiesen. Wir legten einmal zwei der sieben Butterstücke aufeinander. Aufeinandergelegt waren diese beiden natürlich größer als jedes andere Butterstück auf dem Teller. Wie gewohnt, wurde auch dieses Mal zuerst der Respektsperson Dr. Käselau der Butterteller gereicht und – wie von uns erhofft – drehte er ihn so weit herum, bis das vermeintlich größte Butterstück unmittelbar vor ihm lag. Dann holte er es sich mit seinem Messer auf seinen Teller herüber.

Kaum geschehen, wurde er unangenehm überrascht. »Aber das sind ja zwei Stücke Butter, die Sie sich genommen haben!«, sagte einer von uns, und tatsächlich sahen jetzt mit einem Mal alle am Tisch Sitzenden, dass zwei Stücke aufeinanderlagen.

Dr. Käselau zeigte sich sichtlich verwirrt. Es blieb ihm nichts anderes übrig, als nun auch selbst zu erkennen, dass er eine doppelte Portion Butter bekommen hatte. Notgedrungen musste er eines der auf seinem Teller aufeinanderliegenden Butterstücke wieder zurücklegen. Am Ende stellte sich heraus, dass er tatsächlich das kleinste Butterstück erhalten hatte. Es lässt sich denken, dass wir unseren heimlichen Spaß dabei hatten.

Wenn wir morgens Milchsuppe zu essen bekamen, war es in der ersten Zeit im Speiseraum totenstill, weil sich die Schüler, die ihren Teller zuerst geleert hatten, gleich über den Topf mit dem Rest Suppe hermachen konnten, der in der Mitte des Raumes neben der Theke stand. Für alle reichte es meist nicht zu einem Nachschlag, und deshalb wurde oft eine Art Wettessen veranstaltet. Wer den Löffel zwischendurch einmal absetzte, hatte kaum eine Chance mehr, sich noch eine zweite Kelle aufzufüllen.

Allerdings machten unsere Lehrer dieser hässlichen Praxis bald ein Ende, und sie trafen für den Nachschlag eine gerechte Regelung.

Wenn es Brotsuppe zu essen gab, blieb unser Interesse an einem Nachschlag nur gering. Diese Speise stieß trotz der leeren Mägen auf wenig Zustimmung. Allein Dr. Käselau fand daran Gefallen. Er ging dann mehrmals zum Topf, rührte darin herum und rief uns aufmunternd zu:
»Jungs, hier ist noch Suppe!«
Dr. Käselaus Aufforderung blieb allerdings fast immer ohne Erfolg. Der Topf mit der etwas säuerlich schmeckenden Brotsuppe wurde fast nie ganz geleert. Der Satz »Jungs, hier ist noch Suppe!« wurde für uns aber zu einer weiteren stehenden Rede, die wir bei jeder passenden und unpassenden Gelegenheit wiederholten.

*

Im Oktober 1944 wurde ich ausgewählt, an einem Singeleiterlehrgang in Wörth an der Donau teilzunehmen. Dort hatte der Stammführer Fritz Schött auf einer mittelalterlichen Burg eine NS-Führerschule eingerichtet. Aus zahlreichen KLV-Lagern in Bayern wurden dorthin Hamburger Schüler bzw. Hitlerjungen zu besonderen Lehrgängen beordert, u.a. zu Sport- oder Singeleiterlehrgängen.

Meine Gesangskünste ließen mich für diese Schulung offenbar als besonders geeignet erscheinen. Zwei Wochen übten wir – etwa vierzig Jungen – auf der Burg Singen und Chorleitern. Natürlich wurden nur Soldaten- und HJ-Lieder einstudiert. Am Ende stellte sich allerdings heraus, dass wir nur noch krächzen und kaum noch sprechen konnten.

Die Schulung wurde von Leuten geleitet, die fachlich dafür gar nicht vorgebildet waren. Es kam ihnen vor allem auf besondere Lautstärke an, und diese Gesangspraxis sollte unseren

Stimmbändern zum Schaden gereichen. Nach meiner Rückkehr nach Nabburg dauerte es volle zwei Wochen, bis sich das Krächzen gegeben hatte und ich wieder normal sprechen konnte.

Wörth an der Donau

Fritz Schött tat bei diesem Lehrgang alles, um uns nebenher auch zu guten Nationalsozialisten zu erziehen. Wir wurden im Kellergewölbe der Burg bei Fackelschein in gespenstisch-mystischer Atmosphäre auf den Führer vereidigt. Ich leugne nicht, dass mich diese Zeremonie sehr beeindruckte. Schließlich wurde ich auch noch zum Hordenführer ernannt, ein von mir insgeheim längst angestrebtes Ziel.

Ali hatte diese Ernennung bereits vier Wochen vorher erreicht, nachdem er an einem Sportwartlehrgang auf der Burg in Wörth teilgenommen hatte. Sein Vater war kein Nazi und hätte ihn vielleicht zurückzuhalten versucht, wenn er gefragt worden wäre. Aber er hätte seinen Sohn kaum davon abbringen können, sich befördern zu lassen. So eine Auszeichnung war für uns Jungs allzu verlockend. Ich war auf jeden Fall froh, dass ich mit Ali jetzt wieder gleichauf lag. Die erste Frage, die er mir stellte, als ich nach Nabburg zurückgekehrt war, lautete: »Bist du jetzt auch Hordenführer?« Ich war stolz, die Frage bejahen zu können. Auf dem rechten Arm durfte auch ich jetzt genau wie er einen silberfarbenen Winkel tragen.

So schlecht sich die militärische Lage mittlerweile auch entwickelt hatte, es gab immer wieder Ereignisse, aus denen die Menschen glaubten, neue Hoffnungen schöpfen zu können. Im Spätherbst 1944 hatten die Amerikaner bereits die deutsche Grenze überschritten und auch die Russen bewegten sich weiter auf das deutsche Reichsgebiet zu. Es sah wirklich bedrohlich aus. Aber dann glaubten viele Deutsche wieder, Grund zum Aufatmen zu haben.

Im Dezember begann die Ardennen-Offensive und die wurde im Rundfunk und in den Zeitungen als erlösender Befreiungsschlag angekündigt. Auch Dr. Käselau, selbst wohl immer noch auf den großen Umschwung hoffend, ließ sich davon beeindrucken. Er sah die Möglichkeit, dass die Amerikaner und Briten jetzt wieder vom europäischen Kontinent verdrängt werden könnten. Tatsächlich standen unsere Truppen nach wenigen Tagen erneut jenseits des Rheins und teilweise sogar auf französischem Boden. Es war also doch noch möglich geworden, dass sie vorwärtsstürmten. Die neuen Hoffnungen zerstoben jedoch schnell, denn der Vormarsch wurde schon nach einigen Tagen gestoppt. Offiziell hieß es, die Offensive sei im Nebel stecken geblieben. In Wahrheit hatten sich jedoch die deutschen Einheiten als unterlegen erwiesen. Sie wurden danach auch wieder unablässig zurückgedrängt.

Dr. Käselau schlug in seiner Silvesteransprache 1944 erstmalig ernste Töne an, als er auf die militärische Lage einging.

Die Siegeszuversicht schien auch bei ihm einen nachhaltigen Dämpfer bekommen zu haben, wenngleich er seine Zweifel nicht direkt aussprach.

Molli ließ sich dagegen von seinem Glauben an den Führer nicht abbringen. Er, der sich dem Nationalsozialismus voll und ganz verschrieben hatte, lief weiter ständig in seiner schwarzen Lagerleiteruniform herum. Einmal behauptete er sogar, er stünde als Stellvertreter des Führers vor uns, und ein anderes Mal ließ er verlauten, dass er freiwillig keine Hosenträger, sondern wie ein Soldat ein Koppel trüge. Dabei fasste er demonstrativ seinen Gürtel an, der jedoch eher schmal als breit war. Ein Koppel war das wirklich nicht.

In regelmäßigen Abständen, zunächst einmal im Monat und später einmal in der Woche, rief er uns zu einem Bericht über die militärische Lage zusammen, stand dann vor der Europakarte und ließ uns mit bunten Stecknadeln den veränderten Frontverlauf markieren. War das geschehen, kommentierte er die Situation an den Fronten und verkündete uns voll Eifer seine strategischen Überlegungen. Oft konnte er damit nicht einmal uns Schüler überzeugen.

Wenn Molli mit seinen Ausführungen am Ende war, mussten wir alle aufstehen, uns anfassen und gemeinsam im Chor sprechen: »Wir danken unserem Führer!« Dann stimmte er das Lied von Ernst Moritz Arndt an, das wir noch in Hamburg bei ihm gelernt hatten: »Der Gott, der Eisen wachsen ließ, der wollte keine Knechte!«

Dr. Käselau saß manchmal dabei und schüttelte seinen Kopf, wenn er den Ausführungen seines Kollegen folgte. Es zeigte sich auch dabei wieder: Molli wurde von niemandem ernst genommen, nicht von uns Schülern und nicht von seinen Kollegen.

*

Unser Lagermannschaftsführer Karl-Heinz Reichardt war bereits im Spätsommer 1944 eingezogen worden, und es stellten sich mehrere Nachfolger ein, die jedoch immer nur kurze Zeit in Nabburg blieben. Sie waren alle im wehrfähigen Alter und der Stellungsbefehl ließ nicht lange auf sich warten. Anfang 1945 kam ein neuer Mann zu uns, der sich als ein ganz anderer Typ als seine Vorgänger entpuppte. Er wirkte nicht sportlich-männlich, sondern weich und versponnen – Hans-Heinz Pukall. Zuletzt hatte er als Luftwaffenhelfer gedient. Luftwaffenhelfer waren sechzehn- bis achtzehnjährige Oberreal- oder Mittelschüler, die bei Flakeinheiten in den größeren Städten Militärdienst leisten mussten. Sie wurden an Flakgeschützen und Scheinwerfern eingesetzt und sollten ausgebildete Soldaten ersetzen, die dringender an der Front gebraucht wurden.

Hans-Heinz Pukall hatte als Luftwaffenhelfer eine Fußverletzung erlitten, zumindest behauptete er das. Er humpelte zunächst auch eindrucksvoll. Mehr und mehr machten sich jedoch Zweifel bei uns breit, ob er wirklich verwundet worden war, denn seine Gehbehinderung konnten wir nur zeitweilig bemerken. Wenn es ihm Spaß machte zu laufen, tat er das auch, und dieses wechselhafte Verhalten verwunderte uns schon.

Er selbst betrachtete sich als Dichter und behauptete, ein Nachfahre von Matthias Claudius und Detlev von Liliencron zu sein. Tatsächlich schrieb er auch Gedichte oder so etwas, was man dafür halten konnte. Gelegentlich veranstaltete er Vorleseabende mit Texten von Rudolf Kinau und anderen von den Nazis akzeptierten Autoren und trug dabei auch von ihm selbst geschriebene Verse vor. Wir hatten allerdings Grund zu der Annahme, dass einige davon gar nicht aus seiner eigenen Feder stammten.

Unsere Lehrer betrachteten diesen Mann mit auffallender Zurückhaltung. Da er uns jedoch von der HJ-Obrigkeit als Lagermannschaftsführer zugeteilt worden war, blieb ihnen nichts anderes übrig, als ihn letztendlich doch zu respektieren.

Seit Jahresbeginn lebte bei uns im Lager außerdem der Hauptlagermannschaftsführer, der für mehrere KLV-Lager übergeordnet amtieren sollte. Welche Aufgaben er eigentlich zu erfüllen hatte, wurde nie recht klar. Er wusste es wohl selbst nicht, denn er hatte kaum etwas zu tun. Er hätte auch in einem anderen Lager wohnen können, fühlte sich aber bei uns sehr wohl – das allerdings zum Ärger unserer Lehrer, die auch mit ihm wenig anzufangen wussten.

Der Hauptlagermannschaftsführer präsentierte sich in einer sehr aufdringlichen und selbstherrlichen Art und neigte wie auch unser neuer Lagermannschaftsführer dazu, sich selbst zu überschätzen.

Ich kannte diesen Mann bereits, als er zu uns stieß. Es war Horst Baumgart, mit dem ich zusammen 1941 und 1942 im Knabenchor der Michaelis-Kirche gesungen hatte. Im Gegensatz zu mir war er Anfang 1945 kein Knabe mehr und sehr viel größer geworden, seitdem ich ihn zuletzt in Hamburg gesehen hatte. Inzwischen verfügte er auch über eine eindrucksvolle Bassstimme, die er gern zu Gehör brachte. Er gab sich betont männlich und unterschied sich dadurch auffallend von dem eher weich wirkenden Hans-Heinz Pukall. Sicherlich wäre er lieber Soldat geworden, weil er aber ein zu kurzes Bein hatte und also gehbehindert war, hatte man ihn vom Kriegsdienst zurückgestellt. Es war ihm anzumerken, dass ihm diese Zurück-stellung zu schaffen machte. Ganz vollwertig fühlte er sich bei aller zur Schau gestellten Männlichkeit eben doch nicht.

Als HJ-Führer hatte sich Horst Baumgart eine Zeit lang in Polen aufgehalten und dort erlebt, wie jüdische Menschen in Ghettos gehalten wurden. Als ich einmal neben ihm vor un-serem Lager, dem Hotel zur Post, stand, fing er plötzlich an davon zu erzählen. Er machte dabei eine Äußerung, die mich sehr verwunderte.

»Abends haben wir immer in das Judenlager hineingeschossen«, sagte er mit etwas verächtlichem Unterton.

Spontan kam es aus mir heraus:»Aber das darf man doch nicht!«

Diese Bemerkung schien ihn ein wenig zu irritieren, und er entgegnete etwas kleinlaut:»Ich weiß ja gar nicht, ob wir getroffen haben.«

Das ungewollte Geständnis Horst Baumgarts, in Polen auf wehrlose Juden hinterhältig geschossen zu haben, war für mich der erste und bis zum Ende des Krieges der einzige Hinweis auf das, was an Grausamkeiten in Ghettos und in Konzentrationslagern geschehen ist. Ich habe die Äußerung meines früheren Chorgefährten damals zunächst verdrängt und mich erst nach dem Krieg wieder daran erinnert.

Sowohl Hans-Heinz Pukall als auch Horst Baumgart trugen wesentlich dazu bei, dass sich unser Verhältnis zu den Nabburgern weiter verschlechterte, denn sie entpuppten sich als neuerliche Kirchenfeinde und zeigten diese Einstellung deutlich. Das überraschte bei beiden. Hatte nicht Horst Baumgart lange Zeit im Kirchenchor begeistert mitgesungen und Hans-Heinz Pukall sich nicht eine Zeit lang Orgelunterricht bei einem Organisten einer Hamburger Kirche erteilen lassen? Es dürfte wohl die HJ-Führerschulung gewesen sein, die den Gesinnungswandel bei ihnen herbeiführt hatte.

Hans-Heinz Pukall dichtete die Verse:

> Marschier'n wir durch die Gassen,
> Dann schauen alle Leut',
> Sie können es nicht fassen,
> Dass wir die Kreuze hassen,
> Die sie hier aufgestellt.

Diese Verse sangen wir nach der Melodie des Soldatenliedes »Als wir nach Frankreich zogen ...«, wenn wir durch die Straßen von Nabburg marschierten. Natürlich musste das die einheimische, streng katholisch ausgerichtete Bevölkerung empören. Unser Lagerleiter, Herr Meyer, rügte auch den kirchenfeindlichen Gesang und verlangte, dass wir ihn unterlassen sollten. Wir hätten die religiösen Gefühle der Menschen im Ort zu respektieren, sagte er sichtlich empört und erinnerte an Friedrich den Großen, der gemeint hätte, jeder solle nach seiner eigenen Fasson selig werden. Doch der Schaden war nicht wieder gutzumachen. Die Nabburger behielten unseren blasphemischen oder zumindest kirchenfeindlichen Gesang in ihren Köpfen.

Die Verärgerung wurde noch dadurch vergrößert, dass sich Horst Baumgart erdreistete, mit einem Kleinkalibergewehr auf Kruzifixe zu schießen, die in der Umgebung überall in unterschiedlicher Form und Größe aufgestellt waren. Einmal gelang es ihm, ein kleines Kruzifix von dem Steinsockel herunterzuschießen, auf dem es stand. Die Untat hatte zwar niemand von den Einheimischen beobachtet, aber natürlich gerieten wir Hamburger sofort in Verdacht. Wer sollte das sonst auch getan haben?

Der Krieg geht zu Ende

Bis Februar 1945 lebten wir vom Krieg immer noch relativ weit entfernt. Die Essensrationen wurden ein wenig knapper. Sonst aber hatten sich unsere Lebensbedingungen nicht weiter verschlechtert. Fliegerangriffe fanden wohl inzwischen auch auf größere süddeutsche Städte statt, kaum jedoch auf kleinere Orte wie Nabburg. Wir konnten anders als seinerzeit in Hamburg weiter regelmäßig durchschlafen. Die Front rückte zwar allmählich näher. Noch aber wollte niemand recht glauben, dass sie auch einmal unseren Ort erreichen würde. Noch fühlten wir uns sicher.

Ab März 1945 änderten sich die Verhältnisse. Die Straße, die von Hof über Nabburg nach Regensburg führte, wurde nun zunehmend von Flüchtlingstrecks befahren, die, meist aus Schlesien kommend, irgendwohin nach Süden wollten – wohin direkt wussten sie selbst nicht. Gelegentlich unterhielten wir uns mit den Flüchtlingen, wenn sie irgendwo Station machten und wir zufällig vorbeikamen. Sie erzählten uns, dass man ihnen eine neue Heimat versprochen hätte. Der Führer werde schon dafür sorgen, meinten sie, und sie glaubten offensichtlich fest an das, was man ihnen zugesagt hatte.

Die Flüchtlingstrecks wurden manchmal von amerikanischen Flugzeugen beschossen, die sich im Tiefflug mit großem Geheul auf die wehrlosen Menschen zubewegten. Sie trafen nur selten, ließen die Menschen aber zunehmend ängstlicher werden.

Aber nicht nur die Trecks, sondern auch Eisenbahnzüge, Autos und einzelne Fußgänger wurden in dieser Zeit von Tieffliegern angegriffen. Diese Aktionen der Amerikaner konnten auch für uns gefährlich werden. Die Angriffe auf Eisenbahnwagen, Autos und Fußgänger kamen oft wortwörtlich aus heiterem Himmel, und wenn wir uns selbst draußen im Freien aufhielten, mussten wir uns schnell in Deckung begeben, so wie man das nannte, und das heißt uns auf den Boden werfen oder hinter einen Busch kriechen, um nicht gesehen bzw. getroffen zu werden.

Einmal wurde ich von einem solchen Fliegerangriff überrascht, als ich gerade zwischen den Gräbern auf dem Nabburger Friedhof neben unserem Lager herumlief. Erst spät wurde ich auf das amerikanische Flugzeug aufmerksam, das bereits zum Tiefflug angesetzt hatte, und sah mich gezwungen, mich besonders schnell zu Boden fallen zu lassen. Ich hörte, wie die Geschosse kurz darauf gegen die Kirchenmauer prasselten, und hatte gleich danach das Gefühl, dass das Flugzeug noch einmal herunterkommen würde. Tatsächlich sollte das auch geschehen. Dieses Mal erkannte ich für einen Augenblick sogar den amerikanischen Piloten in seiner Kabine. Angst zu fühlen hatte ich dabei keine Zeit. Ich blieb nur angespannt auf dem Boden liegen und atmete ein wenig auf, als ich plötzlich Karabinerschüsse hörte.

Ein deutscher Soldat war bei diesem Manöver schnell auf einen Baum geklettert und hatte dort sein Gewehr in Stellung gebracht. Er versuchte, den Piloten beim Sturzflug zu treffen. Er hatte dabei kaum eine Chance und traf auch nicht, aber seine Gegenwehr wirkte in dieser hässlichen Situation ein wenig befreiend wie früher in Hamburg, wenn die Flak zu schießen begann, obgleich auch sie die Bombenabwürfe nicht verhindern konnte. Der Spuk war nach einigen Minuten wieder vorüber, doch solche oder ähnliche Geschehnisse wiederholten sich noch einige Male.

Von uns Jungs ist erfreulicherweise keiner bei solchen Tieffliegerangriffen zu Schaden gekommen, zumindest nicht in Nabburg.

Ende März ging es mit den Flüchtlingstrecks zu Ende. Jetzt fuhren mit einem Mal pausenlos Militärfahrzeuge nach Süden, und schon knüpften sich daran wieder neue Hoffnungen auf eine Wende im Krieg.

Waren die Militärkolonnen vielleicht die Vorboten einer neuen deutschen Offensive, die in Österreich gegen die Russen in Gang gesetzt werden sollte? Aber diese Vorstellung erwies sich schnell wieder als trügerische Hoffnung. Als wir uns die Fahrzeuge und die darauf sitzenden Soldaten genauer betrachteten, merkten wir, dass das keine Offensivkräfte mehr sein konnten, sondern ausgemergelte, nur noch schlecht mit Waffen und anderem Kriegsgerät ausgestattete Einheiten waren. Außerdem hatten die Lastwagen, Busse und auch Personenfahrzeuge gar kein Benzin mehr zur Verfügung. Sie mussten mit Holzgas fahren. Um den neuen Treibstoff selbst erzeugen zu können, hatte man den Fahrzeugen einen Kessel aufgesetzt, der mit Holzkloben gefüllt wurde – bei den Lastwagen und Bussen gleich neben dem Führerhaus, bei den Käfern hinten neben dem Motor. Es war erstaunlich, wie schnell die Umrüstung funktioniert hatte. Aber die Fahrtüchtigkeit der Mobile ließ nach ihrer Umrüstung zu wünschen übrig. Sie blieben unterwegs manchmal stehen, und die Fahrer hatten sehr viel Mühe, sie wieder in Gang zu bringen. Die technische Unterlegenheit der deutschen Militäreinheiten war überall zu beobachten.

Einmal erlebte ich auf der Straße, wie das Fahrzeug eines deutschen Generals stehen blieb und sich nicht wieder in Gang setzen ließ. Der hohe Offizier mit den roten Streifen an den Hosenbeinen musste aussteigen, zeigte sich über die Panne sehr ungehalten und wirkte ausgesprochen missmutig. Das war kein Kriegsheld, der durch nichts zu erschüttern gewesen wäre. Ich war auch von diesem zweiten General, den ich zu sehen bekommen hatte, enttäuscht.

Tagsüber sahen wir am blauen Himmel manchmal Hunderte von Flugzeugen, jedes einzelne winzig klein. Zunächst glaubten wir, dass es deutsche seien. Aber so viele deutsche Flugzeuge gab es gar nicht mehr. Es waren amerikanische Maschinen, die nach Süden flogen, um dort deutsche Städte zu bombardieren. Jeder richtete den Kopf für einen Augenblick nach oben und schaute sich das merkwürdige Schauspiel am Himmel an. Dass davon Gefahr ausging, wurde allgemein verdrängt. Wir Jungs verließen uns darauf, dass keine Bomben auf uns fallen würden, und ließen uns dabei auch nicht vom Fußballspiel abhalten. Die Front war inzwischen sehr viel näher gerückt. Weite Teile Deutschlands waren bereits besetzt, und es wurde nicht mehr ausgeschlossen, dass es auch bei uns irgendwann zu Kriegshandlungen kommen könnte. Wie überall vorher schon wurden im März 1945 in Niederbayern Volkssturmeinheiten aufgestellt. Sie wurden vor allem aus Männern zwischen fünfzig und sechzig Jahren gebildet, die als letztes Aufgebot zur Verteidigung des Vaterlandes aufgerufen wurden. Aber auch einige Jugendliche zwischen fünfzehn und siebzehn Jahren waren dabei. Unsere Lehrer mussten sich ebenfalls beteiligen, zumindest Dr. Käselau, Herr Meyer und natürlich auch Molli.

Die Volkssturmmänner wurden vor allem mit Panzerfäusten vertraut gemacht, einer relativ neuen Waffe, mit der Panzer aus naher Entfernung aus einem Schützenloch abgeschossen werden sollten.

Während einer öffentlichen Veranstaltung, an der auch unsere Lagermannschaft, in Reih und Glied aufgestellt, teilnahm, wurden die Volkssturmmänner vor dem Nabburger Rathaus vereidigt. Sie trugen zivile Kleidung und waren nur an einer Armbinde als »Soldaten« zu erkennen. Begeisterung war ihnen kaum anzumerken, doch sie hatten keine Wahl. Sie mussten mitmachen. Es hieß, dass sich ein Nabburger Bürger mit dem Beil zwei Finger abgehackt hätte, um sich als Verwundeter der Teilnahme an militärischen Einsätzen entziehen zu können.

Aus der Klasse von Dr. Denecke war noch ein Mitschüler in Nabburg zurückgeblieben, weil seine ausgebombten Eltern ihn in Hamburg nicht unterbringen konnten. Er war fünfzehn Jahre alt und damit nach den damaligen Regeln bereits wehrfähig. Er hätte also nicht nur Volkssturmmann, sondern wirklich Soldat werden können. Als Stammführer Fritz Schött uns in diesen

Tagen noch einmal besuchte, forderte er diesen Jungen dazu auf, sich freiwillig zum Militärdienst zu melden. Als der jedoch meinte, er wolle das erst mit seinem Vater besprechen, bekam er zur Antwort:

»Wenn es um die Verteidigung des Vaterlandes geht, braucht man seinen Vater nicht extra zu fragen!« Fritz Schött selbst schaffte es, sich im letzten Augenblick nach Hamburg abzusetzen. Nach dem Krieg wurde er wie viele ehemalige Nazis für eine kurze Zeit interniert, konnte dann aber wieder als Volksschullehrer amtieren. Später wurde er noch einmal Mitglied einer rechtsextremistischen Partei.

Dr. Käselau wurde dazu beordert, mit einer Volkssturmeinheit in Schwandorf eine Truppenübung zu leiten. Er, der ehemalige Offizier des Ersten Weltkrieges, war dazu wohl als besonders geeignet erschienen, und er tat auch, was man von ihm verlangte. Überraschend stellte er fest, dass sich in seiner Einheit der Erbherzog von Sachsen-Coburg-Gotha befand. Der musste es sich jetzt gefallen lassen, nicht mehr mit Hoheit, sondern schlicht mit Volkssturmmann Coburg angesprochen zu werden. Er ertrug das offenbar mannhaft. Dr. Käselau äußerte sich später sehr positiv über die soldatischen Qualitäten des Adelsmannes.

Er selbst kehrte nach vierzehn Tagen nach Nabburg zurück. Er hatte sich eine schwere Erkältung geholt, die es ihm unmöglich machte, seine neue Aufgabe weiter wahrzunehmen. Mittlerweile dürfte auch ihm klar geworden sein, dass der Krieg endgültig verloren war, und sich gefreut haben, dass er einen Grund gefunden hatte, als Volkssturmführer nicht weiter agieren zu müssen.

*

An meinem vierzehnten Geburtstag erhielt ich noch einmal einen Brief von Lotti, aber ihr Schreiben war kein Geburtstagsgruß. Der Brief hatte fast drei Wochen gebraucht, um nach Nabburg zu gelangen, denn auch die Postzustellung funktionierte längst nicht mehr normal. Meine Schwester schrieb mir, dass sie inzwischen Luftwaffenhelferin geworden und in Hannover stationiert sei. Curt – so erfuhr ich weiter – sei an der Ostfront in der Nähe der Weichsel verwundet worden und liege inzwischen in einem Lazarett in Hamburg-Rahlstedt. Für ihn dürfte diese Verwundung ein Glücksfall gewesen sein. Mein Bruder hatte nur eine durch einen Granatsplitter verursachte Beinverletzung erlitten. Wie er mir selbst später erzählte, hatte er damit sogar noch weiterlaufen und ohne Hilfe zum Verbandsplatz gelangen können. Die Verwundung war also relativ harmlos. Er wurde sofort nach Hamburg transportiert und brauchte nicht mehr weiter gegen die Russen zu kämpfen. Hätte er keine Verwundung davongetragen, wäre er wahrscheinlich kurze Zeit später in russische Kriegsgefangenschaft geraten und hätte dann wohl mehrere Jahre in Sibirien verbringen müssen.

Unsere Lehrer machten uns gegenüber jetzt kein Hehl mehr daraus, dass sie nicht mehr an eine Wende im Kriegsverlauf glaubten. Sie gaben zu, dass der Krieg verloren sei, und überlegten, wie angesichts des bevorstehenden Einmarsches der amerikanischen Truppen verfahren werden sollte. Sie meinten, dass wir nicht in Nabburg bleiben könnten.

Warum sie so dachten, sagten sie nicht. Aber es war allen klar: Wir waren im Ort als HJ-Einheit aufgetreten und daran würden wohl die Amerikaner Anstoß nehmen.

Wo aber sollten wir jetzt hin? Nach Hamburg konnten wir nicht mehr zurück. Es gab nur noch einen dünnen Korridor zwischen den amerikanischen und russischen Truppen in Sachsen, durch den man noch nach Norddeutschland gelangen konnte. Es hätte aber zu der Zeit keinen Sinn mehr gehabt, nach Norden aufzubrechen. Wir hätten es nicht mehr geschafft. Der Zeitpunkt für eine Rückkehr nach Hamburg war längst verpasst. Waren unsere Lehrer zu feige gewesen?

Dr. Käselau machte sich nach Guteneck auf den Weg, um den Erbherzog von Sachsen-Coburg-Gotha, dem man nach der Übung seiner Volkssturmeinheit in Schwandorf gestattet hatte, wieder auf sein Gut zurückzukehren, um Unterkunft für uns zu bitten. Er kam mit einer positiven Nachricht zurück. Lehrer und Schüler sollten auf dem Gut in einer Scheune auf Stroh schlafen können.

Allerdings sollten nicht alle Jungs nach Guteneck übersiedeln. Unser Lagermannschaftsführer Hans-Heinz Pukall und unser Hauptlagermannschaftsführer Horst Baumgart wollten jeder eine Werwolfgruppe bilden, die im Untergrund gegen die Amerikaner kämpfen sollte. Von wem diese Idee stammte, wurde nie ganz klar. Möglicherweise haben höhere HJ-Stellen unsere beiden HJ-Führer dazu aufgefordert.

Als Schlupfwinkel hatte sich Hans-Heinz Pukall die Wallfahrtskirche Pfreimd ausgesucht, die nur wenige Kilometer von Nabburg entfernt hoch oben auf einem Berg stand. Von dort aus hatte man einen weiten Blick auf die umliegende Landschaft und auf die Landstraße, über die die Amerikaner anrücken würden. Zu der Gruppe gehörten zehn Jungs von uns, darunter auch Achim Latz und Hans Grönmeyer.

Horst Baumgart wusste nicht gleich, wo er sich mit seiner sehr viel kleineren Gruppe, zu der zunächst außer Tetje Baron lediglich nur noch ich gehören sollte, verstecken konnte. Er hatte mich übrigens gar nicht gefragt, ob ich mit ihm gehen wollte, sondern das einfach verfügt. Da wir beide zusammen vor drei Jahren im Knabenchor in der Michaelis-Kirche gesungen hatten, glaubte er anscheinend, mich ihm einfach zurechnen zu können.

Es schien fast so, als ob er einen Narren an mir gefressen hätte. Gelegentlich pflegte er mich zu bevorzugen. Ich selbst war damit gar nicht einverstanden und hätte mich lieber von ihm ferngehalten, muss allerdings zugeben, dass sein betont männliches Gebaren durchaus Eindruck auf mich machte.

Andererseits entging es mir auch nicht, dass bei ihm vieles nur aufgesetzt war. Gegen seine Bevormundung konnte ich mich einfach nicht wehren, und so stellte ich mich innerlich darauf ein, seiner Werwolfgruppe angehören zu müssen.

An einem Nachmittag forderte Horst Baumgart mich auf, mit ihm gemeinsam loszuziehen, um auch für uns, für seine Werwolfgruppe, ein Quartier ausfindig zu machen. Das erwies sich als sehr viel schwieriger, als wir geglaubt hatten. Wir grasten einige Bauernhöfe in den umliegenden Dörfern ab und baten um Unterkunft in einer Scheune. Wir stießen jedoch nirgendwo auf Wohlwollen. Offensichtlich misstraute man uns und witterte Unheil, und das sicherlich umso mehr, als wir beide unsere HJ-Uniformen trugen.

Resigniert traten wir gegen Abend den Heimweg an, der sich zu einem etwas unheimlichen Erlebnis entwickeln sollte. In der Umgebung waren nämlich ungarische Militäreinheiten eingetroffen, die sich auf der Flucht vor den Russen befanden und jetzt in den oberpfälzischen Wäldern herumirrten. Sie waren über die Tschechoslowakei in unser Gebiet gelangt. Es dürften einige Hundert, vielleicht sogar mehrere Tausend Soldaten gewesen sein, die jetzt in der Abenddämmerung links und rechts von dem Waldweg auf dem Boden in ihren khakibraunen Uniformen lagen, auf dem wir entlanggehen mussten. Die Ungarn unterhielten sich mit gedämpfter Stimme, aber wir hätten sie auch dann nicht verstehen können, wenn sie laut gesprochen hätten. Es war ein merkwürdiges Lautgewirr, das an unsere Ohren drang.

Wie sollten wir uns verhalten? Standen die Ungarn noch auf deutscher Seite oder waren sie bereits dabei, ihren Übertritt zum Feind vorzubereiten? Ein bisschen Angst hatten wir schon, aber wir hatten keine Wahl. Wir konnten nur eines tun, den Waldweg immer weiterverfolgen, der nach Nabburg führte.

Tatsächlich passierte auch nichts. Kein Ungar sprach uns an oder stellte sich uns entgegen. Nach einer Viertelstunde hatten wir die fremdländischen Truppen hinter uns gelassen, und wir waren völlig unbehelligt geblieben. Am nächsten Tag sollte sich dann auch für unsere Gruppe ein Versteck finden. Darauf war Tetje Baron gestoßen. In einer Waldschonung hatte er eine Höhle unter dem Waldboden entdeckt, in der irgendjemand gehaust haben musste, vielleicht ein entflohener Häftling, wie wir meinten. Wir fanden darin verrostete Messer, Gabeln und Löffel, fein säuberlich an einem Brett aufgehängt. Das Versteck schien für unser Vorhaben wie geschaffen zu sein. Wir schleppten einige Matratzen aus dem Lager in die Höhle und versuchten, uns dort häuslich einzurichten. Noch aber waren die Amerikaner nicht da. Wir konnten also einstweilen noch im Hotel zur Post bleiben.

Wenn ich heute daran zurückdenke, muss es mich schon befremden, dass unsere Lehrer keine Anstalten machten, uns von unseren Werwolfambitionen zurückzuhalten, denn natürlich wussten sie, was wir vorhatten. Sie hatten doch Verantwortung für uns. Wir waren in erster Linie als Schüler von drei Oberschulen in ein KLV-Lager geschickt worden und nicht als Pimpfe von HJ-Einheiten.

Dr. Käselau, der auf mich immer besonders geachtet hatte, ließ wohl erkennen, dass ihm das, was ich vorhatte, nicht gefiel. Er fragte mich:

»Du willst also da mit hin?« und an seinem Ton merkte ich schon, dass er mit dem, was ich vorhatte, nicht einverstanden war. Als ich seine Frage aber bejahte, ließ er gleich von mir ab.

Warum sagte er nicht einfach: »Komm man lieber mit uns! Das, was ihr da vorhabt, ist nicht ungefährlich!« Aber er tat es nicht. Den anderen »Werwölfen« erging es nicht anders. Man ließ sie einfach ziehen. Das hat mir Ali vor wenigen Monaten bestätigt.

Drohte den Lehrern zu diesem Zeitpunkt wirklich noch Gefahr? Und selbst wenn – wäre es nicht doch ihre Pflicht gewesen, das Unheil, das uns drohte, zu verhüten?

Einige Tage nach meinem Geburtstag zog die Werwolfgruppe von Hans-Heinz Pukall nach Pfreimd und das Gros der Lagermannschaft mit den Lehrern nach Guteneck. Wir, die Werwolfgruppe von Horst Baumgart, blieben weiter in Nabburg. Es gab noch einiges zu regeln, und wir hatten auch noch Zeit, denn die Amerikaner waren etwa fünfzig Kilometer entfernt. Ich hatte nichts Rechtes zu tun und lief ein bisschen an der Naab entlang. Da kam mir ein Verwundeter entgegen, dessen einer Arm auf einer Stützschiene lag. Der junge Krieger lief jedoch nicht in Richtung Süden, sondern nach Norden, also dahin, wo gekämpft wurde. Er sprach mich an und erzählte mir, dass er auf dem Wege zur Front sei. Gewiss, die militärische Lage sei schlecht, meinte er, aber es könne doch nicht alles umsonst gewesen sein. Er wolle nach Möglichkeit wieder gegen die Russen kämpfen und sich zur Ostfront durchschlagen. Ich hoffe, dass dieser verblendete Idealist sein Ziel nicht mehr erreicht hat.

An demselben Abend verließ ich noch einmal allein das Lager und ging im Dunkeln durch den Hohlweg hinter unserem Haus aufs freie Feld. Von weitem hörte ich dumpfe Geräusche. Irgendwo in der Ferne wurde anscheinend noch geschossen, und ich versuchte mir klar darüber zu werden, in welcher Situation wir uns jetzt befänden. In wenigen Tagen würden die Amerikaner in Nabburg sein. Daran bestand kein Zweifel mehr.

Wie würde das Leben weitergehen? Ich konnte mir das überhaupt nicht vorstellen. In den letzten Wochen hatte man das Gerücht verbreitet, die Amerikaner wollten alle deutschen Männer kastrieren, damit sie keine Kinder mehr zeugen und für soldatischen Nachwuchs sorgen könnten. Außerdem sollten die Deutschen nur noch Landwirtschaft betreiben und keine Fabriken mehr unterhalten dürfen. Diese Meldungen hörten sich recht bedrohlich an, und mir war gar nicht wohl zumute.

Am nächsten Tag lief ich allein nach Pfreimd, wo sich die Pukall-Werwolfgruppe in der Wallfahrtskirche inzwischen eingerichtet hatte. Unser Lagermannschaftsführer saß gerade an der Orgel und improvisierte etwas, als ich dort eintraf. Es machte ihm Spaß, sich auf der Orgel zu produzieren, auch wenn das alles nur dürftig war, was aus seinen Fingern herauskam. Meine Klassenkameraden zeigten mir stolz ihre Gewehre. Keiner schien Angst zu haben. Auch ich hatte keine Angst oder noch keine Angst. Es mangelte uns einfach an Phantasie, um uns die Gefahrensituation vor Augen führen zu können, in die wir uns als Werwölfe im Ernstfall begeben würden.

Im Hotel zur Post waren nur noch wenige Personen zurückgeblieben: Horst Baumgart, Tetje Baron, Heinz Glänzel und ich.

Heinz Glänzel, der sich erst an diesem Tag unserer Werwolfgruppe angeschlossen hatte, zählte schon fünfzehn Jahre und war kein Knabe mehr. Seine Abenteuerlust hatte ihn dazu verleitet, einige Tage vorher aus dem Lager auszubückeln und sich einer kleinen Infanterieeinheit anzuschließen, die sich auf dem Weg zur Front befand. Die Soldaten, so erfuhren wir von ihm, zogen ihm kurz entschlossen einen Uniformmantel an und hängten ihm ein Gewehr über die Schulter. Sein militärischer Einsatz blieb nur von kurzer Dauer. Ehe er auch nur ein einziges Mal sein Gewehr an die Schulter gelegt hatte, sah er sich plötzlich von amerikanischen Soldaten umstellt. Instinktiv riss er die Arme hoch und ließ sich von ihnen in einen Schuppen sperren. Die Amerikaner stellten einen Wachtposten davor, hatten aber nicht bemerkt, dass sich in der Hinterwand des Schuppens ein Loch befand, durch das sich ihr Gefangener hindurchzwängen konnte. Er tat das sehr bald, denn es fing bereits an dunkel zu werden, und so konnte er ungesehen entkommen. In der folgenden Nacht schlich er sich durch den Wald und gelangte wieder auf die deutsche Seite der Front. Jetzt hatte er vorerst keine Lust mehr, Soldat zu spielen. Er entledigte sich seines Uniformmantels und kehrte in unser Lager zurück. Damit gehörte er wieder zu uns.

Heinz Glänzel war froh darüber, sich unserer Werwolfgruppe anschließen zu können, denn er war nicht gerade darauf erpicht, sich in Gutenberg zurückzumelden. Er fürchtete zu Recht, dass unsere Lehrer nicht gut auf ihn zu sprechen sein würden, weil er sich, ohne ihnen etwas zu sagen, einfach abgesetzt hatte. Ich selbst passte nicht so recht zu ihm wie auch nicht zu Tetje Baron. Auf jeden Fall hatten die beiden mit mir nicht viel im Sinn und ich auch nicht mit ihnen. So blieb ich denn in unserer Gruppe isoliert. Da sich sonst niemand mehr im Lager aufhielt, lief ich weiter meist allein ziellos herum. Was wir eigentlich tun wollten, wusste ich ohnehin nicht. Es war daran gedacht, dass wir amerikanische Einheiten nach der Besetzung überfallen sollten. Wie aber sollte das vonstatten gehen? Mir war das überhaupt nicht klar. Ich hatte bisher nur mit einem Luftgewehr geschossen und wusste nicht einmal, wie man einen Karabiner lädt. Ich versuchte mir auch nicht auszumalen, wie unsere Aktionen ablaufen würden.

Am 16. April 1945 kam ich abends von einem Rundgang zurück und fand Horst Baumgart zusammen mit einer jungen Frau im Speiseraum. Die beiden saßen auf der Bank am Fenster und plauderten etwas merkwürdig miteinander. Irgendwann fing die junge Frau an, dem Hauptlagermannschaftsführer die Wange zu streicheln, und schließlich küsste sie ihn sogar darauf. Horst Baumgart zeigte sich überrascht und verzog dabei sein Gesicht zu einer merkwürdigen Grimasse. Er wirkte verlegen, schien aber doch ein wenig erfreut zu sein. Dann kam Tetje Baron dazu, und die beiden ließen wieder voneinander ab. Es wurde nur noch ein bisschen gealbert. Schließlich besorgten wir uns etwas aus der Küche zu essen.

Beim Abendbrot sahen wir wiederholt durchs Fenster nach draußen. Es befanden sich viele Menschen auf der Straße, die meisten auf der Flucht nach Süden. Es konnte nicht mehr lange dauern, bald mussten die Amerikaner eintreffen. Wir wollten aber erst am nächsten Tag in unseren Unterschlupf umziehen.

Schließlich verschwand Horst Baumgart mit der jungen Frau, die ihm so zugetan zu sein schien, kehrte aber bald allein zurück. Mit einem gewissen Stolz sagte er zu uns, er habe jetzt eine Freundin, und die würde in dieser Nacht bei ihm schlafen. Sie würde auch morgen mit in unseren Unterschlupf kommen. Dann streckte er mir unwillkürlich und anschließend Tetje die Hand hin. Wir mussten ihm ehrenwörtlich versichern, dass wir den anderen Jungs nichts von seiner Liebschaft erzählten. Eine Möglichkeit, seine Aufforderung auszuschlagen, hatten wir nicht.

Ich legte mich an diesem Abend in ein von der Straße abgelegenes Zimmer ins Bett, wachte aber schon zwei Stunden später wieder auf und hörte laute und anhaltende Motorengeräusche. Waren das schon die amerikanischen Panzer? Ich sprang auf, kleidete mich schnell an und ging auf den Flur. Da kam auch bereits Horst Baumgart aus seinem Zimmer. Er hatte sich erst die Hose angezogen und war noch dabei, sich das Hemd überzustreifen. Sofort zog er die Tür wieder hinter sich zu. Ich konnte aber noch den Wuschelkopf seiner Bettgenossin sehen. »Scheiße«, sagte er. »Die Amis sind ja schon da!« Wir gingen nach unten in den Speiseraum.

Vorsichtig schoben wir das Verdunkelungsrollo beiseite. Da sahen wir zu unserer Verblüffung keine amerikanischen, sondern deutsche Soldaten. Es waren also doch noch nicht amerikanische Panzer, sondern – wie wir beim Öffnen der Haustür merkten – amerikanische Flugzeuge, von denen die Motorengeräusche ausgingen.

Als wir aus dem Haus traten, hörten wir plötzlich das Heulen von Bomben und dann sahen wir einen Feuerschein. Was war passiert? Auf Klein-Venedig, den kleinen Vorort von Nabburg, hatten die amerikanischen Flugzeuge ein paar Bomben niedergehen lassen, wohl eigentlich zu früh, denn das Ziel dieses Angriffs sollte Schwandorf sein, wie am nächsten Morgen offenbar wurde. Obgleich es Nacht war, befanden sich viele Menschen auf der Straße: Soldaten, Flüchtlinge, Einheimische. Viele von ihnen strebten jetzt dem Feuerschein zu.

»Ich komme gleich«, sagte Horst Baumgart und lief noch einmal nach oben, um sich seine Uniformjacke anzuziehen. Dann gingen auch wir beide dem Feuerschein nach und sahen bald die brennenden Häuser auf dem jenseitigen Ufer der Naab. Die Feuerwehr war schnell zur Stelle. Die Feuerwehrmänner gebärdeten sich aber allzu aufgeregt und hatten dabei Schwierigkeiten, die Löscharbeiten sachgerecht auszuführen. Sie mochten das Löschen viele Male geprobt haben. Der Ernstfall erwies sich als etwas anderes. Sie ließen sich zum Teil die Spritzen von französischen Kriegsgefangenen aus der Hand nehmen, die das Metier besser beherrschten. Es war kein sehr großer Brand. Schon nach etwa einer halben Stunde schien das Feuer weitgehend unter Kontrolle zu sein.

Erst jetzt wurden wir auf dumpfe Detonationen aufmerksam, die aus größerer Entfernung zu hören waren. Auf Schwandorf, die kinderreichste Stadt in Deutschland, ergoss sich in dieser Nacht ein schlimmer Bombenhagel, der große Zerstörungen anrichtete. In Nabburg kehrte allmählich wieder Ruhe ein, und wir gingen zurück ins Hotel zur Post. Was Horst Baumgart machte, weiß ich nicht. Ich legte mich wieder ins Bett und schlief durch bis zum Morgen.

Am nächsten Tag fuhr vor unserem Lager ein Lastwagen vor. Ich sah, dass zwei Klassenkameraden auf der Ladefläche saßen, und dann stieg plötzlich auch noch Herr Meyer, unser Lagerleiter, aus dem Führerhaus. Er hatte, wie ich gleich erfahren sollte, den Wagen beschafft, um die restlichen Lebensmittel und Bekleidungen aus dem Lager zu holen und nach Guteneck zu befördern. Noch war Zeit dazu, und niemand wusste, was bevorstand.

Während der Lastwagen beladen wurde, entschloss ich mich spontan, die Werwolfgruppe zu verlassen und mit nach Guteneck zu fahren. Warum ich das tat, kann ich heute nicht mehr sagen. Wahrscheinlich hätte ich das auch damals nicht sagen können. Es war mir einfach plötzlich in den Sinn gekommen. Hatte mir der nächtliche Fliegerangriff die Gefahr, in der wir uns befanden, vor Augen treten lassen und so meinen Entschluss bewirkt, oder hatte mich vielleicht die sonderbare Liebschaft von Horst Baumgart mit der jungen Frau umgestimmt, die immer so widerlich lachte und die ich einfach nicht mochte?

Ich ging kurz entschlossen zu unserem Hauptlagermannschaftsführer und sagte zu ihm: »Ich fahre mit nach Guteneck!« Er reagierte ein wenig verdutzt, nickte aber nur kurz und drehte sich um.

Ich packte schnell ein paar Bekleidungsstücke in den braunen Koffer, mit dem ich seinerzeit nach Schellerhau aufgebrochen war, und krabbelte auf den Lastwagen, auf dem die beiden Klassenkameraden ihren Platz bereits wieder eingenommen hatten. Die sagten nichts, sondern grinsten mich nur an. Jetzt stieg auch Herr Meyer über die Seitenplanke, um auf dem Wagen noch einiges zurechtzurücken. Als er mich auf dem Boden sitzend entdeckte, sah er mich verwundert an.

»Du kommst mit uns?«, fragte er, und als ich das bejahte, nickte er zustimmend. »Das ist auch besser so!«

Mehr sagte er nicht, stapelte noch einige Kartons und Kisten übereinander und kletterte wieder hinunter. Dann verschwand er im Führerhaus, und der Wagen, mit Holzgas angetrieben, setzte sich in Bewegung.

In Guteneck wurde ich mit großem Hallo von den Klassenkameraden empfangen, und auch Dr. Käselau schien sich zu freuen. Dort angekommen, wartete jedoch schon ein anderes Abenteuer auf mich.

*

Frau Resch, Mollis Frau also, war gerade in Guteneck aus Schwandorf eingetroffen. Das Haus, in dem sie monatelang gewohnt hatte, war bei dem Bombardement auf die Stadt in der Nacht vorher zerstört worden. Hals über Kopf hatte sie die Stadt verlassen und war mit nur wenig Gepäck per Anhalter zu ihrem Mann geeilt. Molli wollte versuchen, noch einmal dorthin zu gelangen, um aus dem Keller verschiedene Sachen, die seine Frau dort abgestellt hatte, zu holen. Dafür brauchte er jemand, der ihm beim Tragen half.

»Willst du mitkommen?«, fragte er mich.

Warum er mich auswählte, weiß ich nicht. Es mag sein, dass ich ihm wegen meiner Freude am Singen immer ein bisschen näher als andere stand und er mir deshalb auch mehr als anderen vertraute. Ich erklärte mich selbstverständlich dazu bereit, mit ihm zu gehen, und so zogen wir denn beide frühmorgens am 20. April 1945 von Guteneck in Richtung Schwandorf los. Bis dahin mussten wir etwa dreißig Kilometer laufen und wir hofften, am Nachmittag dort zu sein.

Wir gingen meist Feldwege und – wenn möglich – am Waldrand entlang, um bei Tieffliegerbeschuss schnell unter den Bäumen des Waldes verschwinden zu können. Das sollte sich ein paar Mal auch als notwendig erweisen. Mehrmals flogen amerikanische Flugzeuge im Tiefflug über uns hinweg und feuerten auf alles, was sich bewegte. Es war noch recht früh, als wir sahen, dass drei Pferde etwa einhundert Meter von uns entfernt getroffen wurden und tot zu Boden stürzten.

»Heute hat der Führer Geburtstag. Da wollen die Amerikaner ihm ordentlich eins auswischen«, meinte Molli. Seine Treue zum Führer schien noch immer durch nichts zu erschüttern zu sein, auch nicht wenige Tage vor dem endgültigen Zusammenbruch.

Wir gingen nur selten nebeneinander. Das erschien uns als zu gefährlich. Hintereinander, unmittelbar am Rand des Waldes zu laufen, bedeutete, dass wir bei Fliegerangriffen noch schneller ausweichen konnten. Wir hatten daher kaum Gelegenheit, während dieses Marsches miteinander zu sprechen. Als Molli einige Meter vor mir ging, sah ich, wie seine Glatze hell in der Frühjahrssonne glänzte. Sie hatte anscheinend Gefallen an ihr gefunden, an dieser Glatze, die so oft Gegenstand lästernder Bemerkungen gewesen war, und dies auch weiter bleiben sollte. Zweimal machten wir unterwegs eine Pause, um etwas zu uns zu nehmen. Dafür hatten wir vorgesorgt, einige Scheiben Brot eingepackt und auch eine Thermosflasche mit Kaffee mitgenommen. Gegen 16 Uhr liefen wir auf die Straße zu, die, von Nabburg kommend, nach Schwandorf führte. Damit hatten wir unser Ziel schon fast erreicht. Kurz vor der Straße wurde gerade ein Schützenloch ausgehoben, gedacht für einen Panzerfaustschützen. Es sollte uns auf dem Rückweg besonders beschäftigen.

Auf der Straße zeigte sich ein reger Betrieb. Vor allem Militärfahrzeuge rasten in Richtung Süden. Wir hörten jetzt laute Detonationen, die von einem Munitionszug herrührten, der auf dem Bahnhof in Schwandorf stand und den die Amerikaner in Brand geschossen hatten.

Es knallte daher pausenlos. Als wir am Ortsschild anlangten, stießen wir auf Volkssturmmänner, die dabei waren, eine Panzersperre aus Balken und Planken zu errichten, wie das an vielen Ortseingängen damals geschehen ist. Man hoffte damit, die amerikanischen Panzer aufhalten zu können.

Die Panzersperren stellten für die Amerikaner kaum ein ernstes Hindernis dar. Sie wurden in der Regel schnell durchbrochen. Manchmal hatten die Volkssturmmänner sie so geschickt angelegt, dass die Panzer links oder rechts einfach vorbeifahren konnten.

Dass zu diesem Zeitpunkt überhaupt noch Anstrengungen gemacht wurden, den anrückenden Amerikanern Widerstand entgegenzusetzen, kann heute nur noch Kopfschütteln hervorrufen, denn die Amerikaner, Engländer und Russen hielten bereits mehr als zwei Drittel des Reichsgebietes besetzt. Es konnte doch wirklich nur noch einige Tage dauern, bis auch das letzte Drittel besetzt sein würde. Bei vielen Menschen funktionierte in dieser Situation der gesunde Menschenverstand nicht mehr. Was nicht wahr sein durfte, war eben nicht wahr, und so wurde immer wieder der größte Unsinn vollführt. Die Menschen waren allzu sehr darauf dressiert, gehorsam zu sein. Nicht das zu tun, was von oben verlangt wurde, galt als nicht ungefährlich, und Leute, die Weisungen erteilten, fanden sich bis zum letzten Kriegstag.

Wir gingen jetzt in die Stadt hinein. Molli kannte den Weg recht gut, hatte er hier doch häufig seine Frau besucht. Allerdings sah vieles jetzt nach den Zerstörungen in der vorletzten Nacht anders aus. Schwandorf wirkte auf mich wie die zerbombten Stadtteile in Hamburg, so wie ich sie im Frühjahr 1944 gesehen hatte. Auf den Straßen bemühten sich viele Menschen, Trümmer von den Fahrbahnen und Fußwegen zu entfernen. Plötzlich standen wir vor drei Särgen, die abzuholen man offenbar noch keine Gelegenheit gefunden hatte. Auf dem Bahnhof detonierte derweil weiter die in Brand geschossene Munition. Da tauchten mit einem Mal wieder Tiefflieger auf, so dass wir in Deckung gehen mussten. Es war nur eine kurze Unterbrechung. Wir konnten schnell weiterlaufen. Jetzt sahen wir auch, dass der Turm vom Kloster Kreuzberg etwas abbekommen hatte. Ein paar Ziegel waren vom Dach heruntergefallen.

Das KLV-Lager im Kloster hatte man vor einem Vierteljahr aufgelöst. Der klug vorausschauende Professor Steinvorth hatte frühzeitig gehandelt. Seine Schüler konnten rechtzeitig zu ihren Eltern zurückkehren.

Wir erreichten das Einfamilienhaus, in dem Mollis Frau zuletzt gewohnt hatte. Die Wohnräume waren völlig zerstört. Es standen nur noch ein paar Mauern aufrecht, lediglich der Keller war unbeschädigt geblieben. Wir waren froh, als wir durch ein

Fensterloch da hineingekrochen waren, denn wir hörten schon wieder das Dröhnen von Flugzeugmotoren. Es dauerte nicht lange und die Salven, die die Amerikaner mit ihren Bordwaffen abschossen, prasselten auf die Straße und gegen die Mauern einer Ruine, wenige Meter von unserem Keller entfernt.

Mir war nicht wohl zumute. In Gegensatz zu mir blieb Molli allerdings die Ruhe in Person. Er holte einen Zettel aus seiner Brieftasche, auf dem geschrieben stand, was er mitbringen sollte. Sorgfältig, geradezu akribisch genau, holte er anhand seiner Liste die Kleidungsstücke aus dem Schrank, nach denen seine Frau besonders verlangt hatte.

Er war hocherfreut, als er im Keller ein paar Eier in einer Schale entdeckte. Er nahm ein Ei heraus, stach mit einer Gabel ein Loch durch die Schale und schlürfte es aus. Er forderte mich auf, es ihm nachzutun. Mir war aber nicht danach, denn Hunger verspürte ich jetzt wirklich nicht. Außerdem empfand ich das, was er da vollführte, als unappetitlich, und schlug sein Angebot aus.

Ungefähr eine Stunde lang verbrachten wir in dem Keller. Dann hatten wir alles in unseren Rucksäcken verstaut. Das waren außer den Kleidungsstücken von Mollis Frau auch ein paar Konservendosen. Die standen eigentlich nicht mit auf dem Zettel und sie nahmen auch viel Platz weg. Die Erbsen und Bohnen in den Blechbehältern schienen Molli plötzlich wertvoller als Röcke und Blusen zu sein. Sie sollten den einen der beiden Rucksäcke allerdings recht schwer machen, wie wir gleich feststellten, aber was tut man nicht alles für das leibliche Wohl.

Als wir aus unserem Kellerloch herauskrabbelten, fing es schon an, dunkel zu werden. Inzwischen war es draußen ruhig geworden. Die amerikanischen Flugzeuge hatten sich entfernt, und auch vom Bahnhof her waren kaum Geräusche zu vernehmen. Nur vereinzelt hörten wir noch die Detonationen von Granaten und das Knallen von Patronen, die von dem in

214

Brand geschossenen Munitionszug herrührten. Wir beeilten uns, schnell aus dem Ort hinauszukommen.

Am Ortsausgang hatten die Volkssturmmänner noch immer damit zu tun, die Panzersperre zu errichten. Wie weit mochten die Amerikaner noch entfernt sein? Würden wir vielleicht auf sie zustoßen, wenn wir jetzt zurückliefen? War Guteneck vielleicht schon besetzt? Wir mussten mit allem rechnen.

Auf der Straße nach Norden in Richtung Nabburg war unverändert viel Betrieb zu beobachten. Wir bogen schon bald nach rechts ab, denn wir wollten wieder durch die Wälder zurücklaufen. Das erschien uns als der nächste und vor allem auch ungefährlichste Weg. Da passierte es, dass Molli sich einmal in die Büsche schlagen musste. Ich blieb solange auf dem Feldweg stehen.

Plötzlich hörte ich meinen Lehrer laut aufschreien und stöhnen. Was war geschehen? In der Dunkelheit hatte Molli nicht mehr klar erkennen können, wie es auf dem Boden aussah, und so war er denn genau in das Schützenloch gestolpert, das man erst am Nachmittag ausgehoben hatte. Ich lief zu ihm und versuchte ihm zu helfen, wieder aus dem Loch herauszukommen. Er wollte jedoch nicht gleich heraus, sondern brauchte ein bisschen Zeit, um sich von seinem Schrecken zu erholen.

Endlich war er bereit, sich aus der Vertiefung herauszuquälen. Als er wieder auf dem Boden stand, wirkte er sehr erschöpft. Ich schlug deshalb vor, dass wir die Rucksäcke tauschen sollten. Molli nickte mir zu. Er war damit einverstanden, und das bedeutete, dass jetzt ich den Rucksack tragen musste, der ein bisschen schwerer als der andere war, weil sich darin die Konservendosen befanden. Aber das größere Gewicht konnte ich gut bewältigen, und wir marschierten weiter zurück in Richtung Guteneck.

Je weiter wir uns von der Straße entfernten, umso stiller wurde es. Bald hörten wir kaum noch Geräusche. Da kam uns auf dem Waldweg plötzlich ein Mann entgegen. Er blieb stehen und fragte uns nach der Uhrzeit. An seiner Sprache konnten wir erkennen, dass er ein Ausländer war, vielleicht ein Jugoslawe, der sich als Fremdarbeiter in Deutschland aufhielt. Molli sagte, er hätte keine Uhr bei sich, und der Mann ging weiter. Ich verstand das gar nicht, denn mein Lehrer hatte doch eine Uhr! »Der wollte mir wahrscheinlich meine Uhr wegnehmen«, meinte Molli hinterher. Auf so etwas wäre ich von mir aus niemals gekommen, aber vielleicht hatte er recht. Wir stiefelten weiter und hatten jetzt Mühe, im Dunkeln den richtigen Weg zu finden. Plötzlich befanden wir uns zwischen mehreren Weihern. Der Pfad ging irgendwo zu Ende, und wir standen unmittelbar am Wasser. Tatsächlich hatten wir uns verlaufen und mussten umkehren, fanden aber den richtigen Weg schnell wieder. Gegen 23 Uhr wurden wir müde und entschlossen uns, ein wenig auf dem Waldboden auszuruhen, nachdem wir unser restliches Brot verspeist hatten.

Kaum hatten wir uns hingelegt, fing Molli auch schon an zu schnarchen. Ich selbst konnte überhaupt nicht schlafen und ärgerte mich über die Schnarchgeräusche meines Lehrers. Ich stieß ihn mit der Hand an.

»Hab' ich geschnarcht?«, fragte er. Er schlief aber gleich wieder ein und fing erneut an, unliebsame Geräusche zu verursachen.

Ich selbst konnte nicht schlafen und döste nur einfach vor mich hin. Nach etwa einer Stunde schlug Molli die Augen ein weiteres Mal auf. »Wollen wir weitergehen?«, hörte ich ihn jetzt sagen.

Mir war das nur recht, und so machten wir uns erneut auf den Weg und kamen gut voran. Die Sicht war besser geworden, denn der Mond schien jetzt hell. Gegen ein Uhr legten wir noch eine Schlafpause ein und marschierten danach bis zum anderen Morgen durch.

Um etwa sechs Uhr hatten wir Guteneck wieder erreicht, müde, aber doch zufrieden. Erleichtert stellten wir fest, dass die

Amerikaner den Ort noch nicht besetzt hatten. Ich legte mich sofort auf mein Strohlager in der Scheune und schlief bis zum Nachmittag durch.

*

Während ich meinen Schlaf nachholte, schafften andere Jungs die dreistöckigen Metallbetten aus unserem Schlafsaal in Nabburg mit einem Lastwagen herbei und stellten sie im ersten Stockwerk der Dorfschule in Guteneck auf. Diese Aktion bedeutete, dass wir künftig sogar wieder in Betten schlafen konnten, und zwar alle gemeinsam in einem Raum, Lehrer und Schüler. Das störte niemanden, wenngleich es schon ein Erlebnis besonderer Art war, Molli in der Unterhose zu erleben. Auch Duri, seine Frau, lief dort in einem merkwürdigen, uns fremden Aufzug herum.

Allerdings wurde es ein wenig eng, als sich auch noch Dr. Philippsen und einige Schüler aus seiner sechsten Klasse von der Oberschule Eilbek zu uns gesellten, die bislang in einem Lager in Schwarzenfeld in der Nähe von Nabburg gelebt hatten.

Gekocht und gegessen wurde außerhalb der Schule, in zwei Räumen eines früheren Kuhstalls. Die Kühe hatten den Stall sauber hinterlassen, und es stand uns darin ein richtiger Herd zur Verfügung.

Der frühere Kuhstall befand sich am Fuß der Anhöhe, auf dem das Dorf lag. Diese Lage war für uns nicht ungefährlich, denn in dem schmalen Tal konnten wir die Tiefflieger erst spät bemerken, wenn sie auf die Erde niedergingen. Besonders unsere Lehrer hatten Schwierigkeiten damit, sich schnell in Sicherheit zu bringen, wenn die Flugzeugmotoren plötzlich aufheulten. Sie und wir mussten tatsächlich ständig auf der Hut sein.

In Guteneck hielten sich seit einigen Tagen wieder mehrere Einheiten ungarischer Soldaten in der Umgebung auf. Was sie hier eigentlich zu suchen hatten, wussten wir nicht und sie vielleicht selbst nicht. Sie wollten einerseits nicht in russische Kriegsgefangenschaft geraten, sich aber andererseits auch nicht allzu weit von Ungarn entfernen und bewegten sich deshalb seit einiger Zeit hilflos im Kreis.

Einige von ihnen konnten gut Deutsch sprechen. Sie waren auf Hitler eingeschworen und gaben sich so, als ob sie noch an den Sieg der deutschen Truppen glaubten. Vermutlich taten sie das längst nicht mehr, fühlten sich aber nicht frei genug, um zu sagen, was sie wirklich dachten. Besonders stolz waren sie auf die Pferde, die sie mit sich führten und auf die sie uns auch mal klettern ließen.

Am 23. April 1945 beobachteten wir abends von unserem Fenster in der Dorfschule aus einen deutschen Offizier, der mit einem Scherenfernrohr auf den nahen Wald schaute. Was es Aufregendes zu sehen gab, vermochten wir nicht zu erkennen. Mit bloßem Auge konnten wir nichts Besonderes entdecken. Irgendetwas musste aber im Busch sein, denn der Offizier rief einem Feldwebel, der nicht weit von ihm entfernt stand, mehrmals etwas zu, und der nickte dann auffällig zurück. Plötzlich stiegen die beiden deutschen Soldaten in ihr Fahrzeug und fuhren schnell davon. Was war geschehen? Die Amerikaner mussten sich schon in großer Nähe befinden. Daran bestand kein Zweifel. Waren sie vielleicht schon in Nabburg eingezogen?

Wir hätten gern gewusst, wie es jetzt bei uns weitergehen würde. An diesem Abend geschah aber nichts mehr. Es hieß nur, dass die Ungarn plötzlich verschwunden seien.

Am nächsten Morgen, als wir alle noch in den Betten lagen, schreckte uns ein Mitschüler mit dem Ruf auf: »Die Amis kommen!«

Ich konnte von meinem Bett aus nach draußen sehen. Tatsächlich! Da kamen zwei Panzer und drei andere Militärfahrzeuge auf den Ort zugefahren. Ihnen folgten zahlreiche amerikanische Soldaten zu Fuß und in geduckter Haltung. Sie hielten Gewehre oder Maschinenpistolen in ihren Händen. Ich konnte auch sehen, dass mit einem Mal überall aus den Häusern weiße Fahnen heraushingen. Es war verblüffend, wie schnell sich die Ankunft der Amerikaner herumgesprochen hatte und die Einheimischen darauf reagiert hatten. Das einzige Haus ohne weiße Fahne war anscheinend die Dorfschule, in der wir uns eingenistet hatten. Von uns hatte keiner daran gedacht, dafür zu sorgen, dass wir als friedliche Zivilisten erkennbar wurden.

Mag sein, dass die fehlende weiße Fahne die Amis veranlasste, als Erstes zu uns ins Haus zu kommen. Vielleicht hatte uns auch jemand denunziert. Wir hörten, dass die Haustür aufgestoßen wurde, und dann vernahmen wir polternde Schritte. Es kam jemand die Treppe hoch. Plötzlich öffnete sich die Tür zu unserem Schlafraum, nur einen Spalt breit, und der kurze Lauf einer MP wurde hindurchgeschoben. Dann wurde die Tür weit aufgestoßen. Ich sah zwei Amerikaner, einen Weißen und einen Farbigen, die ihren Helm tief ins Gesicht gezogen hatten.

Die beiden Amis guckten ein bisschen erstaunt, als sie uns, Lehrer und Schüler, entdeckten, die meisten noch in der Unterhose.

»These are the boys of our school«, sagte Dr. Käselau. »Sprechst du Englisch?«, fragte der weiße Amerikaner im gebrochenen Deutsch. »Only a bit«, bekam er zur Antwort.

Dr. Käselau vermied es in diesem Augenblick, seine guten Englischkenntnisse zu erkennen zu geben. Er fürchtete, wie er uns später dazu erklärte, eventuell als Dolmetscher verpflichtet zu werden.

Der weiße und der farbige Amerikaner hielten uns anscheinend für ungefährlich und machten Anstalten, die Treppe wieder hinunterzugehen.

»It stanks here!«, gab der eine noch von sich.

Er hatte mit dieser Bemerkung recht. Er stand nämlich gleich neben unserer Toilette, und die wurde von uns nicht immer so verlassen, wie sich das eigentlich gehörte, bei zahlreichen Jungs im Alter von dreizehn und vierzehn Jahren vielleicht nichts Ungewöhnliches.

Als wir etwas später zu unserem Kuhstall liefen, um zu frühstücken, bemerkte ich an einer Hauswand einen Anschlag, den die Amerikaner dort inzwischen angebracht hatten. Darauf war im Einzelnen aufgeführt, wie wir Deutsche uns jetzt nach der Besetzung zu verhalten hätten, insbesondere zu welchen Zeiten wir auf der Straße verweilen dürften, aber auch, dass wir uns strikt an die Weisungen der Militärregierung zu halten hätten. Mich störte der Befehlston, in dem die Anweisungen gehalten waren. Das klang nicht sehr freundlich und schien mir nicht damit übereinzustimmen, dass sich die Amerikaner auf diesem Anschlag als Befreier bezeichneten. Ganz unten, vom Text abgesetzt, las ich den Namen des Oberbefehlshabers der Alliierten Streitkräfte – Dwight D. Eisenhower.

Die Amis zogen weiter und ließen das Dorf unbesetzt. Stattdessen kamen noch einmal drei versprengte deutsche Soldaten zu uns in den Küchenraum, als dort gerade Frau Meyer, die Ehefrau unseres Lagerleiters, unser Mittagessen vorbereitete. Sie hatte inzwischen die Aufgabe übernommen, für uns zu kochen. Die drei Männer in ihren grünen Uniformen wussten nicht so recht, was sie mit sich anfangen sollten. Sie hatten eigentlich gehofft, in Guteneck ihren Kompanieführer zu treffen, der sich dort aufhalten wollte, die Verabredung aber nicht eingehalten hatte. Sie baten uns, nach ihm in einem bestimmten Haus zu fragen, und wir taten ihnen den Gefallen. In dem Haus wurde uns jedoch gesagt, der Hauptmann sei dort gar nicht anwesend. Vermutlich hatte der den Krieg bereits für sich als beendet betrachtet, seine Leute aber noch weitermachen lassen.

Die drei Männer bekamen von Frau Meyer noch schnell mit der Gabel ein paar Bratkartoffeln in den Mund geschoben. Dann verschwanden sie, vorsichtig um sich schauend, im nahen Wald. Es war das letzte Mal, dass wir bewaffnete deutsche Soldaten sehen sollten.

Beruhigend war für uns, dass wir uns jetzt nicht mehr vor Tieffliegern verstecken mussten. Diese Angriffe waren sehr unangenehm und wirklich nicht ungefährlich gewesen.

Die Lehrer überlegten, wie sie unter den jetzigen Lebensbedingungen vielleicht wieder mit dem Unterricht beginnen könnten. Aber das war nun gar nicht in unserem Sinne. »Die haben merkwürdige Einfälle!«, meinten wir. Nach Mathematik- und Englischunterricht war uns jetzt bestimmt nicht zumute. Wir hatten eigentlich nur den einen Wunsch: Wir wollten möglichst bald nach Hamburg zurückkehren. Hier in Bayern hatten wir nichts mehr verloren.

Aber der Krieg war noch gar nicht zu Ende! Die Engländer – das erfuhren wir aus den Nachrichten – hatten unsere Heimatstadt noch gar nicht besetzt. Notgedrungen mussten wir also in Bayern weiter ausharren.

Vor unserem Kuhstall lagen fein säuberlich aufgereiht ein paar Baumstämme, die man kurz vor unserer Ankunft in Guteneck dort zusammengetragen hatte, und als wir in diesen Tagen einmal darauf saßen und in die Sonne blinzelten, entdeckten wir im gegenüberliegenden Wald ein paar russische Soldaten, die Gewehre bei sich führten. Die Amerikaner hatten sie aus dem Gefangenenlager befreit, und irgendwie waren sie schnell in den Besitz von Schusswaffen gelangt. Die Russen stellten für uns aber keine Gefahr dar. Wie wir beruhigend feststellten, schossen sie im Wald nur auf Wild.

Aber nicht nur wir beobachteten die befreiten Gefangenen, sondern sie anscheinend auch uns und sahen dabei zu, wie einige von uns Jungs alte Nazi-Propagandaschriften im Stroh versteckten. Niemand von den Lehrern und Schülern hatte sich getraut, die inzwischen zweifelhaft gewordene Literatur wegzuwerfen, vielleicht nur deshalb nicht, weil die Bücher und Broschüren noch recht neu aussahen.

Es kann eigentlich nur so gewesen sein, dass die Russen den Amerikanern ihre Beobachtung gemeldet hatten. Auf jeden Fall kreuzten plötzlich zwei Jeeps mit mehreren amerikanischen Soldaten auf, und die fingen sofort an, das Stroh im Stall zu durchsuchen.

Sie wurden schnell fündig. Die Nazi-Schriften lagen mit einem Mal offen auf dem Boden herum, einige mit einem Hitlerbild auf der Titelseite. Die Amis schauten sehr böse drein. Unsere Lehrer, die alle bis auf Molli gut Englisch sprechen konnten, versuchten sie zwar von unserer Harmlosigkeit zu überzeugen, stießen aber auf anhaltende Skepsis. Schließlich wurde uns bedeutet, dass wir nach Nabburg zur Kommandantur gebracht werden sollten.

Herr Meyer erhielt von einem Sergeanten den Auftrag, uns Jungs zu zählen. Das Kaugummi, auf dem der Mann dabei herumbiss, machte jedoch seine Aussprache undeutlich. Unser Lagerleiter verstand daher die Anweisung »Count« zunächst überhaupt nicht. Er blieb einen Augenblick unschlüssig stehen, bis ihn der Amerikaner schließlich anbrüllte. Dann erst wurde ihm klar, was der Mann mit dem Helm auf dem Kopf von ihm wollte, und er fing nun endlich an, uns Jungs, die wir in Dreierreihen aufgestellt dastanden, auf Englisch laut und vernehmlich zu zählen: »One, two, three ...«

Die Lehrer sowie die fußkranken oder sonst irgendwie behinderten Schüler durften sich auf die beiden Jeeps setzen. Es war erstaunlich, wie viele von uns sich als behindert ansahen, aber ebenso wie viele Personen auf den Jeeps Platz fanden. Alle gingen leider nicht auf die Fahrzeuge, und ich gehörte zu denen, die den Weg zu Fuß zurücklegen mussten.

Wir waren wohl zwölf Jungs, die jetzt hintereinander in einer Reihe marschierten, vorn und hinten jeweils von einem Amerikaner begleitet, die beide eine Maschinenpistole mit sich führten. Die zwei Soldaten trieben uns zur Eile. Zunächst konnten wir noch in schnellem Schritttempo gehen, sollten uns dann aber im Laufschritt fortbewegen.

Eigentlich verspürten wir gar keine Lust zum Laufen. Doch das änderte sich bald, denn mit dabei war auch Klaus Poggensee, unser schnellster Läufer. Einmal in Gang gekommen, fühlte der sich zu einem Wettlauf ermuntert. Er lief zunächst neben unserem vorderen Bewacher her, forcierte dann das Tempo und war ihm dann ein paar Schritte voraus. Das ging dem Mann aus Texas – oder woher der auch immer gekommen sein mochte – wohl gegen die Ehre, denn auch der wurde jetzt schneller und versuchte, Klaus Poggensee wieder einzuholen. Da er lange und schwere Schnürstiefel trug und ja außerdem seine schwere Maschinenpistole über der Schulter hängen hatte, bereitete ihm das einige Mühe. Es gelang dem großen und kräftigen Mann aber schließlich doch, sich trotz seiner Laufbehinderung wieder an Klaus Poggensee heranzuarbeiten. Wir anderen Jungs ließen uns bei diesem Wettlauf mitreißen. Mit einem Mal liefen wir alle so schnell, wie wir konnten, und natürlich auch unser zweiter Bewacher.

Die beiden Amis grinsten jetzt. Es machte ihnen anscheinend Spaß, mit uns Jungs zu wetteifern, und wir fühlten uns gar nicht mehr bewacht. Schließlich lachten alle, unsere bewaffneten Begleiter und wir dreizehn- und vierzehnjährigen Jungs. Das ging eine ganze Zeit so, dann waren alle aus der Puste. Der eine Amerikaner klopfte dem Schnellläufer Klaus Poggensee anerkennend auf die Schulter. Jetzt konnten wir wieder in normalem Schritttempo gehen, die einen mehr auf der rechten, die anderen mehr auf der linken Seite. Als aber Nabburg in Sicht kam, wurden unsere Bewacher wieder sehr ernst. Wir mussten jetzt wie vorher streng in einer Reihe marschieren, vorn und hinten flankiert von den beiden Amerikanern.

Als wir in den Ort hineinkamen, bemerkten wir viele Leute, die auf der Straße standen und ein wenig verächtlich auf uns schauten. Wir hatten uns ja bei den Bayern unbeliebt gemacht, und die freuten sich jetzt offensichtlich, dass wir abgeführt wurden. Es war fast wie ein Spießrutenlauf, als wir, von höhnischen

223

Zurufen der Einwohner begleitet, durch die Straßen liefen. Der Weg führte uns zum Postgebäude, in dem sich die amerikanische Kommandantur eingerichtet hatte. Dort angekommen, forderten uns unsere Bewacher auf, uns an die Mauer zu stellen. Diese Aufforderung wirkte bedrohlich. Ich fürchtete schon, die Soldaten würden uns jetzt erschießen. Da verließ plötzlich ein amerikanischer Offizier das Postgebäude und sagte etwas zu einem unserer Bewacher. Der lachte sofort laut auf und rief dann an uns gerichtet:

»Nach Hause!«

Im ersten Augenblick guckten wir nur verblüfft. Dann aber entlud sich bei vielen der Zorn. Einige fingen richtig an zu schimpfen und zeigten den Amerikanern einen Vogel. Was sollte das alles? Neun Kilometer hatten wir in schnellem Tempo zurücklegen müssen, hatten eben noch das Schlimmste befürchtet und sollten jetzt sofort wieder umkehren.

Es gab dafür eine einfache Erklärung. Unsere Lehrer, mit den Jeeps natürlich längst vor uns in Nabburg eingetroffen, hatten dem Kommandanten bereits über eine Stunde lang Rede und Antwort gestanden und dabei offenbar überzeugend dartun können, dass wir lediglich Schüler Hamburger Oberschulen seien, die man wegen der Fliegerangriffe aus Hamburg nach Bayern verschickt hätte. Hitlerjungen seien wir zwar auch gewesen, aber dazu hätte man uns wie alle anderen deutschen Jungen verpflichtet gehabt. Den Amerikanern wurde dabei auf jeden Fall klar, dass wir keinerlei Gefahr für sie darstellten und als harmlos eingestuft werden konnten.

Die Verhöre unserer Lehrer und Mitschüler waren gerade zu Ende gegangen, als wir, die Jungs in der zu Fuß nach Nabburg gelangten Gruppe, uns an der Mauer aufstellten. Es erschien nicht mehr nötig, auch uns noch zu befragen, und so konnten wir dann gleich wieder umkehren.

Es sah zunächst so aus, als ob wir im Gegensatz zu den Lehrern und den »lädierten« Altersgenossen auch wieder zurücklaufen mussten. Wir hatten jedoch eben Nabburg verlassen, als plötzlich ein Jeep angerast kam und die drei darin befindlichen Amerikaner uns aufforderten, mit aufzusitzen. Das klappte ohne Schwierigkeiten. Mit fünfzehn Personen saßen wir auf dem Fahrzeug, wo es auch immer möglich erschien, auf den Sitzen, den Seitenrändern und auf dem Kühler. Im schnellen Tempo fuhren wir zurück. Wir waren heilfroh, als wir uns in Guteneck alle unversehrt wieder zusammengefunden hatten. Selten hat uns ein Abendbrot so gut geschmeckt wie nach diesem unfreiwilligen Ausflug nach Nabburg.

Wir konnten im Rundfunk weiter Nachrichten von deutschen Sendern aus Gebieten hören, die die Alliierten noch nicht besetzt hielten. So erfuhren wir denn, dass Hitler angeblich an der Front als kämpfender Soldat gefallen und Großadmiral Dönitz neues Staatsoberhaupt geworden sei.

Unsere Lehrer rückten nun auffällig von Hitler ab. Ihren Gesinnungswandel nahmen wir mit zwiespältigen Gefühlen auf. Wenn sie wenigstens gesagt hätten, dass sie auf den Führer hereingefallen wären. Sie taten aber eher so, als hätten sie immer schon gewusst, wer der Mann gewesen sei, der in Deutschland zwölf Jahre auf schlimmste Weise geherrscht hatte.

Nur Molli sagte gar nichts zum schmählichen Ausgang des Krieges und dem Zusammenbruch des Hitlerreiches. Er konnte das alles überhaupt nicht fassen und starrte nur stumm vor sich hin.

Erst jetzt erfuhren wir auch, was sich in den deutschen Konzentrationslagern zugetragen hatte. Wirklich begreifen konnten wir das nicht. Manches von dem, was im Rundfunk erzählt wurde, wirkte einfach unglaubwürdig, obgleich sich später herausstellen sollte, dass die furchtbaren Meldungen, die uns jetzt erreichten, noch gar nicht die volle Wahrheit darstellten. Das ganze Ausmaß der Verbrechen Hitlers wurde uns erst sehr viel später bewusst.

Die Nachricht vom Schweigen der Waffen am 8. bzw. 9. Mai 1945, die noch einmal in einem pathetischen Wortlaut über den deutschen Rundfunk verbreitet wurde, konnte uns nicht mehr beeindrucken. Dass wir Deutsche den Krieg verloren hatten, wussten wir ja schon seit einiger Zeit. Wie aber sollte es jetzt weitergehen? Das war die Frage, die uns beschäftigte. Wie konnten wir nach Hamburg zurückgelangen? Es ließ sich absehen, dass es sicherlich noch lange dauern würde, bis Eisenbahnzüge wieder fahren könnten. Für unsere Lehrer stellte sich jetzt das Problem, dass unsere Essvorräte zu Ende gingen. Lange konnten wir so nicht mehr weiterleben, und deshalb kam Herrn Meyer die Idee, wir Jungs könnten vielleicht bei den Bauern in der Umgebung arbeiten und dafür beköstigt werden. Wir sollten das einfach erproben. Einige von uns suchten sogleich die Höfe in der Umgebung auf und fragten dort nach, ob man sie nicht als Hilfskräfte gebrauchen könnte. Meist klappte das, denn zu tun gab es in dieser Jahreszeit in der Landwirtschaft genug, und den Bauern machte es natürlich keine Schwierigkeiten, als Gegenleistung uns Jungs zu beköstigen. So viele Höfe gab es aber in der Umgebung nicht, dass für uns alle eine Stelle als Hilfskräfte gefunden werden konnte. So musste also auch nach anderen Lösungen Ausschau gehalten werden.

*

Harald Ring und ich erinnerten uns, dass sich Emma, unser GD-Mädchen in Nabburg, um uns beide besonders gekümmert hatte. Vielleicht lag die auffällige Zuwendung, die wir von ihr erfuhren, einfach daran, dass wir beide recht klein waren. Das mag ihren Fürsorgeinstinkt uns gegenüber mehr als bei den Mitschülern aktiviert haben. Bei einigen von ihnen erregte es manchmal ein wenig Neid, wenn Emma abends extra zu uns ans Bett kam, um uns »Gute Nacht« zu sagen. Wir selbst, Harald und ich, ließen uns das natürlich gern gefallen.

Emmas Eltern besaßen einen kleinen Bauernhof in Erbendorf im Fichtelgebirge. Das wussten wir, und Emma war längst dahin zurückgekehrt. Wir nahmen uns vor, sie jetzt einfach aufzusuchen. Sie würde es schon regeln, meinten wir, dass wir bei ihren Eltern wohnen und dafür auf deren Hof arbeiten könnten. Kurz entschlossen trafen wir unsere Vorbereitungen, nähten uns Rucksäcke aus Wolldecken, stopften da hinein, was wir glaubten unterwegs brauchen zu können, und machten uns auf den Weg.

Unsere Lehrer hatten keine Bedenken gegen unseren Plan, sondern waren sogar froh, künftig zwei Esser weniger zu haben. Die Frage, dass wir in Erbendorf vielleicht gar nicht willkommen wären und dann weiter nach Hamburg marschieren müssten, dass uns möglicherweise auf den Straßen Unheil widerfahren könnte, stellte sich weder ihnen noch uns. Diese Gleichgültigkeit war das Ergebnis der Kriegswirren. Planen ohne jedes Risiko konnte man in dieser Zeit überhaupt nicht. Jeder musste eben sein Glück versuchen.

Im Übrigen waren wir auch gar nicht die Ersten, die sich damals auf die Wanderschaft begaben. Unsere beiden Werwolfgruppen hatten sich schon längst auf den Weg nach Hamburg gemacht. Gott sei Dank hatten auch sie im letzten Augenblick Angst vor der eigenen Courage bekommen und ihre Waffen weggeworfen bzw. gleich nach der Besetzung bei den Amerikanern abgegeben. Was sollten sie jetzt tun? Sollten sie vielleicht nach Guteneck laufen, wo sich das Gros der Lagermannschaft und auch unsere Lehrer befanden? Danach war ihnen nicht zumute. Da sie sich bereits vorher schon abgesetzt hatten, fühlten sie sich in ihrer Entscheidung völlig frei und zogen in kleinen Gruppen von dannen. Einige wanderten bereits nach Norden, als dort noch gekämpft wurde. Es versteht sich, dass sie später abenteuerliche Geschichten erzählen konnten.

Harald und ich hatten bis Erbendorf etwa neunzig Kilometer zurückzulegen. Das war gut in zwei Tagen zu schaffen. Wir stiefelten am 15. Mai 1945 los und legten ein schnelles Tempo vor. Wir wollten am ersten Tag mehr als die Hälfte der gesamten Strecke schaffen. Auf der Landstraße waren viele Menschen zu Fuß unterwegs, vor allem die deutschen Soldaten, die die Amerikaner sofort nach der Gefangennahme entlassen hatten oder die, die sich aus dem Gefangenenlager einfach davongemacht hatten. Hin und wieder wurden wir von amerikanischen Posten angehalten. Sie ließen uns aber anders als bei unserem späteren Marsch nach Hamburg ungehindert weiterlaufen. In Neustadt hinter Weiden in der Oberpfalz meinten wir, dass es für den ersten Tag genug sei. Wir hatten bis dahin stolze fünfundfünfzig Kilometer geschafft.

Eine junge Frau, Mutter von zwei kleinen Töchtern, war sofort bereit, uns zu beherbergen. Sie gab uns zu essen und bezog auch zwei Betten für uns, die unbenutzt in ihrer Wohnung standen. Sie erzählte uns, dass noch in den letzten Kriegstagen ein amerikanischer Pilot auf sie geschossen hätte, als sie gerade aus dem Fenster schaute. Der Schock saß ihr noch in den Gliedern. Was wäre aus ihren Kindern geworden, wenn der Amerikaner sie getroffen hätte, sorgte sie sich. Ihr Mann befand sich wahrscheinlich irgendwo in der Kriegsgefangenschaft. Sie hatte seit Monaten nichts mehr von ihm gehört.

Am nächsten Morgen gelang es uns nicht, in demselben Tempo wie am Vortage weiterzulaufen. Wir hatten beide Blasen an den Füßen und taten uns schwer, damit voranzukommen. Zusätzlich belastete uns, dass die Sonne an diesem Maitag schon recht heiß schien. So brauchten wir für die restlichen fünfunddreißig Kilometer fast so viel Zeit wie für die fünfundfünfzig Kilometer, die wir am Vortage hinter uns gebracht hatten.

Als wir uns Erbendorf näherten, sahen wir voll Neid, dass an dieser Stelle schon wieder in der Naab gebadet wurde. Die

Menschen plätscherten im Fluss, wie sie es wohl immer getan hatten. Allerdings bemerkten wir auch, dass sich die deutschen Frauen und Mädchen auf der Wiese am Flussufer von amerikanischen Soldaten umwerben ließen. Dieses Verhalten missfiel uns. Wir meinten, solange die Freunde, Ehemänner, Brüder und auch Söhne noch in der Kriegsgefangenschaft seien, würde sich so etwas verbieten.

Am Nachmittag erreichten wir den Bauernhof, auf dem Emma lebte. Wir hatten die naive Vorstellung, ihre Eltern würden uns mit offenen Armen empfangen. Die waren aber alles andere als begeistert, als wir ihnen unsere Pläne unterbreiteten. Unglücklicherweise hielt sich Emma selbst gar nicht zu Hause auf. Sie lag im Krankenhaus und hatte sich vor drei Tagen den Blinddarm herausnehmen lassen. Ihre Schwester Elfriede brachte uns zunächst einmal zu ihr in die Klinik.

»Schau her!«, sagte Emma, als wir plötzlich in der Tür standen, und sie redete sofort auf Elfriede ein, dass ihre Eltern uns doch beherbergen möchten. »Das geht schon«, sagte sie nachdrücklich gegen die vorsichtig angemerkten Bedenken der Schwester.

Emma wirkte ein bisschen hilflos und unglücklich, als sie so dalag. Sie war ja nun ans Bett gefesselt und konnte unmittelbar selbst keinen Einfluss auf ihre Eltern nehmen.

Als sich Elfriede verabschiedet hatte, ließ sie sich von uns erzählen, wie es in Nabburg beim Einmarsch der Amerikaner zugegangen sei. Wir hatten das zwar selbst nicht miterlebt, inzwischen aber von anderen erfahren, dass nicht viel gefehlt hätte, und der Ort wäre von den Amerikanern völlig zusammengeschossen worden.

Ihre Panzer waren in großer Zahl auf die kleine Stadt zugefahren. Als sie die Brücke erreicht hatten, die über die Naab führte, blieben sie zunächst stehen, denn auf der anderen Seite des Flusses spielte sich ein sonderbares Schauspiel ab. Dort standen zwei SS-Männer im Streitgespräch mit zwei Einheimischen. Es war alles für die Sprengung der Brücke vorbereitet, und es musste nur auf den Knopf gedrückt werden. Die SS-Männer wollten die Sprengung auf jeden Fall durchführen, die zwei Nabburger sie auf jeden Fall verhindern. Tatsächlich hätte die Sprengung den Vormarsch der Amerikaner noch ein wenig verzögern können. Die beiden Einheimischen wussten aber natürlich, was die Sprengung der Brücke für die Stadt bedeuten würde, nämlich ihre völlige Zerstörung.

Schon richteten die Panzer, die auf der Straße am Fluss entlang in einer langen Reihe der Stadtmauer gegenüberstanden, ihre Rohre unmittelbar auf die Häuser, als die beiden SS-Männer plötzlich das Weite suchten. Die Sprengsätze wurden schnell entschärft, und die ersten Panzer konnten über die Brücke rollen.

Die kleine Verzögerung hatte es immerhin ermöglicht, dass eine Kommandoeinheit der Wehrmacht, die in Nabburg Station bezogen und das Anrücken der Panzer regelrecht verschlafen hatte, mit einem LKW noch schnell entweichen konnte.

Emma wollte uns in ihrer Hilflosigkeit wohl etwas Gutes tun, wusste aber nicht wie. Da schob sie ein bisschen ihre Bettdecke beiseite und sagte:»Schaut her!« und wir durften einen kurzen Blick auf ihre Blinddarmnarbe werfen.

Als wir zurück zu ihren Eltern kamen, waren die mit einem Mal freundlich und führten uns in das Zimmer, in dem wir schlafen sollten.

In Erbendorf gab es für uns tatsächlich nicht viel zu tun. Emmas Eltern hatten nur zwei Kühe und die waren schnell versorgt, aber auch auf dem Feld fiel in diesen Wochen kaum Arbeit an. Wir hatten daher viel freie Zeit zur Verfügung.

Natürlich freuten wir uns, als Emma nach ein paar Tagen aus dem Krankenhaus entlassen wurde. Ins Elternhaus zurückgekehrt, schlief sie manchmal sogar mit uns in ein und demselben Zimmer, und als wir einmal alle drei in unseren Betten lagen, erzählte sie uns, dass sie sich große Sorgen machte. Ihr Vater hätte sich 1938 an der Vertreibung der Juden aus dem Ort beteiligt, und auch sie selbst hätte als Elfjährige zusammen mit ihrem älteren Bruder, der sich jetzt in Amerika in Kriegsgefangenschaft befände, mit Steinen nach den Juden geworfen, als die sich anschickten, die Stadt zu verlassen. Sie witterte jetzt Gefahr für ihre Familie. Was würde passieren, wenn die Juden zurückkämen?

Wir blieben etwa vierzehn Tage in Erbendorf, dann gab uns Emma zu verstehen, dass ihre Eltern uns nicht mehr länger bei sich behalten wollten. Es überraschte uns nicht. Wir hatten längst damit gerechnet, bald in Richtung Hamburg weiterziehen zu müssen. Warum auch nicht? Irgendwie würden wir schon nach Hause kommen.

Von der amerikanischen Kommandantur in Erbendorf ließen wir uns einen Passierschein ausstellen, der allerdings nur bis Bayreuth gelten sollte. Auf meinem stand:

Permission is granted to the bearer of this certificate
Mr. Norbert Michaelis –
to travel to his home Bayreuth.
Erbendorf, June 1945
The Mayor

Wir packten die paar Sachen, die wir mitgenommen hatten, wieder in unsere Rucksäcke und brachen gleich am nächsten Morgen um sechs Uhr auf. Es war der 1. Juni 1945. Emma begleitete uns bis zum Ortsausgang. Dort blieb sie eine Weile stehen. Als der Weg eine Biegung machte, sahen wir uns noch einmal um. Emma winkte uns zu, und wir winkten ihr zurück. Dann ging es schnell weiter in Richtung Norden.

Ich habe Emma nie wiedergesehen und ihr auch nicht geschrieben. Ihre Gutwilligkeit und Hilfsbereitschaft ist mir aber bis heute in guter Erinnerung geblieben. Später musste ich erfahren, dass ihr ein schweres Schicksal beschieden gewesen sein soll. Es hieß, sie hätte irgendwann ein uneheliches Kind bekommen. Ihr »sündhaftes Verhalten« hätten ihr jedoch die streng katholischen Bewohner ihres Heimatortes nicht verziehen. Sie sei – so wusste man später zu berichten – immer wieder schweren Anfeindungen ausgesetzt gewesen.

Allein zurück nach Hamburg im Juni 1945

Wir hatten noch mehr als siebenhundert Kilometer vor uns und gingen davon aus, dass wir die Strecke überwiegend zu Fuß gehen mussten. Natürlich hofften wir, auf dem langen Weg hin und wieder von einem Fahrzeug mitgenommen zu werden. Über die Beschwerlichkeiten, die uns bevorstanden, machten wir uns aber keine Gedanken und waren voller Zuversicht. Die nächste größere Stadt, die wir ansteuerten, sollte Bayreuth sein. Aber bis dahin konnten wir es an einem Tage nicht schaffen. Wir mussten sehen, wie weit uns unsere Füße tragen würden. Es war ein sonniger Tag, aber nicht zu heiß, und so kamen wir gut voran.

Unterwegs holte uns ein deutscher Soldat ein, der aus einem Gefangenenlager entflohen war. Er marschierte eine Zeit lang mit uns. Da er keine Entlassungspapiere besaß, musste er immer auf der Hut vor amerikanischen Posten sein. Mit einem Mal holte uns ein LKW ein. Der Wagen hielt plötzlich an. Wir dachten schon, nun sei es um den deutschen Soldaten geschehen.

Es war kein amerikanisches, sondern ein englisches Fahrzeug, wie wir an dem Hoheitsemblem auf der Seitentür erkennen konnten. Warum sollten sich die Engländer anders als die Amerikaner verhalten? Aber der Tommy, der aus der Führerkabine stieg, wollte keine Entlassungspapiere sehen, sondern fragte unseren Begleiter nur, ob er seine Uhr gegen Zigaretten eintauschen wollte.

Ein solcher Handel wäre für den deutschen Soldaten ein schlechtes Geschäft gewesen. Was aber sollte er tun? Er musste fürchten, dass er sich gegen das ungünstige Angebot kaum sträuben konnte. Schließlich stand er einem Sieger gegenüber, und er selbst hatte nicht einmal Entlassungspapiere. Da verfiel er auf einen Trick. Er löste blitzschnell die Kette von der Taschenuhr und zog sie aus der Uhrtasche seiner Hose heraus. Der Tommy merkte nicht, dass er hinters Licht geführt wurde. Er sah die frei herunterhängende Kette und nahm an, dass der Deutsche tatsächlich keine Uhr besäße. Er setzte eine Miene des Bedauerns auf, nickte uns beiden Jungs mit einem Anflug von Freundlichkeit zu, stieg wieder in sein Fahrzeug und raste davon. Mit dem geflohenen Soldaten gingen wir noch ein paar Stunden zusammen. Dann zog er allein in eine andere Richtung weiter.

Wenig später erfuhren wir, dass drei Jungs aus Nabburg, die sich ebenfalls auf den Weg nach Hamburg gemacht hatten, dort erst vor einer halben Stunde vorbeigekommen seien, wo wir uns jetzt befanden. War es vielleicht Franz Laabs, der damals mit zwei jüngeren Schülern aus der Klasse von Dr. Philippsen unterwegs war? Natürlich versuchten wir, die drei noch einzuholen, aber wir schafften es nicht. Sie waren wie vom Erdboden verschwunden.

Abends trafen wir auf einen schon älteren Soldaten, der sich auf dem Weg nach Süden befand. Dieser Mann, dessen Name Koller lautete, erzählte uns, dass er Schriftsteller sei, viel über den Führer geschrieben und gelegentlich sogar im Führerhauptquartier gearbeitet habe. Er fühlte sich sehr betroffen davon, dass die Deutschen jetzt als Verlierer dastanden. Seine Verehrung für Hitler schien aber durch all das, was Schlimmes geschehen und inzwischen auch allgemein bekannt geworden war, kein bisschen geschmälert zu sein. Er wollte ihm auch weiterhin die Treue halten. Einiges von dem, was er über den Führer geschrieben hätte, befände sich versteckt in seinem kleinen Holzkoffer, der, an einem Gurt befestigt, an ihm herunterging, vertraute er uns an.

In dieser Nacht konnten wir nicht in einem Bett schlafen und mussten uns mit einem Strohlager in einer alten Burg begnügen. Aber das kannten wir ja bereits aus Guteneck. Gegen Morgen wurde es allerdings kalt, und notgedrungen standen wir früh auf. Wir gingen in das Krankenhaus, das gleich neben der Burg lag, und fragten, ob wir uns dort waschen könnten. Natürlich durften wir das.

Eine Pflegerin führte uns in einen Waschraum, in dem wir uns gründlich frisch machten. Wir wuschen uns sogar die Füße, die es von dem langen Marsch am Vortag auch nötig hatten. Als wir weiterziehen wollten, fragte uns eine besorgt dreinschauende Frau, ob wir denn überhaupt schon Kaffee getrunken hätten? Wir hatten nicht, und die freundliche Frau brachte uns zurück ins Krankenhaus und machte uns in der Küche ein Frühstück.

Auf unserem langen Weg nach Hamburg stießen wir, Harald und ich, immer auf spontane Hilfsbereitschaft, insbesondere bei Frauen. Ernst und besorgt zugleich klang es oft, wenn sie sagten:

»Was, ihr wollt nach Hamburg? Das ist aber weit! Na, dann kommt man erst mal mit!«

Es mag sein, dass unsere geringe Größe die Frauen zu fürsorglichem Verhalten animierte. Wir zählten dreizehn und vierzehn Jahre, wirkten aber ein wenig jünger und waren auf jeden Fall beide noch Knaben. Doch damit allein - wir selbst kamen uns überhaupt nicht schutzbedürftig vor - ließ sich die spontane Hilfsbereitschaft, die wir immer wieder erfuhren, nicht erklären.

So seltsam es klingen mag: In dieser schlimmen Zeit, in der so unvergleichlich Grausames geschehen ist, waren die Menschen viel mehr bereit, anderen ohne jede Gegenleistung zu helfen. Sie taten es ganz selbstverständlich, auch wenn das für sie ein Opfer bedeutete.

An diesem Tag schlossen wir uns drei Soldaten an, die auch nach Norden wollten. Sie hatten ordnungsgemäße Entlassungspapiere und brauchten sich also vor niemandem zu verstecken. Mit ihnen zusammen halfen wir einem Bauern, seinen umgekippten Trecker wieder aufzurichten. Dafür durften wir dann mit aufsitzen, und es ging ein bisschen schneller voran, auch wenn wir auf dem Anhänger ziemlich hin- und hergerüttelt wurde. »Lieber schlecht gefahren als gut gelaufen!« war ein Spruch, der uns oft über die Lippen kam.

In Bayreuth versuchten wir einen neuen Passierschein dafür zu bekommen, dass wir ungehindert weitergehen konnten. Das klappte aber nicht.

»Ihr braucht keinen«, sagte man uns bei der dafür zuständigen Stelle. Also liefen wir ohne Zertifikat weiter.

Die Stadt wirkte stark zerstört. Überall waren Trümmer zu sehen, so wie wir es aus Hamburg kannten. Eine ältere Frau, die uns auf der Straße ansprach, meinte, dass all die Untaten, die man jetzt dem Führer nachsagte, erlogen seien. Der Führer sei anständig gewesen und hätte nur das Beste gewollt. Sie glaubte weiter an ihn.

Als wir die Stadt verließen, stießen wir auf drei amerikanische Wachtposten, die sich von allen Passanten die Ausweise zeigen ließen. Es ging ihnen vor allem darum, die deutschen Soldaten einzufangen, die noch gar nicht entlassen worden waren und sich einfach so auf den Weg in ihre Heimat gemacht hatten. Wurden sie von den Posten entdeckt, war es natürlich mit ihrer Freiheit vorbei.

Einige dieser Soldaten wussten sich dabei auf originelle Weise zu helfen. Sie stahlen irgendwo eine Harke oder einen Spaten und gingen, das Arbeitsgerät über die Schulter gelegt, abseits von der Straße auf einem Feldweg entlang. Wurden sie bemerkt, entstand der Eindruck, dass sie landwirtschaftliche Arbeiter wären. Oft fielen die Amerikaner darauf herein, und die deutschen Soldaten konnten mit diesem Trick die Posten überwinden.

Die drei Amis wollten nun auch von uns den leidigen Passierschein sehen. Da wir den aber nicht vorweisen konnten und die amerikanischen Kontrolleure sich kein bisschen nachsichtig zeigten, fürchteten wir Böses. Das bereitete vor allem Harald großes Unbehagen.

Empört rief er: »Wir brauchen doch kein Zertifikat. Das hat man uns in Bayreuth gesagt!«

Der heftige, etwas schrille Ton von Haralds Knabenstimme beeindruckte offensichtlich die amerikanischen Soldaten. »Poor little boy«, sagte einer von ihnen zu ihm. »Go on!«

Wir fühlten uns erleichtert. Uns fiel ein Felsbrocken von der Seele, und wir marschierten weiter in Richtung Kulmbach. Abends hatten wir wieder Grund zur Freude, denn wir trafen in einem Dorf wieder auf freundliche Leute, die uns für die Nacht ein Zimmer mit zwei Betten überließen.

Am nächsten Morgen, am 3. Juni 1945, bot sich uns die Gelegenheit, mit auf einen Pferdewagen zu steigen, der an der Straße stand und gerade losfahren wollte. Dieses Mal ging uns die Fahrt aber zu langsam damit. Wir kletterten beim nächsten Halt wieder herunter und liefen zu Fuß weiter, bis wir beinahe Kulmbach erreicht hatten. Hier gab es wieder Probleme, weil uns der Passierschein fehlte. Wir mussten zusammen mit anderen Menschen am Straßenrand stehen bleiben und eine Zeit lang warten. Dann kam ein großer amerikanischer Lastwagen angefahren. Wir und die anderen Wanderer ohne Passierschein wurden aufgefordert, nach oben zu klettern. Das Fahrzeug setzte sich in Bewegung und beförderte uns in schnellem Tempo auf die Burg von Kulmbach. »Military Gouvernement« war dort auf einem Schild zu lesen, das man am Tor angebracht hatte. Als wir das Tor passierten, fühlten wir uns zunächst gar nicht unzufrieden. Immerhin hatten wir die Strecke bis dahin nicht zu laufen brauchen, und wir hatten wieder etliche Kilometer ohne Anstrengung hinter uns gebracht.

Als wir absteigen wollten, entdeckte ein amerikanischer Soldat die kleine Stofftasche an meinem Gürtel, in der ich Verbandsmaterial aufbewahrte. Er gewann den falschen Eindruck, dass sich Patronen darin befänden, und richtete sofort den Lauf seiner Maschinenpistole auf mich. Ein anderer Soldat kam aber hinzu und winkte ab. Er öffnete den Knopf der Tasche und zog lachend eine Binde heraus.

Aber nun mussten wir wieder lange warten. Wir mussten Fragen über Fragen beantworten. Dabei half es uns, dass wir ein paar Brocken Englisch sprechen konnten. Doch den ersehnten Ausweis wollte man uns nicht ausstellen. Immer wieder ging einer von den Amis, die auf dem Hof mit uns verhandelten, zum Gouverneur – wir selbst bekamen ihn gar nicht zu Gesicht – und kehrte mit neuen Fragen zurück.

Den Fall, dass zwei deutsche Jungen im Alter von dreizehn und vierzehn Jahren zu Fuß von Bayern nach Hamburg laufen wollten, hatten die Amerikaner in ihrer strategischen Planung für die Kriegsführung und Besetzung der eroberten Gebiete offenbar nicht berücksichtigt, ohne Frage ein schweres Versäumnis, das es im Nachhinein kaum gerechtfertigt erscheinen lässt, dass sie den Krieg gewonnen haben!

Nach etwa zwei Stunden kam man schließlich auch dieses Mal zu dem Ergebnis, dass wir überhaupt keinen Passierschein benötigten und wie bisher ohne Ausweis weiterlaufen könnten. Also gingen wir wieder auf die Landstraße und setzten unseren Weg in Richtung Norden fort. Nach einigen hundert Metern wurden wir von einem Pferdewagen eingeholt, auf dem drei deutsche Soldaten in grüngrauen Uniformen saßen.

»Können wir mitfahren?«, fragten wir. Die Männer nickten freundlich und wir stiegen auf.

Die Soldaten behaupteten, dass sie das Pferd und den Wagen einem Bauern unterwegs abgekauft hätten. Das dürfte sicherlich anders gewesen sein. Pferd und Wagen waren zu dieser Zeit wertvolle Güter und deutsches Geld überhaupt nichts wert. Wahrscheinlich hat das Gespann irgendwo an der Straße gestanden, und die Soldaten haben die günstige Gelegenheit genutzt, sich einfach auf den Wagen zu setzen und sich auf- und davonzumachen.

Auch mit diesem Pferdegespann ging es nur langsam voran, aber eben doch schneller, als wir laufen konnten. Die drei deutschen Landser hatten die Umgebung von Magdeburg zum Ziel, ein Gebiet also, das zu dieser Zeit die Amerikaner noch besetzt hielten. Einer von ihnen besaß jenseits der Elbe einen eigenen Bauernhof, aber da waren die Russen und dahin zu gelangen, erschien ihm zu gefährlich. Er fürchtete, nach Sibirien in ein Gefangenenlager geschickt zu werden. Er plante daher, erst einmal bei Verwandten diesseits der Elbe unterzuschlüpfen und dort alles Weitere abzuwarten. Vielleicht – so träumte er – fände sich die Möglichkeit, schon bald einmal nachts über die Elbe zu setzen und den eigenen Hof zu besuchen. Niemand ahnte zu dieser Zeit, dass nur wenige Wochen später die Amerikaner aus Magdeburg und Umgebung abziehen und stattdessen die Russen auch dort einziehen würden.

*

Mit den drei Soldaten verstanden wir uns gut. Sie redeten viel miteinander, aber auch mit uns. Sie ließen sich von uns erzählen, wo wir herkamen und wohin wir jetzt gelangen wollten. Sie kannten Hamburg und mochten diese Stadt. Einer von ihnen war Amateurboxer, und er erzählte uns, dass er auch einmal gegen den Hamburger Riegel Vogt, der 1936 auf der Olympiade in Berlin die Silbermedaille im Halbschwergewicht gewonnen hatte, geboxt hätte. Natürlich hätte er diesen Kampf verloren. Er sei aber stolz darauf, einmal auch gegen einen so erlesenen Boxer im Ring gestanden zu haben.

Wir schafften mit dem Pferdewagen an diesem Tag knapp fünfzig Kilometer, also gar nicht so sehr viel mehr, als wir zu Fuß zurücklegen konnten. Doch was bedeutete das schon? Wichtig war nur, dass wir unsere Kräfte schonten und nicht gegen die Müdigkeit ankämpfen mussten.

Es machte Spaß, mit unseren Gefährten durchs Land zu ziehen. Sie machten ihre Witze und lachten viel. Ihnen erschien die Welt jetzt in rosigen Farben, denn es gab für sie ja keine Front und damit auch keine akute Gefahr mehr. Sie nahmen uns in eine Kneipe mit und sorgten dafür, dass auch wir Bier trinken konnten. Eigentlich mochte ich gar kein Bier. Aber wir waren ja nun unter Männern, und da schmeckte das Bier mit einem Mal doch.

Man ließ uns in der folgenden Nacht auf den Bänken im Gastraum schlafen. Eine bessere Möglichkeit für die Nachtruhe bot sich uns an diesem Abend nicht. Doch wir waren alle so müde, dass wir trotzdem sofort einschliefen.

Unsere Begleiter waren Frühaufsteher und weckten uns schon um sechs Uhr. Sie meinten, wir müssten schnell weiterkommen. Es ging an diesem sonnigen Morgen munter voran. In Kronach in Oberfranken konnten wir zwei riesige deutsche Eisenbahngeschütze bestaunen, die deutsche Truppen inmitten von Trümmern auf dem Bahnhof stehen gelassen hatten, als die Amerikaner anrückten. Das waren wahrlich keine Wunderwaffen. Die Kanonen wirkten klobig und geradezu altmodisch gegen die wendigen Geschütze und Fahrzeuge der Amerikaner.

Wir kamen jetzt von der Route ab, die wir vorher festgelegt hatten. Aber da wir nicht laufen mussten, sondern eben fahren konnten, nahmen wir die Abweichung von unseren Plänen in Kauf. Auch auf diesem Weg bewegten wir uns zumindest immer noch in Richtung Norden. Das genügte uns. Allerdings mussten wir jetzt manchmal absteigen. Wir hatten inzwischen thüringisches Gebiet erreicht, und das heißt, es wurde jetzt bergig. Wenn es bergauf ging, kletterten wir lieber vom Wagen herunter, um das Pferd nicht mehr als unbedingt nötig zu strapazieren. Deshalb machten wir mittags bei dem heißen Sonnenschein auch lieber zwei Stunden Pause und ruhten uns auf dem Rasen aus. Von Guteneck an gerechnet, hatten wir mittlerweile schon etwa zweihundertundzwanzig Kilometer zurückgelegt. Diese Entfernung war schon mehr als ein Viertel der gesamten Strecke bis nach Hamburg. Was wohl jetzt unsere Lehrer und Mitschüler machten, die in Guteneck zurückgeblieben waren, fragten wir uns. Wir fühlten uns stolz, weil wir es gewagt hatten, allein loszuziehen. Zusammen mit den drei Soldaten schien jetzt alles gut zu klappen, und an diesem Abend konnten wir auch wieder in sauber bezogene Betten steigen. Am nächsten Morgen sollte es besonders früh losgehen. Wir planten, schon um halb sechs Uhr aufzustehen und uns lieber in der heißen Mittagssonne auszuruhen, um auch an diesem Tag das Pferd zu schonen. Doch das Pferdegespann verlor plötzlich seinen Wert. Wir erfuhren nämlich, dass von Schwarza aus bereits Güterzüge verkehrten, die auch Personen mitnehmen sollten.

Unsere Soldaten überlegten nicht lange. Kurz entschlossen verkauften sie im nächsten Ort Pferd und Wagen an einen Bauern, hängten sich ihre Tornister um und gingen mit uns zu Fuß weiter wie so viele andere Menschen auch. Die Straßen waren zu der Zeit überall voller Wanderer. Sie hatten fast alle weite Ziele, wollten nach Hause zu ihrer Familie oder zu Verwandten. Ganz Deutschland schien auf der Wanderschaft zu sein. In Schwarza angekommen, kehrten wir erst einmal in einer Gaststätte ein und ließen uns ein richtiges Mittagessen servieren. Unsere drei Gefährten verstanden sich darauf, etwas zu organisieren. Es mag sein, dass sie auch etwas zu tauschen bei sich hatten. Wir bekamen das nicht mit, denn sie hielten uns meist fern, wenn sie mit anderen verhandelten. Auf jeden Fall erreichten sie immer schnell, was sie wollten.

In Schwarza krabbelten wir bald nach dem Essen auf einen offenen Güterwagen, der uns weiterbringen sollte. Es dauerte ziemlich lange, bis die Lokomotive sich in Bewegung setzte und wir Häuser und Bäume davonziehen sahen. Dann aber fühlten wir uns sehr zufrieden. Mit einem Mal mit der Eisenbahn unterwegs zu sein, ließ uns hoffen, dass es nun noch schneller vorangehen würde.

Wohin genau uns die Fahrt führen sollte, wussten wir nicht. Die Gewissheit, dass der Zug weiter nach Norden fuhr, musste uns genügen. Allerdings blieb der Zug schon nach wenigen Kilometern wieder stehen, und es hieß, die Lok werde abgekoppelt. Gott sei Dank konnten wir sofort umsteigen. Wir fuhren jetzt mit einem anderen Güterzug weiter in Richtung Weimar. Als wir nach langer Fahrt dort eintrafen, bot sich uns ein tristes Bild. Von dieser berühmten Stadt schien kaum noch etwas übriggeblieben zu sein. Ringsum konnten wir nur Ruinen und Trümmer entdecken.

Der Zug verweilte eine lange Zeit auf dem Bahnhof. Es fing schon ein bisschen an, dunkel zu werden, und keiner konnte uns sagen, wann die Fahrt weitergehen würde. Eine freundliche Krankenschwester trat schließlich an unseren Wagen heran und reichte uns Kaffee in Pappbechern hoch. Das tat gut.

Ich bekam mit, wie einer unserer drei Soldaten in halblautem Ton versuchte, mit ihr ein Stelldichein zu verabreden.

»Ja, ich bin einverstanden«, sagte die Krankenschwester ein wenig verlegen nach oben blickend. »Ihr habt schließlich an der Front die Knochen für uns hingehalten.«

Aber es wurde doch nichts daraus. Bevor der Soldat aussteigen konnte, setzte sich der Zug wieder in Bewegung. Vielleicht hätte er es noch schaffen können, aber die Weiterfahrt war ihm wohl wichtiger. Es blieb den beiden nur die Möglichkeit, sich einander freundlich-sehnsüchtig zuzuwinken.

Von Weimar fuhren wir mit dem Güterzug in Richtung Naumburg. Wo das eigentlich lag, wussten Harald und ich nicht. Es würde schon irgendwie richtig sein. Der Zug bewegte sich jetzt nur noch langsam vorwärts, und die Fahrt wurde auch immer wieder unterbrochen. Das hatte auch sein Gutes, denn in Bad Kösen lief wieder eine Schwester vom Roten Kreuz zwischen den Gleisen herum, verteilte Brote und schenkte Kaffee aus. So bekamen wir denn zwischendurch wenigstens etwas zu essen.

Als wir in Naumburg hineinfuhren, war es bereits dunkel geworden, und hier sollte erst einmal Endstation sein. Der Zug werde nicht mehr weiterfahren, hieß es.

Das wollte uns gar nicht gefallen. Wo sollten wir jetzt noch hingehen? Wir mussten ja irgendwo ein Nachtlager finden. Da zeigte einer unserer Soldaten auf einen Möbelwagen, der verlassen auf der Straße stand. Die Türen waren geöffnet. Wir überlegten nicht lange, stiegen da hinein und legten uns auf den Boden. Als Kopfkissen dienten uns unsere Rucksäcke. Wir Jungs und auch die drei Soldaten hatten jeder eine Wolldecke mitgenommen und konnten uns damit gegen die Kälte schützen.

Allerdings schliefen wir nur ein paar Stunden in dem Möbelwagen, denn gegen Morgen wurde es uns doch zu kalt. Um ein halb fünf Uhr rappelten wir uns auf, streckten die Glieder und machten uns wieder auf den Weg. Jetzt mussten wir erst einmal zu Fuß weiterlaufen, erfuhren aber bald, dass von Weißenfels aus sogar schon wieder ein Personenzug fahren sollte. Also brachen wir dorthin auf.

Unterwegs ließen wir uns von einem Kirschbaum anlocken, der nicht weit von der Straße entfernt stand, und pflückten uns jeder ein paar Früchte ab. Die waren zwar noch ein bisschen sauer, aber was machte das schon. Wir hatten vor allem Spaß daran, uns mit den Kirschsteinen zu bespucken. Auch unsere drei Soldaten beteiligten sich daran.

Als wir nach ein paar Stunden Weißenfels erreichten, hatten wir bis zur Abfahrt des Personenzuges noch ein paar Stunden Zeit und konnten daher ein bisschen im Ort herumbummeln. Unsere Gefährten verabredeten mit uns beiden, dass wir uns später am Bahnhof wiedertreffen wollten. Harald und ich blieben also eine Zeit lang allein, und dieser Umstand sollte uns nicht zum Schaden gereichen.

»Wo wollt ihr denn hin?«, hörten wir plötzlich jemand laut rufen.

Wir entdeckten zwei Frauen, die sich neugierig aus dem Fenster im ersten Stock eines Zweifamilienhauses lehnten. Sie forderten uns auf, mit ihnen zu frühstücken. Das ließen wir uns nicht zweimal sagen.

Es war schön, einmal wieder an einem gedeckten Frühstückstisch zu sitzen und ausgiebig Kaffee zu trinken, auch wenn es schon beinahe Mittag war. Für einen ausgiebigen Frühstücksschmaus war gesorgt. Auf dem Tisch stand alles, was dazu gehörte, und wir ließen uns das schmecken. Dabei gab es viel zu erzählen, denn wir hatten ja viel erlebt, und die beiden freundlichen Frauen wollten auch alles genau wissen. Bevor wir weiterzogen, packten sie uns noch ein paar Brote ein. Sie winkten noch lange aus dem Fenster, als wir uns allmählich entfernten und zum Bahnhof gingen.

Wie verabredet, trafen wir am Bahnhof unsere Soldaten wieder. Tatsächlich fuhr von Weißenfels aus ein Personenzug nach Halle. Von dort aus, hieß es, könnten wir mit der Eisenbahn nach Hannover gelangen. Wir frohlockten und dachten, dass wir vielleicht schon in zwei oder drei Tagen in Hamburg sein würden. Sofort lösten wir uns Tickets für die Fahrt nach Halle und stiegen bald in den Personenzug, der die Strecke bereits wieder planmäßig jeden Tag abfuhr. Alles schien hier wie in normalen Zeiten abzulaufen. In unserem Abteil, in dem außer uns Leute saßen, die schon wieder ihrer Arbeit nachgingen und jetzt auf der Fahrt nach Hause waren, fanden wir sogar einen Sitzplatz für uns.

Am späten Nachmittag erreichten wir Halle und gingen frohgemut gleich zum Bahnhofsschalter, um uns Fahrkarten für die Weiterfahrt nach Hannover zu lösen. Aber dieses Mal klappte es nicht. Fahrkarten bekamen hier nur Leute, die einen Passierschein vorweisen konnten, und den hatten wir ja nicht: Wieder dasselbe lästige Problem! Unsere drei Gefährten hatten keine Schwierigkeiten damit. Sie konnten nachweisen, dass die Amerikaner sie ordnungsgemäß entlassen hatten, und sie bekamen daher anstandslos ihre Fahrtausweise ausgehändigt.

Wir merkten ihnen an, es fiel ihnen nicht leicht, uns allein zurücklassen zu müssen, hatten wir uns in den vergangenen Tagen doch richtig miteinander angefreundet. Aber was hätten sie in dieser Situation tun sollen? Sie sahen wirklich keine Möglichkeit, uns weiterzuhelfen.

Harald und ich gingen nach draußen vor den Bahnhof und blieben dort eine Weile ratlos stehen. Es war in den letzten Tagen so schön schnell gegangen, und nun würden wir vielleicht wieder jeden Tag vierzig Kilometer zu Fuß gehen müssen. Wie das auch immer passiert sein mag, plötzlich hatte sich eine Traube von Menschen um uns herum gebildet.

»Wo wollt ihr denn hin?«, wurden wir gefragt. – »Was, nach Hamburg? Da könnt ihr nicht hin! – Da ist die Cholera ausgebrochen! – Das dauert bestimmt viele Wochen, bis die Quarantäne aufgehoben sein wird!«

Natürlich war das nur ein unsinniges Gerücht, und so richtig wollten wir das auch gar nicht glauben. Aber wir ließen uns trotzdem von dieser Horrormeldung beeindrucken, zumal die Leute nicht von uns ablassen wollten. Was sollte nur werden, wenn das mit der Choleraepidemie vielleicht doch stimmte?

Da tauchte überraschend eine Frau als dea ex machina auf, die am Straßenrand mit ihrem Fahrrad stehen geblieben war. Sie hatte mitbekommen, dass die Leute um uns herum so fürchterlich auf uns einredeten und gar nicht damit aufhören wollten. Sie winkte uns schließlich zu sich und sagte:

»Ich glaub' das nicht mit der Cholera. Das stimmt gar nicht. – Kommt man erst mal mit mir in mein Gartenhaus. – Ich mach' euch was zu essen, und ihr könnt auch die nächste Nacht bei mir schlafen.«

Als wir das Gartenhaus erreicht hatten, kochte unsere freundliche Gastgeberin uns erst einmal eine Kohlsuppe, und als wir gegessen hatten, meinte sie, dass wir vielleicht baden sollten. Der Reinigungsbedarf war von ihr sicherlich richtig eingeschätzt, denn wir hatten uns in den letzten Tagen nie ordentlich waschen können. Frauen scheinen für so etwas einen besonderen Instinkt zu haben. Als ich Heidi, meiner Frau, vor einiger Zeit von diesem Bad im Gartenhaus erzählte, meinte sie spontan:

»Das war aber bestimmt nötig!«

Uns dürfte das damals nicht so unbedingt bewusst gewesen sein, aber da sich die Gelegenheit bot, nutzten wir sie und tatsächlich: Hinterher war uns wohler zumute.

Der freundlichen Hallenserin war es aber nicht genug, dass wir uns selbst reinigten. Sie holte auch unsere schmutzige Wäsche aus den Rucksäcken und machte sich daran, auch unsere Unterhosen und -hemden zu waschen. Wie sie es schaffte, die Bekleidungsstücke bis zum nächsten Morgen zu trocknen, weiß ich nicht. Irgendwie muss es aber wohl doch geklappt haben. Es war schön, diesen einen Nachmittag und Abend in dem Hallenser Schrebergarten zu verbringen. Wir fühlten uns beinahe so, als wären wir zu Hause. Mit Freude entdeckten wir ein paar Stachelbeerbüsche, und wir durften uns auch daran vergnügen. Die Früchte waren zwar noch längst nicht reif, schmeckten uns aber trotzdem. Ich dachte dabei an den Schrebergarten von Vater Groth in Hamburg-Horn, in dem ich mich jedes Jahr einmal richtig an Stachelbeeren satt essen durfte.

Es fiel uns schwer, am nächsten Morgen wieder aufzubrechen. Noch lange saßen wir am Frühstückstisch bei der freundlichen Frau in ihrem Gartenhaus. Doch es half nichts: Wir mussten weiter. Die Hallenserin, die uns so fürsorglich betreut hatte, begleitete uns noch eine kurze Wegstrecke. Bevor wir uns verabschiedeten, meinte sie, wir sollten uns irgendwo Fahrräder klauen. Das wäre in dieser Zeit nicht so schlimm, und sie zeigte mit dem Finger auch gleich auf zwei Fahrräder, die an einen Baum gelehnt standen. Verlockend war das schon für uns, doch die Bedenken, die sich in uns dagegen erhoben, erwiesen sich als stärker, und wir gingen lieber zu Fuß weiter.

*

Ein wenig ärgerten wir uns immer noch darüber, dass wir nicht mit der Eisenbahn fahren durften, nur weil wir keinen

Passierschein hatten und uns auch niemand diesen Ausweis ausstellen wollte. Aber wir waren mittlerweile auch ohne das ersehnte Papier schon recht nahe an Hamburg herangekommen,
und zwar sehr viel schneller, als wir vorher geglaubt hatten. Warum sollte das nicht so weitergehen!

Wir hatten Halle eben verlassen, als wir auf einen Kleinlaster,
einen dreirädrigen Tempowagen, mit Hamburger Nummer stießen. War das die große Chance für uns, den Trippelpfad endgültig zu verlassen? Wir fragten den Fahrer, ob wir mit nach
Hamburg fahren könnten. »Schade«, sagte der Mann, »ich würde euch gern mitnehmen, aber ich fahre erst in etwa vierzehn
Tagen dorthin. Solange wollt ihr sicherlich nicht warten«, und
fuhr davon. Wir sollten ihn später doch noch einmal wiedertreffen.

Wir folgten jetzt einer Straße, auf deren beiden Seiten zahlreiche Baracken standen, die früher wohl von deutschen Wehr-
machtsangehörigen genutzt wurden, inzwischen aber als Wohnlager für Ausländer dienten. Zu dieser Zeit lebten in Deutschland viele Menschen aus zahlreichen Ländern, die man während
des Krieges verschleppt hatte, vor allem Jugoslawen, Polen und
Tschechen. Sie schienen alles zu hassen, was deutsch war. Wer
wollte es ihnen verdenken! Nach Kriegsschluss hatten sie zwar
ihre Freiheit wiedererlangt, konnten aber nicht gleich in ihr Heimatland zurückkehren, und so hatten die Amerikaner sie zunächst in den Baracken untergebracht, die wir, Harald und ich,
jetzt gerade passieren wollten.

Es dürften viele Hundert, vielleicht sogar einige Tausend Menschen gewesen sein, die dort lebten. Wir hörten ihr lautes Sprechen und Rufen, konnten aber kein Wort verstehen. Sie schienen auch uns beiden Jungs etwas zuzurufen, aber wir zogen es
vor, nicht zu reagieren. Wir fühlten uns gar nicht wohl, denn wir
waren die einzigen Deutschen weit und breit. Was sollten wir
tun als weitergehen und nicht nach rechts oder links schauen?

Es stellte sich schnell heraus, dass wir uns unnötig Sorgen gemacht hatten. Niemand trat uns in den Weg und niemand tat uns etwas Böses.

Als wir uns bereits weiter von dem Wohnlager entfernt hatten, gesellte sich ein junger Mann zu uns. Er sah merkwürdig angezogen aus. Er trug Hosen, die ihm eigentlich zu klein waren, und auch die Jacke, die er anhatte, schien zu knapp bemessen zu sein. Was darunter zum Vorschein kam, konnten wir nicht klar erkennen. Vielleicht war es ein Oberhemd mit abgetrenntem Kragen, vielleicht auch bloß ein Unterhemd.

»Wo kommt ihr denn her?«, fragte uns der junge Mann in dem merkwürdigen Aufzug.

Wir erzählten ihm unsere Geschichte, und als er hörte, dass wir nach Hamburg wollten, meinte er:

»Das ist ja prima, dann können wir ja eine ganze Zeit zusammengehen. Ich will nach Cuxhaven zu Verwandten.«

Unser Begleiter stammte eigentlich aus Pommern, sah aber keine Möglichkeit, dorthin zurückzukehren. Es hatte sich schnell herumgesprochen, dass alle Deutschen aus Pommern ausgewiesen werden sollten. Nachdem wir eine Weile zusammen gegangen waren, vertraute uns der junge Mann an, dass er aus einem Gefangenenlager entflohen sei und sich die Kleidungsstücke, die er jetzt trug, irgendwo besorgt hätte. Er sei bei der SS gewesen und die SS-Runen seien ihm auch unter der rechten Achselhöhle eintätowiert worden. Er müsse daher besonders vorsichtig sein.

»Sagt doch einfach, dass ich euer Lagermannschaftsführer gewesen bin«, schlug er vor.

Da er erst achtzehn Jahre alt war, hätte er das zumindest vom Alter her ja auch wirklich sein können.

Wir hatten gar keine Möglichkeit, allein weiterzulaufen. Ob uns das recht war oder nicht: Der aus einem Gefangenenlager entwichene Soldat blieb einfach bei uns. Wahrscheinlich stellten wir für unseren selbsternannten Lagermannschaftsführer den besten Schutz dagegen dar, dass er als SS-Mann entlarvt werden könnte. Das hatte er schnell erkannt. Also ließ er auch nicht von uns ab, und wir marschierten jetzt zu dritt nach Norden – der Mann aus Pommern meist zwischen uns, zwischen Harald und mir.

Nach einigen Kilometern bemerkten wir einen Lastwagen auf der Straße, der gerade abfahren wollte.

»Können wir nicht mitfahren?«, fragen wir den Fahrer. »Wir wollen nach Hamburg.«

Der Mann nickte. »Ich kann euch aber nur bis Helmstedt mitnehmen. Da ist Endstation«, bekamen wir zur Antwort.

Das ließen wir uns nicht zweimal sagen. Nach Helmstedt, das waren mehr als einhundert Kilometer. Die Landkarte von Deutschland kannten wir mittlerweile recht gut. Also kletterten wir über die Seitenplanke. Der LKW fuhr ziemlich schnell, und wir wurden auf den holprigen Straßen mächtig hin und her geschüttelt. Aber was machte das schon? Wichtig war nur, dass es voranging, und das tat es nun wirklich, und zwar auch ohne Passierschein und ohne Fahrkarte!

Wieder einmal war uns das Glück hold gewesen. Wir fuhren in schnellem Tempo durch mehrere Städte und Ortschaften – durch Aschersleben, Blankenburg, Quedlinburg und Halberstadt. Niemand hielt uns auf und fragte nach Pässen oder Passierscheinen. Unsere größte Sorge war mittlerweile, dass wir wegen der fehlenden Ausweise doch noch einmal aufgehalten werden könnten. Tatsächlich blieben wir von solchen Behinderungen bis zu den Hamburger Elbbrücken verschont. Diese erfreuliche Tatsache war darin begründet, dass wir uns inzwischen in einem Gebiet befanden, das nicht von den Amerikanern, sondern von den Engländern, bei denen andere Regeln galten, besetzt gehalten wurde.

Die englischen Soldaten, denen wir jetzt begegneten, hatten zum Teil die flachen Stahlhelme auf dem Kopf, die wir bislang nur von Abbildungen oder von Wochenschauen her kannten und über die wir immer gelacht hatten. Die Engländer unterschieden sich ansonsten von den Amerikanern vor allem dadurch, dass sie ihren Kiefer nicht immer mit einem Kaugummi in Bewegung hielten. Nach unseren damaligen Erfahrungen konnte ein Soldat ohne Kaugummi unmöglich ein Amerikaner sein. Die Amis wären alle »Kauboys«, witzelte man damals.

Uns fiel auf, dass die gefangenen deutschen Soldaten anders als bei den Amerikanern weitgehend unbewacht blieben und tatsächlich noch ihre Orden und Ehrenzeichen tragen durften. Sogar einen Ritterkreuzträger entdeckten wir unter ihnen, der von seinen Untergebenen unverändert respektvoll gegrüßt wurde. Allerdings grüßten die deutschen Soldaten nicht mehr mit dem Hitlergruß, d.h. mit erhobenem Arm – wie man das nach dem Attentat auf Hitler 1944 auch für die gesamte Wehrmacht eingeführt hatte –, sondern mit dem traditionellen Wehrmachtsgruß, bei dem die flache Hand an die Mütze gelegt wurde.

Im Helmstedt kletterten wir von dem LKW herunter und gingen zu Fuß weiter. Es fing fürchterlich zu regnen an, aber wir ließen uns dadurch nicht aufhalten, bis wir nach Emmerstedt kamen. Dort hatte man ein Lager für Flüchtlinge eingerichtet, die aus ostdeutschen Gebieten, z.T. auch aus der Tschechoslowakei stammten. Eine Nacht durften auch wir drei dort bleiben.

Wir schliefen in einem großen Raum auf Liegen mit vielen anderen Menschen zusammen. Viele dieser Lagerinsassen schienen gar nicht zu wissen, wo sie eigentlich hin sollten. In ihre Heimat konnten oder wollten sie nicht zurück. Sie hatten aber auch in Westdeutschland keine Verwandten, bei denen sie willkommen gewesen wären. Sie waren ratlos und warteten gespannt auf das Treffen von Truman, Stalin und Churchill, das in den nächsten Wochen stattfinden und bei dem beschlossen werden sollte, was mit Deutschland und den Deutschen künftig zu geschehen hatte. Es gab viele Gerüchte, an die sich neue Hoffnungen knüpften. Noch immer hieß es, die Westalliierten würden bald gemeinsam mit den Deutschen gegen Russland kämpfen, und dann könnten die geflohenen Ostdeutschen auch wieder in ihre Heimat zurückkehren.

Wir wachten in dieser Nacht, in der einige Menschen in dem Lager einfach nicht zur Ruhe kommen konnten, immer wieder auf und waren froh, als wir am nächsten Morgen unser Nachtquartier verlassen konnten. Der SS-Mann in kurzen Hosen marschierte weiter mit uns. Gegen Mittag stellte sich bei uns ein fürchterliches Hungergefühl ein. Unsere Vorräte, die wir seit dem Beginn unserer Wanderung unterwegs mehrmals hatten auffrischen können, waren jetzt ganz aufgebraucht. Es hieß aber, dass inzwischen für Deutsche wieder Lebensmittelkarten ausgegeben wurden. Diese Nachricht ließ unsere Herzen höher schlagen, und wir versuchten unser Heil gleich im nächsten Dorf bei dem Bürgermeister. Der zeigte sich ebenso als freundlicher wie hilfsbereiter Mann. Er sah zwar keine Möglichkeit, uns eine Lebensmittelkarte zu geben, wollte uns aber doch etwas Gutes tun und sagte:

»Geht man gleich zu unserem Bäcker und lasst euch dort ein Brot geben. Sagt ihm, dass ich euch geschickt habe. Ich komme nachher selbst vorbei und regle das mit ihm.«

Das war ein Wort! Und wir machten uns gleich auf den Weg. Der Bäckermeister hielt sich selbst nicht in seinem Laden auf, sondern nur seine Frau. Zu unserer Verblüffung verlangte unser Begleiter jedoch gleich zwei Brote und außerdem noch ein halbes Pfund Butter, das er irgendwo im Regal entdeckt hatte. Er behauptete einfach, dass der Bürgermeister dies so gesagt hätte.

Die Bäckersfrau holte tatsächlich zwei Brote aus der Backstube und sie gab uns auch noch anstandslos ein Paket Butter mit. Wir steckten alles schnell ein. Als wir das Geschäft gerade verließen, sahen wir schon den Bürgermeister kommen. Er erwischte uns jedoch nicht mehr. Wir hatten es eilig, das Dorf zu verlassen.

Im nächsten Ort setzten wir uns in eine Gaststätte, bestellten uns Kaffee, schnitten uns immer mehr Scheiben von unserem Brot ab und bestrichen sie dick mit Butter. Ich glaube, eines der beiden Brote, die wir auf schnöde Weise ergattert hatten, verzehrten wir voll und ganz – jeder also ein Drittel Brot. Die Wirtin machte ein ernstes Gesicht, als sie sich für einen Augenblick zu uns setzte. Man merkte ihr an: Sie wollte etwas loswerden. Im Dorf – so erzählte sie – glaube man zu wissen, dass die Amerikaner und Engländer große Teile Deutschlands wieder räumen würden, um den Russen Platz zu machen. Dies sei erst kürzlich zwischen den Alliierten vereinbart worden, und auch ihr Dorf, in dem wir uns jetzt befänden, werde dazugehören. Hamburg, so wusste die Frau zu berichten, werde allerdings bestimmt nicht von den Russen besetzt. Da könnten wir ganz sicher sein. Diese Mitteilung hörten wir natürlich gern.

Tatsächlich wurden wenig später vor allem in Thüringen und dem heutigen Sachsen-Anhalt amerikanische durch russische Besatzungstruppen ersetzt. Das ist also gerade in den Gebieten geschehen, durch die wir in den letzten Tagen gezogen waren, nicht mehr jedoch in der Region, in der wir uns mittlerweile befanden. Die Sorge der Wirtin war also unbegründet, wie sich bald herausstellen sollte.

Ich habe später manchmal an die Menschen gedacht, die uns in Thüringen und in dem heutigen Sachsen-Anhalt geholfen haben. Was mag wohl aus ihnen geworden sein, aus den beiden freundlichen Frauen in Weißenfels, die uns zum Frühstück eingeladen hatten, aus der liebenswerten Hallenserin, von der wir so wunderbar betreut wurden, aber auch aus den drei frohgestimmten Männern, mit denen wir ein paar Tage durch die Lande gezogen sind. Mussten sie vielleicht doch noch nach Sibirien? Tatsächlich hat es Fälle gegeben, in denen deutsche Soldaten Grund gehabt hatten zu glauben, sie seien endgültig in ihre Heimat zurückgekehrt. Dann aber wurden sie plötzlich noch einmal abgeholt und konnten erst nach Jahren zurückkehren.

Dieser Tag – es war mittlerweile der 8. Juni 1945 – verlief weiter günstig für uns. Nach unserem ausgedehnten, auf nicht ganz lautere Weise erworbenen Frühstück wurden wir zwar von keinem Fahrzeug mitgenommen und mussten zu Fuß bis nach Calberlah laufen, erhielten dort aber – für uns völlig überraschend – beim Bürgermeisteramt die ersehnte Lebensmittelkarte. Das war allzu verlockend, mit einem Mal die Möglichkeit zu haben, auf ganz legale Weise und ohne jemanden bitten zu müssen, etwas zu essen zu bekommen! Was taten wir? Wir setzen uns wieder in eine Gaststätte und ließen uns Spargel mit Kartoffeln und Spiegeleiern servieren. Ich glaube, zwei Drittel der ganzen Lebensmittelkarte gingen dafür drauf, das letzte Drittel dann für das Frühstück am nächsten Morgen. Aber das war ja nun auch nicht mehr wichtig. In spätestens zwei bis drei Tagen – so konnten wir uns ausrechnen – würden wir bereits in Hamburg sein.

Als wir abends bei einer freundlich dreinschauenden Frau um ein Nachtlager baten, hielt sich unser SS-Mann zunächst im Hintergrund. Das funktionierte gut. Als er plötzlich auftauchte, stutzte sie ein wenig. Da sie aber bereits Harald und mir die Übernachtung in ihrem Haus zugesagt hatte, wollte sie keinen Rückzieher mehr machen. Sie brachte uns alle drei unter, und wir konnten wie schon so oft wieder in Federbetten schlafen.

Am nächsten Morgen zogen wir nach unserem Frühstück in einer Gaststätte weiter durch die Lüneburger Heide. In Gifhorn bog unser SS-Mann bei einem Schild, das die Straße nach Celle anzeigte, plötzlich ab, eigentlich ohne sich zu verabschieden. Er nickte uns noch einmal zu, dann sahen wir ihn nur noch kurz von hinten. Jetzt waren wir also wieder allein.

Wir meinten, das Verschwinden unseres letzten Weggefährten könnte sich für uns als Vorteil erweisen, hatten wir doch oft genug bemerkt, dass unser Begleiter von unseren Gesprächspartnern unterwegs kritisch beäugt wurde. Unsere Erwartung sollte sich tatsächlich erfüllen. Wir stießen wieder überall auf spontane Bereitschaft, uns zu helfen. Gleich hinter Gifhorn trafen wir auf einen Milchwagen, dessen Fahrer uns, ohne zu zögern, aufsteigen ließ. Mittags wurde in irgendeinem Dorf wieder eine Frau auf uns aufmerksam. Sie lud uns gleich zum Mittagessen ein und bat uns, einen Brief nach Hamburg mitzunehmen, denn die Post hatte ihren Dienst in Deutschland noch nicht wieder aufgenommen. So konnten wir auch einmal etwas für andere tun. Wir waren überaus guter Dinge. Die Nähe zu Hamburg stimmte uns einfach fröhlich. Das unsinnige Gerücht von der Cholera in Hamburg, das uns in Halle ein wenig erschreckt hatte, war längst vergessen.

Nach wenigen Kilometern winkten wir einem Personenwagen zu. Das taten wir fast schon mechanisch, wenn sich ein Wagen näherte. Das Fahrzeug stoppte sofort. Darin saßen ein Arzt und seine Ehefrau.

»Bis Uelzen könnt ihr mitfahren«, sagte der Mann, und wir konnten wieder einmal unsere Beine schonen.

Nach dieser Autofahrt verspürten wir keine rechte Lust mehr, zu Fuß zu gehen. Wir stiefelten nur noch wenige Kilometer bis Tätendorf weiter.

Dort fanden wir schnell eine Übernachtungsmöglichkeit. Auf einem größeren Bauernhof hatte man für Menschen, die durch die Lande zogen, eine große Scheune zur Verfügung gestellt, in der sie kampieren konnten. Ihnen wurde außerdem sogar noch ein Teller Suppe aufgefüllt. Wer hatte das nur organisiert?

Als wir dort eintrafen, hatten sich auf dem Hof schon mehr als zwanzig Personen versammelt, die alle in der Scheune schlafen wollten. Sie kamen zum Teil von Norden und wollten nach Süden oder kamen wie wir von Süden und wollten nach Norden.

Zu unserer Überraschung trafen wir vor der Scheune den Fahrer des Tempowagens mit Hamburger Nummer wieder, den wir kurz hinter Halle vergeblich gefragt hatten, ob er uns mitnehmen würde. Als wir ihn jetzt erneut darum baten, schüttelte er zunächst den Kopf, denn er hatte das gerade einer Frau und deren kleinen Tochter zugesagt, die ebenfalls auf dem Weg nach Norden waren. Dann aber besann er sich. Mit bedauernder Miene nahm er seine Zusage wieder zurück und versprach jetzt uns, dass wir am nächsten Tag mit ihm fahren könnten.

Es hatten sich auf dem Bauernhof wohl überwiegend junge Menschen beiderlei Geschlechts eingefunden. Plötzlich fand irgendjemand einen kleinen Ball und der spontane Vorschlag, damit Völkerball zu spielen, stieß auf allgemeine Zustimmung. Schnell wurden zwei Felder eingerichtet und zwei Mannschaften gebildet, und schon begann ein munteres Spiel mit viel Gejuchze und Gekreische. Die triste Landstraße wurde dabei eine Zeit lang vergessen. Alle, die dabei waren, hatten großen Spaß, und wir spielten, bis es dunkel wurde.

Nach dem Völkerballspiel suchte sich jeder einen Schlafplatz in der Scheune. Mir fiel auf, dass sich die Paare alle weit nach hinten verzogen. Harald und ich blieben gleich vornan. Nicht weit von uns entfernt hatte eine Frau ihr Lager auf dem Stroh aufgeschlagen, von der einige meinten, sie sei eine alte Jungfer und vielleicht nicht ganz dicht. Diese Frau legte sich auf ihre Decke und sprach dann laut ihr Nachgebet:

»Ich bin klein, mein Herz ist rein ... «: Niemand zweifelte daran, dass das mit dem reinen Herzen auch wirklich zutraf.

Nachts wachte ich einmal auf und ging nach draußen. Der Himmel zeigte sich sternenklar, und es war rundum wunderschön ruhig. Ich dachte zurück an Nabburg, an den Abend kurz bevor die Amerikaner kamen, als ich mir nicht recht vorstellen konnte, wie das Leben nach der Besetzung weitergehen würde. Es hatte sich nun doch alles ganz anders entwickelt, als man seinerzeit vorausgesagt hatte.

Wo sich Lotti jetzt befand, wusste ich nicht. War sie vielleicht noch in Hannover? Und wo war Ruth? Lebte sie vielleicht noch in der Estorff-Kaserne? Aber das konnte eigentlich nicht sein. Die Kaserne hielten jetzt sicherlich die Engländer besetzt. Im-

255

merhin wusste ich, dass Curt in Rahlstedt zu finden sein müsste. Das hatte mir Lotti in ihrem letzten Brief geschrieben. Ich würde ihn bestimmt ausfindig machen, und er würde schon wissen, wie es mit mir weitergehen sollte.

Am nächsten Morgen brachen wir früh auf. Wir stiegen auf den Anhänger des Tempo-Wagens und ließen die Beine vorn herunterhängen.

»Passt auf, dass ihr da nicht herunterfallt. Es schaukelt ganz schön da hinten«, rief uns der Fahrer noch zu, bevor er in seiner Kabine verschwand. Der voll beladene Wagen fuhr nur mit langsamer Geschwindigkeit, aber was machte das schon. Es war ja nun nicht mehr weit bis Hamburg.

Beinahe wäre doch noch ein Unglück passiert. Als der Wagen durch ein tiefes Schlagloch fuhr, rutsche Harald auf die Deichsel herunter, die den Anhänger mit dem Tempowagen zusammenhielt. Er konnte sich aber gerade noch festhalten und wieder nach oben krabbeln.

»Alles in Ordnung?« rief der Fahrer, der gar nicht mitbekommen hatte, was passiert war. »Ja«, riefen wir nur kurz, obgleich uns der Schreck noch in den Gliedern steckte, und die Fahrt ging weiter.

Bald durchquerten wir Lüneburg, und danach steuerten wir direkt auf Hamburg zu. Ein Problem konnte noch die Süderelbbrücke werden. Das wussten wir. Um darübergehen zu können, brauchte man auch bei den Engländern einen Passierschein, und den für diesen Elbübergang zu bekommen, sollte besonders schwierig sein. Es hieß, es könnte Wochen dauern, bis der in Harburg ausgestellt werde. Leute, die nicht warten wollten, würden nachts versuchen, mit einem Boot über den Fluss zu setzen. Wir machten uns aber keine Sorgen und waren guten Mutes. Es würde schon klappen, meinten wir.

Als wir an der Elbbrücke anlangten, sahen wir einen englischen Soldaten, der eine Maschinenpistole über die Schulter gehängt hatte, am Brückentor stehen, daneben einen deutschen

Zivilisten. Wie sich gleich herausstellen sollte, war dieser Mann ein Lehrer, der an der Brücke als Dolmetscher fungierte.

Unser Fahrer wurde aufgefordert, seinen Passierschein vorzuzeigen, doch da er den nicht besaß, wurde ihm erklärt, dass er wieder umkehren müsse. Alles Bitten nützte nichts. Der englische Soldat ließ sich nicht erweichen. Uns, Harald und mich, die wir auf dem Anhänger sitzen geblieben waren, forderte er aber mit einer Handbewegung auf abzusteigen. Das stimmte uns hoffnungsvoll.

Wir erzählten dem Lehrer unsere Geschichte, und der übersetzte sie ins Englische. Der englische Soldat musterte uns nur kurz, und dann wendete er seinen Kopf nach hinten und zeigte uns damit an, dass wir über die Brücke gehen könnten. Der Lehrer lachte und freute sich mit uns.

»Etwa hundert Meter hinter der Brücke ist schon die nächste Straßenbahnhaltestelle. Von da aus könnt ihr mit der Linie 33 zum Hauptbahnhof fahren«, sagte er.

Die letzte Hürde war genommen! Wir marschierten eilig vorwärts und wurden sehr ausgelassen, denn nun war es wirklich geschafft: Wir waren am Ziel! Von der Brücke aus hatten wir das Stadtbild von Hamburg vor Augen. Es hatte sich kaum noch verändert, seit wir im April 1944 zuletzt in unserer Heimatstadt gewesen waren. Die Türme der Hauptkirchen waren alle beschädigt, standen aber noch, wie überhaupt die Zerstörungen in der Innenstadt weniger schlimm zu sein schienen. Verheerend sah es in Richtung Nordosten aus. Wenn wir dorthin schauten, hatten wir nur Trümmer über Trümmer vor Augen.

Es dauerte nicht lange, bis die Straßenbahn auftauchte. Sie kam aus der Innenstadt und fuhr gleich wieder zurück. Die Leute, die mit uns einstiegen, wollten wissen, wo wir herkamen. Sie fragten nicht nur aus Neugier. In dieser Zeit konnte man überall große Bereitschaft spüren, am Schicksal der Mitmenschen Anteil zu nehmen. Jeder wollte, dass alles schnell wieder in die Reihe kommt, was in Unordnung geraten war. Deshalb freute man sich auch mit einem Fremden, wenn der ans Ziel gekommen war. Vom Krieg hatten die Menschen die Nase voll. Die Leute, die aus dem Osten kamen, wurden später manchmal allerdings »Rucksack-Hamburger« genannt, ein wenig freundlicher Titel. Er ließ erkennen, dass man sich in Hamburg mit solchen Zuwanderungen nicht überall einverstanden zeigte.

Wir fuhren erst zu Haralds Mutter nach Eimsbüttel. Ihre Überraschung war natürlich groß, als ihr Sohn plötzlich vor der Tür stand, von dem sie mehrere Monate nichts gehört hatte. Natürlich hatte sie sich Sorgen gemacht.

Harald und ich waren nicht die ersten Jungs aus dem Nabburger Lager, die den langen Weg nach Hamburg zurückgewandert waren. Die »Werwölfe« aus Pfreimd waren durchweg schon drei Wochen vorher nach und nach in kleinen Gruppen eingetroffen, darunter auch Achim Latz und Hans Grönmeyer. Diese beiden Mitschüler hatten sich zusammen mit Hans-Heinz Pukall, unserem letzten Lagermannschaftsführer, auf den Weg nach Norden gemacht. Der erwies sich jedoch unterwegs mit seinen Extravaganzen eher als hinder- denn förderlich. Als der Achtzehnjährige mit den beiden Dreizehnjährigen nicht recht mithalten konnte oder wollte, ließen sie ihn hinter sich und zogen allein weiter. Sie hatten es schwerer als wir und mussten fast ausschließlich zu Fuß gehen. Wahrscheinlich lag das an dem frühen Zeitpunkt, zu dem sie aufgebrochen waren. Ende April war der Krieg ja noch gar nicht zu Ende.

Dritter Teil: Vom Kriegsende bis zum Abitur 1951

Die ersten Wochen in Hamburg

Nach dem Mittagessen bei Haralds Mutter machte ich mich auf die Suche nach meinem Bruder. Ich brauchte wohl fast zwei Stunden, um quer durch Hamburg nach Rahlstedt zu gelangen. Wo aber sollte ich ihn in diesem Stadtteil finden? In Rahlstedt gab es zu dieser Zeit mehrere Lazarette bzw. Hilfslazarette. Ich fürchtete schon, ich müsste sie alle nacheinander abklappern. Gleich in dem ersten Lazarett wurde ich aber auf eine Zentralkartei in einer nicht weit entfernten Baracke verwiesen, in der alle Verwundeten erfasst sein sollten. Ich hatte wieder ein gutes Geschick. Der 10. Juni 1945 war zwar ein Sonntag, in der Baracke hielt sich aber ein Obergefreiter auf, der Auskunft erteilen konnte.

»Wo willst du denn hin?«, fragte er mich.

»Ich suche meinen Bruder. Der soll in irgendeinem Lazarett in Rahlstedt liegen«, antwortete ich. »Dann werden wir ihn gleich haben«, meinte der Obergefreite, und er hatte recht.

Er hatte keine Mühe, sofort die richtige Karteikarte zu finden.

»Dein Bruder liegt in einem Hilfslazarett, das in einer früheren Schule eingerichtet wurde. Vielleicht ist er ja schon wieder auf den Beinen«, sagte der Obergefreite, zeigte mir auf dem Stadtplan die Straße, in der das Schulgebäude stand, und gab mir zum Abschied die Hand.

Es war nicht mehr weit. Vor dem Lazarett, im dem sich Curt befinden sollte, saßen oder standen viele Verwundete. Einige liefen dort auch herum. Sie gingen an Krücken oder trugen ihren Arm auf einer Stützschiene oder in einer Binde. Andere hatten einen Kopfverband. Die Verwundeten wirkten recht fröhlich und lachten viel. Vielleicht trugen dazu auch die zahlreichen Mädchen bei, die an ihnen vorbeizogen und die sich gern zu einem Flirt bereitfanden.

Der Eingang zum Lazarett befand sich an der hinteren Wand des Gebäudes. Ich ging hinein und steuerte direkt auf das Büro zu. War ich an der richtigen Stelle? Ich klopfte an die Tür und öffnete sie gleich. An einem Schreibtisch, der schräg zum Fenster stand, saß ein Unteroffizier.

»Ich suche meinen Bruder, den Obergefreiten Curt Michaelis«, sagte ich streng wie ein Soldat.

»Der ist gerade hier vorbeigegangen«, antwortete der Unteroffizier, mich freundlich musternd, wohl ahnend, dass ein überraschendes Wiedersehen bevorstand. Und dann tauchte Curt auch schon direkt vor dem Fenster auf. Er sah mit seinen tiefbraunen Augen zu mir hinauf, stutzte einen Augenblick, stieß erstaunt ein kurzes »Mensch!« heraus und lief sofort um das Haus herum. Ich drehte mich ebenfalls unversehens auf meinem Absatz und lief aus dem Gebäude, um meinem Bruder entgegenzukommen. Leider wählte ich genau die falsche Seite, so dass wir uns kurze Zeit später genau umgekehrt wieder gegenüberstanden. Jetzt befand er sich im Büro und schaute hinaus, und ich stand draußen vor dem Fenster und schaute hinein.

Es hat Leute gegeben, die später meinten, dieser originelle Versuch, uns zu begegnen, sei nicht ganz untypisch für uns. Nun, das nächste Mal klappte es auf jeden Fall.

Curt regelte sofort, dass ich im Lazarett schlafen und auch essen konnte. Ich wurde in einen großen Saal geführt, in dem zahlreiche Doppelbetten standen. Es dürften darin wohl insgesamt vierzig Verwundete geschlafen haben. Die meisten von ihnen waren wie Curt bereits weitgehend genesen und konnten draußen herumlaufen.

Vorn gleich neben dem Eingang lag allerdings ein Soldat, der das linke Bein und den linken Arm verloren hatte. Es war ein großer und schlanker Mann. Es sah merkwürdig aus, wenn er, wie er es manchmal tat, völlig nackt aufrecht vor seinem Bett stand. Irgendeine Gemütserregung konnte ich ihm nicht anmerken. Er sah nur immer vor sich hin oder starrte an die Wand. An den Tagen, in denen ich mich im Lazarett aufhielt, sagte er kein einziges Wort, zumindest nicht in meiner Gegenwart.

Da das Gebäude als Schule errichtet worden war, gab es darin nur notdürftig eingerichtete Wasch- und Duschräume für die Verwundeten, und als ich mich an dem ersten Morgen waschen wollte, wurde ich lediglich auf ein kleines Waschbecken auf dem Flur gleich neben dem Eingang verwiesen. Ich stellte mich vor das Becken, zog mein Hemd aus und öffnete den Wasserhahn. Als ich mich wusch, merkte ich, dass mich eine Krankenschwester, seitwärts zu mir stehend, beobachtete. »Waren Sie auch schon Soldat?«, fragte sie ganz betroffen. Ich war überrascht. Es war das erste Mal, dass mich jemand gesiezt hatte. »Nein, ich besuche hier nur meinen Bruder«, antwortete ich. Meine Antwort schien sie zu erleichtern. Sie atmete richtig auf.

Ihre Frage war so abwegig nicht, denn es hatte ja zumindest Fünfzehnjährige gegeben, die noch in den Krieg ziehen mussten, und ich war immerhin auch schon vierzehn.

Was sollte jetzt aus mir werden? Ich hatte mir selbst bislang keine Gedanken darüber gemacht und mich darauf verlassen, dass meine Geschwister das schon irgendwie regeln würden. Curt war noch nicht aus dem Lazarett entlassen, konnte sich selbst daher noch keine Herberge suchen. Das heißt, ich konnte also auch nicht bei ihm wohnen. Ruth war weit weg. Sie hatte – so erfuhr ich jetzt – in Flensburg geheiratet und bereits ihren Sohn Peter geboren. Bei ihr würde für mich sicherlich auch kein Platz sein. Und Lotti, die bisher immer alles für mich geregelt hatte, lebte irgendwo in einem kleinen Ort in Schleswig-Holstein. Wo genau, das wusste Curt auch nicht.

Mein Bruder entschloss sich, zum Jugendamt ins Bieberhaus zu gehen, um zu erkunden, ob ich jetzt in einem Heim untergebracht werden könnte. Er kam gleich mit einer endgültigen Entscheidung zurück.

»Du wirst in das Jugendheim Bachstraße eingewiesen«, sagte er.

*

Diese in der Jugendbehörde anscheinend ohne Bedacht getroffene Entscheidung stellte sich schnell als Fehlentscheidung heraus. Das Jugendheim Bachstraße beherbergte damals Jünglinge und junge Männer, die alle älter waren als ich und eine Handwerkerlehre absolvierten. Sie wollten meist Schlosser, Elektriker, Feinmechaniker und Tischler werden. Ich war nicht nur der Jüngste unter ihnen, sondern auch der einzige Oberschüler. Von den anderen wurde ich kaum wahrgenommen, und wenn das doch geschah, wurde ich eher kritisch gesehen. Bei den Mahlzeiten saß ich wohl mit einigen anderen Heiminsassen an einem Tisch, aber kaum einer sprach mit mir. Der Heimleiter, ein ehemaliger höherer HJ-Führer, bemühte sich zwar ein wenig darum, meine Isolierung aufzuheben, hatte aber keinen Erfolg damit.

Ich schlief mit mehreren Jünglingen in einem Zimmer, so wie ich das aus der KLV her kannte. Aber es war eine ganz andere Atmosphäre in diesem Heim. Vor dem Einschlafen wurde nur geschweinigelt. Was die jungen Männer mit Frauen und Mädchen alles machen wollten oder – wie sie behaupteten – schon gemacht hätten, war mir einfach widerlich. Ich dachte an Ruth und Lotti und auch an Emma mit ihrer Blinddarmnarbe. Mir war die Vorstellung schrecklich, dass so auch mit ihnen umgegangen werden könnte.

Die hässlichen Phantasien kamen bei meinen Zimmerkumpanen wohl deshalb auf, weil sexuelle Erlebnisse außerhalb der Ehe damals als etwas Unanständiges oder Böses galten. Die sexuellen Wünsche kamen natürlich trotzdem auf, aber sie waren deshalb oft mit Hass- und anderen Negativgefühlen gekoppelt. Es durfte ja eigentlich nicht sein.

Es versteht sich: In dem Jugendheim in der Bachstraße konnte ich mich überhaupt nicht wohl fühlen. Curt, der mich hin und wieder besuchte, merkte das wohl, blieb aber ratlos. Welch andere Möglichkeiten konnte es für mich in dieser Situation denn überhaupt geben? Mein Bruder sah zumindest keine und hoffte, dass sich meine Missstimmung mit der Zeit geben würde.

Inzwischen hatte Lotti gehört, dass ich nach Hamburg zurückgekehrt sei. Sie machte sich unverzüglich auf den Weg und besuchte mich in der Bachstraße. Als sie merkte, wie mir zumute war, sagte sie sofort:

»Ich hol dich hier raus!« Sie brauchte dazu nur vier Tage.

In der Kühnstraße in der Nähe der Estorff-Kaserne wohnten die Eheleute Lüders mit ihrer Tochter Ruth. Die hatten sich immer noch einen Sohn gewünscht und erklärten sich sofort dazu bereit, mich bei sich aufzunehmen. Wie dieser Kontakt damals zustande kam, weiß ich nicht mehr. Das ist heute auch unwichtig.

Die Lüders besaßen ein kleines Haus, das im Krieg ganz unbeschädigt geblieben und in dem auch Platz für mich vorhanden war. Es gab darin einen großen und wohnlich eingerichteten Kellerraum, in den ich einziehen konnte. Was die rein äußeren Dinge anging, waren die besten Voraussetzungen dafür gegeben, dass ich in dem Haus eine ständige Bleibe finden konnte. Es stellte sich jedoch schnell heraus, dass ich nicht zu dieser Familie passte. Den Eheleuten Lüders missfiel es, dass ich weiter zur Schule gehen und Abitur machen wollte. Diese Absicht hielten sie für unnötig. Sie meinten, es sei besser, wenn ich eine Handwerkerlehre begänne.

Dass ich dazu keine Lust und noch weniger Talent hatte, hätten sie vielleicht noch akzeptiert. Was jedoch für eine ernsthafte Verstimmung sorgte, war meine Weigerung, mich von Frau Lüders umarmen zu lassen. Bei einem Umarmumgsversuch wich ich spontan zurück, und das hat mir diese Frau nicht verziehen.

Schon nach kurzer Zeit war das Verhältnis zwischen ihr und mir gestört. Ich bekam das deutlich zu spüren.

Als sich plötzlich ein aus der Kriegsgefangenschaft entlassener Verwandter der Familie einfand, wurde in meinem Zimmer ein zweites Bett aufgestellt und schließlich noch ein drittes für einen Bekannten, der ebenfalls eine Bleibe suchte. Mehr und mehr bekam ich das Gefühl, unerwünscht zu sein.

Lotti wurde sofort aktiv. Sie hatte erfahren, dass das Kinderheim Horner Weg nicht mehr allein Tages-, sondern auch Vollheim geworden sei, und fragte Frau Schaschke, ob ich dort nicht aufgenommen werden könnte. Das klappte ohne Schwierigkeiten. Schon nach wenigen Tagen konnte ich mich dort einfinden.

Die Einweisung in dieses Heim, das ich ja bereits kannte, hat sich als gute Entscheidung herausgestellt. Dort fand ich tatsächlich für die nächsten Jahre so etwas wie ein Zuhause. Zwar musste ich in dieser Zeit mit vielen Unzulänglichkeiten leben. Doch waren diese Mängel nach dem Krieg geradezu »Allgemeingut«, zumindest bis 1948.

Die Menschen lebten großenteils in Kellern, besaßen meist nur wenige und wahllos zusammengesuchte Möbelstücke und Hausratsgegenstände. Sie trugen völlig unzureichende, und das heißt abgetragene, geflickte, zu kleine oder zu große Bekleidungsstücke und mussten sich immer wieder aufs Neue um das tägliche Brot sorgen. Es gab zwar Lebensmittelkarten, doch was man damit kaufen konnte, reichte nicht zum Sattwerden. Jeder sah sich dazu gezwungen, sich zusätzlich etwas zu essen zu beschaffen, und das war für viele äußerst schwierig. In dieser Hinsicht waren die Kinder und Jugendlichen im Kinderheim sogar besser aufgehoben als in den Familien. Kinderheime wurden in dieser Zeit relativ gut mit Lebensmitteln versorgt.

Frau Schaschke und ihre Kindergärtnerinnen arbeiteten im Kinderheim Horner Weg gerade in den Nachkriegsjahren ungewöhnlich engagiert und taten alles, um den Kindern und Jugendlichen, die ihnen anvertraut waren, ein möglichst sorgenfreies und zufriedenes Leben zu ermöglichen. Ihr persönlicher Einsatz war bewundernswert. Sie schonten sich nicht und verzichteten weitgehend auf ein privates Dasein.

*

Als ich mich Anfang August 1945 mit den wenigen eigenen Sachen, die ich noch besaß, im Kinderheim Horner Weg einfand, begegnete ich als Erstes einer Person, die nach ihrer Erscheinung noch ein Kind, vielleicht aber auch eine Mitarbeiterin des Heimes sein konnte. Sie kam barfuß die Treppe herunter, und ich hielt sie deshalb auch für ein Kind. Damit hatte ich mich allerdings geirrt.

»Du bist Norbert?«, fragte mich die so jugendlich erscheinende Person überaus freundlich.

Sie hatte mich offenbar schon erwartet, und als ich nickte, sagte sie zu meiner Überraschung weiter: »Ich bin Helga. Du bist bei mir in der Gruppe«, und sie drückte mir fest die Hand.

Helga, die mit ihrem Nachnamen Sturm hieß, war bereits zweiundzwanzig Jahre alt. Das wollte ihr niemand glauben. Sie wirkte ungemein frisch und fröhlich und bewegte sich meist lachend im Laufschritt fort, und das ebenso treppauf wie auch treppab. Sie war bei Kindern und Jugendlichen sehr beliebt, und auch ich brachte ihr von vornherein eine besondere Zuneigung entgegen, die sie wohl auch erwiderte.

Zunächst musste ich im Kinderheim mit vielleicht vierzig anderen Kindern und Jugendlichen zusammen in dem großen Saal schlafen, der eigentlich für Veranstaltungen zur Verfügung stehen sollte. Gleich nach dem Krieg sah man sich aber, der Not gehorchend, gezwungen, in diesem Veranstaltungssaal zahlreiche Betten aufzustellen. Am oberen Ende befand sich sogar eine große Bühne mit einem Vorhang davor für Laienspielaufführungen. An so etwas war allerdings vorerst nicht zu denken.

Auch die beiden Umkleideräume auf beiden Seiten zur Bühne mussten zu dieser Zeit als Schlafraum bzw. Plättzimmer dienen. Das sollte später wieder anders werden.

Im Saal schlief ich nur ungern, weil nachts die Türen häufig auf- und zugeklappt wurden. Der Weg zur Toilette war nun einmal unvermeidlich. Bei insgesamt vierzig Kindern lässt es sich leicht vorstellen, wie oft der Schlaf durch diese Klappgeräusche gestört wurde. Für die Kleinen standen nachts zwei Feudeleimer vor dem Saal, auf die jemand in gelben Lettern diskret »Saal« geschrieben hatte. Wenn man zu später Stunde die Treppe von unten hinaufging, sah man oft ein Kind schläfrig auf einem Eimer sitzen.

Ich war froh, als für die älteren Jungs bald eine besondere Schlafecke auf dem Boden unter dem Dach, das man gerade neu gezimmert hatte, eingerichtet wurde. Die Bodenfläche gehörte eigentlich gar nicht zum Kinderheim. Früher hatte sich dort eine Privatwohnung befunden, die 1943 wie alle Wohnungen, die zum Kinderreichenblock gehörten, völlig ausbrannte. Frau Schaschke nutzte die Gelegenheit, die zerstörten Privaträume als Bodengeschoss notdürftig auszubauen. Noch gänzlich unzulänglich blieben dort allerdings die Fenster. Sie hatten zum Teil nicht einmal Glasscheiben, sondern waren nur mit Pappe zugeklebt, die die Kälte kaum zurückhalten konnte. Da außerdem die Heizung noch fehlte, mussten wir Jungs uns nachts oft die Decke über den Kopf ziehen, um nicht zu frieren. Uns war das aber lieber so, als mit vielen anderen zusammen, vor allem mit den kleinen Kindern, im großen Saal zu schlafen.

Wir Jungs sahen es auch als Vorteil an, dass wir auf dem abgelegenen Boden so gut wie gar nicht unter Kontrolle standen. Unsere Betreuerinnen kamen nur selten zu uns hinauf und ließen uns meist unbehelligt.

Ein Nachteil war allerdings, dass sich unmittelbar unter dem Dach keine Toilette befand. Man stellte deshalb auch uns Jungs für die Nacht einen Feudeleimer hin. Den pflegten wir allerdings meist zu missachten und zogen es vor, vom Treppenhaus aus, das zur einen Seite hin ohne Mauer und zu dieser Seite hin also gänzlich offen dastand, bei Mondschein in hohem Bogen in die Trümmer zu pinkeln. Das machte uns richtig Spaß, und wir kamen so drum herum, jeden Morgen den Eimer auszuleeren. War das doch einmal unvermeidlich, scheuten wir meist den Weg zu der weit entfernten Toilette im Parterre, sondern begnügten uns damit, seinen Inhalt einfach in die Trümmer zu kippen. Tagsüber lebten die Kinder und Jugendlichen in kleineren Gruppen zusammen, nach Altersklassen eingeteilt. Mädchen und Jungen wurden dabei aber anders als in den damaligen Schulen nicht getrennt gehalten. Die Kindergärtnerinnen, die die einzelnen Gruppen führten, ließen sich mit Tante Annemarie, Tante Magda, Tante Helga, Tante Ulla usf. ansprechen. Die Jugendlichen und größeren Kinder durften sich bei der Anrede allerdings mit dem Vornamen begnügen. Lediglich die Leiterin, Frau Martha Schaschke, wurde von allen respektvoll Tante Martha genannt.

Der Wiederbeginn des Unterrichts im Herbst 1945

Noch im September 1945 wurden alle Lehrer und Schüler aus der Kirchenpauer-Schule und aus der Oberschule Eilbek, die sich teilweise bereits aus der KLV kannten, aber auch aus der Wichernschule, zu einer Zusammenkunft im Schulgebäude Caspar-Vogt-Straße aufgefordert. Seit Harald Ring und ich uns Anfang Mai von Guteneck in Richtung Norden auf den Weg gemacht hatten, war mir der Kontakt zu meinen Nabburger Lehrern und Mitschülern gänzlich verloren gegangen. Lediglich auf Umwegen hatte ich erfahren, dass alle unversehrt wieder nach Hamburg zurückgekehrt sein sollten.

Wenige andere Schüler aus dem KLV-Lager hatten wie Harald und ich den Weg in kleinen Gruppen ebenfalls zu Fuß bzw. per Anhalter zurückgelegt. Das Gros der Mitschüler sowie die Lehrer, die noch viele Wochen nach unserem Abmarsch in Guteneck verweilen mussten, wurde erst Anfang August 1945 mit zwei englischen Lastwagen zurück nach Hamburg befördert. Den Rücktransport hatte der umsichtige Professor Steinvorth organisiert. Er hatte diese Aktion bei der Militärregierung in Hamburg erbeten und war auf Wohlwollen gestoßen. Er saß selbst mit in einem der beiden Führerhäuser, als die beiden Fahrzeuge völlig überraschend für Lehrer und Schüler in Guteneck vorfuhren. Der Transport zurück nach Hamburg musste schnell vonstatten gehen, denn der englische Kommandant hatte die Lastwagen nur für wenige Tage zur Verfügung gestellt.

Die Jungs, die auf den Bauernhöfen in der Umgebung von Guteneck arbeiteten, wurden aufgefordert, alles stehen und liegen zu lassen. Sie packten eiligst ihre sieben Sachen zusammen und kletterten auf die beiden Fahrzeuge. Dr. Käselau, der zuletzt wegen seiner Rheumaerkrankung mit im Gutshaus des Erbherzogs schlafen durfte, dafür aber hin und wieder Dolmetscherdienste für seine Hoheit erbringen musste, war nicht gleich zu finden und wäre beinahe als Einziger zurückgeblieben. Er schaffte es noch, im letzten Augenblick mit aufzusteigen.

Die Fahrt quer durch Deutschland mit den beiden Lastwagen dauerte zwei Tage. Auf halber Strecke wurde haltgemacht und irgendwo in einer Scheune übernachtet. Man sei auch durch Erbendorf gefahren und habe überlegt, uns beide, Harald und mich, bei Emmas Eltern abzuholen, erfuhren wir jetzt. Da die Zeit jedoch zu knapp gewesen sei, habe man das unterlassen. Nun, man hätte uns ohnehin nicht mehr gefunden. Zu diesem Zeitpunkt hatten wir Erbendorf längst verlassen und befanden uns sogar schon wieder in Hamburg.

Die Zusammenkunft von Lehrern und Schülern, die in der Schule Caspar-Vogt-Straße im September 1945 stattfand, wurde für uns Schüler zu einem aufregenden Ereignis. Da standen alle wieder zusammen, die Jungs aus dem Nabburger KLV-Lager, aber auch einige von denen, die schon gleich von Schellerhau aus nach Hamburg zurückgekehrt oder die überhaupt nicht mit in die KLV gefahren waren. Natürlich gab es viel zu erzählen. Fast alle hatten besondere Abenteuer erlebt, vor allem die, die sich wie Harald und ich zu Fuß nach Hamburg auf den Weg gemacht hatten.

Nicht zu diesem Treffen erschienen die Mitschüler und Lehrer aus der Oberschule St. Georg, mit denen wir zusammen über ein Jahr im Nabburger KLV-Lager gelebt hatten. Sie gehörten jetzt wieder zu ihrer Stammschule und blieben fortan von uns getrennt. Einige Schulkameraden, die wir bei dieser Zusammenkunft noch vermissten, gesellten sich im Verlauf der folgenden Monate wieder zu uns.

Bis zu diesem Zeitpunkt gänzlich unbekannt waren uns die anwesenden Lehrer und Schüler aus der Wichernschule. Ihr Schulgebäude im Stadtteil Horn war 1943 zerstört worden, und deshalb hatten man sie jetzt der Nachbarschule in Hamm zugeteilt.

Zu denen, die nie mehr in unserer Schule auftauchten, gehörte auch Tetje Baron. Seine Eltern hatten gemeint, dass es genug sei, wenn er jetzt die Volksschule zu Ende besuchen würde. Einige Jahre später traf ich ihn noch einmal auf der Straße. Er hatte inzwischen den Beruf des Drehers erlernt und schien damit sehr zufrieden zu sein. Später sprach es sich herum, dass er Anfang der fünfziger Jahre nach Schweden ausgewandert war.

Ich konnte bei diesem ersten Schultreffen nach dem Krieg nur wenige Lehrer aus der alten Kirchenpauer-Schule entdecken. Wo mochten die anderen geblieben sein? Sie hatten sich anscheinend noch während des Krieges an andere Schulen versetzen lassen, weil in dem fast völlig zerstörten Stadtteil Hamm am Ende des Krieges kaum noch Schüler vorhanden waren und zu der Zeit deshalb dort auch kaum noch Unterricht stattfinden konnte.

Als wir bei unserem ersten Treffen nach dem Krieg so dastanden und miteinander plauderten, fiel mein Blick auf einen Lehrer, den ich bis dahin noch nicht kannte, der mich aber besonders anzog. Er war sehr groß und schlank, hatte eine sehr hohe Stirn und trug langes, etwas gewelltes Haar. Dieser Mann war Dr. Fritz Manke, der Lehrer, der für viele meiner Klassenkameraden und mich selbst später eine gewichtige Bedeutung erlangen sollte.

Professor Steinvorth hielt bei diesem Wiedersehen in der Turnhalle eine kurze Ansprache. Er erklärte, dass sich die Oberschulbehörde in Hamburg dafür entschieden hätte, die Kirchenpauer-Schule, die Oberschule Eilbek und die Wichernschule zusammenzulegen und ihm die Leitung dieser neuen Schule zu übertragen. Diese neue Schule sollte wieder Kirchenpauer-Schule heißen wie die eine der drei Stammschulen, die man ja bereits zu Beginn des Krieges in das Schulgebäude Caspar-Vogt-Straße verlegt hätte. Wir würden dieses Gebäude allerdings wieder mit der Mädchenoberschule OCV teilen müssen und daher mit den Mädchen im Wechsel Vor- und Nachmittagsunterricht haben.

An einem der nächsten Tage würden wir erfahren, wie wir Schüler auf die Klassen verteilt werden, die erst neu zusammengestellt werden müssten. Dann könne der Unterricht nach einer Pause von etwa einem halben Jahr wieder beginnen. Prof. Steinvorth verlor in seiner Rede kaum ein Wort über die politische Vergangenheit und den verlorenen Krieg. Dieses Verhalten sollte sich als typisch für diese Lehrergeneration erweisen, die, von wenigen Ausnahmen abgesehen, auch in der Folgezeit die schlimmen Geschehnisse der vergangenen zwölf Jahre weitgehend verdrängte. Als Beamte besonders dazu gedrängt, hatten sich die meisten Lehrer dazu bereitgefunden, in die NSDAP einzutreten, und einige von ihnen hatten sich sogar nachdrücklich zu Hitler bekannt. Jetzt erschien es ihnen offenbar angebracht, die Vergangenheit zu vergessen und sich schnell auf die Zukunft auszurichten. Der ehrenwerte Professor Steinvorth machte in dieser Hinsicht keine Ausnahme.

Ich habe später oft über die Menschen nachgedacht, die in der Hitlerzeit das gewesen sind, was man Mitläufer nennt, oder die einfach nur still geblieben sind, wenn anderen Menschen in ihrer Gegenwart Unrecht widerfuhr. Dabei sind mir natürlich auch unsere Lehrer vor Augen getreten. Wie sollte ich ihre Haltung in der Nazizeit bewerten?

Lange Zeit glaubte ich Grund zu haben, die damals Erwachsenen in diesem Punkt äußerst kritisch zu beurteilen. Diese Einstellung konnte mir umso leichter fallen, als ich selbst im Dritten Reich ja noch ein Kind war und mich daher in einer anderen Situation als sie befunden hatte. Ich war in der Hitlerzeit zwei bis vierzehn Jahre alt, und das heißt, ich war absolut unfähig zu beurteilen, was Politiker dachten und was sie taten.

Dass ich selbst als Hitlerpimpf durch die Straßen marschiert bin und dies sogar mit Begeisterung getan hatte, konnte kaum jemand verwerflich finden. Schon gar nicht konnte man von einem Jungen in meinem Alter erwarten, dass er sich gegen Hitler aufgelehnt hätte. Das war mir natürlich bewusst. Mit der Frage, wieweit der Einzelne in der Nazizeit tatsächlich Schuld auf sich geladen hatte, brauchte ich mich selbst daher nicht belastet zu fühlen. Wie aber stand es mit denen, die damals bereits erwachsen waren? Ich meinte, dass von ihnen und besonders von unseren akademisch gebildeten Lehrern eigentlich zu erwarten gewesen wäre, dass sie der Versuchung widerstanden hätten, das Unrechtsregime mitzutragen oder stillschweigend zu dulden. Aber nur wenige hatten ihren Widerwillen gegen Hitler erkennen lassen. Nach dem Krieg zeigten sich die ehemaligen Parteigenossen nicht einmal dazu bereit, die Frage zu erörtern, ob sie im Dritten Reich versagt hätten.

Eigentlich hat sich meine Einstellung gegenüber den damals erwachsenen Menschen bis heute auch nicht geändert. Trotzdem sehe ich diese Generation und damit auch unsere damaligen Lehrer heute weniger kritisch als vor vierzig Jahren, wohl einfach deshalb, weil ich mit zunehmendem Alter ehrlicher geworden bin und dabei immer mehr erfahren und mir auch eingestanden habe, was eigentlich ein Mensch ist, nämlich ein höchst unvollkommenes Wesen, das sich ebenso gut wie böse und ebenso schwach wie stark zeigen kann. Die Einsicht, später selbst oft große Fehler gemacht zu haben, sowie die Beobachtung von Fehlern und Schwächen bei anderen, von mir hoch geschätzten Personen hat mich einfach nachsichtiger gemacht.

Heute meine ich, dass es allzu leicht und allzu pharisäisch war, über die Menschen die Nase zu rümpfen oder sogar den Stab zu brechen, die feige, opportunistisch oder auch fahrlässig gewesen sind und sich vielleicht sogar so verhalten haben, dass andere in Gefahr gerieten, zu Schaden zu kommen. Natürlich haben sie versagt. Aber ich frage mich, ob ihr Verhalten wirklich so ungewöhnlich und unverständlich war, wie es mir in den fünfziger Jahren erschienen ist und wie es viele Jüngere heute sehen.

Ist nicht überall in Diktaturen zu beobachten, dass Menschen sich so gebärden, wie es die Obrigkeit von ihnen erwartet? Wer fürchten muss, dass er bei nichtkonformem Auftreten persönlich in Bedrängnis gerät und Gefahr läuft, die eigene Freiheit zu verlieren, entscheidet sich in der Regel gegen das Risiko und macht einfach das, was man von ihm erwartet, auch wenn die eigene Gesinnung dagegensteht. Es ist immer nur eine kleine Minderheit, die sich wehrt. Das zeigt alle geschichtliche Erfahrung.

Wenn ich über die ängstlich-schwächliche Zurückhaltung der Erwachsenen angesichts der schlimmen Untaten der Nazis urteilen will, muss ich auch bereit sein, mich selbst ehrlich zu fragen, wie ich mich wohl verhalten hätte, wenn ich im Dritten Reich eben kein Kind mehr gewesen wäre. Hätte ich wirklich zu der kleinen Minderheit gehört, die sich gegen das Unrecht gewehrt hat? Man möchte von sich selbst immer das Beste annehmen, zuverlässig lässt sich diese Frage aber niemals beantworten. Ich kann leider nicht ausschließen, dass auch ich ein aktiver Nazi geworden wäre. Die Gefahr, mit in den Strudel hineingezogen zu werden, war sicherlich allgemein groß. Sich später in die Rolle eines Widerstandskämpfers hineinzuträumen und sich aufs hohe moralische Ross zu setzen, war auf jeden Fall zu einfach.

Indem ich das feststelle, will ich nicht die Schuld derer schmälern, die selbst Menschen geschmäht, misshandelt, getötet oder derartige Missetaten vorbereitet oder befohlen haben. Dafür kann es keine Entschuldigung geben. Wer hierzu angehalten wurde, musste sich wehren oder zumindest ausweichen, so schwierig das in vielen Fällen auch gewesen sein mag. Das meine ich heute ebenso wie in den fünfziger Jahren.

Es geht mir allein um das Verhalten der Menschen, die, ihre eigene Gesinnung missachtend, versäumt haben, sich gegen die Verbrechen der Nazis zu erheben, die zugeschaut oder einfach weggeschaut haben, wenn anderen Unrecht zugefügt wurde.

Wer über sie verständnislos den Kopf schüttelt, sollte zumindest auch vor Augen haben, wie feige und opportunistisch sich die Menschen in unserer Zeit gebärden.

Überall in den Firmen, in den Verlagen, in den Rundfunkanstalten, in den Industrie- und Handelskammern, in den Behörden, in der Politik und auch in den Hochschulen wird die Fahne nach dem Wind gehängt, wird geschleimt, antichambriert und gebuckelt. Ist das nicht die gleiche Haltung, die die vielen Mitläufer im Dritten Reich eingenommen haben? Man mag einwenden, dass es heute um weniger geht, wenn sich jemand in der Berufswelt opportunistisch gebärdet, eben nur darum, die eigene Position zu sichern oder zu verbessern. Andere Menschen geraten dabei nicht in Gefahr, ihre Freiheit oder sogar ihr Leben zu verlieren. Dagegen steht aber auch, dass diejenigen, die heute Rückgrat und Eigenständigkeit unter Beweis stellen, vielleicht berufliche Nachteile erfahren, im Dritten Reich dagegen bei solchem Verhalten mit Verhaftung, Folterung und Hinrichtung bedroht gewesen wären. Wer will glauben, dass sich die heutigen Opportunisten angesichts solcher Gefahren in der Regel mutiger als die damalige Erwachsenengeneration gezeigt hätten? Um es auf einen Nenner zu bringen: Es geht mir um mehr Ehrlichkeit. Viele unter denen, die sich heute überheblich empören, erscheinen mir als Pharisäer.

Hoher Respekt gebührt in jedem Fall denen, die in der damaligen Zeit tatsächlich Mut und Standhaftigkeit bewiesen und sich durch freimütige Äußerungen der Gefahr aussetzten, in Misskredit zu geraten, ausgegrenzt und vielleicht sogar verfolgt zu werden. Persönlich habe ich nur wenige Menschen in dieser Zeit erlebt, von denen man das sagen konnte. Dazu gehörten Herr Beyer und die Eheleute Glaser, also die Nachbarn in der Snitgerreihe, in gewisser Weise auch Pastor Dubbels in der Martinskirche und Pastor Bode in der Michaelis-Kirche sowie Herr Brüning, Herr Jessen, Herr Hestermann, Dr. Loy und ein wenig vielleicht auch Dr. Denecke, also auch einige Lehrer aus der Kirchenpauer-Schule. Erfreulicherweise ist bis auf Dr. Loy keinem von ihnen etwas passiert.

Das Leben in der Nachkriegszeit

Die aufregenden Zeiten waren jetzt vorbei. Das Leben verlief wieder in geregelten Bahnen, und das wollte mir manchmal gar nicht gefallen. Ich vermisste tatsächlich die prickelnden, vielleicht angsterregenden oder irgendwie sensationellen Ereignisse, wie wir sie jahrelang erlebt hatten. Jetzt hieß es wieder, jeden Morgen früh aufzustehen, in die Schule zu gehen, sich mit Fragen zu beschäftigen, die sich mir eigentlich gar nicht stellten, und nachmittags langweilige Schularbeiten zu machen. Es dauerte eine ganze Zeit, bis ich mich an diesen Alltag wieder gewöhnt und zu diesem Leben wieder eine positive Einstellung gewonnen hatte.

Im Kinderheim Horner Weg wurde nach dem Krieg auf vielerlei Weise ein gemeinschaftliches Leben gepflegt, so wie es das heute kaum noch gibt. Wenigstens einmal am Tag versammelten sich Kinder, Jugendliche und Kindergärtnerinnen zu gemeinsamem Singen. Wir sangen vor allem Volkslieder in zwei- oder dreistimmigen Sätzen. Es war dies die Zeit des Fritz Jöde und seiner Schüler, die in Hamburg überall das veranstalteten, was man offenes Singen nannte. Diese Gesangsveranstaltungen, oft unter freiem Himmel, waren damals bei jungen Leuten sehr beliebt und sehr verbreitet. Bis weit in die fünfziger Jahre hinein setzte sich das fort. Im Kinderheim Horner Weg hatte man schon immer viel gesungen, jetzt aber wurde das gemeinschaftliche Singen mit einem höheren musikalischen Anspruch fortgeführt.

Im Vorraum zum Saal des Kinderheimes, der bis 1943 mit auffällig blauem Linoleum ausgelegt war und deshalb »Das Blaue« genannt wurde, veranstaltete Herr Bosch, ein ehemaliger Pianist an der Hamburger Staatsoper, zusammen mit befreundeten Instrumentalmusikern und Sängern einmal im Monat einen Kammermusikabend. Dabei wurden meist klassische und romantische Werke gespielt bzw. gesungen. Diese Veranstaltungen wurden für alle, die als Zuhörer daran teilnahmen, zu besonderen Erlebnissen. Auch die Drei- und Vierjährigen durften dabei nicht fehlen. Sie saßen auf ihren kleinen Stühlen in den vorderen Reihen und hielten meist bis zum Schluss durch.

Zu den Gemeinschaftsaktionen gehörten auch Laienspiele, bei denen Kinder und Jugendliche wie auch ihre Betreuerinnen mitwirkten. Die Bühne im Veranstaltungssaal, die später wieder für Aufführungen zur Verfügung stand, forderte dazu gerade heraus. Manchmal wurde dafür aber auch die Halle im Parterre genutzt, in der sich die Atmosphäre etwas intimer ausmachte. Dort wurde zum Beispiel über mehrere Jahre zu Weihnachten ein pommersches Krippenspiel eindrucksvoll aufgeführt, bei dem ebenso Kinder, Jugendliche und Betreuerinnen mitwirkten.

In der Halle fanden auch die meisten Feiern an Festtagen sowie Jubiläen statt, zu denen neben dem gemeinschaftlichen Singen regelmäßig auch Gedichtvorträge gehörten. Frau Schaschke hatte ein besonderes Geschick darin, Feiern zu gestalten, und sie verstand es, dabei Kinder, Jugendliche, Mitarbeiterinnen und Eltern in ihren Bann zu ziehen. Oft hatten ihre Feiern den Charakter von Gottesdiensten. Für sie selbst waren bestimmte lyrische Gedichte von Rilke, Morgenstern und Goethe so etwas wie Religion, göttliche Offenbarungen also. Sie pflegte den geistigen Gehalt dieser Gedichte stark zu verinnerlichen und zog daraus ihre Lebensregeln. Ihr starkes religiöses Gefühl wurde durch solche Gedichte mehr angesprochen, als dies ein kirchlicher Gottesdienst tun konnte. Nach dem Kriege schloss sie sich den Anthroposophen an und schickte viele ihrer Kinder auf die Rudolf-Steiner-Schule. Ich selbst ließ mich allerdings von ihrem Hang zu mystischer Verklärtheit nie ganz einfangen und machte bei solchen Gelegenheiten manchmal Bemerkungen, die mir den Vorwurf, ich sei ein Lästermaul, einbrachten.

Mehr noch als die gemeinschaftlichen Veranstaltungen war es aber der gemeinsame Alltag in der Gruppe, der unter den Kindern und Jugendlichen sowie auch den Betreuerinnen das

Gefühl der Zusammengehörigkeit entstehen ließ. Gemeinsamer Alltag – das war der für alle weitgehend geregelte Tagesablauf mit dem gemeinsamen Aufstehen, mit den gemeinsamen Mahlzeiten und mit der Erfüllung von Pflichten wie Abwaschen und Gartenpflege, jeweils in kleinen Gruppen. Gemeinsamer Alltag – dazu gehörte aber auch die regelmäßige Anteilnahme an den Sorgen und Problemen der anderen, auf die wir immer wieder hingewiesen wurden.

Ich hatte während der Jahre zwischen 1945 und 1951 gelegentlich den Wunsch, dem alltäglichen Reglement zu entfliehen, und beneidete die Altersgenossen, die in einer Familie mehr persönliche Freiheit hatten und nicht so oft gezwungen waren, auf andere zu achten und eigene Wünsche zurückzustecken. Stets auch das Wohl des anderen im Blick zu haben war eine Maxime, der wir auf vielerlei Weise verpflichtet waren. Zweifellos stand das gerade bei denen, die über mehrere Jahre im Kinderheim Horner Weg zugebracht hatten, einer individuellen oder egoistischen Entfaltung entgegen, wie sie später mehr und mehr allgemein und vielleicht sogar notwendig wurde.

Wer das Heim als nunmehr Erwachsener verließ, war daher auf manches nicht vorbereitet, was ihn draußen erwartete. Die Welt präsentierte sich nicht so, wie Frau Schaschke sie gesehen hatte. Viele von den ehemaligen Hornerwegern brauchten aus diesem Grunde lange Zeit dazu, ihren Platz in der Welt zu finden, oft erst nach mancherlei Irrungen und Wirrungen. Dies ist nicht zu leugnen. Daraus aber einen Vorwurf gegen die herzuleiten, die uns damals betreuten und auf das Draußen vorbereitet oder nicht angemessen vorbereitet haben, wäre gänzlich verfehlt. Dagegen steht all das andere, was eine positive Würdigung verdient.

Vielleicht lässt sich sogar sagen, dass Frau Schaschkes Zöglinge in späterer Zeit mehr als andere junge Menschen Charakterfestigkeit und Prinzipientreue bewiesen. Durchweg blieben sie ihren idealistischen Zielen das ganze Leben über treu oder kamen später wieder auf sie zurück.

Bemerkenswert erscheint mir, dass von den Kindern und Jugendlichen, die nach dem Kriege im Kinderheim Horner Weg aufwuchsen, nur wenige mit dem Gesetz in Konflikt oder sonstwie auf die schiefe Bahn geraten sind. Das hört man von ehemaligen Heimkindern durchweg ganz anders.

Frau Schaschke nahm 1945 und 1946 alle Kinder auf, deren Eltern in schwierigen Verhältnissen lebten oder die gar kein Zuhause mehr hatten. Für sie selbst war allein entscheidend, dass sich die Kinder in einer Notsituation befanden. Oft brachte sie damit die Verantwortlichen in der Jugendbehörde in Schwierigkeiten, wenn ihre Entscheidungen nachträglich gebilligt werden mussten, ihre Entscheidungen aber eigentlich gegen geltende Vorschriften verstießen.

Doch Paragraphen interessierten Frau Schaschke nicht. Schon die allmähliche Erweiterung des ursprünglichen Kindertagesheimes zu einem Kindertages- und Kindervollheim hatte sie zunächst einfach von sich aus vollzogen. Die ausgebombten Kinder mussten ja irgendwo schlafen. Erst sollten sie nur einige Nächte im Kinderheim verbringen, dann aber wurden es Wochen und Monate, und schließlich wurde eine ständige Einrichtung daraus, ohne dass dies offiziell gebilligt worden wäre.

Wer waren die Kinder und Jugendlichen, mit denen ich damals im Kinderheim Horner Weg aufgewachsen bin? Sie kamen aus allen sozialen Schichten und waren Hilfs-, Volks-, Mittel- und Oberschüler. Viele trugen schlimme Kriegserlebnisse im Gepäck.

Sie hatten ihre Heimat am Ende des Krieges verlassen und brauchten jetzt eine neue Bleibe. Sie waren aus Ostpreußen, Pommern, Schlesien und Berlin geflohen oder in Hamburg ausgebombt. Zahlreiche Kinder hatten ihren Vater oder ihre Mutter oder auch beide Eltern verloren. Der Vater vieler Zöglinge befand sich noch in der Kriegsgefangenschaft, galt als vermisst oder war gefallen. Zu der Zeit lebten im Kinderheim noch nicht die typischen Vollheimkinder späterer Jahre, die von Eltern stammten, deren Ehe zerrüttet war oder die nicht wussten, wie sie ihre Kinder erziehen sollten.

Einige Kinder und Jugendliche verweilten nur ein oder zwei Jahre im Horner Weg, wenn es ihren Eltern gelungen war, sich bald nach dem Kriege ein neues Zuhause zu schaffen. Meist behielten auch sie weiterhin Kontakt zum Kinderheim, schrieben Briefe oder nahmen an Veranstaltungen teil. Auch sie pflegten durchweg später das Heimleben als bedeutsamen Lebensabschnitt zu bewerten.

Ich fing im Spätsommer 1945 schnell an, mich unter der Obhut von Frau Schaschke wohl zu fühlen. Das, was sich Unerfreuliches vorher im Jugendheim Bachstraße und bei der Familie Lüders ereignet hatte, konnte ich schnell vergessen. Die Atmosphäre war auch im Kinderheim Horner Weg eine ganz andere als vorher im KLV-Lager. Sie war einfach schöner. Das lag wohl daran, dass wir dort nicht von gutwilligen und verständnisvollen Männern, sondern von warmherzigen und fürsorglichen Frauen betreut wurden. Das zählt bei Kindern, aber auch bei Jugendlichen letztendlich doch mehr.

Außerdem gab es im Kinderheim einen weniger streng festgelegten Tagesablauf als in Schellerhau und Nabburg. Es könnte allerdings sein, dass sich mein Erwachsenwerden in dieser ganz auf Kinder ausgerichteten Lebensgemeinschaft verzögert hat. Wie bei anderen Hornerwegern dauerte es auch bei mir relativ lange, bis ich mich endlich aus der Kinderwelt verabschiedet hatte.

Es muss im September 1945 gewesen sein, als vor dem Eingang des Kinderheimes plötzlich die ehemaligen Nachbarinnen Linde und Rose Glaser auftauchten und mich dort, der ich mich gerade vor dem Heimgebäude aufhielt, zufällig entdeckten. Sie waren verwundert, mich an diesem Ort wiederzusehen, unterhielten sich kurz mit mir, wollten aber eigentlich nur wissen, ob sich Frau Schaschke noch im Dienst der Jugendbehörde befände. Offenbar hatten sie erwartet, dass die ehemalige Nationalsozialistin von ihrem Posten als Heimleiterin abgelöst worden war, und als ich sagte:»Die ist noch da«, zog sich Lindes Stirn in Falten.

»Diese Ziege!«, meinte sie mit einem etwas gequälten Gesicht. Beide Schwestern gaben mir kurz die Hand und gingen unversehens wieder fort.

Es war übrigens das letzte Mal, dass ich jemandem von der Familie Glaser gegenüberstand, die seit der Ausbombung in Neugraben wohnte, wie ich auch sonst kaum noch Kontakt zu den früheren Nachbarn aus der Snitgerreihe haben sollte. Sie lebten jetzt alle in ganz Hamburg verstreut. Das Kapitel Kinderreichenblock war für mich eigentlich schon im Mai 1943 abgeschlossen, als ich nach Schellerhau aufbrach. Zwar lebte ich nach dem Krieg wieder in Horn, und das sogar in unmittelbarer Nähe unserer früheren Wohnung, aber eben nicht mehr mit den früheren Nachbarn zusammen.

*

Überraschend schritt Lotti im Herbst 1945 noch einmal durch die Tür des Kinderheimes. Dieses Mal war sie vor allem um ihrer selbst willen unterwegs. Sie hatte gleich nach dem Krieg in Bokel in Schleswig-Holstein einen jungen Mann mit Namen Heinz Hallmann kennen gelernt, der gerade aus der Kriegsgefangenschaft zurückgekehrt war. Die beiden wurden sich schnell einig, noch im Dezember 1945 heiraten zu wollen.

Allerdings konnte Lotti gar nicht ohne Weiteres heiraten, denn mit ihren neunzehn Jahren war sie noch nicht volljährig, und sie brauchte dazu die Genehmigung unseres Vormundes, des Herrn Schießer, den das Vormundschaftsgericht 1942 dazu bestellt hatte.

Herr Schießer wohnte ebenfalls in Horn, nicht weit vom Kinderheim entfernt. Eigentlich hatte er sich nie um uns gekümmert, und wir waren auch nicht böse darüber. Wenn wir seine Unterschrift brauchten, machte er nie Schwierigkeiten. Wir bekamen sie immer von ihm. Ansonsten ließ er uns das tun, was wir wollten.

Als mir Lotti jetzt wieder gegenüberstand, erzählte sie mir sofort, dass sie heiraten wollte. Natürlich war ich neugierig auf ihren Verlobten, aber den hatte sie leider nicht mitgebracht. Ich sollte ihn erst auf der Hochzeit kennen lernen.

Herr Schießer zeigte sich mit der Welt unzufrieden, als wir ihn überraschend aufsuchten. Er war seinerzeit aus Überzeugung zu einem Mitglied der NSDAP geworden, und alles, woran er geglaubt hatte, war für ihn mit einem Mal völlig zusammengebrochen. Er saß gerade am Fenster und versuchte, das gegenüberliegende Haus zu malen, als wir in seine Wohnung kamen, wirkte bei seinen künstlerischen Versuchen aber eher lustlos. Was sollte er zu Lottis Heiratsabsichten sagen? Er gab wie gewohnt anstandslos seine Unterschrift, und meine Schwester konnte ihre Hochzeit vorbereiten.

Lotti legte großen Wert darauf, dass ihre drei Geschwister zu ihrer Hochzeitsfeier nach Preetz kommen, so schwierig das auch sein würde, und sie erreichte es auch.

Ich brach gemeinsam mit Curt einen Tag vor der Hochzeit in die Geburtsstadt meines künftigen Schwagers auf. Dort sollte die Hochzeit bei seinen Eltern stattfinden. Die Fahrt dorthin machte uns wenig Freude. Mit dem Personenzug fuhren wir zunächst von Altona nach Kiel, und diese Fahrt gestaltete sich alles andere als vergnüglich. Die Abteile waren überfüllt, und wir gehörten nicht zu den Glücklichen, die einen Sitzplatz ergattern konnten.

Heute will man kaum glauben, was man damals auf sich nehmen musste, um mit Eisen- und Straßenbahnen befördert zu werden. Die Passagiere standen teilweise auf den Trittbrettern oder saßen sogar auf den Dächern der Eisenbahnwagen. Ich selbst stand einmal mit nur einem Fuß auf dem Straßenbahntrittbrett und konnte mich dabei nur mit einer Hand am Griff festhalten. Natürlich waren derartige Kunststücke nicht ungefährlich. Es passierte hin und wieder, dass Fahrgäste dabei herunterstürzten und dann mit einem Arm oder Bein unter die Räder kamen. Ich selbst kannte damals mehrere Menschen, die bei solchen kühnen Übungen einen Arm oder ein Bein verloren hatten.

Nun, auf dem Trittbrett brauchten wir auf der Fahrt nach Kiel nicht zu stehen, aber Curt und ich standen mit anderen Personen dicht gedrängt auf einem Gang des Zuges. Dabei wurden wir mehr und mehr auseinandergetrieben, sodass wir auch nicht miteinander sprechen konnten. Es war außerdem kalt, denn geheizt waren die Eisenbahnwagen in den Nachkriegsjahren auch im Wintermonat Dezember natürlich nicht. Wie lange die Fahrt dauerte, weiß ich heute nicht mehr zu sagen. Die Züge fuhren nach dem Kriege nicht einmal halb so schnell wie heute. Wir dürften wohl insgesamt fünf Stunden gebraucht haben, bis wir Kiel endlich erreicht hatten. Auf der Weiterfahrt nach Preetz gab es für uns keine Probleme mehr. Es entstand kein Gedränge im Zug, und wir hatten nicht einmal Mühe, einen Sitzplatz zu finden. Ebenso erfreulich war es, als wir in Preetz ausstiegen. Wir begegneten dort einer geradezu heilen Welt. Es war wirklich sonderbar. Der Ort schien wie andere kleinere Orte in Schleswig-Holstein vom Krieg gar nichts verspürt zu haben. Zumindest sahen wir keine Trümmer, als wir durch die Straßen zogen, und alles um uns herum wirkte ungewohnt friedlich dort.

Auch Ruth stellte sich zur Hochzeit ein, und ich freute mich, als ich sie plötzlich in der Tür stehen sah. Ihr Sohn Peter, noch kein Jahr alt, saß in der Karre. Meine große Schwester war am Ende des Krieges ihrem Verlobten Reinhardt Bittner, der als Kriegsmariner zuletzt in Mürwik Militärdienst leisten musste, als schwangere Frau nach Flensburg gefolgt. In dieser Stadt wurde schnell in aller Stille geheiratet. Reinhardt gelang es, sich am Flensburger Staatstheater als Trompeter anstellen zu lassen, war aber mehr als Schwarzhändler denn als Musiker erfolgreich. Auch er kam zur Hochzeit nach Preetz, traf allerdings etwas später als Ruth ein.

Bei der Hochzeit von Lotti und Heinz schien es an nichts zu fehlen. Freunde und Nachbarn veranstalteten einen richtigen Polterabend, und nach der kirchlichen Trauung wurde bei Heinzens Eltern ein reichhaltiges Mahl aufgetischt. Curt und Reinhardt hatten jeder ein Akkordeon mitgebracht und sie spielten gemeinsam zum Tanz auf. Der Krieg schien eine Zeit lang vergessen zu sein. An unsere Mutter dachten wir aber wohl nicht.

Die Hochzeit von Lotti und Heinz im Dezember 1945 sollte über mehrere Jahrzehnte das letzte Mal gewesen sein, dass wir vier Michaelis-Kinder zusammentrafen. Es gab in der Folgezeit viele Treffen zu zweit und auch einige zu dritt. Dass wir alle vier wieder an einem Ort und zu einer Zeit zusammenkamen, sollte dann erst wieder bei einem Familientreffen in Hanstedt im Sommer 1994 möglich werden.

*

Helga Sturm schied Anfang 1946 als Kindergärtnerin aus dem Kinderheim Horner Weg aus, nicht freiwillig, sondern zwangsweise. Man hielt es in der Jugendbehörde nicht für tragbar, dass sie, die in der Hitlerzeit eine kleine BDM-Führerin gewesen war, weiter für die Erziehung von Heimkindern verantwortlich sein sollte. Ihre Suspendierung stellte jedoch eine Entscheidung dar, über die man eigentlich den Kopf schütteln musste, denn sie hatte im BDM nur eine völlig unbedeutende Stellung eingenommen. Außerdem war sie bereits in einem Alter BDM-Führerin geworden, als sie noch gar kein politisches Urteilsvermögen besaß, nämlich mit sechzehn Jahren. Es traf damals wirklich oft die Falschen. Wie viele Lehrer blieben im Amt, die sich als strenge Hitlergefolgsleute gezeigt und ihre Schüler im Geiste nationalsozialistischer Ideologie unterrichtet hatten, und diese Lehrer waren erwachsene, akademisch gebildete Menschen. In der Schulbehörde wurde tatsächlich weit weniger streng als in der Jugendbehörde mit Hitlergefolgsleuten verfahren.

Wir, die Kinder und Jugendlichen in der Gruppe von Helga Sturm, bedauerten sehr, dass sie sich damals verabschieden musste. Sie war besonders beliebt, weil ihre Fröhlichkeit von

Das Kinderheim am Horner Weg
nach dem Wiederaufbau

niemandem und durch nichts gebremst werden konnte. Es hieß aber, sie werde irgendwann zurückkommen, und das tröstete uns ein wenig.

Ob Frau Schaschke im Amt bleiben würde, blieb eine Zeit lang ungewiss. Sie hatte der NSDAP und der NS-Frauenschaft angehört, und das nicht nur formell. Sie hatte daher allen Grund, sich ernsthaft Sorgen zu machen, und viele Menschen, die um sie herum lebten, teilten ihre Sorgen und fürchteten, dass sie vielleicht bald die Leitung des Heimes abgeben müsste. Aber sie hatte eben doch auch große Fürsprecher in der Jugendbehörde, und die setzten durch, dass sie trotz ihrer Hitlerhörigkeit im Dritten Reich ihre berufliche Aufgabe fortsetzen konnte.

Nach dem Krieg leistete Frau Schaschke Hervorragendes. Sie führte das Kinderheim Horner Weg mit hohem persönlichen Einsatz und schonte sich selbst nie. Sie verzichtete nahezu völlig auf ein eigenes Privatleben. Persönlicher Besitz bedeutete ihr kaum etwas, und das wenige, was sie besaß, stellte sie oft noch in den Dienst der Heimgemeinschaft.

Anfang der fünfziger Jahre, als ich bereits auf eigenen Füßen stand, sorgte sie dafür, dass das Heim ausgebaut wurde. Die Zimmer der privaten Mietwohnungen über und neben dem ursprünglichen Tagesheimgebäude wurden wiederhergestellt und dem Heim eingegliedert. Die zusätzlichen Räume wurden hauptsächlich für das Vollheim bereitgestellt, das Frau Schaschke nach dem Krieg zunächst aus eigenem Antrieb notdürftig eingerichtet hatte. Im Erweiterungsbau entstanden zwei Familiengruppen mit jeweils zwanzig Vollheimkindern sowie eine Tagesheim-Gehörlosen- und auch eine -Säuglingsgruppe.

Solange Frau Schaschke das Kinderheim leitete, blieb es ein Kinderheim zum Vorzeigen. Die Jugendbehörde schickte immer wieder auswärtige Besucher dorthin, um ihnen vorzuführen, wie gut und erfolgreich in Hamburger Heimen gearbeitet wurde.

*

Bereits im Sommer 1946 kehrte Helga Sturm ins Kinderheim Horner Weg zurück. Die Strafe für ihre harmlose BDM-Führerschaft hatte sie gewissermaßen abgesessen. Aber sie zeigte sich jetzt überhaupt nicht mehr unglücklich darüber, dass man sie gezwungen hatte, ihre Tätigkeit als Kindergärtnerin zu unterbrechen, denn dadurch hatte sich ihr die Möglichkeit geboten, einen ungewöhnlichen Menschen in einer äußerst schwierigen Situation zu erleben.

Helga Sturm wurde nach dem Ausscheiden aus dem Dienst der Jugendbehörde Hausmädchen bei den Eltern des Dichters Wolfgang Borchert in Hamburg-Alsterdorf, der bereits zu dieser Zeit schwerkrank im Bett lag und nur selten aufstehen konnte. Sie erzählte später oft von ihren Gesprächen mit diesem Mann, von seinen Depressionen, aber auch von seinem Humor, der hin und wieder ein bisschen aufblitzte. Helga Sturm bekam damals mit, wie zahlreiche Erzählungen und Gedichte entstanden.

In dieser Zeit schrieb Wolfgang Borchert auch an seinem ergreifenden Schauspiel »Draußen vor der Tür«, das etwa ein Jahr später, im November 1947, in den Hamburger Kammerspielen uraufgeführt wurde. Das Bild von dem im Bett liegenden, den Kopf aufgestützten und mit seinen großen braunen Augen ins Leere schauenden Dichter hatte sich in Helga fest eingeprägt.

Aber auch eine amüsante Geschichte wusste sie von Wolfgang Borchert zu erzählen:

Im Hause seiner Eltern wohnte damals ein junger Schauspieler zur Untermiete, der an der Jungen Bühne spielte, ein gutaussehender, von Mädchen sehr umschwärmter Mann. Dieser Mime hatte zu der Zeit eine Freundin, deren Vorname Johanna lautete.

Johanna dürfte aber wohl nicht seine große Liebe gewesen sein, denn sie hatte oft Grund, sich von ihm missachtet zu fühlen. Wenn sie ihn besuchen wollte, musste sie fast regelmäßig feststellen, dass er gar nicht zu Hause weilte. Da es ihr aber widerstrebte, gleich wieder umzukehren, ließ sie sich zunächst in sein Zimmer führen, um dort geduldig auf ihn zu warten.

Wenn sie dann eine Zeit lang auf dem Stuhl ausgeharrt hatte, ergriff sie schließlich, ihrer fürsorglichen und hausfraulichen Veranlagung folgend, einen Besen und fegte das Zimmer des abwesenden Freundes aus.

Aber auch diese nutzbringende Tätigkeit sollte ihn nicht herbeiführen. Die Zeit verging, und der junge Schauspieler stellte sich einfach nicht ein. Schließlich musste Johanna dann doch enttäuscht den Heimweg antreten.

Den Dichter Wolfgang Borchert animierte diese Episode zu einem kleinen Wortspiel. Wenn die missachtete Dame mit dem Namen Johanna das Haus gerade verlassen hatte, zitierte er Schillers bekannten Vers aus der Jungfrau von Orléans:

»Johanna geht und nimmer kehrt sie wieder!«

Dabei pflegte er dann aber den Akzent weniger auf »nimmer«, sondern mehr auf »kehrt« zu legen, so dass der Eindruck entstand, es sei in diesem Vers nicht eine zurückkehrende, sondern eine nicht mehr fegende Johanna gemeint.

Die Freundin des Schauspielers, die nicht gerade eine heilige Johanna war, wie Bernhard Shaw die unerschrockene Jungfrau in der Ritterrüstung genannt hatte, wohl aber eine ewig hoffende Johanna blieb, tat jedoch beides: Sie kehrte und sie kehrte auch immer wieder, das heißt, sie kam zurück und sie fegte auch immer wieder das Zimmer aus.

Wir konnten nicht übersehen, dass Helga Sturm sich tatsächlich verändert hatte, und das in einem positiven Sinne. Das Leben bei den Borcherts hatte ihrem Denken eine neue Richtung und mehr Tiefe gegeben. Ich selbst freute mich besonders über ihre Rückkehr, hatte ich mich doch von vornherein zu ihr hingezogen gefühlt.

*

Im Kinderheim Horner Weg litten wir nach dem Krieg kaum echte Not. Zumindest wurden wir über die Jugendbehörde gut mit Lebensmitteln versorgt, sodass es uns dort in dieser Hinsicht besser als den meisten Menschen draußen ging. Notgedrungen gewöhnte ich mich daran, dass es grundsätzlich kein Fleisch zu essen gab, weil nach dem persönlichen Wunsch von Frau Schaschke in dem Heim vegetarisch gegessen wurde.

Dass ich in dieser von Hunger bestimmten Zeit so gut genährt war, hätte beinahe dazu geführt, dass ich im Sommer 1946 nicht an einer Erholungsreise, die von der Jugendbehörde für Hamburger Jungen auf die nordfriesische Insel Süderoog organisiert wurde, teilnehmen konnte. Die Ärztin, die mich untersuchte, hielt meine körperliche Verfassung für so gut, dass ihr die Erholung in meinem Fall nicht notwendig erschien. Meine Teilnahme an der Reise wurde daher kategorisch abgelehnt.

Frau Schaschke, die die Aufgabe übernommen hatte, den Transport der erholungsbedürftigen Jungen bis nach Husum zu begleiten, zeigte sich damit überhaupt nicht einverstanden und nahm mich, eigenwillig und trotzig wie sie war, einfach mit. Sie regelte bei der Ankunft an der Fähre in Husum, dass ich doch mit auf die Insel fahren durfte.

Süderoog ist eine nicht einmal einen Quadratkilometer große Hallig, etwa sechs Kilometer südlich von Pellworm gelegen. Sie wurde über viele Generationen allein von der Familie Paulsen bewohnt, die ausschließlich vom Fischfang lebte. Das sollte sich Mitte der dreißiger Jahre ändern.

Da immer nur der älteste Sohn die Insel und den Fischkutter erben konnte, mussten die Eltern für die weiteren Söhne einen anderen Beruf als den des Fischers anstreben. So erging es auch Hermann Neuton Paulsen, dem zweiten Sohn des vorletzten Fischers in der nordfriesischen Familie Paulsen. Seine Eltern schickten ihn zunächst aufs Gymnasium nach Husum und ließen ihn dort das Abitur machen. Anschließend absolvierte er, seinen Neigungen entsprechend, eine Ausbildung zum Erzieher und übte diesen Beruf dann eine Zeit lang in Schweden aus. Dabei kam ihm die Idee, dass sich die Insel Süderoog, auf der er ja selbst als Kind lange Zeit gelebt hatte, besonders gut für die Erholung von Kindern und Jugendlichen eignen würde.

Von Schweden zurückgekehrt, schlug er seinem Bruder vor, der inzwischen das Erbe seiner Eltern angetreten hatte, sich als Fischer auf dem benachbarten Pellworm anzusiedeln, den Fischfang von dieser Insel aus zu unternehmen und ihm die Hallig zu

Das Ferienheim auf Süderoog

verkaufen. Der Bruder willigte ein, und Hermann Neuton Paulsen konnte sein Projekt verwirklichen.

Als neuer Inselherr ließ er auf Süderoog neben dem alten Fischerhaus ein zweites, größeres Haus nach dem Modell eines Ferienheimes errichten und beherbergte dort fortan jeweils für mehrere Wochen Jungen im Alter zwischen zehn und sechzehn Jahren, die sich auf der kleinen Insel herrlich austoben konnten.

Der Beginn des Krieges im September 1939 brachte es allerdings mit sich, dass Süderoog nicht mehr weiter als Ferienstätte dienen konnte. Die kleine Insel lag zu offen da. Die Herrn Paulsen anvertrauten Besucher aus Hamburg und anderen größeren Städten wären bei Luftangriffen allzu großen Gefahren ausgesetzt gewesen, denn es gab auf Süderoog natürlich keinen Luftschutzbunker.

Der Krieg verzögerte auch die geplante Heirat Herrn Paulsens mit einer schwedischen Gräfin, sodass er die sechs Kriegsjahre allein mit seinen Hilfskräften auf der kleinen Insel verbringen musste. Aber es gab für ihn auch einen angenehmen Trost. Weil er an einem Herzfehler litt, brauchte er keinen Kriegsdienst zu leisten.

Mit den Nazis hatte Herr Paulsen, der ein gemütvoller und grundanständiger Mann war, absolut nichts im Sinn, und er bekam gelegentlich Schwierigkeiten mit ihnen. Bald nach Beginn des Krieges geschah es, dass einige englische Soldaten der Royal Air Force eines Nachts auf der sechs Quadratkilometer großen Sandbank, die vor der Hallig lag, notlanden mussten. Sie erreichten zu Fuß die Rettungsstation und riefen von dort aus den Halligbesitzer an, der sie bei der nächsten Ebbe mit Pferd und Wagen abholte und auf seine Insel brachte.

Was machte Herr Paulsen, der große, breitschultrige Mann mit dem verwitterten Gesicht, mit den Engländern? Er beherbergte sie in seinem Haus wie Feriengäste. Er betrachtete sie als Schiffbrüchige, auch wenn sie nicht mit einem Schiff gestrandet, sondern mit ihrem Flugzeug notgelandet waren. Schiffbrüchige wurden aber in seiner Familie seit eh und je mit aller erdenklichen Fürsorge behandelt, wenn sie sich, wie es immer wieder vorkam, auf die Sandbank gerettet hatten.

Dieses fürsorgliche Verhalten aber passte dem Kommandanten und dem Ortsgruppenleiter von Pellworm überhaupt nicht. Herr Paulsen wurde wegen dieses ungebührlichen Umgangs mit Kriegsgefangenen schwer getadelt.

Noch größeren Ärger sollte er bekommen, als einige Zeit später die Leichen von sechs englischen Luftwaffensoldaten auf der

Insel anschwemmten. Zusammen mit seinem Knecht wickelte Herr Paulsen die toten Körper in Wolldecken, lud sie auf seinen Wattwagen, spannte sein Pferd davor und fuhr nach Pellworm, um sie dort auf dem Friedhof beerdigen zu lassen. Das aber wurde ihm verwehrt. Er wurde, als er den Pellwormer Deich erreicht hatte, sofort zurückgewiesen. Man erwartete wohl von ihm, dass er die toten Körper ins Meer werfen würde. Für Herrn Paulsen wäre dieses schmähliche Ansinnen niemals in Frage gekommen. Er fuhr mit den Leichen zurück auf seine Insel, hub an einer Stelle, die nur selten von Wasser überspült wurde, eine Grube aus und legte sie dort hinein. Dann las er einige Verse aus der Bibel und sprach das Vaterunser. Nachdem er das Grab zugeschaufelt hatte, errichtete er ein Holzkreuz darauf, zäumte es ein, damit die Kühe, die tagsüber auf der Insel herumliefen, davon ferngehalten wurden, und pflanzte Halligheide auf das Grab. Über das Kreuz hängte er einen Kranz, den seine Hausangestellte aus Heide gebunden hatte.

*

Als wir etwa sechzig Jungen aus Hamburg im Sommer 1946 auf dem grünen Deich von Pellworm standen und Süderoog in der Ferne vor Augen hatten, waren wir hell begeistert. Es sah verlockend aus, dort unsere Ferien zu verbringen. Herr Paulsen holte uns mit seinem Wattwagen ab und fuhr neben uns her, als wir barfuß bei strahlendem Sonnenschein über den herrlichen Wattboden auf seine Insel zuliefen. Mit von der Partie war auch Bobeli, der schönste Hund, den ich jemals gesehen habe, ein Neufundländer mit schwarzem Fell. Er wirkte sehr aufgeregt, als sich die große Jungenschar in Richtung Süderoog fortbewegte, und lief ständig auf und ab, umkreiste uns, als ob wir eine Horde Schafe wären.

Auf der kleinen Hallig Süderoog gab es nur eine Warft, auf der mittlerweile drei Häuser standen. Das alte strohgedeckte, einen Vierkanthof bildende Fischerhaus, das architektonisch einfach, aber zweckdienlich gebaute Ferienheim und noch ein kleines Strohdachhaus, das die Filmgesellschaft Terra dort für Filmaufnahmen in den dreißiger Jahren errichtet hatte. Auf der Warft befand sich neben den drei Häusern auch ein Teich, in dem Regenwasser zum Tränken der Kühe und Schafe aufgefangen wurde. Für die Bewohner und Besucher der Insel wurde das Regenwasser im Hof des Fischerhauses in einer Zister-

Der Teich vor dem Ferienheim

ne gesammelt. Meist reichte der Vorrat, aber wir wurden trotzdem dazu angehalten, mit Wasser sparsam umzugehen.

Herr Paulsen betrieb auf der Insel auch ein bisschen Landwirtschaft. Im Sommer ließ er auf den Wiesen zahlreiche Ochsen und auch einige Kühe weiden. Die Kühe mussten jeden Morgen und Abend noch mit den Händen gemolken werden. Der Bulle Peter sorgte dafür, dass es hin und wieder Nachwuchs gab. Im Herbst wurden die Ochsen und die meisten Kühe übers Watt nach Pellworm getrieben. Nur wenige Kühe blieben für die Versorgung der Inselbewohner und Besucher mit Milch auf der Hallig zurück. Für sie hatte Herr Paulsen einen Stall in einem Trakt des alten Fischerhauses eingerichtet. Die etwa vierzig Schafe, die ihm gehörten, mussten auch in der kalten Jahreszeit auf der Insel im Freien leben. Auf der Warft liefen schließlich auch noch ein paar Hühner herum, die dafür gebraucht wurden, dass zum Frühstück frische Eier aufgetischt werden konnten.

Für die Betreuung der Tiere und die landwirtschaftlichen Arbeiten hatte Herr Paulsen einen Knecht und einen Agrarschüler angestellt. Den Knecht mit dem Namen Zilius hatte der Krieg aus Ostpreußen nach Norddeutschland geführt. Der Agrarschüler stammte aus dem nahen Hamburg. Er hatte zum Großstadtleben keine Lust und wollte sein Glück in der Landwirtschaft versuchen. Er hieß Peter wie der Bulle auf der Insel, mit dem er, der große, breitschultrige und kräftige junge Mann, tatsächlich eine gewisse Ähnlichkeit zu haben schien.

Wir Jungs fühlten uns wohl auf der kleinen Insel, auch wenn wir dort gar nicht viel unternehmen konnten. Der Tag wurde ausgefüllt mit Ballspielen, Wattlaufen, Sammeln von Muscheln sowie Baden in der Nordsee. Baden konnten wir allerdings nur bei Hochflut, denn bei Ebbe war das Wasser nur in weiter Ferne zu sehen.

Spannend wurde es bei einer Sturmflut, wenn das Wasser die Hallig mehr und mehr überspülte und manchmal auch die Warft hochkletterte. Da wurde es dann sehr eng, denn auch die Tiere mussten auf der einzigen Anhöhe auf der Insel Platz finden. Dabei erwies sich Bobeli als großer Helfer. Es machte ihm offensichtlich viel Spaß, die Kühe und Schafe vor sich her und auf die Warft zu treiben.

Herr Paulsen erzählte gelegentlich von den großen Problemen, mit denen die Bewohner der nordfriesischen Halligen bei Sturmfluten in früherer Zeit zu kämpfen hatten. Das Wasser drang dann manchmal sogar in die Häuser ein, sodass die Menschen nur noch aufs Dach klettern konnten und dort ausharren mussten, bis es Ebbe wurde. Für manche Menschen gab es dabei keine Rettung mehr. Das Wasser holte sie auch von den Dächern.

Im Sommer 1946 konnten wir Jungs einmal eine Sturmflut bei Nacht erleben. Wir stiegen alle aus den Betten, zogen uns an und gingen nach draußen. Es war schon ein eigenartiges Gefühl, als das Wasser immer noch höher die Warft hinaufstieg und uns rundum im Dunkeln die aufgewühlte See umgab. Aber es bestand keine echte Gefahr für uns. Nach etwa zwei Stunden ging das Wasser wieder zurück, und wir konnten die Nachtruhe fortsetzen.

Herr Paulsen, der zu dieser Zeit noch immer allein lebte, liebte seinen Hund und der Hund liebte seinen Herrn. Oft konnte man beide zusammen vor dem alten Fischerhaus sehen. Der Inselherr erzählte dann seinem Hund, was ihn gerade für Probleme beschäftigten, und Bobeli hörte ihm aufmerksam zu. Er verstand zwar nichts, freute sich aber über die besondere Zuwendung, die er in solchen Augenblicken erfuhr, und wedelte mit seinem schönen Schwanz.

Bobeli war ein recht kluges Tier. Er hatte beobachtet, was die Menschen taten, um eine Tür zu öffnen, und er machte es ihnen nach. Er sprang an der Tür hoch, setzte die Vorderpfoten auf den Drücker und zog die Tür dann, die Hinterpfoten dabei rückwärts bewegend, langsam auf. Leider pflegte er sie nicht wieder hinter sich zu schließen. Vermutlich hielt er Türen ohnehin für überflüssig.

Schlimm war es für Bobeli, wenn Herr Paulsen die Insel verlassen wollte, und er zurückbleiben musste. Schon bei den Reisevorbereitungen zeigte er sich sehr aufgeregt und wich seinem

Herrn nicht von der Seite. Er ahnte, was bevorstand. Irgendwann kam aber der Augenblick, in dem er für kurze Zeit ein-
gesperrt werden musste, denn er wäre sonst in jedem Fall hinter dem Wattwagen, der seinen Herrn nach Pellworm bringen
sollte, hergelaufen. Seine Trauer war in solchen Minuten herz-
ergreifend. Meist lag er dann weinend unter einer Bank. Kein
noch so großes Stück Fleisch konnte ihn da hervorlocken. Erst
nach etwa einer Stunde fing er an, sich wieder zu regen und allmählich hervorzukriechen.
Bobeli schlief üblicherweise vor der Zimmertür seines Herrn.
Dort lag er einfach auf dem hellen Holzfußboden ohne Kissen
und ohne Decke. Als Herr Paulsen einmal nachts mit der Petroleumlampe aus dem Zimmer trat, übersah er seinen schla-
fenden Hund und fiel über ihn. Das hätte leicht einen schlimmen Brand auslösen können. Bobeli sprang zwar sofort auf, tat
seinem Herrn jedoch nichts, sodass der sich allmählich – noch
immer die brennende Petroleumlampe in der Hand haltend –
wieder aufrichten konnte.
Als ich mich im Sommer 1946 auf Süderoog erholte, meldete
sich telefonisch ein englischer Offizier bei Herrn Paulsen. Er
wollte das einsame Grab besuchen, in dem die Leichen der sechs
englischen Soldaten lagen, die das Meer während des Krieges
dort angeschwemmt hatte. Sofort wurde ein Termin vereinbart,
und Herr Paulsen nahm mich mit nach Pellworm, um den Offizier abzuholen. Der Mann stand schon lange in seiner blaugrau-
en Uniform der Royal Air Force auf dem Deich, als wir uns der
großen Nachbarinsel näherten, und wartete geduldig auf uns.
Als wir vor dem Deich anhielten, kam er, während wir vom
Wagen abstiegen, aufs Watt herunter. Er war klein und wirkte
überhaupt nicht soldatisch. Der englische Offizier in der blau-
grauen Uniform sprach nahezu perfekt Deutsch, sodass wir keine Mühe hatten, uns mit ihm zu unterhalten. Ich war überrascht, als er sich während der Rückfahrt immer wieder umdrehte, um mich, der ich hinter ihm saß, etwas zu fragen. Es

schien ihn zu freuen, dass wir uns in der Schule gerade mit Shakespeare beschäftigten. Ich versuchte ein bisschen Englisch zu sprechen, und er half mir dabei, wenn ich nicht weiterwusste.

Als wir Süderoog erreicht hatten, ging er sofort zu dem Grab der sechs englischen Soldaten und ließ sich noch einmal ausführlich erzählen, wie es mit den Leichen im Krieg zugegangen sei. Einige Jungen sagten hinterher, sie hätten ihn weinen sehen, als er vor dem Grab stand. Nach seiner Rückkehr nach England veranlasste er wenig später, dass die Gebeine der sechs englischen Soldaten in ihr Heimatland überführt wurden.

Die erlebnisreichen Wochen im Sommer 1946 auf Süderoog sollten nicht die einzigen für mich auf der Insel bleiben. Ich gehörte zu den zehn Hamburger Jungen, die Herr Paulsen ausgewählt hatte, mit ihm zusammen Weihnachten auf der Insel zu feiern. Natürlich war ich begeistert.

Mit von der Partie war auch ein pensionierter Pellwormer Pastor. Der hatte sich sogar einen Talar mitgebracht, um Heiligabend im Pesel des alten Fischerhauses zünftig einen Weihnachtsgottesdienst zelebrieren zu können. Natürlich wurde dabei auch gesungen. Der Knecht Zilius sang von allen am lautesten. Sein ostpreußischer Dialekt war nicht zu überhören, und wir Hamburger hatten unseren Spaß daran.

»Nun lasset uns anbäten, nun lasset uns anbäten ...«, höre ich ihn noch heute aus voller Kehle singen.

Natürlich wurde anschließend auch ein wunderbares Weihnachtsessen serviert, und das sogar mit Fleisch, das ich ja, seit ich im Kinderheim Horner Weg lebte, nicht mehr gegessen hatte. Wir wurden in diesen Tagen außerdem mit Süßigkeiten überhäuft, die großenteils aus England stammten. Dafür hatte der englische Offizier gesorgt, der die Insel im Sommer besucht hatte. Die meisten Menschen in Deutschland konnten damals von so einem Schmaus nur träumen.

Eigentlich hatten wir gleich nach Silvester wieder zurückfahren sollen. Aber das ging nicht, weil die Nordsee in der Küstennähe fast überall zugefroren war und der Schiffsverkehr daher dort eingestellt werden musste. Wir saßen auf Süderoog tatsächlich fest.

Der Winter 1946/47 sollte einer der schlimmsten des Jahrhunderts werden, und das ausgerechnet in der frühen Nachkriegszeit, als es überall in Deutschland an Brennstoff, Kleidung und Lebensmitteln fehlte. Auf Süderoog merkten wir nichts davon, denn Herr Paulsen hatte auf seinem Dachboden große Vorräte angesammelt. Oft hatte er Pakete mit Lebensmitteln aus Schweden erhalten, wo seine Verlobte, die schwedische Gräfin, lebte, oder eben auch aus England. Wir waren über die verlängerten Ferien nicht böse. Besser konnte es uns überhaupt nicht gehen. Herr Paulsen hatte eine große Bibliothek mit vielen schönen Jugendbüchern, und er besaß auch mehrere Brettspiele, mit denen wir uns beschäftigen konnten. An den Abenden saßen wir regelmäßig beim Schein einer Petroleumlampe im Pesel zusammen, spielten, lasen oder unterhielten uns, während draußen das Wasser rauschte, wenn die Flut immer näherkam.

Oft hielten wir uns in diesen Tagen auch draußen auf der Warft oder auf dem Inselgelände auf, obgleich es da besonders kalt war. Wir liefen dann mit Bobeli um die Wette. Die etwa vierzig Schafe mussten auch bei zwanzig Grad Kälte im Freien bleiben. Sie lagen meist auf der Warft dicht zusammen und kuschelten sich eng aneinander. Wenn ein am Rand liegendes Schaf zu frieren anfing, stand es auf und hüpfte einfach weiter nach innen und konnte die kalt gewordene Seite wieder wärmen. Dafür musste dann ein anderes Schaf außen liegen.

Mitte Januar war es soweit. Die Temperaturen stiegen für ein paar Tage wieder an, und kleinere Schiffe konnten in einigen Seegebieten wieder fahren. In aller Frühe wurden wir von einem Rettungsschiff abgeholt und nach Büsum gebracht. Von dort ging es mit der Eisenbahn zurück nach Hamburg.

*

Die Erwärmung war nur von kurzer Dauer. Die sibirische Kälte kehrte schnell zurück, gerade so, als hätten wir nur nach Hamburg zurückfahren sollen. Für uns Jungs wurde es in diesem Winter sehr ungemütlich. Frau Schaschke hatte zwar bereits im Sommer 1946 das neu entstandene Bodengeschoss über dem Kinderheim weiter ausbauen lassen. Jetzt grenzte sogar eine Mauer unsere Schlafecke von dem übrigen Dachboden ab, und wir hatten darin sogar auch fachgerecht verglaste Fenster. Es blieb aber trotzdem kalt, denn die Heizung fehlte immer noch. Es nützte wenig, wenn wir uns auch in diesem Winter die Decke über den Kopf zogen. Bei nächtlichen Temperaturen von mehr als zwanzig Grad minus froren wir fürchterlich.

Auch am Tage mussten wir zumindest auf den Straßen frieren, denn wir besaßen keine richtige Winterkleidung. Das aber ging damals nicht nur uns, sondern den meisten Menschen so. Es war gleichgültig, wie man aussah, was irgendwie zu wärmen schien, wurde angezogen, ob es zueinander passte oder nicht. Die Leute auf der Straße sahen alle recht putzig aus.

Unsere Lehrer machten dabei keine Ausnahme. Oft behielten sie während des Unterrichts die Mäntel an, weil die Schulen über kein Brennmaterial verfügten und alle Klassenräume daher kalt blieben. Einige wickelten sich sogar einen Schal um den Kopf und setzten ihren Hut noch darauf, um die Kälte besser zu ertragen. Wer konnte es ihnen verdenken, dass sie in diesen Wochen oft missmutig wirkten?

In den Nachkriegsjahren bekamen Schüler und Lehrer an jedem Tag ein warmes Mittagessen, die sogenannte Schulspeisung, serviert. Für jeden Wochentag wurde eine andere Speise gekocht: Erbsen-, Bohnen-, Linsen-, Kartoffel- oder auch süße Nudelsuppe. Natürlich waren die warmen Mahlzeiten in diesem Winter besonders begehrt. Gegen Mittag wurden die Speisen in mehreren Kübeln in der Schule angeliefert, und dann mussten Lehrer und Schüler mit ihren Schüsseln und Kochgeschirren klassenweise in der Turnhalle – im Sommer meist auf dem

Schulhof – Schlange stehen. Später aß man nur noch in den Klassenräumen. Sorgfältig wurde beim Auffüllen darauf geachtet, dass keiner zu viel bekam. Entstand der Eindruck, dass sich jemand ein wenig mehr als andere hatte auffüllen lassen, wurde das sofort von den umstehenden Mitschülern, die alles Geschehen mit Argwohn verfolgten, beanstandet. Auch gegen einzelne Lehrer erhob sich gelegentlich Protest. Der Magen knurrte nun einmal, und der Hunger konnte fast nie ganz gestillt werden. Schnell kam daher aus nichtigem Anlass Missgunst auf.

Heute mag man über solches Verhalten lachen. Aber es ist nun einmal so: Wer lange Zeit mit einem Hungergefühl herumläuft, ist in Gefahr, das zu vergessen, was ihm sonst als Verhaltensgebot hoch und heilig erscheint. Wenn man zynisch sein will, kann man sagen, dass die Ethik mit vollem Magen eine andere als mit leerem ist. Wie heißt es doch bei Bertolt Brecht? Erst kommt das Fressen und dann die Moral.

Wir Hornerweger Kinder und Jugendlichen gehörten zu den wenigen Schülern, die an der Schulspeisung nicht teilnahmen, weil Frau Schaschke meinte, dass wir im Heim genug zu essen bekämen. Damit hatte sie im Grunde auch recht. Allerdings hätte ich mir hin und wieder schon gern in der Schule eine Kelle Suppe auffüllen lassen, weil die Schulspeisung meist auch ein bisschen Fleisch enthielt, das ich im Kinderheim ja entbehren musste. Außerdem wurden uns dort eine Zeit lang nur Steckrüben oder Weißkohl aufgetischt. Ein wenig mehr Abwechslung wäre mir schon lieb gewesen.

Der Winter 1946/47 zog sich lange hin, und es entstanden immer neue Probleme. Im Kinderheim froren die Wasserleitungen zu. Wir mussten deshalb mit Eimern und Schüsseln Wasser aus einer benachbarten Kellerwohnung holen. Manchmal bildeten wir eine Kette aus mehr als zwanzig Personen und reichten uns die Wasserbehälter von Hand zu Hand weiter. Trotz der schlimmen Kälte und unzureichenden Bekleidung wurde dabei noch viel gelacht. Wie überhaupt Kinder und Jugendliche unter den damaligen Problemen sehr viel weniger litten als die Erwachsenen. Anstatt uns über die zerstörten Häuser zu ärgern, kletterten wir Jungs z.B. mit Freude darin herum und machten dabei waghalsige Übungen.

Gelegentlich wurde ich in dieser Zeit ins Bieberhaus geschickt, um dort in der Jugendbehörde die Lebensmittelkarten für das ganze Heim abzuholen. Es war bezeichnend für den Geist, der im Horner Weg herrschte, wie bedenkenlos die Betreuerinnen mir einen solchen Auftrag erteilten und wie bedenkenlos ich diesen Auftrag auch ausführte. Die Lebensmittelkarten stellten einen ungewöhnlich hohen Wert dar. Es wäre eine Katastrophe gewesen, wenn ich überfallen und bestohlen worden wäre. Aber wer konnte schon ahnen, dass ein fünfzehnjähriger, schlecht gekleideter Junge die Lebensmittelkarten für mehr als hundert Personen bei sich hatte. Tatsächlich begab ich mich damals sogar noch in besondere Gefahr, indem ich nämlich aus reiner Neugier auf dem Rückweg einen Abstecher zum Hansaplatz machte, um dort das interessante Treiben auf dem schwarzen Markt zu beobachten.

Viele Schwarzhändler waren gefährliche Kriminelle, die nicht gezögert hätten, mir die Tasche mit den Lebensmittelmarken zu entreißen, wenn sie gewusst hätten, was sich darin befand. Der Schwarzhandel mit Lebensmitteln, Bekleidungen und Zigaretten war natürlich streng verboten, und ständig liefen auch Polizisten über den Hansaplatz. Die Geschäfte wurden dadurch aber kaum gestört. So wie heute am Hamburger Hauptbahnhof mit Drogen gehandelt wird, wurden damals die Schwarzmarktgeschäfte in St. Georg abgewickelt, auch wenn sich Polizisten in der Nähe aufhielten. Eine Art Währung stellten dabei Zigaretten dar. Eine deutsche Zigarette hatte den Wert von fünf, eine englische oder amerikanische von sechs Reichsmark. Meistens wurden die Zigaretten aber nicht gegen Geld, sondern gegen Lebensmittel oder Bekleidungsstücke eingetauscht.

Als tüchtiger Schwarzhändler entpuppte sich übrigens auch mein späterer Mathematiklehrer, Herr Martens. Einige Mitschüler erzählten, wie sie ihn am Hansaplatz beobachtet hatten. Seine »Schwarzhändler-Nebentätigkeit« konnte man auch deutlich an seiner Kleidung erkennen. Im Gegensatz zu seinen Kollegen, die oft mit geflickten Hosen und Jacken vor uns standen, erschien ausgerechnet Herr Martens, der eigentlich ein völlig uneitler Mann war, mit ganz neuen und adretten Anzügen zum Unterricht. Es mag sein, dass ihm seine außerordentlichen Rechenkünste dabei halfen, gute Geschäfte zu machen. Sein wirtschaftlicher Aufschwung begann auf jeden Fall schon vor der Währungsreform. »Martens schiebt«, wurde hin und wieder lästernd von Schülern in der Schule hinter vorgehaltener Hand geflüstert.

In der Jugendbehörde war man nicht so unbedingt damit einverstanden, dass ich weiter zur Schule gehen wollte. Man hielt es für angebracht, dass ich einen Lehrberuf ergreife, und dies umso mehr, als ich in der Schule nicht mit besonderen Leistungen glänzte. Man meinte damals, von mir eigentlich sehr gute Zeugnisse erwarten zu können. Ich war aber in dieser Zeit sehr verträumt, stiefelte planlos in der Gegend herum und hatte lediglich Freude daran, hinter einem Ball herzulaufen. Der Unterricht in der Schule interessierte mich nur wenig.

Frau Schaschke fühlte sich sofort auf den Plan gerufen, als sie hörte, dass ich die Schule verlassen sollte. Sie setzte sich mit den höheren Instanzen in der Jugendbehörde in Verbindung und erreichte, dass alles beim Alten blieb. Ich musste mich noch einmal bei dem Oberregierungsrat Lemke im Bieberhaus vorstellen. Der aber sagte nur in freundlichem Ton:
»Du willst also weiter zur Schule gehen? – Na, dann mach das man«, gab mir die Hand, und der Fall war endgültig erledigt.

*

Im Jahre 1947 wurde ich sechzehn Jahre alt. Es versteht sich, dass ich mich mehr und mehr auch für Mädchen interessierte. Inge Schwarz sollte meine erste richtige Freundin werden. Sie besuchte die Klosterschule am Berliner Tor, war eine Klasse unter mir, und ich konnte ihr leicht bei den Schularbeiten helfen, insbesondere in den Fächern Latein und Mathematik. Ihr Stiefvater war zwar Mathematikprofessor an der Hamburger Universität, und das heißt, er war ein hochgebildeter Mann, er vermochte ihr aber kaum etwas zu erklären und am wenigsten im Fach Mathematik. Wenn er das versuchte, geriet Inge in Panik. Sie wurde durch seine Erklärungen völlig verwirrt und verstand am Ende überhaupt nichts mehr.

Professor Stöhr, Inges Stiefvater also, war in der Tat ein sonderbarer Mann. Niemand konnte so recht verstehen, warum er Inges Mutter geheiratet hatte, denn die war eine überaus biedere und eher ungebildete Frau. Von Mathematik verstand sie überhaupt nichts. Zudem wirkte sie auch äußerlich nicht besonders anziehend oder zumindest nicht mehr, denn sie war im Verlauf der Jahre und nach der Geburt von vier Kindern sehr rundlich geworden.

Aber Professor Stöhr schien diese Frau abgöttisch zu lieben und freute sich, wenn er bei ihr sein konnte. Als wir, Inge und ich, ihre Eltern einmal in ihrer Wohnung am Großneumarkt besuchten, hatte er sich in der Küche einen Stuhl auf den Tisch gestellt und sich darauf gesetzt, weil seine Frau gerade die Küche feudeln wollte. Es sah merkwürdig aus, diesen Mann da oben mit einem Buch vor der Nase sitzen zu sehen. Er hätte natürlich ins Wohnzimmer gehen können, aber das wollte er nicht. Er wollte unbedingt in der Nähe seiner Frau bleiben, die in dieser Situation selbst darüber nur den Kopf schütteln konnte.

Inge war sehr rechtschaffen und sagte immer, was sie dachte. Sie hatte viel Sinn für Ordnung und legte im Gegensatz zu mir Wert darauf, möglichst gut gekleidet zu gehen. Mit meiner Erscheinung zeigte sie sich nicht ganz einverstanden. Dies allerdings weniger, weil meine Bekleidung nicht ihren Vorstellungen entsprach, sondern weil ich ihr einfach zu klein war. Wir waren beide gleich groß, und sie hätte es lieber gehabt, wenn ich ein bisschen größer als sie gewesen wäre. Sie hatte auch keine Hemmungen, mir ihr Missfallen an meiner Erscheinung kundzugeben, meinte andererseits aber, dass ihr meine braunen Augen und vor allem meine etwas gewellten und vollen Haare sehr gefielen und diese Vorzüge den Mangel, klein zu sein, ausgleichen würden.

Dieses Kompliment habe ich mir gemerkt! Ich blieb mein ganzes Leben über ängstlich darauf bedacht, meine Haare zu erhalten, und bin eigentlich sicher, dass ich wie einst mein Vater heute eine Glatze haben würde, wenn diese Äußerung meiner ersten Freundin damals nicht gefallen wäre.

Als Inge das Heim verließ, um zu ihren Eltern zu ziehen, besuchte ich sie regelmäßig in ihrer Wohnung am Großneumarkt. Natürlich freuten wir uns, wenn sich ihre Eltern nicht zu Hause aufhielten, wie es sich manchmal ergab, und es entstand dann eine schöne Vertrautheit zwischen uns. Irgendwann verlor ich trotzdem das Interesse an ihr. Vielleicht gab es zu wenig Gemeinsamkeiten zwischen uns, und wirkliche Liebe war das, was sich zwischen uns in Gang gesetzt hatte, ohnehin nicht. Ich brach diese Verbindung von mir aus ab.

Inge wurde schnell getröstet. Sie fand einen neuen Freund, und dieser neue Freund sollte sich schon als der Richtige erweisen, das heißt als der Mann fürs Leben. Er wurde tatsächlich ihr späterer Ehemann und ist noch heute mit ihr verheiratet.

In dieser Zeit besuchte ich manchmal auch Toska und Wolfgang Schmidt, deren Eltern man 1945 gezwungen hatte, die Kantine in der Estorff-Kaserne aufzugeben und eine Mietwohnung in Altona zu beziehen. Toska übte nach wie vor eine besondere Anziehungskraft auf mich aus, aber ich erschien ihr absolut uninteressant. Sie hatte einen englischen Besatzungssoldaten zum

Freund, der sie offenbar sehr zu beglücken verstand. Ich erkannte schließlich, dass ich bei ihr auf verlorenem Posten stand. Wolfgang schien dagegen an mir festhalten zu wollen. Er hatte bald nach dem Krieg eine Lehre als Werkzeugmacher angefangen, dabei aber nicht lange durchgehalten. Er heuerte schließlich auf einem Frachtschiff als Seemann an. Jetzt bekam ich Post aus Algier, Lissabon und Neapel von ihm. Ich schrieb ihm nie wieder. Doch wenn er von einer Seefahrt zurückkehrte, besuchte er mich trotzdem. Er mochte mich immer noch, und auch ich mochte ihn nach wie vor. Wir fanden aber immer weniger Themen, über die wir uns unterhalten konnten.

Wir gingen bei seinen Besuchen nebeneinander her, und er erzählte mir, dass er in Lissabon im Puff gewesen sei und die Mädchen sich alle nacheinander habe vorführen lassen, bis er sich endlich entschieden hätte.

»Die wurden schon unruhig«, sagte er stolz.

Ich konnte mir das alles gar nicht richtig vorstellen und erzählte ihm, dass wir uns in der Schule jetzt mit Logarithmen beschäftigten. Er hörte mir dabei kommentarlos zu, so wie ich mir seine Bordell-Geschichte kommentarlos angehört hatte. Irgendwann blieb Wolfgang dann doch weg. Was aus ihm, dem Freund, der als Elfjähriger aus eigenem Antrieb russischen Kriegsgefangenen manchmal heimlich Brot zugesteckt hatte, geworden ist, habe ich nie erfahren.

*

Der Krieg war nun zwei Jahre vorüber, aber die Folgen behielten wir weiter täglich vor Augen. Wenn ich zur Schule ging, sah ich links und rechts von mir überall Trümmer und Ruinen. Dennoch lebten in diesem Stadtteil wieder viele Menschen. Viele hatten sich in den Kellerräumen unter den zerstörten Etagenwohnungen eine provisorische Wohnung eingerichtet. Aus dem Kellerfenster ragte oft ein Ofenrohr heraus.

Morgens kamen aus den Notbehausungen gelegentlich englische Soldaten heraus und wurden von deutschen, nur notdürf-

Frühling in den Trümmern von Horn

tig bekleideten Frauen verabschiedet, bei denen sie über Nacht geblieben waren. Offenbar zum Dank holten die Soldaten manchmal schnell noch ein paar Lebensmittel aus ihren Fahrzeugen, bevor sie abfuhren. So funktioniert das wohl überall auf der Welt.

Auf dem Heimweg zogen wir Jungs oft an Frauen vorbei, die sich aus den Trümmern Ziegelsteine herausholten, davon den Putz abklopften und die gereinigten Steine dann sorgfältig übereinanderschichteten. Es waren dies die fleißigen Trümmerfrauen, so wie sie allgemein genannt wurden, die wesentlich zu dem mühsamen Wiederaufbau der Städte beigetragen haben.

Durch einige Stadtteile in Hamburg fuhr in dieser Zeit auf einigen Straßen die Trümmerbahn entlang, mit denen auf schmalen Loren der restliche Schutt in langsamem Tempo abgefahren wurde, der sich beim Abtragen der Ruinen angesammelt hatte. Nach und nach wurden so die äußeren Spuren des Krieges wie-

Die Trümmerbahn am Horner Weg

der beseitigt. Ich hatte das täglich vor Augen, wenn ich in die Schule ging oder auf dem Heimweg war, denn auch auf dem Horner Weg hatte man eine Trümmerbahn eingerichtet.

*

Eigentlich hätte ich längst konfirmiert werden sollen, aber ich hatte dazu keine Neigung, nicht mit vierzehn, nicht mit fünfzehn und auch nicht mit sechzehn Jahren. Ich wollte einfach nicht. Später sagte ich oft scherzhaft, dass diese Zeit meine erste atheistische Phase gewesen sei.

Die christliche Lehre erschien mir damals sehr suspekt. Das blieb nicht immer so. Es gab in späterer Zeit Phasen, in denen ich mich wieder zur Kirche hingezogen fühlte und auch Gottesdienste besuchte. Von Natur aus bin ich sicherlich ein religiöser Mensch oder anders ausgedrückt: Ich habe das vielleicht sogar besonders stark ausgeprägt, was Jakob Burkhard einmal das metaphysische Bedürfnis genannt hat.

Es blieb auch sicherlich von nachhaltigem Einfluss, dass ich als Kind oft Kindergottesdienste besucht und mehr als zwei Jahre im Knabenchor der Michaelis-Kirche gesungen habe. Die religiösen Gefühle wurden dadurch in mir immer wieder neu wachgerufen.

Aber die christlichen Lehren sind so voller Widersprüche und mit der Logik nicht in Einklang zu bringen, dass ich zeitweilig große Mühe hatte, das einfach hinzunehmen. Das spürte ich bereits als Jugendlicher. Später kam hinzu, dass ich mich mit Philosophie beschäftigte und umso mehr dazu angeregt wurde, Glaubenssätze auf ihre Logik bzw. rationale Plausibilität hin zu prüfen.

An die Stelle der biblischen Offenbarung ist mehr und mehr eine atheistische Wertethik getreten, die sich in mir wohl schon in der Kirchenpauer-Schule aufgebaut haben dürfte.

*

Im Sommer 1947 nahm mich Helga Sturm zu meinem ersten Theaterbesuch mit. Wir sahen zusammen – wie konnte es anders sein – den »Sturm« von Shakespeare im Theater am Besenbinderhof. Dorthin hatten die englischen Besatzer das Deutsche Schauspielhaus ausquartiert, weil sie das Gebäude an der Kirchenallee eine Zeit lang für sich selbst reklamierten, um dort Unterhaltungsveranstaltungen für die eigenen Soldaten durchzuführen.

Bei diesem ersten Theaterbesuch saß ich im Rang weit hinten und zudem unmittelbar hinter einer Säule, an der ich immer vorbeigucken musste. Nach dem späteren Umbau des Theaters gab es diese Säule nicht mehr. Aber die schlechte Sicht störte mich damals überhaupt nicht. Ich war fasziniert von dem Spiel auf der Bühne, insbesondere von Werner Hinz, der den Prospero, von Erich Schellow, der den Ariel, und von Gustav Knuth, der den Trinculo verkörperte. Nach dem Krieg war Hamburg eine hervorragende Theaterstadt. Dazu hatte auch beigetragen, dass sich einige bedeutende Theater- und Filmschauspieler wie auch -regisseure am Ende des Krieges aus ost- und westdeutschen Städten und insbesondere aus Berlin nach Hamburg abgesetzt hatten, in die Stadt also, die immer noch relativ weit von den Fronten entfernt lag. Als bald nach dem militärischen Zusammenbruch die Theater wieder geöffnet werden konnten, blieben sie eine Zeit lang in der Hansestadt und spielten oder inszenierten auf Hamburgs Bühnen.

Es gab wunderbare Aufführungen im Theater am Besenbinderhof, und bald auch wieder im Schauspielhaus an der Kirchenallee, in den Kammerspielen, in der Jungen Bühne, die später wieder aufgelöst wurde, im Thalia Theater und im Theater im Zimmer zu sehen. In den verschiedenen Theatern brillierten mit großartiger Darstellungskunst Ida Ehre, Hilde Krahl, Gisela Mathiessent, Inge Meysel, Käthe Pontow, Viola Wahlen, Maria Wimmer sowie Werner Hinz, Gustav Knuth, Erwin Linder, Willy Mertens, Bernhard Minetti, Josef Offenbach, Robert Meyn, Will Quadflieg, Hans Quest, Erich Schellow, Hermann Schomberg und noch viele andere. Die Regisseure Helmuth Käutner, Wolfgang Liebeneiner und Ulrich Erfurth strotzten vor Einfallsreichtum und sorgten für originelle Inszenierungen.

Viele Leute waren am Theater ungewöhnlich stark interessiert. Das lag einmal an dem großartigen Angebot an Theateraufführungen, aber wohl mehr noch daran, dass sie nach dem verlorenen Krieg und den schlimmen Erlebnissen, die sie jetzt hinter sich hatten, mehr Tiefe als in späterer Zeit besaßen. Sie fühlten sich von religiösen und philosophischen Fragen bedrängt und suchten nach Antworten, die ihnen vielleicht auch das Theater geben konnte. Die Wertvorstellungen, an denen man sich bislang orientiert hatte, schienen nicht mehr zu gelten, und so waren sie auf der Suche nach einer neuen Wertewelt.

Inszeniert wurden vor allem Schauspiele von Goethe »Iphigenie«, »Faust«, »Clavigo« und »Tasso«; von Schiller »Maria Stuart« und »Die Räuber«; von Shakespeare »Der Sturm«, »Hamlet« und »Romeo und Julia«; von Sophokles »Antigone« und von Euripides »Die Troerinnen«. Diese Stücke mochten dem Streben nach neuer Wertorientierung entgegenkommen, aber auch die modernen Schauspiele boten sich dafür an, die sich kritisch mit der jüngsten Vergangenheit auseinandersetzten, wie zum Beispiel »Wir sind noch mal davongekommen« von Thornton Wilder, »Des Teufels General« von Carl Zuckmeyer und »Draußen vor der Tür« von Wolfgang Borchert.

Das vielleicht größte Theatererlebnis dieser Zeit war für mich Wolfgang Borcherts »Draußen vor der Tür«. Ich hatte Gelegenheit, Ende 1947 eine der ersten Aufführungen in den Kammerspielen zu sehen. Das Theater an der Hartungstraße verfügte damals über ein großartiges Ensemble und war in der Lage, dieses Stück ungewöhnlich eindrucksvoll herauszubringen.

Hans Quest, dem Wolfgang Borchert dieses Theaterstück gewidmet hatte, spielte den Unteroffizier Beckmann – wie viele meinten – unübertrefflich. Seine schneidende, verzweifelt hilflos klingende Stimme drang tief in die Seelen der Zuschauer ein. Viele ehemalige Soldaten fanden sich in der Figur, die er verkörperte, wieder.

Nach der Vorstellung geschah etwas, was ich nie vorher und auch nie nachher wieder im Theater erlebt habe. Es rührte sich keine Hand zum Klatschen, denn die Zuschauer hatten das Stück so aufgenommen, als wären sie in einem Gottesdienst. Nach Beifall war ihnen nicht zumute.

Damit die Menschen ins Theater gehen konnten, nahmen sie viele Beschwerlichkeiten auf sich und vielleicht sogar Opfer in Kauf. Sie standen oft mehrere Stunden in der Kälte Schlange, um Eintrittskarten zu bekommen. Manchmal tauschten sie dafür auch Lebensmittel und Zigaretten ein. Wenn nach dem letzten Akt der Vorhang fiel, wurde durchweg lang anhaltend, begeistert geklatscht. Immer wieder mussten die Schauspieler vor den Vorhang kommen. Vierzig Vorhänge habe ich einmal gezählt. Dagegen erscheint die Begeisterung der Zuschauer heute nach der Aufführung mit vielleicht fünf oder sechs Vorhängen geradezu kläglich.

Theater- und Konzertbesuche sollten ja für mich mein ganzes Leben über ein schöner Lebensinhalt bleiben, auch wenn es Zeiten gab, in denen ich nur wenig Gelegenheit dazu hatte. Heidi und ich gingen in unserer Verlobungszeit manchmal sogar mehrmals im Monat ins Theater, und heute haben wir wieder viel Freude an unseren regelmäßigen Theater- und Konzertbesuchen. Sie tragen dazu bei, dass unser Leben schön sein kann.

*

Mein Verhältnis zu Helga Sturm wurde im Jahre 1947 enger. Es entstand mehr und mehr eine Freundschaft zwischen uns. Das war nicht ganz unproblematisch, denn schließlich leitete sie seit einiger Zeit wieder die Gruppe im Kinderheim Horner Weg, der auch ich zugeteilt war. Das führte gelegentlich zu Eifersüchteleien. Wir, Helga und ich, saßen oft in ihrem Zimmer zusammen, lasen uns Gedichte vor und sprachen über Bücher, die wir gelesen hatten. Tatsächlich hatte ich, durch die Schule angeregt, allmählich angefangen, mich für Literatur zu interessieren. Helga nahm mich außerdem zu allen möglichen Veranstaltungen mit, zu Theateraufführungen, Konzerten und Vorträgen. Sie tat das immer von sich aus, so als wäre das selbstverständlich. Irgendwann fingen wir beide sogar an, Tagebuch zu schreiben. Dabei ging es eigentlich nur um die sonderbare Beziehung, die sich zwischen uns entwickelt hatte.

Zu meinen drei Geschwistern behielt ich in dieser Zeit weiter Kontakt. Ruth und Lotti hatten inzwischen ihre eigenen Familien, und es gab für sie viele Probleme, den Alltag zu bewältigen. Dennoch luden sie mich wiederholt dazu ein, bei ihnen meine Ferien zu verbringen, in Flensburg und in Preetz. Das war keineswegs selbstverständlich, denn beide lebten sehr beengt und hatten eigentlich gar keinen Platz für mich, aber sie machten es eben doch, und ich ließ mir das gern gefallen.

Curt, der inzwischen in Hamburg Mathematik und Physik studierte, besuchte mich gelegentlich im Kinderheim. Einmal nahm er mich in eine Vorlesung mit. Es war eine Psychologievorlesung im Rahmen des »Studium generale«. Da dies mein erster Besuch in der Hamburger Universität war, kann ich mich gut daran erinnern.

Prof. Wenke berichtete im Hörsaal A über die bekannten Intelligenzversuche von F. Köhler mit Menschenaffen, die zu erstaunlichen Ergebnissen geführt hatten, unter anderem dazu, dass diese Tiere fähig sind, sogar konstruktiv zu denken. Ein Affe – so erinnere ich noch – hatte mehrere im Käfig herumstehende Kisten übereinandergestellt, war daraufgeklettert und hatte sich die Bananen heruntergeholt, die man oben an den Käfigstäben befestigt hatte.

Ob ich selbst darauf gekommen wäre, weiß ich nicht. Ich habe bei meinem geringen Verständnis für technische Vorgänge dabei so meine Zweifel, und gegenüber Affen habe ich seit eh und je ein Unterlegenheitsgefühl, das allerdings in erster Linie in deren bewundernswerten Kletterkünsten begründet ist.

✳

Die Versorgung der Menschen mit Lebensmitteln, Brennstoff und Kleidung war auch Anfang 1948 noch völlig unzureichend.

Dennoch konnte jeder schon Erleichterungen spüren. Die Not machte überall erfinderisch, und es wurden immer neue Wege gefunden, um etwas besser leben zu können.

Viele deutsche Soldaten, die aus der Gefangenschaft entlassen worden waren, trugen zunächst ihre Uniformen weiter, weil sie nichts anderes anzuziehen hatten, nur eben ohne Orden, Ehrenzeichen und Litzen und natürlich auch ohne Koppel. Mehr

Herr Laudi beim Verzehr der Schulspeisung.
Aufgenommen mit versteckter Kamera

und mehr kam es dann in Mode, diese Uniformen braun oder schwarz einzufärben und die blanken Knöpfe durch andersfarbige Knöpfe zu ersetzen. Die ehemaligen Soldaten der Kriegsmarine waren dabei von vornherein besser dran. Ihre blauen Uniformen brauchten nur neue Knöpfe, um als zivile Kleidung zu erscheinen.

Erfolgreiche Schwarzhändler ließen sich daran erkennen, dass sie sehr viel besser als andere Menschen gekleidet gingen. Ihre Frauen oder Freundinnen liefen zum Teil sogar in neuen Pelzmänteln herum. Das fiel natürlich besonders auf.

Wer nicht rauchte, konnte die Raucherkarte, die es immer noch gab, gegen irgendwelche Kleidungstücke bei denen eintauschen, die nicht ausgebombt waren und noch über Bekleidungsreserven verfügten, oder bei denen, die irgendwie an neu gefertigte Bekleidungsstücke herankamen. Schlecht sah es für sehr große oder sehr kleine Personen aus. Für sie war das Potential an umtauschbarer Bekleidung einfach zu gering. Dazu gehörte auch Herr Laudi, unser Erdkundelehrer. Der maß mehr als 1,90 Zentimeter und bekam damit jetzt seine besonderen Probleme.

Sein eigenes Haus war im Krieg zwar nicht zerstört worden, und er hatte gegenüber anderen Menschen daher vielerlei Vorteile, aber seine Kleidung ging ihm mehr und mehr aus. Seine Frau war früh verstorben, und er kannte wohl niemanden, der bereit und in der Lage gewesen wäre, ihm seine zerschlissenen Anzüge auszubessern oder irgendwie umzuarbeiten.

Allerdings hatte er seinen Frack über den Krieg hinaus gerettet und der war gut erhalten geblieben. In seiner Not zog Herr Laudi dann gelegentlich an normalen Unterrichtstagen einfach seinen Frack an. Einmal trug er dazu weiße Turnschuhe, weil seine Straßenschuhe gerade beim Schuhmacher repariert werden mussten. Das wirkte sehr komisch. Natürlich entging das diesem geistreich-witzigen Mann nicht. Er war aber voller Selbstironie und in der Lage, auch über sich selbst zu lachen.

Unser in praktischen Dingen recht hilfloser Erdkundelehrer, der auch Englisch und Französisch unterrichtete und seine Kollegen aus den Naturwissenschaften gelegentlich als bloße Klempner verspottete, sollte auch große Probleme damit bekommen, sich ausreichend mit Lebensmitteln zu versorgen. Er freute sich daher immer besonders über die Schulspeisung. Dem Ausmaß seines Hungers entsprechend, hatte er sich eine besonders große Schüssel mit in die Schule genommen. Mit ihr wollte er wohl sein ungewöhnlich großes Hungergefühl demonstrieren. Die große Schüssel blieb aber lediglich Ausdruck seiner Hoffnung, denn normalerweise bekam auch er immer nur eine oder ein und eine halbe Kelle Suppe da hineingefüllt.

Irgendwann trat aber der ungewöhnliche Fall ein, dass mehr Suppe in den Kübeln vorhanden war, als gebraucht wurde. Wir machten uns daher den Spaß, die überdimensional große Schüssel unseres Erdkundelehrers bis an den Rand voll zu füllen. Ein Mitschüler legte spaßeshalber auch noch einen Teelöffel daneben. Wir waren sehr gespannt, wie er das aufnehmen würde. Einige hofften wohl, dass er verärgert reagieren würde. Das aber passierte überhaupt nicht.

Als Herr Laudi den Klassenraum betrat, fiel sein Blick sofort auf seine bis an den Rand mit Nudelsuppe gefüllte, überdimensional große Schüssel. Sein Gesicht hellte sich auf, und er bemerkte nur:

»Es hat wohl Nachschlag gegeben!«

Er setzte sich auf seinen Stuhl und löffelte dann die Suppe in sich hinein. Dazu verwendete er allerdings nicht den bereitliegenden Teelöffel, sondern den Esslöffel, den er, in ein Taschentuch gewickelt, stets in seiner Brusttasche bei sich führte. Wir sahen ihm beim Essen zu und waren sehr beeindruckt, wie der Schüsselinhalt nach und nach und ohne jede Unterbrechung in seinem Mund verschwand und von da aus, wie sich vermuten lässt, in seinen Magen gelangte. Die reiche Mahlzeit wirkte sich anschließend sehr positiv auf seine Gemütsverfassung auf. Er zeigte sich danach überaus gut gelaunt und schien mehr als sonst Spaß am Unterricht zu haben.

Um die überaus schmale Kost, die die Lebensmittelkarten den Menschen leider nur zubilligten, aufzubessern, fuhren viele von ihnen damals aufs Land, liefen von Bauernhof zu Bauernhof und versuchten, irgendwelche Gegenstände gegen Lebensmittel einzutauschen. Was nur einen geringen Wert darstellte, wurde mitgenommen, wenn man über die Dörfer ging. Das konnten eine Blumenvase, eine Aktentasche, eine Taschenuhr oder ein Paket Rasierklingen sein. Die Bauern nahmen den Stadtmenschen alles ab, was sie brauchen konnten, und tauschten es gegen Obst und Gemüse sowie Wurst und Käse ein.

Die Eisenbahnzüge, mit denen sich die Leute aus den Städten in großer Zahl aufs Land befördern ließen, wurden damals Hamsterzüge genannt.

Auch ich fuhr einmal mit einem Schulkameraden zum Hamstern, und zwar eigentlich nur aus Neugier, denn im Heim bekam ich ja genug zu essen. Da wir aber kaum etwas zum Tauschen anzubieten hatten, blieben wir erfolglos. Um nicht ganz ohne Beute zurückzukommen, vergingen wir uns an einem Kartoffelfeld und waren froh, schließlich wenigstens einen Rucksack mit geklauten Erdäpfeln heimbringen zu können.

Ein anderes großes Problem war in dieser Zeit der Mangel an Heizmaterial, insbesondere an Kohle oder Koks. Um dem abzuhelfen, passten die Menschen Güterzüge, die mit Kohle oder Koks beladen waren, auf den Eisenbahnstrecken an den Stellen ab, wo sie üblicherweise zu halten pflegten, wie zum Beispiel an den Haltesignalen, um dann auf die stehenden Züge zu klettern und Taschen und Säcke mit Brennmaterial zu füllen. Dafür bot sich in Hamburg-Horn die Güterumgehungsbahn an, deren Strecke die Stadtteile Hamm und Horn trennte. Haltesignale gab es dort für beide Richtungen.

Auch das Kohlenklauen, wie man diese Aktionen damals nannte, machte ich Anfang 1948 ein paar Mal mit. Für uns Jungs wurde das zu einer Art Sport. Es kam dabei sehr auf Schnelligkeit an, denn die Züge hielten meist nur wenige Minuten. Außerdem mussten wir uns immer sputen, um nicht von den Polizisten erwischt zu werden, die oft plötzlich aus der Dunkelheit auftauchten.

Nach der Währungsreform

Mitte 1948 war es mit alledem endlich vorbei. Im Sommer dieses Jahres wurde die Währungsreform vollzogen, die tatsächlich den entscheidenden Wendepunkt in der Nachkriegszeit darstellte. Die wertlose »RM« wurde durch die jetzt wertvolle »DM« ersetzt. Für jeden Bürger gab es zunächst 40 D-Mark und dann noch einmal 20 D-Mark für den Start. Das reichte noch nicht sehr weit, aber der nächste Lohn oder das nächste Gehalt wurde dann bereits voll in D-Mark gezahlt.

Der Wiederaufbau des Kinderreichenblocks am Horner Weg. Davor die Schienen der Trümmerbahn

Mit der Einführung der D-Mark boten die Einzelhändler sofort wieder die Waren an, die die Menschen jahrelang nicht mehr kaufen konnten. Über Nacht waren die bis dahin fast leeren Schaufenster voll mit Schuhen, Kleidern, Blusen Röcken, Hosen, Jacken und Anzügen ausgelegt. Auch Gebrauchsgegenstände jeder Art wurden jetzt wieder angeboten und natürlich auch Lebensmittel. Nichts sollte mehr limitiert bleiben.

Indem die Menschen mit dem neuen Geld die lang ent-
behrten Waren wieder erwerben konnten, änderte sich geradezu
schlagartig ihre Lebenseinstellung. Die Gemüter hellten sich zusehends auf. Es lohnte sich, jeden Morgen zur Arbeit zu fahren,
und es entwickelte sich der Anreiz, zielstrebig zu leben. Für viele
Güter, wie zum Beispiel fürs erste Auto, musste man sehr lange
sparen, aber Schritt für Schritt ging es eben doch voran.
Auch die zerstörten Häuser wurden zügig wieder aufgebaut.
Die Menschen, die seit einigen Jahren in Kellern, Behelfshei-
men und Nissenhütten hausen mussten, konnten hoffen, bald
wieder eine Wohnung in einem Mehrfamilienhaus zu beziehen.
Wenn ich morgens durch die Straßen im Stadtteil Hamm zur
Schule ging, kam ich an vielen Baustellen vorbei, auf denen flei-
ßig gearbeitet wurde.
Mit einem Mal war es gar nicht mehr schwierig, Theaterkar-
ten zu bekommen. Das Interesse an kulturellen Veranstaltungen
ließ bei den Menschen deutlich nach. Das Geld, das ihnen jetzt
zur Verfügung stand, gaben sie lieber für materielle Werte oder
aber für Amüsiervergnügungen aus. Während Politiker, Pastoren
und Lehrer den Materialismus noch lange Zeit als menschenun-
würdig brandmarkten, breitete sich gerade diese Ideologie als
Lebensgrundhaltung immer mehr in Deutschland aus. Diese
Entwicklung hat sich bis heute hin fortgesetzt.
Ob dieser Trend sich gleich nach der Währungsreform in
Hamburg tatsächlich stärker als anderswo bemerkbar machte,
lässt sich nur vermuten. Auf jeden Fall verließen einige namhafte Schauspieler und Regisseure damals unsere Stadt. Sie sahen anscheinend in Berlin, München und Düsseldorf die größeren Erfolgsmöglichkeiten für sich. Erst Mitte der fünfziger Jahre
sollte Hamburg wieder zu einer interessanten Theaterstadt werden.

*

Ich selbst hatte an der allgemeinen Entwicklung zu allmählichem Wohlstand, der sich damals im Vergleich zu den heutigen Verhältnissen noch überaus bescheiden ausmachte, keinerlei Anteil. Wie hätte das auch sein können? Ich schlief zusammen weiter mit sechs anderen Jungs in einem notdürftig ausgebauten Zimmer des Kinderheimes unmittelbar unterm Dach. Neben meinem Bett stand eine Apfelsinenkiste, die mir als Nachtschrank diente und in der ich ein paar Gegenstände aufbewahrte, die ich mein Eigen nennen konnte. Einige Klamotten, die mir gehörten, hingen oder lagen in einem Gemeinschaftskleiderschrank. Allmählich gingen meine Mitschüler auch wieder besser gekleidet als ich. Sie trugen Anzüge oder Kombinationen, die ihnen ihre Eltern neu gekauft hatten, während ich weiter nur in alten, abgetragenen Bekleidungsstücken herumlief. Von Monat zu Monat merkte ich daher mehr, dass sich der soziale Abstand zwischen meinen Mitschülern und mir wieder vergrößerte. Es entstand eine ähnliche Situation, wie ich sie bereits vor dem Krieg und auch noch zu Beginn des Krieges erfahren hatte. Doch störte ich mich wenig an den Unzulänglichkeiten meiner Kleidung. Ich hatte nicht das Gefühl, Wesentliches zu entbehren.

Auch mein Leben sollte sich jetzt verändern. Ballspiele konnten mich nicht mehr so beglücken, wie sie es lange Zeit immer noch getan hatten. Mein Zuhause war zwar nach wie vor ganz auf Kinder ausgerichtet, aber ich fühlte mich jetzt erwachsen und fing an, eigene Wege zu gehen. In der Schule waren viele Mitschüler bereits nach dem neunten Schuljahr und weitere nach dem zehnten Schuljahr ausgeschieden. Wir, die Nachgebliebenen, zählten jetzt nur noch zwanzig Schüler in der Klasse, und diese geringe Zahl bedeutete, dass der Unterricht in einer sehr viel intimeren Atmosphäre stattfinden konnte als vorher. Das führte auch dazu, dass zwischen uns Schülern mehr Freundschaften geschlossen wurden.

Dr. Denecke, unser Klassenlehrer in der achten und neunten Klasse, war ein hervorragender Mittelstufenpädagoge gewesen und hatte ein besonderes Geschick darin gezeigt, mit pubertierenden Jungen umzugehen. Wir Schüler hatten allen Grund, mit diesem Mann als Klassenlehrer zufrieden zu sein. In der Oberstufe wurde er von Dr. Manke abgelöst, und diesem Mann brachten wir bald noch mehr Achtung und Sympathie als seinem Vorgänger entgegen. Er hat für viele von uns Maßstäbe fürs ganze Leben gesetzt.

Wie konnte es sein, dass wir Dr. Manke, der uns in den Fächern Deutsch und Geschichte und am Ende auch noch in Musik unterrichtete, so besonders zugetan waren? Ich glaube, es gibt dafür eine einfache Erklärung: Er konnte als Mensch überzeugen, indem er das vorlebte, wozu er uns zu bewegen versuchte. Mit ihm gewann der Unterricht eine ganz andere Qualität, als wir sie bislang erfahren hatten.

Verändert wurde mein Leben auch dadurch, dass die Beziehung zwischen Helga Sturm und mir im Sommer 1948 mehr als platonische Liebe wurde. Ich erlebte in dieser Bindung ein Glücksgefühl, wie ich es bislang noch nicht erfahren hatte. Mit einem Mal gab es einen Menschen für mich, dem ich ganz vertrauen konnte, und der sich bereit zeigte, sich mir auch im Verborgenen zuzuwenden. Natürlich versuchten wir, uns zu verstecken. Das ging fast ein ganzes Jahr gut so. Irgendwann wurden wir aber doch ertappt, und nun entstanden natürlich Probleme, und zwar in erster Linie für Helga. Wir hatten keine Wahl und konnten unsere Verbindung nicht mehr aufrechterhalten. Für mich brach eine Welt zusammen. Wie sollte es weitergehen? In der Schule wollte es bei mir eine Zeit lang gar nicht mehr laufen. Helga, deren Gruppe ich ja weiter angehörte, entschied sich schließlich, das Kinderheim zu verlassen. Sie ging für ein Jahr nach Schweden.

»Aus den Augen, aus dem Sinn«, hatte Helga vorher immer gemeint, irgendwie vorausahnend, dass die allzu eng gewordene

Beziehung zwischen uns ihr Ende finden musste. So ganz einfach ging das natürlich nicht, aber die räumliche Trennung bewirkte einiges. Sie erleichterte es mir mehr und mehr, das zu bewältigen, was schnell bewältigt werden musste. Der Schulbesuch wurde wieder interessanter für mich. Er erhielt für mich in der Folgezeit auch deshalb mehr Reiz, weil neue Schüler hinzukamen, die sich als eigenwillige Individualisten entpuppten. Sie sorgten mit ihren Fragen und Antworten für mehr Farbigkeit, vor allem in den Stunden bei Dr. Manke, aber keineswegs nur bei ihm. Es gab interessante Diskussionen zwischen uns und dabei keimte allmählich auch geistige Selbständigkeit in uns auf.

*

Zu den Individualisten gehörte auch Winfried Barthold. Dieser Mitschüler verhielt sich allerdings derart exzentrisch, dass er nicht recht ernst genommen werden konnte. Man kann aber sagen: Er besaß zumindest einen beachtlichen Unterhaltungswert. Er war erst zu uns gestoßen, nachdem er in einer anderen Schule Schwierigkeiten bekommen hatte.

Winfried Barthold war eigentlich hochintelligent, blieb aber trotzdem immer ein schlechter Schüler. Dass er so gut wie nie Schularbeiten machte, war nichts Besonderes. Das galt auch für andere wie auch für mich. Er pflegte jedoch meist nicht einmal im Unterricht zuzuhören, und dieses Verhalten war natürlich verhängnisvoll. Meist hatte er während des Unterrichts ein Buch unterm Tisch, in dem er versteckt las. Er war besonders an schöngeistiger Literatur und Philosophie interessiert und hatte – wie er es selbst nannte – seine Hermann-Hesse-, Thomas-Mann- und Karl-Marx-Epoche.

Mit seinen mündlichen und schriftlichen Äußerungen, zu denen er sich gelegentlich genötigt sah, verblüffte er immer wieder unsere Lehrer, aber auch seine Mitschüler. Viele Lehrer waren einfach ratlos.

Als unser früherer Klassenlehrer, Dr. Denecke, der uns in der Oberstufe weiter im Fach Biologie unterrichtete, Winfried Barthold einmal zu Beginn der Stunde aufforderte zu wiederholen, womit wir uns in der letzten Stunde beschäftigt hätten, blickte der zunächst etwas verstört auf, fasste sich aber schnell und sagte dann:

»In der letzten Stunde, Herr Doktor – ja was war denn das noch? – Ach ja richtig, – das war ja die Sache mit dem Regenwurm. – Nein, Herr Doktor, da hab ich nicht zugehört. – Das war mir zu unanständig.«

Der im Umgang mit schwierigen Schülern geschickte Dr. Denecke empörte sich keineswegs. Er bekundete volles Verständnis, meinte aber:

»Eine Fünf, Barthold, muss ich Ihnen trotzdem geben.«

Nicht ganz so souverän reagierte Dr. Manke auf derartige Eskapaden. Wenn Winfried Barthold in seinen Aufsätzen Floskeln wie »der geneigte ...« oder »der gebildete Leser wird wissen ...« verwendete, tat er zwar so, als würden ihn diese Anspielungen nicht berühren, aber es war ihm schon anzumerken: Er ärgerte sich doch.

Einmal sollten wir einen Aufsatz über das Thema »Vorteile und Gefahren des Rundfunks« schreiben. Hierfür sollten uns mehrere Stunden zur Verfügung stehen.

Winfried Barthold hielt dieses Thema aber nicht für diskussionswürdig. Er zitierte einige markige Sprüche von Joseph Goebbels, dem langjährigen NS-Propagandaminister, und schrieb darunter: Diese verhängnisvollen Worte kamen über den großdeutschen Sender. Damit ist alles über den Rundfunk gesagt. Er klappte sein Aufsatzheft kurz entschlossen zu und las im Steppenwolf von Hermann Hesse weiter. Die Sechs, die ihm Dr. Manke für sein sonderbares Elaborat gab, interessierte ihn überhaupt nicht. Er hielt sie zwar für völlig unberechtigt, andererseits war ihm aber auch klar, dass sein Protest gegen die Zensur keine Chance haben würde, und er ließ es dabei bewenden.

Merkwürdigerweise präsentierte sich Winfried Barthold ebenso als überzeugter Katholik wie auch als überzeugter Kommunist. Wie es ihm möglich war, beides miteinander in Einklang zu bringen, verstand damals keiner, weder unsere Lehrer noch wir Mitschüler, wenngleich er sich durchaus bemühte, uns das klarzumachen.

Im Religionsunterricht hielt er ein Referat, in dem er versuchte, Katholizismus und Kommunismus als die beiden einzigen Lehren darzustellen, die im zwanzigsten Jahrhundert Geltung beanspruchen könnten. »Es gibt«, so endete sein Vortrag, und ich habe sein geradezu beschwörendes Bekenntnis noch heute im Ohr, »nur zwei Möglichkeiten: entweder Kommunismus oder Katholizismus – entweder Josef Stalin oder Papst Pius XII.«

Auch Dr. Klemm, unser Religionslehrer, musste bekennen, nichts verstanden zu haben. Aber bei einem Mann wie Winfried Barthold, dessen erklärtes Ziel und Streben es war, das größte Genie der Nachkriegszeit zu werden, konnte man das vielleicht auch nicht anders erwarten. Wer sollte schon seinem geistigen Höhenflug folgen können?

Es war nicht zu vermeiden: Winfried Barthold blieb beim Übergang zur zwölften Klasse sitzen, und das wiederholte sich noch einmal ein Jahr später. Daraufhin wurde er Novize in einem österreichischen Trappistenkloster, hielt das Klosterleben aber nicht lange durch und kehrte ein halbes Jahr später wieder nach Hamburg zurück. Danach nahm er auf verschiedenen Privatschulen immer neue Anläufe, das Abitur doch noch zu bestehen, und irgendwann schaffte er es tatsächlich, und zwar an einer süddeutschen Lehranstalt. Er war mittlerweile siebenundzwanzig Jahre alt geworden.

Dann aber geschah etwas Merkwürdiges. Von Winfried Bartholds Versponnenheit war nichts mehr zu merken. Noch einmal nach Hamburg zurückgekehrt, studierte er in seiner Heimatstadt Jura, schaffte das Studium in der Mindestsemesterzahl, absolvierte auch mit Erfolg seine drei Referendarjahre und wurde Rechtsanwalt. Irgendwann nach der Scheidung von seiner Frau lebte er wieder bei seinen Eltern und wirkte so, wie er uns als Schüler erschienen war. Dann aber verlor sich seine Spur. Der Versuch, in den letzten Jahren ihn zu Klassentreffen einzuladen, blieb erfolglos. Wir konnten ihn nicht mehr ausfindig machen. Was aus ihm geworden ist, würden wir alle gern wissen.

*

Besonderen Einfluss sollten auf mich zwei Mitschüler gewinnen, die erst in den beiden letzten Schuljahren zu uns stießen, nämlich Nils Sustrate und Walther Gose.

Nils Sustrate kam zusammen mit Günter Thomsen von der Heinrich-Hertz-Schule zu uns. Leider muss ich gestehen, dass ich die beiden künftigen Mitschüler sehr unfreundlich empfangen habe, als sie plötzlich zu uns durch die Tür kamen.

»Was wollt ihr denn hier?«, fragte ich nicht gerade einladend.

»Wir wollen bei euch mitmachen«, antwortete Nils Sustrate unbefangen mit dem für ihn so typischen charmanten Grinsen.

Ich merkte bald, dass – wie es später oft geschehen ist – der erste Eindruck bei mir nicht gestimmt hatte. Nils entpuppte sich schnell als äußerst lebensfroh, originell-witzig, aber ebenso auch als gemeinschaftsfreudig. Besondere Aufmerksamkeit und besonderes Ansehen gewann er bei Lehrern wie bei uns Mitschülern damit, dass er sich ungewöhnlich musikalisch zeigte und ebenso gut Klavier wie Klarinette spielen konnte. Anders als unser zweiter Musikus, der eher konservativ eingestellte Johannes Höfflin, interessierte sich Nils Sustrate auch für moderne Musik. Er war dabei die große Ausnahme. Moderne Musik – damit taten wir anderen uns sehr schwer. In der Hitlerzeit hatten wir keine Gelegenheit gehabt, uns mit den fremden Klängen vertraut zu machen, und die öffentliche Verfemung dieser Musik wirkte auch in den ersten Jahren nach dem Krieg immer noch nach.

Während Johannes Höfflin vor allem Bach und Beethoven spielte und uns damit stark beeindrucken konnte, führte uns Nils Sustrate außer Bach-Fugen und Mozart-Sonaten auch einige kleine Stücke von Hindemith auf dem Klavier vor. Damit brachte er vor allem Molli, der uns als Musiklehrer zunächst noch weiter erhalten geblieben war, in große Verlegenheit. Molli, der sich im Dritten Reich auch in seiner Auffassung von Musik strikt an das gehalten hatte, was den Nazis gefiel oder nicht gefiel, bekam bei seinem Unterricht jetzt Schwierigkeiten. Er kam nicht umhin, sich neu zu orientieren. Er bekannte zwar, dass er mit der modernen Musik immer noch nichts anzufangen wisse, wollte sich aber zumindest aufgeschlossen zeigen und versuchte, eine Hindemith-Sonate vom Blatt zu spielen. Die Noten für diesen Vortrag hatte Nils Sustrate mitgebracht.

Das, was wir dabei zu hören bekamen, war sicherlich nicht dazu angetan, unsere Ohren für moderne Musik zu öffnen. Als wir uns hinterher dazu äußern sollten, meldete sich zunächst keiner von uns. Wir Schüler saßen alle ein wenig bedripst da. Plötzlich stand Winfried Barthold, der zu dieser Zeit noch zu uns gehörte, überraschend auf und sagte mit bedeutungsschwerer Miene, er fände, von der Hindemith-Sonate gingen Kraftströme aus. Wir wussten auch damit nichts anzufangen, aber seine metaphorische Äußerung klang irgendwie fachkundig oder intelligent. Molli nickte zustimmend, schaute dabei aber ein wenig zwiespältig drein. Es schien so, als hätte auch er die Kraftströme nicht gespürt.

Zwischen Nils Sustrate und mir entwickelte sich bald eine intensive und lang anhaltende Freundschaft. Sie sollte noch über die gesamten fünfziger Jahre bestehen bleiben. Schon während unserer gemeinsamen Schulzeit trafen wir uns häufig am Nachmittag oder Abend und unternahmen zusammen Spaziergänge.

Was uns eigentlich zusammenführte, kann ich heute nur schwer ausmachen. Natürlich hatten wir gemeinsame Interessen, aber die allein begründeten die Freundschaft nicht. Es mögen wohl eher charakterliche Ähnlichkeiten, vielleicht uns beiden erhalten gebliebene infantile Strebungen und eine besondere Neigung zum Fabulieren gewesen sein.

Norbert Michaelis mit seinem Freund Nils Sustrate

Wahrscheinlich hat ebenfalls eine Rolle gespielt, dass Nils damals weitgehend auf sich gestellt war und jemanden brauchte, mit dem er über Gott und die Welt reden konnte. Seine Eltern siedelten im Frühjahr 1950 nach Chile über, weil sie glaubten, in diesem Land zu wirtschaftlich größerem Erfolg zu kommen als in Deutschland. Für Nils machte es keinen Sinn mitzufahren, weil er bald Abitur machen und anschließend Musik studieren wollte. Nach der Abreise seiner Eltern, die schon nach zwei Jahren zurückkehren sollten, zog er zu seiner Großmutter nach Billstedt. Sie stellte ihm ein kleines Zimmer mit schrägen Wänden unmittelbar unterm Dach zur Verfügung, eine höchst attraktive Behausung in der damaligen Zeit.

Manchmal trafen wir uns bei ihm und manchmal auch bei mir im Kinderheim. Meistens strolchten wir aber gemeinsam durch Straßen oder Parks und entwickelten viele Pläne für die nähere und spätere Zukunft, die wir allerdings so gut wie nie weiterverfolgten. Das bloße Pläneschmieden hatte einen ganz besonderen Reiz für uns.

*

Walther Gose stammte aus Halle, wo seine Eltern lange Zeit eine große Buchhandlung besaßen, die sie aber wenige Jahre nach dem Krieg aus politischen Gründen aufgeben mussten. Er war Anfang 1950 ohne seine Eltern nach Hamburg gekommen und lebte fortan in dem christlichen Erziehungsheim Rauhes Haus im Stadtteil Horn.

Das Rauhe Haus hatte als Erziehungsstätte einen guten Namen, weit über Deutschland hinaus. Was wir später durch Walther Gose darüber erfuhren, ließ diesen guten Ruf jedoch als nicht oder als nicht mehr begründet erscheinen.

Der Theologe Johann Hinrich Wichern hatte das Rauhe Haus in der ersten Hälfte des neunzehnten Jahrhunderts ursprünglich als Erziehungsstätte für schwer erziehbare Jungen gegründet und darin sehr erfolgreich gearbeitet. In späterer Zeit wurde eine allgemeine Erziehungseinrichtung daraus. Schließlich wurde auf dem Gelände auch noch ein Gymnasium für Schüler errichtet, deren Eltern Wert darauf legten, dass ihre Söhne betont christlich erzogen wurden. Es diente aber nicht nur als Internatsschule, sondern wurde auch von außerhalb des Rauhen Hauses wohnenden Schülern besucht. Im Sommer 1943 wurden bei den schlimmen Fliegerangriffen auf Hamburg fast alle Gebäude, die sich auf dem Gelände befanden, zerstört, darunter auch das Schulgebäude. Die Leitung der Wichernschule kam daher nicht umhin, den Unterricht danach einzustellen.

Ich selbst bin in unmittelbarer Nähe zum Rauhen Haus, das an der einen Seite dem Kinderreichenblock gegenüberlag, aufgewachsen, habe aber als Kind nie gewusst, was darin eigentlich passierte. Das Gelände war von einem hohen Zaun umgeben. Wenn ich da als Sechsjähriger hineinschaute, wirkte das Anwesen immer ein bisschen finster und unheimlich, weil darin dicht gedrängt viele hohe Bäume, vor allem Kastanien, Eichen und Weiden, standen. Später hatte es auch für mich seinen besonderen Reiz, zwischen den Bäumen auf dem Gelände herumzulaufen oder um den hübschen Teich zu gehen, auf dessen Wasseroberfläche meist viele Blätter schwammen.

An der einen Seite des Geländes befand sich eine große Vertiefung, die die Kinder in der Umgebung im Winter als Rodelbahn benutzten. Ich selbst habe dort als Fünf- bis Zwölfjähriger viele Stunden mit unserem Schlitten verbracht.

Bald nach dem Krieg wurde mit dem Wiederaufbau der Gebäude begonnen und das Rauhe Haus als Erziehungsstätte reaktiviert. Aber es sollten noch viele Jahre verstreichen, bis dort auch wieder ein Schulgebäude errichtet werden konnte. Deshalb wohnte Walther Gose lediglich im Rauhen Haus und besuchte wie Nils Sustrate und ich die nahe gelegene Kirchenpauer-Schule, die ja bereits im Jahre 1945 die verbliebenen Lehrer und Schüler aus der alten Wichernschule aufgenommen hatte.

Das Rauhe Haus wurde ausschließlich von Männern geführt, und diese Männerherrschaft stellte sich als problematisch heraus, weit mehr noch, als ich das in der KLV erfahren hatte. Die Erzieher im Rauhen Haus agierten in einer geistigen Enge, die auf die Zöglinge bedrückend wirkte. Sie waren Diakone, die so zu leben versuchten, wie man ihnen gesagt hatte, dass es christlich sei. Christlich – das bedeutete für sie Strenge mit sich selbst und Enthaltsamkeit. Sie ließen sich mit Bruder Johannes, Bruder Martin und Bruder Mathias anreden und betrachteten sich als Glieder der großen Christengemeinschaft. Ihre innere Einstellung bestimmte auch die Regeln, nach denen sich das Leben dort abspielte. Alles, was den Anflug von Erotik hatte, galt als verwerflich.

Das war gar nichts für Walther Gose, der sich viel mit Literatur und bildender Kunst beschäftigte und sich dabei auch gern von erotischen Darstellungen ansprechen ließ, wie es seinem Alter entsprach. Die Sterilität, die im Rauhen Haus vorherrschte, ärgerte ihn sehr, und er lehnte sich dagegen auf. Er hängte – durchaus in provozierender Absicht – Kunstbilder an die Wand, auf denen Frauen ganz oder teilweise unbekleidet dargestellt wa-

Norbert Michaelis auf den Treppen vorm Kinderheim

ren. Für Kunstfreunde sind solche Darstellungen ja eine Selbstverständlichkeit. Doch die Diakone erschreckte das fürchterlich. Sie taten sich allerdings schwer, dagegen etwas zu unternehmen, denn schließlich handelte es sich dabei um Bilder von berühmten Künstlern. Außerdem waren sie Walther Gose intellektuell nicht gewachsen und gerieten in der Diskussion mit ihm immer ins Hintertreffen. Das bedeutete aber auch, dass unser Mitschüler im Rauhen Haus wenig gelitten war und mehr und mehr isoliert leben musste. Die letzten Monate seines Aufenthaltes verbrachte er im Strafhaus dieser Einrichtung und wurde schließlich sogar noch von der Anstalt verwiesen.

Walther Gose war hochgradig intellektuell veranlagt. Fast alles, womit er zu tun bekam, wurde für ihn zum Gegenstand geistiger Auseinandersetzung. Er liebte tiefschürfende Erörterungen insbesondere über philosophische und kunstwissenschaftliche Fragen und zeigte dabei eine beachtliche Denkschärfe. Zum Gegenstand seiner Erörterungen gehörten allerdings auch die Beziehungen, die er zu anderen Menschen unterhielt. Derartige Reflexionen wollten mir oft nicht gefallen. Ich spürte, dass dadurch Unbefangenheit und Freiheit verloren gingen. Trotzdem fühlte ich mich zu Walter Gose hingezogen. Er war sehr belesen und verfügte auf bestimmten Geistesfeldern über beachtliche Kenntnisse. Ich leugne keineswegs, dass das auf mich großen Eindruck machte. Dazu bot sich fast an jedem

Morgen Gelegenheit, denn wir wohnten ja jetzt beide am Horner Weg und hatten daher denselben Weg zur Schule.

Wie Nils Sustrate besuchte mich auch Walther Gose regelmäßig im Kinderheim und beide wurden von Frau Schaschke und ihren Mitarbeiterinnen freundlich aufgenommen. Für beide ergab sich dort auch bald Gelegenheit, enge Beziehungen zum anderen Geschlecht zu knüpfen. Das war relativ einfach, weil die Frauen in diesem Haus sehr abgeschieden von der Außenwelt lebten und sonst kaum die Möglichkeit hatten, Freundschaften mit Männern einzugehen.

*

Ich selbst hatte im Heim unter den Jugendlichen bereits seit Mitte 1949 so etwas wie einen Sonderstatus. Ich nahm zwar in der Regel noch an den allgemeinen Mahlzeiten in der Gruppe teil, bei sonstigen Zusammenkünften aber nur nach Belieben. Niemand kontrollierte mich, und ich konnte eigentlich tun, was ich wollte. Wenn ich abends lange ausblieb und bei besonderen Gelegenheiten erst nachts nach Hause kam, störte das niemanden. Das war einerseits schön für mich, andererseits aber auch nicht ungefährlich. Keinem Menschen so recht verpflichtet zu sein, hatte seinen besonderen Reiz, wurde aber von mir ebenso als Mangel empfunden. Noch mehr als bislang schon hatte ich das Gefühl, in der Luft zu hängen.

Ruth und Lotti lebten, von mir weit entfernt, in Herford und Preetz. Sie hatten voll und ganz damit zu tun, für sich und ihre Familien eine neue Existenz aufzubauen. Curt wohnte zwar in Hamburg, war also in der Nähe, aber seine Interessenlage war eine ganz andere als meine. Auch zu ihm hatte ich nur selten Kontakt. Ganz sicher sehnte ich mich insgeheim immer noch nach einem Vater, an dem ich mich hätte orientieren können, aber der fehlte nun einmal und der war auch von niemandem zu ersetzen.

An meine Mutter dachte ich selten, meist nur, wenn ich auf sie angesprochen wurde. Seit man sie im Herbst 1942 aus unserer Wohnung in der Snitgerreihe abgeholt hatte, schien jede gefühlsmäßige Bindung an sie wie abgerissen. Es war so, als ob es sie gar nicht mehr gäbe. Aber diese Bindung hatte ich sicherlich nur verdrängt. Wenn ich zufällig doch einmal an meine Mutter dachte, tat ich das zumindest mit einem schlechten Gewissen. Ich hatte dann das Gefühl, dass ich mich eigentlich um sie kümmern müsste. Meinen drei Geschwistern ist es nicht anders ergangen, aber auch sie haben ihre Mutter nur äußerst selten besucht und den Kontakt irgendwann ganz abgebrochen.

Man hatte unsere Mutter zunächst ins Eppendorfer Krankenhaus gebracht, danach erst ins Krankenhaus Ochsenzoll und schließlich in die Heil- und Pflegeanstalt Heiligenhafen verlegt. Die Möglichkeit einer Heilung stand nie zur Diskussion. Vielmehr galt unsere Mutter bei den Ärzten schon früh als hoffnungsloser Fall.

Im Kinderheim und in der Schule wusste man von der Geisteskrankheit meiner Mutter. Durchweg wurde dieser Umstand als Belastung für mich angesehen, ob zu Recht oder nicht, kann ich selbst gar nicht sagen. Ich hatte auf jeden Fall keinen Grund, mich über mangelndes Verständnis für meine Situation als Schüler ohne Eltern bei denen zu beklagen, mit denen ich damals Umgang hatte, weder im Kinderheim noch in der Kirchenpauer-Schule.

Manchmal kam es aber vor, dass meine oft phantasiebestimmten Äußerungen bei meinen Gesprächspartnern den Verdacht nährten, die Geisteskrankheit meiner Mutter würde auch in mir aufkeimen. So etwas machte mir dann eher Spaß, als dass es mich geärgert hätte. Ich setzte dann gern eins drauf, um den Verdacht noch zu verstärken.

*

1950 kehrte Helga Sturm aus Schweden zurück, aber nicht ins Kinderheim Horner Weg. Sie ließ sich in einem anderen Kinderheim anstellen und mietete sich ein Zimmer bei den Eltern von Wolfgang Borchert in der Carl-Cohn-Straße in Hamburg-Alsterdorf. Dort besuchte ich sie manchmal. Ich hatte dadurch auch Gelegenheit, die Eltern des Schriftstellers kennen zu lernen. Herr Borchert war Volksschullehrer und wollte gar nicht verstehen, dass ich damals selbst Lehrer werden wollte. Dieser Beruf werde zu schlecht bezahlt, meinte er. Zu der Zeit traf diese Feststellung auch wirklich zu. Die Besoldung der Lehrer sollte sich aber erfreulicherweise bald verbessern.

Bei einem meiner Besuche in der Carl-Cohn-Straße führte mich Helga in das Zimmer, in dem Wolfgang Borchert, der im November 1947 einen Tag vor der Uraufführung seines »Draußen vor der Tür« in einem Schweizer Sanatorium an einem Lungenleiden gestorben war, nach dem Kriege gelebt und gewirkt hatte. Die Eltern hatten es unverändert gelassen. Ich stand geradezu andächtig vor dem Bett, in dem Wolfgang Borchert viele Monate gelegen und in dem er zahlreiche seiner Erzählungen und Gedichte zu Papier gebracht hatte. An den Tapeten waren Verse in Schreibschrift zu lesen. Sie waren dem kranken Schriftsteller wohl beim Auf- und Abgehen in seinem kleinen Zimmer eingefallen, und er hatte sie dort schnell aufgeschrieben.

Meine Beziehung zu Helga blieb weiter erhalten, aber es war nur noch eine rein freundschaftliche Beziehung.

Im Kinderheim Horner Weg ergab es sich, dass ich zu der Zeit besondere Persönlichkeiten kennen lernte, die meist über ihre eigenen Kinder dorthin Kontakt hatten, so den höchst ehrenwerten, von starkem Wahrheitsdrang bestimmten früheren Rektor der Hamburger Ingenieurschule, Professor Blasius, dessen Tochter, Friedel Blasius, dort zunächst als Kindergärtnerin und später als Jugendleiterin agierte, sowie den modernen, meist geistesabwesend wirkenden Filmkomponisten Hans-Martin Majewski und den modernen Maler Max Hermann Mahlmann, deren beider Kinder zeitweilig dort im Tages- bzw. Vollheim lebten.

Besonders gern führte ich damals Gespräche mit Max Hermann Mahlmann, auch wenn er sich manchmal wie ein Besessener gebärdete. Er war der sicheren, durch nichts zu erschütternden Überzeugung, dass alle Malerei künftig nur noch gegenstandslos sein werde. Alle Maler – so versicherte er immer wieder – würden künftig nur danach streben, Farben und Formen zu einem einheitlichen Ganzen zusammenzufügen. Ich besuchte ihn ein paar Mal auch in seinem Eppendorfer Atelier. Dann saß er da und ereiferte sich über die gegenstandslose Malerei, erzürnte sich über Realismus und Naturalismus und konnte auch der abstrakten Kunst überhaupt nichts abgewinnen. Sie sei – so meinte er – nur als Vorstufe zur gegenstandslosen oder – wie er sie auch gern nannte – zur »absoluten Malerei« von Bedeutung. Er sprach fast immer mit Händen und Füßen und entweder sehr leise, sodass man wirklich die Ohren spitzen musste, oder so ungewöhnlich laut und fast brüllend, dass man Schwerhörige beneiden konnte. Seine Reden hatten oft geradezu beschwörenden Charakter. Dennoch – trotz seiner Exaltiertheit – verstand er zu faszinieren. Er war kein Schauspieler, wenn er sich, wild gestikulierend, emphatisch äußerte. Er hatte einfach ungewöhnlich starke Affekte, und die mussten eben heraus.

Als Max Hermann Mahlmann einmal unsere Abiturklasse durch die Ausstellung führte, die er und einige Malerkollegen im Museum für Völkerkunde gerade veranstalteten, waren auch meine Klassenkameraden von diesem Mann beeindruckt und sicherlich auch unser Klassenlehrer Dr. Manke, wenngleich der die Bedeutung der gegenstandslosen Malerei anders einschätzte als unser Gastgeber. Er sollte letztendlich damit auch recht behalten.

Das gegenstandslose Bild von Max Hermann Mahlmann, das wir von Frau Schaschke geerbt haben und das heute bei uns im

Wohnzimmer hängt, ist ein schöner Erinnerungsgegenstand an diesen mit großer Hingabe arbeitenden Maler.

Ich habe mich gefreut, als kürzlich über ihn, den heute Fünfundachtzigjährigen, im Fernsehen berichtet wurde. Er wirkte dabei erstaunlich vital und führte in diesem Filmbericht sogar, wie er es vor siebenundvierzig Jahren bei Gelegenheit immer mal wieder getan hatte, seine Steppkünste vor. Das ging also immer noch, aber ein bisschen langsamer schien er inzwischen wohl doch geworden zu sein.

Das letzte Schuljahr

Dr. Fritz Manke,
der beliebte Klassenlehrer

Mit dem Übergang in die zwölfte Klasse, ins letzte Schuljahr, schieden noch einmal vier Schüler aus, sodass nur noch sechzehn Weggefährten nachblieben. Damit wurde das Verhältnis zwischen unseren Lehrern und uns Schülern noch enger, und zwar vor allem unser Verhältnis zu Dr. Manke.
Im Verlauf der Jahre sollten fast alle Schüler zu ihm besonderes Vertrauen gewinnen. Er war ein ebenso anständiger wie auch gutwilliger Mensch, der sich gern für seine Schüler einsetzte. Das erfuhr jeder von uns.

Was uns alle beeindruckte, war, dass er über einen ungewöhnlich großen Bildungsschatz verfügte, sich auch in seinem fortgeschrittenen Alter an allem, was in der Welt geschah, interessiert zeigte und immer noch dazulernen wollte. Manchmal kam er morgens müde in den Unterricht, weil er die Nacht durchgelesen hatte. Sein reges Geistesleben flößte allen Schülern hohen Respekt ein.

Besonderes Interesse zeigte er an der Musik – er spielte Geige und Bratsche –, an der Literatur und auch an der bildenden Kunst. Damit stieß er nicht bei allen, wohl aber bei den meisten Schülern unserer Klasse auf Resonanz. Aber auch diejenigen, die keine oder nur geringe musische Neigungen hatten, fühlten sich dafür bei anderen Themen von ihm angesprochen. Das waren vor allem geschichtliche und politische Fragen, die er ebenso gern mit uns erörterte.

Dr. Manke gehörte zu den Lehrern, die nicht der NSDAP angehört und Hitlers Aufstieg mit Skepsis und zunehmender Besorgnis verfolgt hatten. Leider haben wir ihn erst nach dem Kriege kennen gelernt und sein Verhalten in der Hitlerzeit nicht selbst erlebt. Er war bereits in den zwanziger Jahren bei der Hamburger Schulbehörde in Misskredit geraten, weil er im Geschichtsunterricht das Kommunistische Manifest behandelt hatte, nicht weil er selbst Kommunist gewesen wäre, sondern weil er gemeint hatte, dass dieses Grundsatzprogramm nun einmal zum Verständnis des 19. Jahrhunderts dazugehörte. Heute ist so etwas selbstverständlich. Damals aber war es das nicht. Er hatte deshalb sogar die Schule wechseln müssen.

Dr. Manke hatte Ernst Barlach gut gekannt und daher unmittelbar erfahren, wie mit nichtgenehmen Künstlern im Dritten Reich umgegangen wurde. Es lag ihm aber nicht, mit seiner engen Bekanntschaft zu diesem Bildhauer und Dichter zu kokettieren, und so erfuhren wir nur wenig darüber.

Beim Deutsch- und Geschichtsunterricht bekam Dr. Manke in der Hitlerzeit natürlich erhebliche Schwierigkeiten. Da er als Offizier am Ersten Weltkrieg teilgenommen hatte und zu Beginn des Zweiten erst fünfundvierzig Jahre zählte, wurde er bald zur Luftwaffe eingezogen und brauchte sich dann in der Schule nicht mehr zu quälen. Es gelang ihm, sich aus dem eigentlichen Kriegsdienst herauszuhalten. Er wurde als eine Art Kulturbeauftragter tätig und organisierte Konzerte und andere kulturelle Veranstaltungen hinter der Front.

Nach dem Krieg konnte er gleich ohne Gefangenschaft in den Schuldienst zurückkehren und war einer von wenigen Lehrern, die den Schülern vor Augen führten, welche Verbrechen Hitler und seine Helfer begangen hatten. Das Thema Nationalsozialismus wurde von ihm immer wieder zur Sprache gebracht. Dr. Manke sah sich mit uns gemeinsam den Film »Ehe im Schatten« an, den wohl ersten Film, der sich mit der grausamen Nazivergangenheit auseinandersetzte und das Schicksal einer jüdischen Schauspielerin und ihres arischen Ehemannes, der ebenfalls Schauspieler war, behandelte. »Das war alles noch viel schlimmer!«, höre ich ihn noch heute laut auf der Straße schimpfen, als wir das Kino gerade verlassen hatten. Ebenso strebte er an, uns den Wert einer demokratischen Staatsordnung deutlich zu machen. Er verwendete viele Stunden darauf, und wir haben seine politischen Lehren gut angenommen.

*

Wer waren die anderen Lehrer, die uns im letzten Schuljahr zum Abitur führten? Sie reichten an das Persönlichkeitsformat von Dr. Manke nicht heran, der für uns schließlich über die Schulzeit hinaus so etwas wie ein Übervater werden sollte. Durchweg hatten wir auch zu ihnen eine positive Einstellung, auch wenn es vielleicht mit dem einen oder anderen hin und wieder nicht so gut klappen sollte. Die Feindlichkeit, mit der Abiturienten heute oft ihren Lehrern gegenüberstehen, kannten wir damals nicht.

Wie Dr. Manke waren auch seine Kollegen fast alle über fünfzig Jahre alt. Dies hatte sich aus den Kriegsverhältnissen zwangsläufig so ergeben. Die jüngeren Lehrer waren entweder gefallen oder noch in der Kriegsgefangenschaft. Außerdem war es bei der Heranbildung des Lehrernachwuchses damals zu einer längeren Unterbrechung gekommen, weil während des Krieges und auch unmittelbar danach nur wenige Abiturienten studieren konnten. Wer Lehrer werden wollte, musste in der Regel zunächst Kriegsdienst leisten und konnte erst Jahre nach dem Krieg mit dem Studium beginnen. Deshalb waren die jüngeren Jahrgänge als Lehrkräfte in der Schule kaum vertreten.

Wir Schüler nahmen an der Überalterung des Lehrerkollegiums kaum Anstoß. Wie sollten wir auch? Wir kannten es ja nicht anders. Ich glaube auch nicht, dass wir Grund gehabt hätten, den älteren Herren mangelndes Engagement vorzuwerfen. Sie zeigten sich durchweg pflichtbewusst und waren zumindest bemüht, einen guten Unterricht zu machen, obgleich Bücher und Lehrmittel zumindest bis 1948 nur unzureichend vorhanden waren.

Die Klasse im letzten Schuljahr.
Norbert Michaelis ist der Zweite von links in der zweiten
Reihe. Nils Sustrate fehlt auf diesem Bild. Der blonde
Schüler mit der grauen Jacke in der Mitte der ersten Reihe ist
Johannes Höfflin, der spätere Sänger

Gleich nach dem Krieg hatten wir fast gar keine Lehrbücher, weil die vorher in der Hitlerzeit verwendete Unterrichtslektüre mehr oder weniger braun eingefärbt war und nicht mehr benutzt werden durfte. Auch wenn es keine nationalsozialistische Physik gab – das Vorwort in den Physikbüchern enthielt durchweg ein Bekenntnis zum Nationalsozialismus. Es dauerte Jahre, bis uns für alle Fächer wieder neue Lehrbücher zur Verfügung standen. In manchen Fächern waren außerdem besondere Auflagen der Militärregierung zu beachten, die den Unterricht erschwerten. So durfte die deutsche Geschichte gleich nach dem Kriege überhaupt nicht behandelt werden. Dr. Manke sah sich daher gezwungen, uns ungewöhnlich lange mit altägyptischer Geschichte zu beschäftigten. Wochenlang las er uns damals aus einem Buch über Tutenchamon, den ägyptischen König der 14. Dynastie, vor, das er irgendwo aufgetrieben hatte.

Dr. Leuschner, unser Lateinlehrer, stellte hohe Anforderungen. Bei ihm war es nicht mehr mit der Lektüre von Cäsars »De Bello Gallico« getan. Bei ihm mussten wir Sallust und Cicero lesen, und es ging im schnellen Tempo voran. »Jederzeit ist der kleine Kerl bereit, Catilinas Sumpfgeschichten in das Deutsche umzudichten«, sollte es nachher über ihn in der Abiturzeitung heißen, weil er uns u.a. mit Sallusts »Coniuratio Catilinae« traktiert hatte.

Auch Dr. Leuschner war ein Mann, der geistreich zu plaudern verstand und gelegentlich auch witzig sein konnte. Er blieb uns gegenüber aber reserviert und ließ sich bei uns auf nichts ein, was nicht unmittelbar zum Unterricht gehörte. Wahrscheinlich wirkte immer noch nach, dass ihn Jahre vorher Schüler unserer Klasse einmal böse zu Fall gebracht hatten. Was war passiert? Zwei Mitschüler hatten den Lehrerstuhl in der Pause übermütigerweise durch einen anderen ersetzt, der gefährlich wackelte und zusammenzubrechen drohte, wenn man sich daraufsetzte. Dieser Stuhl hätte eigentlich längst ausrangiert werden müssen. Welchen Lehrer die übermütigen Mitschüler damit in Verlegenheit bringen wollten, kann ich nicht mehr sagen – auf keinen Fall den schon recht betagten Dr. Leuschner.

Der erschien damals überraschend als Vertretungslehrer in der Klasse, rückte den defekten Stuhl vom Lehrertisch ab und machte Anstalten, sich daraufzusetzen. Dazu kam es jedoch nicht. Wir sahen nur noch zwei Hände, die sich am Tisch festklammerten. Der Stuhl war zusammengebrochen und Dr. Leuschner auf den Fußboden gefallen. Als er sich wieder hochgerappelt hatte, brach sein Zorn voll aus ihm heraus, und er schlug wild um sich. Im Klassenbuch war später etwas von einem Mordversuch zu lesen.

Die beiden Schüler, die für seinen Sturz eigentlich die Verantwortung trugen, verließen schon am Ende des neunten Schuljahres unsere Schule. Aber Dr. Leuschner erfuhr nie, wer diesen bösen Streich inszeniert hatte. Für ihn war es eben einfach unsere Klasse gewesen, die sich damals bösartig verhalten hatte, und ausgerechnet diese Klasse musste er dann später im Fach Latein unterrichten und zum Abitur führen.

Unser Mathematik- und Chemielehrer, Herr Martens, war ein Mann, dem engere Kontakte zu Schülern unbehaglich zu sein schienen. Der ehemalige Schwarzhändler hielt persönlich viel Distanz zu uns, war dafür aber fachlich umso höher einzuschätzen. Eigentlich hatte er gar nicht Lehrer werden wollen, sondern Chemiker. Während seines Chemiestudiums wurde ihm jedoch bei einer Farbanalyse im Labor klar, dass er an Farbenblindheit litt. Er kam zu verblüffenden Ergebnissen und erregte – wie sich denken lässt – bei seinen Kommilitonen damit sehr viel Heiterkeit. Tatsächlich war ihm vorher seine Farbenblindheit nie aufgegangen. Er hielt diesen Mangel für so schwerwiegend, dass er sein Berufsziel änderte und dann eben nicht Chemiker, sondern Gymnasiallehrer wurde. In der Schule, so meinte er, würde seine Anomalie weniger hinderlich sein. Wahrscheinlich lag er damit richtig.

Herr Martens verfügte zweifellos über ein besonderes didaktisches Geschick. Er verstand es gut, uns die sphärische Trigonometrie wie auch die Integralrechnung zu erklären. Er wusste, an welcher Stelle es bei den Schülern haken konnte. Allerdings legte er auf Genauigkeit und Vollständigkeit größten Wert, und das erregte bei vielen von uns Missfallen. Eine Mathematikaufgabe war entweder vollständig oder gar nicht gelöst. Punkte für richtige Ansätze, für Teillösungen usw., wie das heute üblich geworden ist, gab es bei ihm nur selten. Das machte gerade mir erheblich zu schaffen, der ich immer zu Flüchtigkeiten neigte. Bei Klassenarbeiten setzte er uns gelegentlich so weit auseinander, dass wir auf keinen Fall voneinander abschreiben konnten, und auch dann beobachtete er uns noch voll Misstrauen. Trotz seiner Kälte uns Schülern gegenüber – meinen Respekt kann ich ihm nicht versagen.

»Oder willst du Englisch hören, Meister Vagel, der tut's gern. Gut vermengt mit faulen Witzen, die schon seit der Sexta sitzen ...« hieß es in der Abiturzeitung über unseren langjährigen Englischlehrer, Herrn Vagel. Der hatte etwas seltsam Komisches an sich. Man musste eigentlich immer über ihn lachen, wenn er vorn in der Klasse stand und sich mühte, uns die englische Sprache beizubringen. Sein sechseckig wirkender Kopf, seine abstehenden Ohren und sein kleiner viereckiger Bart unter der Nase hätten wohl jeden Karikaturisten sofort in Aktion treten lassen müssen. Er war aber überhaupt nicht eitel und pflegte sich gelegentlich über sich selbst lustig zu machen. Sein selbstironisches Verhalten verdient auf jeden Fall eine positive Würdigung. Herr Vagel war eigentlich ein sehr korrekter und wohl auch gemütvoller Mann. Manchmal nannten wir ihn auch Papa Vagel, das aber wohl eher deshalb, weil er tatsächlich drei Söhne hatte. Seine große Schwäche war, dass er sich fürchterlich ärgern konnte und sich dazu auch immer wieder von Schülern provozieren ließ. Die hatten dann ihren Spaß daran.

Sein Unterricht litt darunter, dass wir bei ihm wenig Gelegenheit hatten, uns im Englischsprechen zu üben. In den unteren Klassen stand der Grammatikunterricht im Vordergrund, in den höheren lasen wir anspruchsvolle Lektüre. Wir mussten recht schwierige Texte lesen und übersetzen. Solche Übersetzungsanstrengungen dienten vielleicht eher der Denkschulung, als dass sie uns beim Gebrauch der englischen Sprache weiterhalfen. Sicherlich hielt uns Herr Vagel dazu an, Englisch zu sprechen, aber es kam ihm meist auf Perfektion an, und wenn uns grammatikalische Fehler unterliefen, pflegte er die sogleich anzumerken. Diese Praxis bedeutete aber, dass wir beim freien Sprechen große Hemmungen aufbauten. Allerdings dürfte das ein allgemeines methodisches Problem des Fremdsprachenunterrichts an staatlichen Schulen in Deutschland sein, das heute wohl noch genauso besteht wie zu meiner Schulzeit. Wer acht Jahre Englischunterricht gehabt hat, tut sich im Gebrauch dieser Fremdsprache immer noch schwer.

»Wo liegt Cochabamba?« – »Was? Das wissen Sie nicht!« – »Und Sie wollen überdurchschnittlich gebildete Mitteleuropäer sein?« – »Das wollen Sie gar nicht?« – »Wenn Sie bei mir Erdkundeunterricht haben, dann sind Sie überdurchschnittlich gebildete Mitteleuropäer!« So pflegte sich gelegentlich Herr Laudi zu äußern, und so wurde das auch in der Abiturzeitung wiedergegeben. Er neigte vielleicht ebenso zur Überheblichkeit wie auch zur Selbstironie. An die Story mit dem Frack und den weißen Turnschuhen sei noch einmal erinnert. Herr Laudi war hoch gescheit und verstand es, die Schüler zu interessanten Diskussionen anzuhalten. Leider hatten wir ihn nur im Fach Erdkunde.

Mit den Versen »Was Osmose willst du wissen oder wie die Bienen küssen, Daddel wird dir Kenntnis bringen. Er ist firm in diesen Dingen!« wurde in der Abiturzeitung auf Dr. Denecke angespielt, der uns zuletzt nur noch im Fach Biologie unterrichtete. Er war ein Lehrer, an den ich gern zurückdenke. Sein Unterricht im letzten Schuljahr hinterließ zwar wenig Spuren bei mir, umso mehr aber sein Unterricht in der KLV und später wieder in Hamburg in der Mittelstufe. Besonders gern erinnere ich mich an Aktivitäten außerhalb der Schulzeit, die von ihm initiiert wurden. Insbesondere verstand er es gut, Schüler zum Laienspiel zu animieren.

Im zehnten Schuljahr studierte er mit uns das Lustspiel »Die Freier« von Eichendorff ein und bereitete uns damit großen

Spaß. Ich durfte dabei die Rolle des Landstreichers Schlender spielen und weiß seitdem, dass ich zum Komiker mehr Talent als zum tragischen Helden habe. Wie dem auch sei. Wir konnten »Die Freier« damals sogar dreimal öffentlich in unserer Aula aufführen.

Physikunterricht wurde uns im letzten Schuljahr von Dr. Schröder erteilt. Der war eigentlich gar kein Lehrer, sondern Diplomingenieur und hätte wohl auch lieber etwas anderes gemacht, als uns mit Schwingungsgleichungen zu ärgern. Warum er sich trotzdem in die Schule verirrt hatte, lag daran, dass er seinerzeit nicht den Job finden konnte, der ihm wirklich gelegen hätte. Tatsächlich gab es gerade zu der Zeit einen Mangel an Physiklehrern, und die Hamburger Schulbehörde sah sich daher genötigt, auch für eine Lehrtätigkeit nicht vorgebildete Leute zu beschäftigen. So landete dieser Mann denn bei uns, und das erwies sich als nicht ganz unproblematisch.

Physik war ein Fach, das vielen Schülern große Schwierigkeiten bereitete, und das galt auch für mich. Meist hörte ich im Unterricht gar nicht zu. Insbesondere ist mir die Elektrizität lange Zeit ein Rätsel geblieben, mit der wir uns im letzten Schuljahr im Physikunterricht noch einmal befassen mussten. Inzwischen bin ich auf diesem Gebiet ein bisschen weitergekommen. Tatsächlich habe ich inzwischen gelernt, wie man ein Plätteisen ein- und ausschaltet und den Fernsehapparat in Betrieb oder außer Betrieb setzt.

Verblüffenderweise ließen die Gutachten, die ich später für die Bürgschaftsgemeinschaft schreiben musste, meine Defizite auf physikalisch-technischem Gebiet nicht mehr erkennen. Ich konnte gerade mit der Darstellung technischer Innovationen, bei denen es oft gerade um elektronische Vorgänge ging, durchweg gut überzeugen. Aber das war bei mir eben so. Wenn es galt, besonders schwierige Aufgaben zu erfüllen, konnte ich dabei auch einen besonderen Ehrgeiz entwickeln und mir nur schwer durchschaubare Sachverhalte klarmachen, auch wenn ich dafür gar nicht vorgebildet war.

Als Dr. Schröder mich wenige Monate vor dem Abitur fragte, was er mir denn in Physik geben sollte, sagte ich: »Geben Sie mir eine Drei. Damit bin ich zufrieden.« »Eine Drei wollen Sie haben? Ich überlege, ob ich Ihnen eine Vier oder Fünf geben soll. – Na gut. Halten Sie noch einmal ein Referat! – Sagen wir über Resonanz«, war seine Antwort.

Mir blieb keine andere Wahl. Ich musste mir ein paar schlaue Physikbücher ausleihen und mich intensiv mit dem Thema Resonanz, also der Schwingungsgleichheit von Frequenzen verschiedener Erreger, befassen. Das Thema stellte sich auch keineswegs als so schwierig heraus, wie ich zunächst angenommen hatte. Ich merkte zu meiner Freude oder zu meinem Bedauern schon: Es lässt sich tatsächlich vieles begreifen, wenn man es unbedingt will oder muss.

Relativ gut vorbereitet ging ich in die Physikstunde und trug das vor, was ich mir in aller Eile an neuen Kenntnissen angeeignet hatte. Ich hatte mir auch Beispiele für Resonanzwirkungen in der Mechanik, Akustik, Optik und Elektrizität ausgewählt und trug diese, mit Zeichnungen an der Tafel erläuternd, selbstbewusst vor.

Problematisch wurde es allerdings, als ich bei meinem Beispiel für Resonanz in der Elektrizität angelangt war. Hier war doch noch einiges offengeblieben. Die Zeit hatte für intensivere Recherchen nicht mehr gereicht. Ich zeichnete einen Stromkreis an die Tafel, so wie ich das im Lehrbuch vorgefunden hatte. Soweit war auch alles in Ordnung. Jetzt aber fragte mich Dr. Schröder:

»Zeigen Sie doch mal, wie herum fließt denn der Strom eigentlich in diesem Stromkreis?«

Auf diese Frage war ich nicht vorbereitet, denn ich hatte mir das selbst gar nicht klargemacht. In meiner Verlegenheit machte ich eine nur ungenaue Kreisbewegung in der Luft, so wie mir das ein Mitschüler von einer Hinterbank aus zu signalisieren versuchte. Das hätte nun doch noch einmal peinlich werden können. Aber das laute Klingeln, das das Ende der Stunde verkündete, erlöste mich. Mein Physiklehrer verzichtete darauf, weiter nachzubohren. Er ließ es gut sein und äußerte seine Zufriedenheit über meinen Vortrag.

Auf keinen Fall möchte ich Herrn Brüning auslassen. Er war ja mein erster Klassenlehrer in der Kirchenpauer-Schule und in Schellerhau mein erster KLV-Lagerleiter gewesen. Nach mehrjähriger Unterbrechung sollte er in den letzten Schuljahren noch einmal wieder mein Zeichenlehrer werden.

Als Lehrer zeigte er sich in fortgeschrittenem Alter weniger engagiert als in früheren Jahren. Während der Sommermonate gingen wir in seinen Unterrichtsstunden meistens in den nahe gelegenen Hammer Park, um dort einen Baum, einen Busch oder eine Hecke zu zeichnen. Wir durften uns die Objekte dafür selbst aussuchen, und die lagen dann meist weit auseinander. So blieben wir beim Zeichnen fast ohne Kontrolle, denn Herr Brüning konnte ja nicht überall sein.

Eigentlich hätten wir im Hammer Park volle zwei Stunden zeichnenderweise zubringen müssen. Die Verlockung war jedoch besonders bei Sonnenschein zu groß, unsere künstlerischen Versuche vorzeitig zu beenden. Wir pflegten uns durchweg schon nach einer halben Stunde auf den Heimweg zu machen. So wenig überzeugend der Unterricht Herrn Brünings am Ende auch gewesen sein mag – seine anständige Haltung im Dritten Reich habe ich ihm nicht vergessen.

*

Das Abitur rückte näher, und es war nun an der Zeit, dass wir uns darauf vorbereiteten. Wir, Nils Sustrate sowie Walther Gose und ich, sahen die Notwendigkeit auch ein, aber wir taten uns ungemein schwer, ihr zu folgen. Wir trafen uns regelmäßig, um uns mit der Integralrechnung besser vertraut zu machen oder Edna Ferbers Roman »Cimarron« zu übersetzen. Meist blieb es bei den guten Vorsätzen. Wenn wir dann zusammensaßen, fiel uns in der Regel ein, dass wir etwas Besseres tun könnten. Lernen, meinten wir, könnten wir später noch. Unter Nils' Anleitung entwickelten wir immer neue Strategien und Zeitpläne für die Vorbereitung. Sie dienten eigentlich nur dazu, uns selbst zu betrügen und uns in den Glauben zu versetzen, dass wir am Ende doch noch gut gerüstet sein könnten. So verstrich die Zeit meist ungenutzt.

Nils Sustrate hielt den Müßiggang zu dieser Zeit ohnehin für den wichtigsten Lebensinhalt. Er liebte es dazusitzen, sich seinen Phantasien und seinem Pläneschmieden hinzugeben. In seinem Dachzimmer bei seiner Großmutter in Billstedt hatte er in einer Ecke mehrere Matratzen und Kissen übereinandergestapelt und mit einer Wolldecke verhüllt. Selbstvergessen pflegte er darauf zu hocken. Damit jeder diesen erlesenen Platz auch angemessen würdigen konnte, hatte er darüber ein kleines Schild an die Wand geklebt, auf dem in bunten Lettern »Filzecke« zu lesen war.

Ende September machten wir mit Dr. Manke unsere letzte Klassenreise nach Hörnum auf Sylt. Auch diese Reise sollte eigentlich der Vorbereitung aufs Abitur dienen, und so ein bisschen passierte das auch. Die Nordsee und die Dünen lockten uns allerdings die meiste Zeit über nach draußen. Es waren auf jeden Fall zwei schöne Wochen, an die wir später gern zurückdachten.

Im Januar war es dann so weit: An vier aufeinanderfolgenden Tagen wurden wir schriftlich in Mathematik, Deutsch, Englisch und Biologie geprüft. Etwa drei Wochen später folgte dann ein Klassengespräch über die Erzählung »Wir sind Utopia« von Stefan Andres unter der Leitung von Dr. Manke, das bei der Prüfungskommission sehr gut ankam. Es war eine gute Einstimmung für die mündliche Prüfung, die wenige Tage später am 31. Januar 1951 stattfinden sollte.

Wir waren eigentlich alle guten Mutes, obgleich wohl nur vier Schüler sicher damit rechnen konnten, glatt durch die Prüfungen zu kommen. Wir wussten, Dr. Manke hatte in Gesprächen mit seinen Kollegen die Weichen so gestellt, dass alle Fachlehrer zumindest von Goodwill bestimmt waren.

Um uns noch einmal bestätigen zu lassen, dass alles gar nicht so schlimm sei, gingen Nils und ich den Abend vor der mündlichen Prüfung zu einem Schüler aus der Parallelklasse, die bereits an diesem Tag geprüft worden war. Das hätten wir allerdings besser nicht tun sollen, denn ausgerechnet dieser Schüler war einer von zweien aus dieser Klasse, die nicht bestanden hatten. Er saß ziemlich unglücklich da, als wir durch die Tür zu ihm ins Zimmer kamen. Dieser Schüler war Helmut Christiansen, mein Tischnachbar aus der Sexta, der eine Zeit lang die nationalsozialistische Erziehungsanstalt, die NAPOLA, in Plön besucht hatte.

Wir fassten uns schnell wieder. Voller Optimismus erschienen wir am nächsten Morgen zur mündlichen Abiturprüfung, die mit zwei musikalischen Darbietungen von Johannes Höfflin und Nils Sustrate eingeleitet werden sollte. Dazu hatten wir uns alle im Musiksaal eingefunden. Auch der Schulleiter und das gesamte Lehrerkollegium waren dort versammelt. Der Oberschulrat fehlte an diesem Prüfungstag, und darüber waren wir keineswegs böse.

Zunächst wollte Johannes Höfflin eine Fuge von Bach auf dem Flügel spielen. Er war bestens vorbereitet, hatte die Fuge viele Male zu Gehör gebracht, und das selbstverständlich auswendig. Keiner ahnte Böses. Aber dann geschah etwas Unerwartetes. Der Pianist in spe blieb nach wenigen Takten stecken. Er setzte sofort noch einmal an, kam aber wieder nicht weiter. Er versuchte es ein drittes und ein viertes Mal. Jedes Mal kam er über einen bestimmten Takt nicht hinweg.

»Es geht heute nicht«, sagte er schließlich ebenso kurz wie entschieden.

Wir hatten gehofft, das meisterliche Klavierspiel von Johannes Höfflin würde unsere Lehrer zu besonderem Wohlwollen ermuntern. Das war nun leider schiefgegangen. Aber wir hatten ja noch Nils Sustrate, unseren zweiten Musikus. Der hatte sich dafür entschieden, den ersten Satz aus dem Mozart-Klarinettenkonzert zu spielen. Dabei sollte Johannes Höfflin ihn begleiten. Das Problem war allerdings, dass Nils nur unzureichend geübt hatte. Auch das hatte er immer wieder aufgeschoben. Davon wussten allerdings wohl nur Walther Gose und ich, und deshalb blieben natürlich gerade wir beide nicht frei von Sorgen, als die Vorführung begann. Wie würden es die Prüfer aufnehmen, wenn auch Nils Sustrate stecken bleiben sollte? Mir war gar nicht wohl zumute.

Nils stieg, seine Klarinette in beiden Händen haltend, gelassen aufs Podium und schritt zum Notenpult, das aufgestellt bereitstand. Die Noten waren aufgeschlagen. Er blieb ruhig, grinste selbstsicher auf die Lehrer hinunter, die auf den hellblauen Bänken eng aneinandergedrängt in ihren dunklen Anzügen wie Konfirmanden saßen, schaute noch einmal kurz in die Noten, schob das Mundstück seiner Klarinette zwischen seine Lippen und nickte Johannes Höfflin aufmunternd zu.

Nils begann sein Klarinettenspiel. Es schien so, als würde ihm das keinerlei Mühe bereiten. Er spielte diesen ersten Satz aus dem Mozart-Klarinettenkonzert sicher zu Ende. Was vorher nicht recht klappen wollte, klappte jetzt hervorragend. Natürlich bekam Nils viel Beifall, besonders von den Lehrern, die genauso wie wir erleichtert aufatmeten, dass es keine zweite Panne gegeben hatte.

Die mündlichen Prüfungen konnten beginnen, und alles lief ohne größere Schwierigkeiten ab. Wenn es doch mal irgendwo hakte, wurde das schnell ausgebügelt. Anders als in den beiden Nachbarklassen bekamen alle Schüler unserer Klasse das Reifezeugnis ausgehändigt. Das war sicherlich auch ein Verdienst von Dr. Manke. Zwei Schüler aus unserer Klasse waren allerdings nicht zum Abitur zugelassen worden. Das hatte auch er nicht verhindern können. Eigentlich bin ich immer gern zur Schule gegangen, so lästig sie auch manchmal sein konnte. Es war auch das Leben in der Klassengemeinschaft, das mir als Kind und Jugendlicher Freude machte. Um Akzeptanz bei Lehrern und Mitschülern brauchte ich nicht zu buhlen.

Ich erinnere mich an viele Unterrichtsstunden, in denen ich hochgradig interessiert mitarbeitete, aber auch an viele, in denen ich nur einfach gelangweilt dasaß. Meine Lernfreude litt oft darunter, dass die Stofffülle viel zu groß war, die wir bewältigen mussten. Die zu große Stofffülle war aber nicht nur mein persönliches, sondern ein allgemeines Problem. Daran dürfte sich auch bis heute überhaupt nichts geändert haben.

Wenn ich mir vergegenwärtige, was uns die Lehrer alles an Wissen vermitteln wollten und wie wenig davon wirklich dauerhaft hängen geblieben ist, wird die Schule in Bezug auf ihre hohen Lernziele und Lehrmethoden fragwürdig. Wie viele unnütze Unterrichtsstunden hat es gegeben, besonders in den Fächern, in denen es vor allem um Fakten- und Datenwissen ging: Geschichte, Erdkunde, Biologie und Chemie. Was allein in diesen Fächern täglich Neues auf uns Schüler einströmte, war überhaupt nicht zu bewältigen. Zu den Daten und Fakten in den Wissensfächern kamen ja auch noch die vielen Vokabeln, grammatischen Formen und Regeln in den Fremdsprachen hinzu. Was man in dieser Hinsicht in der Schule damals vollführt hat und auch heute immer noch vollführt, war und ist gegen alle Erkenntnisse der Lernpsychologie.

»Was dran gewesen ist, wird gekonnt!«, pflegte unser Lateinlehrer Schuldt in der Mittelstufe gelegentlich mit erhobenem Zeigefinger zu sagen. Das entsprach der allgemeinen Erwartung, war aber leider nur Wunschdenken. Was dran gewesen war, wurde immer nur zu einem kleinen Teil gekonnt. Das ist heute nicht anders als früher, und das weiß jeder, der sich später ehrlich Rechenschaft über die eigene Schulvergangenheit ablegt.

Auch wenn der Unterricht, der mir in der Kirchenpauer-Schule zuteil wurde, erhebliche Mängel gehabt haben dürfte, eine gute Denkschulung – meine ich – habe ich aber in jedem Fall erfahren. Daran waren die einen Fächer mehr, die anderen weniger beteiligt. Darüber hinaus hat der Unterricht wesentlich zum Aufbau einer festen Wertewelt in mir beigetragen bzw. dafür die entscheidenden Grundlagen gelegt.

Besuch bei der Mutter in der Heil- und Pflegeanstalt Heiligenhafen

Im Februar 1951 lag die Schule hinter mir und nun sollte etwas Neues beginnen. Zu Ende ging nun auch meine Zeit im Kinderheim. Nur noch zwei Monate konnte ich dort wohnen, dann musste ich mir ein Zimmer als Untermieter suchen und mich selbst unterhalten. Aber das schreckte mich nicht. Ich wollte studieren und war optimistisch, mir dafür die Voraussetzungen selbst schaffen zu können.

Zunächst wollte ich irgendeinen Job annehmen und mit dem Geld, das ich damit verdiente, nicht nur mich selbst unterhalten, sondern auch so viel sparen, dass ich zwei Semester ohne Nebenjob studieren konnte. Irgendwie würde es dann schon weitergehen, vielleicht mit einem Job während der Semesterferien oder vielleicht auch nebenher, wenn die Vorlesungen liefen. Doch zunächst wollte ich etwas nachholen, was ich immer wieder aufgeschoben hatte, nämlich meine Mutter in der Heil- und Pflegeanstalt Heiligenhafen besuchen.

Am zweiten Sonntag im Februar 1951 setzte ich mich früh morgens in den Eisenbahnzug und stand irgendwann am Vormittag vor dem Eingang dieser großen Heil- und Pflegeanstalt, zu der zahlreiche Gebäude gehörten. Es dauerte eine Zeit lang, bis ich mich zu dem Haus durchgefragt hatte, in dem meine Mutter leben sollte. Ich meldete mich bei einer Ärztin, die an einem Tisch im Ärztezimmer saß, dessen Tür weit offen stand.

Diese Ärztin war eine blonde, noch recht junge Frau. Sie sah ein wenig erstaunt auf, als ich mich vorstellte und sagte, dass ich meine Mutter, Frau Elsa Michaelis, besuchen wollte. Sie schaute mich lange unschlüssig an, antwortete dann aber:

»Sie müssen einen Augenblick warten. Setzen Sie sich bitte da drüben ins Besuchszimmer. Ihre Mutter wird bald kommen.«

Ich ging ins Besuchszimmer, verspürte aber keine Neigung, mich hinzusetzen. Ich blieb stehen und schaute mir einen Augenblick die Fotografien an, die an den Wänden hingen. Es waren Aufnahmen von Gebäuden aus der Umgebung, aber die vermochten mich nicht zu interessieren. Ich wartete daher einfach ab, was sich gleich tun sollte.

Würden wir, meine Mutter und ich, uns wiederkennen? Es waren immerhin fast neun Jahre her, dass wir uns zuletzt gesehen hatten. Ich musste eine ganze Weile warten, bis sich endlich die hintere Tür öffnete. Dann sah ich meine Mutter im Türrahmen stehen. Natürlich hatte ich keine Mühe, sie sofort wieder zu erkennen. Sie trug ein rotes Kleid, das man ihr schnell über die Anstaltskleidung gezogen hatte. Ihre dünnen schwarzen Haare waren mittlerweile grau geworden.

Im Oktober 1942, als man meine Mutter aus unserer Wohnung in der Snitgerreihe abgeholt hatte, war ich vielleicht fünfzehn Zentimeter kleiner, jetzt wohl etwa fünfzehn Zentimeter größer als sie. Sie blieb einen Augenblick stehen und sah mich ein wenig verlegen lächelnd an, ging dann aber schnell auf mich zu. Auch sie schien mich sofort wiederzukennen. Wir umarmten uns, aber das geschah vielleicht nur, weil es eben Sitte war, sich zu umarmen, wenn sich Mutter und Sohn wiedersehen. Für eine Umarmung aus vollem Herzen war allzu viel Fremdheit zwischen uns.

»Komm, setz dich! – Was machst du jetzt?«, fragte meine Mutter.

Ich erzählte ihr, dass ich gerade Abitur gemacht hätte und nun studieren wollte. Ihr Blick hellte sich auf, als sie das hörte, und sie lachte ein wenig. Sie reagierte in diesem Augenblick so, wie es fast jede andere Mutter bei einer solchen Antwort auch getan hätte. Als ich weitersprach und erzählte, dass ich mich besonders für Literatur interessierte, sagte sie mit einem Mal:

»Das wundert mich gar nicht, denn du bist ja Goethe!« und dabei strahlte sie mich an.

»Aber wie kann ich denn Goethe sein, ich bin doch Norbert Michaelis und dein Sohn!«, erwiderte ich. »Das verstehst du nicht«, bekam ich zur Antwort. »Die Seelen können sich vermischen. Du bist in Goethe hineingegangen«. Realität und Logik hatten bei meiner Mutter keine absolute Gültigkeit mehr und konnten, wenn sie es vielleicht brauchte, beliebig aufgehoben werden. Ich unterließ es, dagegen anzugehen. Als ich die Schokolade, die ich mitgebracht hatte, auswickelte, einige Stücke von der Tafel abbrach und meine Mutter aufforderte zuzugreifen, merkte ich, dass ihr das Unbehagen bereitete. Sie fürchtete wohl, die Schokolade sei vergiftet. Deshalb nahm ich zuerst selbst ein Stück in die Hand, und steckte es mir in den Mund. Das schien sie zu überzeugen, denn danach war auch sie bereit, die Schokolade zu essen, und schob sich nun ebenfalls ein Stück in den Mund.

Als ich dann von meinen drei Geschwistern erzählte und meiner Mutter sagte, dass Ruth die Kinder Peter und Gudrun und Lotti die Kinder Bärbel und Heidi geboren hätte und sie selbst jetzt also schon viermal Großmutter geworden sei, schien sie das einen Augenblick zu freuen. Der Wahn kehrte jedoch schnell wieder zurück. Sie sprach mit Respekt von unserem Vater, nannte ihn wie früher ihren Gatten, erklärte mir dann aber, dass wir alle noch einen anderen Vater hätten.

»Curt«, so sagte sie, »ist der Sohn von Professor Heisenberg, Ruth die Tochter von dem russischen Außenminister Molotow, Lotti von dem Boxer Max Schmeling und du bist der Sohn von Papst Pius XII.«

Irgendetwas muss in uns gewesen sein, was – wie weit entfernt auch immer – unsere Mutter an die vier hochrangigen Persönlichkeiten, die sie für uns als Väter ausgewählt hatte, erinnerte. Wenn man unbedingt will, kann man das auch irgendwie nachvollziehen. Sehr grob gesehen, lassen sich immer Ähnlichkeiten feststellen.

Während wir uns unterhielten, betraten die blonde Ärztin, bei der ich mich vorgestellt hatte, und eine eher dunkelhaarige Kollegin das Besuchszimmer. Die beiden Frauen wollten wissen, ob wir uns denn auch verstünden. Wir nickten beide, und meine Mutter erzählte jetzt ihnen, was sie mir gerade anvertraut hatte. Das veranlasste die dunkelhaarige Ärztin, die Hand meiner Mutter anzufassen, ihr fest in die Augen zu sehen und sie dann eindringlich zu fragen:

»Stimmt das auch, Frau Michaelis?«

Ich merkte, meine Mutter versuchte ihrem festen Blick auszuweichen. Sie lächelte wieder ein bisschen verlegen, sagte aber nichts. Die blonde Ärztin hielt wohl nichts davon, dass ihre Kollegin so insistierend fragte. Sie winkte mit der Hand ab und forderte meine Mutter auf, mir den Schlafraum und ihr Bett zu zeigen. Als die beiden Frauen den Raum verlassen hatten, sagte meine Mutter zu mir:

»Weißt du, wer die beiden Ärztinnen sind? – Die dunkelhaarige ist Ruth und die blonde Lotti.«

Später zeigte sie mir auch noch meinen Bruder. Es war ein Mann mit sehr langen Haaren, der an einer Hauswand stand und in die Sonne blinzelte, die bei blauem Himmel auf die Erde herabsah, an diesem Februartag allerdings noch keine spürbare Wärme abgab. Den Mann an der Mauer schien das nicht zu stören.

Auch ich war in der Umgebung meiner Mutter zu finden, nur nicht an diesem Tag. Ich war ein vielleicht elfjähriger Junge, der sich an Werktagen üblicherweise auf dem Gelände der Anstalt aufhielt, heute aber, wie ich erfuhr, nicht da sei. Wahrscheinlich war ich der Sohn einer Frau, die an Werktagen in der Anstalt arbeitete. Für meine Mutter war ich seit 1942 nicht älter geworden.

Der Schlafraum befand sich im ersten Stockwerk. Es standen viele Betten darin. Ich folgte meiner Mutter beim Gang durch die Bettreihen.

»Hier schlafe ich«, sagte sie und blieb vor einem Bett stehen, das mit der Kopfseite an einer Wand stand, und mit leichter Freude öffnete sie den kleinen Nachtschrank daneben. Darin lagen ein paar Habseligkeiten, die außer einigen Kleidungsstücken jetzt ihren ganzen Besitz darstellten. So ähnlich sah es zu der Zeit allerdings auch bei mir im Kinderheim aus. Auch ich verwahrte ja meine wenigen Habseligkeiten in der Apfelsinenkiste, die neben meinem Bett stand und als Nachtschrank dienen musste.

Als wir den Schlafraum wieder verließen, kam uns eine große Frau entgegen, deren irrer Blick ein wenig Erschrecken in mir hervorrief.

»Das ist Martha«, sagte meine Mutter. »Du kennst doch Martha?«

Ich wusste nicht, wen sie meinte. War es vielleicht die erste Frau meines Vaters, die 1923 starb und damit den Weg für die Heirat mit dem Mann freimachte, von dem sie bereits zwei Kinder hatte? Ich gab Martha die Hand. Die zeigte mir ihr allzu großes Gebiss, das einem geradezu Angst einflößen konnte. Anscheinend gefiel ich ihr, denn sie lief lachend hinter mir her, als ich die Toilette aufsuchen wollte, und das war mir natürlich gar nicht recht. Eine Schwester hielt sie jedoch davon ab, mir weiter zu folgen.

Mein Besuch schien meine Mutter jetzt wirklich zu freuen. Sie wurde immer redseliger, je länger ich bei ihr war, und lachte auch hin und wieder. Auch ich fand es jetzt schön, ihr nach so vielen Jahren wieder gegenüberzustehen. Dass sie nur teilweise in der Wirklichkeit lebte, störte mich nicht mehr, und ich machte keine Anstrengungen, gegen ihre Wahnvorstellungen anzureden. Als ich gehen musste, umarmten wir uns, und dieses Mal war es anders als beim Wiedersehen vor ein paar Stunden. Ich spürte ein bisschen alte Vertrautheit. Ich versprach wiederzukommen und ihr zu schreiben.

Ich wollte mich auch noch kurz von den beiden Ärztinnen verabschieden, die meine Mutter betreuten, fand aber nur die blonde, die Lotti war. Sie saß wieder in ihrem Dienstzimmer hinterm Schreibtisch und stand sofort auf, als sie mich sah. Sie sagte wie selbstverständlich:

»Ich bring' Sie noch zum Tor.«

Ich versuchte noch etwas über die Geisteskrankheit meiner Mutter zu erfahren, insbesondere über die möglichen Ursachen, bekam aber schnell den Eindruck, dass die Ärztin sich nicht darüber auslassen wollte. Die Diagnose Schizophrenie schien ihr nicht ganz zutreffend zu sein, aber sie sagte es nicht direkt. Mir war fast so, als wollte sie mich von dem wieder losbringen, was ich heute erlebt hatte.

Meine Begleiterin fragte mich, was ich jetzt machen und wie ich mein Leben weiterführen wollte. Anscheinend war sie mir wohlgesonnen. Es war fast so, als ob tatsächlich meine Schwester neben mir herging. Die Zeit war fortgeschritten, und ich musste mich beeilen, um den Zug nach Lübeck noch zu bekommen. Ich gab der freundlichen Ärztin die Hand und bedankte mich für ihre Begleitung. Schnellen Schrittes ging ich davon, ohne mich noch einmal umzusehen. Die letzten hundert Meter legte ich im Dauerlauf zurück.

*

Ich habe mein Versprechen, mich fortan um meine Mutter zu kümmern, nicht gehalten. Natürlich musste es mir jetzt in erster Linie darum gehen, dass ich mein eigenes Leben in den Griff bekam, denn nun war ich ja wirklich ganz auf mich allein gestellt. Das, was jetzt kommen sollte, war mit unerwartet großen Schwierigkeiten verbunden, aber damit will ich mich nicht entschuldigen. Auch wenn meine Mutter geisteskrank war, sie blieb die Frau, die mich in meinen ersten Lebensjahren liebevoll umsorgt hatte.

Es stimmte auch nicht, was andere später immer sagten, dass sie in ihrem Wahn zufrieden sei und sich all das, was sie brauchte, selbst in ihrer Phantasie schaffen könnte. Teilweise lebte sie eben auch in meiner Wirklichkeit und für diesen Lebensbereich hätte sie durchaus einen Menschen brauchen können, der ihr zugewandt geblieben wäre.

Bestärkt wurde ich in meiner Nachlässigkeit immer wieder durch Äußerungen von vertrauten und zum Teil fachlich vorgebildeten Menschen, die geneigt waren, mich davon abzuhalten, dass ich meine Mutter besuchte, wohl in der Vorstellung, dies könnte mich zu sehr belasten. Die wollten tatsächlich nur mein Bestes. Dazu gehörte vor allem Curts Klassenkamerad, mein späterer Freund und Förderer Dr. Günter Rozyk, bei dem ich in den fünfziger Jahren eine Zeit lang wohnte. Als Psychiater war er natürlich besonders kompetent und seine Ratschläge hatten ein starkes Gewicht. Er gehörte einer Psychiatergeneration an, die der Schizophrenie ziemlich hilflos gegenüberstand. Diese Leute konnten nicht viel mehr tun, als die Diagnose stellen. Therapeutische Maßnahmen kannten sie kaum.

Bei dieser Psychiatergeneration wirkte auch in den fünfziger Jahren noch das nach, was die Vorstellungen in der Psychiatrie während der Nazizeit bestimmt hatte: Geisteskrankheiten sind in den Genen angelegt, eben Erbkrankheiten, die sich nicht erfolgreich behandeln lassen. Günter Rozyk ist selbst nie und nimmer ein Nazi gewesen, aber er hatte nach dem Kriege studiert und seine Lehrer waren großenteils Leute, die von den Nazilehren beeinflusst waren.

Ich habe mich in letzter Zeit wieder mit dem Thema Geisteskrankheiten auseinandergesetzt. Es versteht sich: Das Thema hat mich nie richtig losgelassen. Die heutige Psychiatrie sieht die Psychosen tatsächlich weniger stark als die frühere durch Erbfaktoren bestimmt und versichert, in größerem Umfang zu therapeutischen Erfolgen zu kommen. Wenn man ihren Aussagen glaubt, ist sie in sehr vielen Fällen in der Lage, diese Krankheiten spürbar zu mildern und gelegentlich wohl auch zu heilen. Das gilt gerade auch für die paranoiden Psychosen aus dem schizophrenen Formenkreis, wie man die Krankheit meiner Mutter nach den heutigen Kategorien wohl einstufen würde.

Wieweit die Psychiatrie heute wirklich erfolgreicher als früher ist und sich bei ihren eigenen, sehr optimistischen Aussagen über Heilungserfolge nicht vielleicht doch ein wenig vom Wunschdenken leiten lässt, kann man von außen nicht beurteilen.

Auf jeden Fall versucht sie heute mehr als früher, Verwandte und Freunde psychotisch erkrankter Menschen in die Behandlung mit einzubeziehen. Verwandte und Freunde können zumindest dazu beitragen, dass die Geisteskranken Mitglieder der Gesellschaft bleiben oder es wieder werden. Aber zunächst einmal müssen sie wissen, dass sie auch wirklich helfen können, und darüber gibt es heute mehr Aufklärung als früher.

Personenregister

A

Allmann, Robert; Kfm. Angestellter, und Familie 42 f., 71

B

Baron, Tetje; Mitschüler 163 f., 174 ff., 202, 204, 206 ff., 271

Barthold, Winfried; Mitschüler, Rechtsanwalt 322 ff., 326

Bartholomäus, Hans; Schiffsoffizier, und Familie 41 f., 109

Baumgart, Horst; Mitglied im Knabenchor St. Michaelis, Hauptlagermannschaftsführer in der KLV 85, 193 ff., 202 ff., 205 ff.

Beckedorf, Klaus; Mitglied im Knabenchor St. Michaelis, Cellist 85

Beyer, Henry; Feinmechaniker, und Familie 40 f., 102, 275

Bittner, Reinhard 284 f.

Blasius, Friedel; Kindergärtnerin, Jugendleiterin 333

Blasius, Heinrich, Dr. phil. (*1883); Rektor der Hamburger Ingenieurschule 333

Bode, Karl (1910–1960); Pastor 69, 275

Böge, Familie (Altona) 18 ff.

Böhme, Inge; Gesundheitsdienstmädel 154

Borchert, Wolfgang (1921–1947); Lyriker, Erzähler, Dramatiker, und Familie 288 ff., 333

Bosch, Pianist 277

Brinkmann, Friedrich (1894–1962); Kirchenmusikdirektor, Organist 67, 68, 69, 85 ff.

Brüning, Emil (*1887); Lehrer 103 f., 126, 131 f., 139, 146 ff., 150 f., 275, 346

Buterfas, F.; Händler, und Familie 55 ff.

C

Christiansen, Helmut; Mitschüler 106 f., 348

D

Daecke, Dr. Herbert (*1898); Lehrer 168

Schuldt, E. Hans (*1886);
Lehrer 350
Schwarz, Inge 304 ff.
Schwieger, Walter (*1904);
Lehrer 50, 55 f., 88
Seidler; Hausmeister 141
Steinvorth, Prof. Rudolf
(*1881); Lehrer 155, 179,
213, 269, 271 f
Stöhr; Professor für Mathe-
matik 304 f.
Struck, Carl Friedrich
Johann; Schneidermeis-
ter, und Familie 20
Studt, Dr. Werner (*1894);
Lehrer 104 f.
Sturm, Helga; Kindergärtne-
rin 266, 285 ff., 287 ff.,
309, 312 f., 321 f., 333
Sustrate, Nils; Mitschüler,
später freier Komponist
(Theater- und Filmmu-
sik), Lehrer am Gymnasi-
um Buckhorn, Professor
an der Musikhochschule
325 ff., 346 ff.

T
Thomsen, Günter; Mitschü-
ler 325
Timm, Günter; Mitschüler
144 f.

U
Ungelenk, Joachim; Mit-
schüler 135

V
Vagel, Wilhelm (*1894); Lehrer 342 f.
Vennekohl, Kurt; Elektriker,
und Frau 107 f., 109 f.

W
Wenke, Hans (1903–1971);
Universitätsprofessor 313
Wrigg, Hermann; Milch-
mann 43

Abbildungsnachweis

Hamburg und seine Bauten 1929–1953. Hrsg. vom Architekten-
und Ingenieur-Verein e.V. Hamburg 1953: S. 27, 116

Staatsarchiv Hamburg, Plankammer: S. 47, 48, 54, 97, 307 (und
Umschlag)

Heidi Michaelis, Hanstedt: S. 51, 52, 118, 286, 327, 330, 336, 339

Staatsarchiv Hamburg, Bestand 362-2/6: Kirchenpauer-Real-
gymnasium Nr. 4: S. 123, 127, 128, 132, 145, 149, 150

Fritz Hauschild, Hamburg: S. 156 oben, 189, 291, 294

August Sieghardt, Oberpfalz, 4. Aufl. Heroldsberg 1977: S. 156
unten, 160,

Gerald Deckart/Eduard Dietl, Bayerische Städtebilder, München 1981: S. 161

Stadtteilarchiv Hamm: S. 166, 167, 308, 314, 318

Weitere Titel aus der Zusammenarbeit mit dem Verein für Hamburgische Geschichte

Kindheitserinnerungen

Band 2
Georg Krage

Fuhlsbüttel, das Alstertal und Eppendorf um die Mitte des 19. Jahrhunderts
bearbeitet von Renate Hauschild-Thiessen

100 S., 23 Abb.
ISBN: 978-3-86108-747-2
17.90 €

Fuhlsbüttel war um 1850 ein Dorf mit kaum 450 Einwohnern. Um nach Hummelsbüttel zu reisen, musste man sogar die dänische Grenze überqueren. In diesem noch ländlichen Fuhlsbüttel wuchs Georg Krage auf. Später wurde er Lehrer und Rektor der Schule Bürgerweide und ging erst 1917 mit 71 Jahren in den Ruhestand. Seine Erinnerungen schrieb er auf und schildert in ihnen die Spiele seiner Kinderzeit, den Schulalltag und das Leben in Fuhlsbüttel, im Alstertal und in Eppendorf. Dr. Dr. h.c. Renate Hauschild-Thiessen hat diesen Schatz im Hamburger Staatsarchiv gehoben.

Der große Reiz von Georg Krages Rückschau liegt nicht zuletzt in den umwälzenden Veränderungen begründet, die die Schauplätze dieser Kindheit bis zum Beginn des 20. Jahrhunderts erlebt haben. Seine Erinnerungen vermitteln einen Eindruck vergangener Lebensverhältnisse, der so detailliert und alltagsnah aus anderen Quellen selten zu gewinnen ist.

Aus der Reihe Hamburgische Lebensbilder

Band 21
Joist Grolle / Matthias Schmoock
Spätes Gedenken
Ein Geschichtsverein erinnert sich seiner ausge-
schlossenen jüdischen Mitglieder

284 S., 25 Abb.
ISBN: 978-3-8378-2000-3
12.90 €

Band 20
Horst Gronemeyer
Friedrich von Hagedorn
Hamburgs vergessener Dichter

144 S., 17 Abb.
ISBN: 978-3-86108-898-1
12.90 €

Band 18
Inge Grolle / Ulrich Heidenreich
Wegbereiter der Diakonie
Amalie Sieveking, Johann Wilhelm Rautenberg

128 S., 11 Abb.
ISBN: 978-3-86108-057-2
10.90 €

Band 17
Rainer Postel / Helmut Stubbe-da Luz
Die Notare
Johann Heinrich Hübbe, Eduard Schramm, Ga-
briel Riesser, Hans Harder Biermann-Ratjen

216 S., 40 Abb.
ISBN: 978-3-86108-797-7
10.90 €